上海市社会科学界联合会
上海市哲学社会科学学术话语体系建设办公室
上海市哲学社会科学规划办公室

合作出品

庆祝中国共产党成立100年
专题研究丛书

一代新规要渐磨

周敬青 等◎著

上海人民出版社

总　序

2021年是中国共产党成立100周年。100年前，旧中国积贫积弱，中华民族面临生死存亡的危难关头。在风雨如磐的岁月里，十月革命一声炮响，给中国送来了马克思主义，中国共产党应运而生。这个开天辟地的大事变，深刻改变了人类历史的走向，中国的面貌为之焕然一新，世界的面貌也为之一变。

100年来，从石库门到天安门，从兴业路到复兴路，中国共产党始终不忘为人民谋幸福的初心，牢记为民族谋复兴的使命，推翻近代以来压在中国人民头上的"三座大山"，成立中华人民共和国，建立社会主义制度，探索中国特色社会主义道路，坚定不移高举改革开放旗帜，中国发生了翻天覆地的变化，迎来了从站起来、富起来到强起来的历史性飞跃。

100年来，在中国共产党正确领导下，中国人民筚路蓝缕，历尽艰辛，栉风沐雨，砥砺奋进，开创了彪炳千秋、永载史册的丰功伟绩。

百年恰是风华正茂。党的十八大以来，以习近平同志为核心的党中央提出一系列新理念、新思想和新战略，出台一系列重大方针政策，推出一系列重大举措，推进一系列重大工作，解决了许多长期想解决而没有解决的难题，办成了许多过去想办而没有办成的大事，推动党和国家事业取得历史性成就、发生历史性变革。

2020年，面对突如其来的新冠肺炎疫情和世界经济衰退带来的严重冲击，在以习近平同志为核心的党中央坚强领导下，我们以举国之力与病魔搏斗，经过艰苦努力，付出巨大牺牲，取得抗疫斗争重大战略成果，成为全球唯一正增长的主要经济体，奋力夺取脱贫攻坚战的全面胜利，中国特色社会主义展现出更加广阔前景。党的十九届五中全会审议通过了《中共中央关于制定国民经济和社会发展第十四个五年规划和二〇三五年远景目标的建议》，擘画新发展蓝图，吹响新征程号角，中国特色社会主义伟大事业迈进崭新的历史阶段。推进伟大事业，实现伟大梦想，绝不是轻轻松松、敲锣打鼓就能实现的。前进道路上，我们面临的风险考验只会越来越复杂，甚至会遇到难以想象的惊涛骇浪。面对百年未有之大变局，面对复杂艰巨的任务和挑战，坚决维护习近平总书记党中央的核心、全党的核心地位，坚决维护党中央权威和集中统一领导，是根本的政治任务、政治纪律和政治规矩，是我们的事业不断取得新胜利的根本保证。

历史是最好的教科书，也是最好的清醒剂。我们站在新的历史起点上，抚今追昔，必须铭记建党百年历程蕴含的深刻启示：只要始终坚持马克思主义的指导地位，坚持把马克思主义基本原理同当代中国实际和时代特点紧密结合起来，坚持在中国改革、发展、稳定具体实践中丰富和发展马克思主义，就一定能够不断把马克思主义中国化推向新境界；只要始终坚持中国共产党的领导地位不动摇，坚持中国特色社会主义道路，坚持扎根中国大地、吸纳人类文明优秀成果、独立自主实现国家发展的战略，就一定能够实现中华民族伟大复兴的梦想；只要始终坚持共产主义、社会主义理想信念不动摇，坚持在斗争实践中不断提高政治判断力、政治领悟力、政治执行力，坚持发挥广大党员干部的先锋模范作用，就一定能够不断推进中国特色社会主义伟大事业迈向新阶段；只要始终坚持人民至上、人民立场和人民主体地位不动摇，坚持全心全意为人民服务的根本宗旨，坚持一切为了人民、一切依靠人民，有效激发广大人民群众积极性、主动性、创造性，就一定能够把人民群众的幸福感、获得感、安全感提升到新水平；只要始终坚持把发展作为党执政兴国的第一要务，坚持统筹推进"五位一体"总体布局，协调推进"四个全面"战略布局，坚持贯彻新发展理念，构建新发展格局，就一定能够不断把全面建设社会主义现代化国家和实现"两个一百年"奋斗目标推上新台阶；只要始终坚持高举改革开放旗帜，坚持把以经济建设为中心作为兴国之要、把四项基本原则作为立国之本、把改革开放作为强国之路，坚持解放思想、解放和发展社会生产力、解放和增强社会活力，勇于推进理论创新、实践创新、制度创新以及其他各方面创新，就一定能够不断把改革开放事业推向新境界；只要始终不渝走和平发展道路，奉行互利共赢的开放战略，加强同各国的友好往来，就一定能够不断把人类和平与发展的崇高事业推向前进，以中国理念、中国智慧、中国方案和中国实践为人类作出更大的贡献。

上海是中国共产党的诞生地，也是建党精神的孕育地。在百年历史的演进和传承中，红色文化基因渗透到这座城市的每一寸土地，成为城市最亮丽的底色和最闪亮的名片。上海同时是我国人文社会科学重镇，学科齐全，学者荟萃，学术底蕴深厚。围绕庆祝中国共产党成立100周年的主题，组织发动上海社科界专家学者，立足不同学科背景、学者视角和学术维度，认真回顾和梳理中国共产党百年辉煌历史，深入解读党领导中国革命、建设和改革事业的成功密码，揭示波澜壮阔的历史实践背后深刻的制度逻辑、理论逻辑和现实逻辑，进而助力构建具有中国气派、时代特征、上海特色的哲学社会科学学术话语体系，具有十分重要的理论价值和实践意义。

2017年，在中共上海市委宣传部指导下，上海市社会科学界联合会、上海市哲学社会科学学术话语体系建设办公室、上海市哲学社会科学规划办公室启动实施"建党100周年"系列研究专项。本系列专项坚持"论从史出、史论结合"的研究路径，坚持立足中国实际，以重大问题为导向，以历史研究为支撑，形成具有扎实学理基础的系列研究论著。课题立项后，承担研究任务的复旦大学、华东师范大学、上海社会科学院等上海市相关高校、社科研究机构的专家学者辛勤工作，历时近四年科研攻关，形成了一批既客观准确描述历史，又具有较高学术质量的研究成果。

值此中国共产党百年华诞之际，上海市社会科学界联合会、上海市哲学社会科学学术话语体系建设办公室、上海市哲学社会科学规划办公室从"建党100周年"系列研究专项课题中，筛选出有较强理论阐释力，具有实践指导意义、决策参考作用和史料研究价值的成果，与上海人民出版社合作出版"庆祝中国共产党成立100年专题研究丛书"。该套丛书从多学科、宽领域、广视角，在回顾中国共产党百年历史发展与实践基础上，系统总结中国共产党领导全国人民实现国家富强、民族振兴、人民幸福的伟大成就、历史经验，深入揭示建党百年历史蕴藏的理论逻辑和历史规律，前瞻未来。

本系列丛书是上海市理论社科界庆祝中国共产党百年华诞的最新成果，希望在党史学习教育活动中，能够成为广大党员干部学史明理、学史增信、学史崇德、学史力行的重要参考书目。

是为序。

权　衡

上海市社会科学界联合会党组书记、专职副主席

目 录

导　论

　　中国共产党党内法规制度建设经历了四个阶段：萌芽创建（1921—1949年）、曲折发展（1949—1978年）、全面发展（1978—2012年）和深入推进（2012年至今），积累了丰富的历史经验，一部党内法规制度建设史就是中国共产党全面从严治党史。萌芽创建阶段即民主革命时期，中国共产党制定了包括党章在内的一系列党内法规，为完备的党内法规建设进行了有益的探索，但这一时期，对党内法规的概念、形式、内容的界定比较模糊，党内法规建设深深印刻着苏共和共产国际的烙印。曲折发展阶段即新中国成立至改革开放之前，八大党章是这一时期党内法规建设的最高成果，但是没有得到很好的贯彻执行，"文化大革命"中党内法规建设陷入停顿，党内法治倒退与国家法制惨遭践踏相伴而生。全面发展阶段即改革开放到党的十八大前，党内法规建设稳步恢复。制定了大量的涉及各个领域的党内法规，有关党内民主建设、组织建设、反腐倡廉建设的党内法规数量最多。深入推进阶段即十八大以来新时代党内法规建设。历时两年对党内法规和规范性文件的集中清理；确立了党内法规制度体系建设框架；对党内法规制度建设进行顶层设计，在完成《中央党内法规制定工作五年规划纲要》（2013—2017年）的基础上，2018年颁布《中央党内法规制定工作第二个五年规划》（2018—2022年），着眼于到建党100周年时形成比较完善的党内法规制度体系。（见图1）本书主要梳理新民主主义革命时期、社会主义建设和改革开放时期至十八大以来中国共产党依规治党的历程及经验启示。特别研究党的十八大以来中国共产党在新时代依规治党推向了一个新的理论和实践高度，从"八项规定"的出台到强有力执行，多个准则、条例的颁布，党内法规不断完善，为全面从严治党提供顶层法律法规和党规党纪保障。

　　党内法规制度体系建设涉及党的建设方方面面，是一项系统工程，要坚持问题导向，补齐制度短板。2013年5月，党中央在对《中国共产党党内法规制定程序暂行条例》进行修改的基础上，发布《中国共产党党内法规制定条例》，标志着党内法规制定工作的进一步规范化科学化，使中国共产党首次拥有了党内"立法法"。推动了以党内法规建设为核心环节的党的制度建设，提升党的建设的科学化水平，丰富拓展了执政党建设的新路径。《条例》对党内法规定义为："党内法规是党的中央组织以及中央纪律检查委员会、中央各部门和省、自治区、直辖市党委制定的规范党组织的工作、活动和党员行为的党内规章制度的总称。"①党内法规制度体系具有全面性的特点，从名称看，党内法规的名称为党章、准则、条例、规则、规定、办法、细则等7种类型。《条例》指出，"党章对党的性质和宗旨、路线和纲领、指导思想和奋斗目标、组织原则和组织机构、党员义务和权利以及党的纪律等作出根本规定。准则对全党政治生活、组织生活和全体党员行为作出基本规定。条例对党的某一领域重要关系或者某一方面重要工作作出全面规定。规则、规定、办法、细则对党的某一方面重要工作或者事项作出具体规定"②；从位阶上看，党内法规制度体系包括中央法规、部委法规、地方法规三个层次；从内涵上看，党内法规制度体系包括实体性规范、程序性规范、保障性规范、惩戒性规范等。同时，与该《条例》相配套，颁布了《中国共产党党内法规和规范性文件备案规定》，规范中央纪律检查委员会、中央各部门和省、自治区、直辖市党委制定的党内法规和规范性文件的备案工作，为党内法规制度体系建设的上下协调联动，促进体系建设的系统性、规范性、科学性提供了顶层审查监督依据。

在总结党的十八大以来党内法规制度体系建设的丰富实践和新鲜经验的基础上，2017年6月，出台《中共中央关于加强党内法规制度建设的意见》，第一次对党内法规制度体系这一概念进行了明确界定，规定："党内法规制度体系，是以党章为根本，以民主集中制为核心，以准则、条例等中央党内法规为主干，由各领域各层级党内法规制度组成的有机统一整体。"③《意见》从指导

---

①② 《中国共产党党内法规制定条例》，《人民日报》，2013年5月28日。

③ 新华社北京6月25日电：《关于加强党内法规制度建设的意见》，《人民日报》，2017年6月26日。

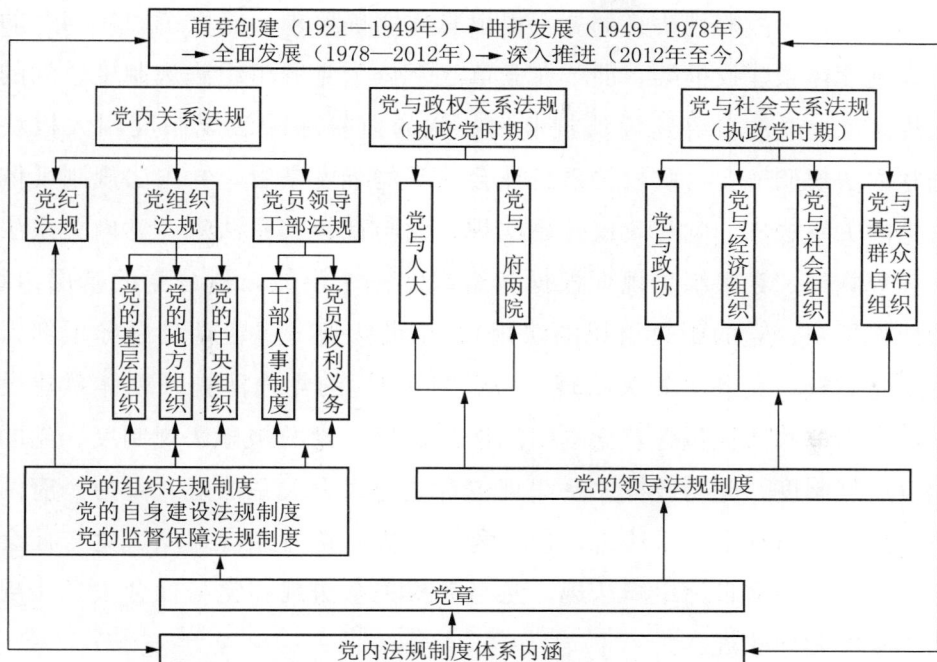

图1　党内法规百年发展历史逻辑①

思想、总体目标、加快构建完善的党内法规制度体系、提高党内法规制度执行力、加强组织领导等方面，对加强新形势下党内法规制度建设提出明确要求、作出统筹部署。《意见》提出，到建党100周年时，形成比较完善的党内法规制度体系、高效的党内法规制度实施体系、有力的党内法规制度建设保障体系，党依据党内法规管党治党的能力和水平显著提高。同时，针对党内法规制度体系建设方面存在的短板问题，在宏观顶层方面强调，要抓党内法规制度制定质量、提高党内法规制度执行力、建设党内法规专门工作队伍和理论研究队伍等。《意见》根据党内法规在党的建设中发挥的地位和作用，以"加快构建完善的党内法规制度体系"为主题，从健全基础主干中央党内法规制度、健全部门和地方党内法规制度、坚持立改废释并举、提高制定质量

---

① 周敬青：《新时代加强党内法规制度体系建设的理论逻辑和实践思考》，《毛泽东邓小平理论研究》2017年第12期。

等四个方面作出战略性决策部署、提出具体明确要求，确立了"1＋4"的党内法规制度体系建设框架，即"在党章之下分为党的组织法规制度、党的领导法规制度、党的自身建设法规制度、党的监督保障法规制度四大板块"；根据党内法规调解党、政权关系、社会关系的维度来看，党内法规制度体系包含党内关系法规、党与政权关系法规、党与社会关系法规。党内关系法规包括党规党纪、党组织法规（根据党组织的三个层级，包含党的基层组织、党的地方组织、党的中央组织的法规）、党员法规（包含党员领导干部人事制度、党员权利义务等相关法规）。从"1＋4"的党内法规制度体系建设框架看，党内关系法规包含着党的组织法规制度、党的领导法规制度、党的自身建设法规制度。党与政权关系法规包含党与人大关系法规、党与一府两院关系法规。党与社会关系法规，包含党与政协、党与经济组织、党与社会组织、党与基层群众自治组织法规。党与政权关系法规和党与社会关系法规共同构成党的领导法规。①

---

① 周敬青：《新时代加强党内法规制度体系建设的理论逻辑和实践思考》，《毛泽东邓小平理论研究》2017 年第 12 期。

第一章　中共创立初期党内法规制度建设

1921 年 7 月，中国共产党第一次全国代表大会召开，宣告中国共产党成立。作为一个按照马克思主义建党原则建立起来的政党，如何加强党的建设，规范党组织的工作、活动和党员行为，保持自身纯洁性与先进性，保持党的战斗力，这是年轻的中国共产党所要面对和思考的问题。党内法规制度是加强党的建设的重要方式和内容，是党永葆先进性与纯洁性的制度保障的集中体现，集中反映党的意志，对于维护党内秩序、规范党内生活、调整党内关系、推进党的建设、确保党团结统一和推进事业发展具有重大意义。

第一节　党内法规制度建设的起步：第一个纲领和第一部章程

中国共产党建党伊始就开始了党内法规①制度建设，制定通过了十余部党内法规，标志着中国共产党党内法规建设的起步。中共创立初期，如何使分布在各地的各级党组织、党员的行为及相互关系得到统一的规范，如何有效指导全党的各项工作，是中国共产党面临的重大现实问题。从 1921 年第一个纲领

---

①　根据 2013 年施行的《中国共产党党内法规制定条例》，党内法规是党的中央组织以及中央纪律检查委员会、中央各部门和省、自治区、直辖市党委制定的规范党组织的工作、活动和党员行为的党内规章制度的总称。实际上，党内法规概念或含义的确定是一个不断发展变化的过程，在 1990 年开始施行的《中国共产党党内法规制定程序暂行条例》之前，党内法规在名称上并没有严格规定。因此，判断是不是党内法规应根据特定的历史时期以及内容加以确定。党的中央组织制定的党内法规称为中央党内法规，本文仅及中央党内法规。在一个很长的时期内，党内法规与党的其他规范性文件并没有严格区分，因此在追溯党内法规的历史时，有时发挥党内法规作用的党的其他规范性文件也应包括在内。

的制定开始，中国共产党在实践中开始摸索通过制定并颁布党内法规来统一规范各级组织和全体党员行为及相互关系、指导全党工作的方法。在当时的历史条件下，党内法规的制定及时回应了革命形势的变化，集中体现了党的集体意志，通过刊行、通告、传达等形式方便、及时、准确地通知到全党各级组织和全体党员，满足了当时形势发展的需要。通过党内法规这种"成文法"形式规范党内关系的传统也得以确立。①

一、第一部正式的党内法规：《中国共产党第一个纲领》

党章源自马克思主义基本原理及其实践。马克思和恩格斯认为，对于无产阶级政党来说，为了完成解放全人类、实现共产主义这一艰巨历史使命，需要有正确的路线、纲领、政策，需要把自己组织成为有统一意志、统一行动、统一纪律的高度集中的战斗集体，这就必须制定一个章程。列宁在领导俄共过程中，不仅重视党章的修改完善，而且根据形势任务需要领导制定了一系列党内法规和法规性文件。

中国共产党是根据马克思主义建党学说的基本原理和列宁的建党原则建立的无产阶级政党。中共一大召开前，我国早期共产主义者就普遍认识到，建立党组织首先要有一个章程。

1921年党的第一次全国代表大会通过的《中国共产党第一个纲领》是中国共产党第一部具有党章性质的党内法规，中国共产党从此有了管党治党的根本大法。它采用条文的形式，共有15条约700字。这份纲领确定了党的名称、奋斗目标、基本政策，提出了发展党员、建立地方和中央机构等组织制度。第一条规定党的名称为"中国共产党"。第二条规定党的纲领是"革命军队必须与无产阶级一起推翻资本家阶级的政权，必须支援工人阶级，直到社会的阶级区分消除为止""承认无产阶级专政，直到阶级斗争结束，即直到消灭社会的阶级区分""消灭资本家私有制，没收机器、土地、厂房和半成品等生产资料，

---

① 王振民、施新洲：《中国共产党党内法规研究》，人民出版社2016年版，第27页。

归社会公有""联合第三国际"。第三条规定党的奋斗目标是"承认党的根本政治目的是实行社会革命"。第四条和第五条还对入党条件、入党手续作了规定："凡承认本党纲领和政策，并愿成为忠实党员的人，经党员一人介绍，不分性别、国籍，均可接收为党员，成为我们的同志。"纲领要求"候补党员必须接受其所在地的委员会的考察，考察期限至少为两个月。考察期满后，经多数党员同意，始得被接收入党。如该地区设有执行委员会，应经执行委员会批准"。第六条规定党员的保密纪律，"在党处于秘密状态时，党的重要主张和党员身份应保守秘密"。第七条至十三条规定党的中央组织和地方组织。第七条规定："凡有党员五人以上的地方，应成立委员会。"对于上下级党组织之间的关系，纲领强调，"地方委员会的财务、活动和政策，应受中央执行委员会的监督"。第十四条规定党员担任公职的限制："党员除非迫于法律，不经党的特许，不得担任政府官员或国会议员。士兵、警察和职员不受此限。"最后一条对修改纲领作了规定："本纲领须经全国代表大会三分之二代表同意，始得修改。"①

二、中共二大通过第一部比较完整的章程

1922 年，中共二大讨论和通过了党的历史上第一部党章——《中国共产党章程》。这部章程是中国共产党第一部比较完整的章程，沿用条文形式，共六章二十九条，约两千多字，即"第一章，党员""第二章，组织""第三章，会议""第四章，纪律""第五章，经费""第六章，附则"。章程第一次详尽地规定了党员条件和入党手续，对党的组织原则、组织机构、党的纪律和制度也都作了具体的规定。②中共一大通过的纲领中，笼统地规定了党的地方执行委员会和中央执行委员会的构成条件，至于产生的办法管辖的范围及权限、每届的任

---

① 中央档案馆编：《中国共产党第一个纲领》，《中共中央文件选集》第 1 册，中共中央党校出版社 1989 年版，第 3—5 页。

② 中央档案馆编：《中国共产党章程》，《中共中央文件选集》第 1 册，中共中央党校出版社 1989 年版，第 93—98 页。

期都没有提及，但这两项之后都注明需要"另订"。①到 1922 年 7 月党的第二次全国代表大会时，《中国共产党章程》作了补充，完成了这两项任务。②

二大党章不含"纲领"的内容，但在大会通过的《中国共产党第二次全国代表大会宣言》中，规定了党的政治纲领、奋斗目标、党的性质等内容。强调"用阶级斗争的手段，建立劳农专政的政治，铲除私有财产制度，渐次达到一个共产主义的社会。"这是党的最高纲领。党的最低纲领是"消除内乱，打倒军阀，建设国内和平""推翻国际帝国主义的压迫，达到中华民族完全独立"等。③

与中共一大通过的《中国共产党第一个纲领》相比，中共二大通过的章程无论在形式还是在内容上都具备了法规的特征。在形式上，二大党章有正文与附则两个部分，正文规定党员、组织、会议、纪律、经费五个部分的内容；而附则则明确规定修改权与解释权，并明确规定生效日期。

第二节　中共创立初期对组织法规、领导法规等的探索

在中国共产党创立初期不到两年的时间里，除党章外，党还制定了九部党内法规或包含法规内容的文件。它们是：《中国共产党第一个决议》（1921 年 7 月）、《中国共产党中央局通告——关于建立与发展党团工会组织及宣传工作等》（1921 年 11 月），以及中共二大通过的《关于"世界大势与中国共产党"的议决案》《关于议会行动的决案》《关于"工会运动与共产党"的议决案》《关于少年运动的决议案》《关于妇女运动的决议》《关于共产党的组织章程决

---

① 中央档案馆编：《中国共产党第一个纲领》，《中共中央文件选集》第 1 册，中共中央党校出版社 1989 年版，第 4 页。

② 中央档案馆编：《中国共产党章程》，《中共中央文件选集》第 1 册，中共中央党校出版社 1989 年版，第 94—95 页。

③ 中央档案馆编：《中国共产党第二次全国代表大会宣言》，《中共中央文件选集》第 1 册，中共中央党校出版社 1989 年版，第 115—116 页。

议案》《中国共产党对于目前实际问题之计划》等。分析梳理这一时期的党内法规，可以看到主要内容集中在以下几个方面：

一、组织法规逐渐成形

党组织的健全和完善是一个政党走向成熟完善的重要因素。组织建设是党的自身建设的一个重要方面。中国共产党建立后，许多党内法规对党的各级组织的产生和职责作了规定，对组织原则民主集中制建设、党的基层组织建设和党员队伍建设等方面作了规范。

1921 年中共一大仅对地方委员会和中央执行委员的设立作了规定。《中国共产党第一个纲领》规定，"凡有党员五人以上的地方，应成立委员会""凡是党员不超过十人的地方委员会，应设书记一人；超过十人的应设财务委员、组织委员和宣传委员各一人；超过三十人的，应从委员会的委员中选出一个执行委员会"。党员在五百人以上或同一地方有五个委员会时，"应由全国代表会议委派十人组成执行委员会。如上述要求不能实现，应成立临时中央执行委员会"。①中共一大考虑到当时党员数量少和地方组织还不健全的情况，党仅就地方委员会和中央执行委员会作了简单的规定。此后随着党员增加、各地组织的建立，党章对党的组织系统的规定逐渐严密、完善。

二大党章将党的组织系统划分为：组—地方支部—区执行委员会—中央执行委员会。"凡有党员三人至五人均得成立一组，每组公推一人为组长，隶属地方支部""一地方有两个干〔支〕部以上，经中央执行委员会之许可，区执行委员会得派员至该地方召集全体党员大会或代表会，由该会推举三人组织该地方执行委员会，并推举候补委员三人""各区有两个地方执行委员会以上，中央执行委员会认为有组织区执行委员会必要时，即派员到该区召集区代表会，由该代表会推举五人组织该区执行委员会，并推举候补委员三人""中央

---

① 中央档案馆编：《中国共产党第一个纲领》，《中共中央文件选集》第 1 册，中共中央党校出版社 1989 年版，第 4 页。

执行委员会由全国代表大会选举五人组织之，并选举候补委员三人"。①

从二大党章开始，党的各级组织的职责被纳入党内法规规定的范围。如对党的基层组织的"组"，二大党章规定："各组组织，为本党组织系统，训练党员及党员活动之基本单位，凡党员皆必须加入。"②二大党章对中央执行委员会和地方委员会的职责也作了规定："中央执行委员会执行大会的各种决议，审议及决定本党政策及一切进行方法；区及地方执行委员会执行上级机关的决议并在其范围及权限以内审议及决定一切进行方法；各委员会均互推委员长一人总理党务及会计；其余委员协同委员长分掌政治，劳动，青年，妇女等运动。""大会或中央执行委员会议决之各种议案及各地临时发生之特别问题，区及地方执行委员会均得指定若干党员组织各种特别委员会处理之，此项特别委员会开会时，须以各该执行委员会一人为主席。"③

从二大党章开始，党的地方组织的日常活动在相关的党内法规内也作了规定。如二大党章要求各组每星期由组长召集会议一次；各支部每月必须召集全体党员或组长会议一次；各地方由执行委员会每月召集干部会议一次；每半年召集本地方全体党员或组长会议一次；各区每半年由执行委员会定期召集代表大会一次；全国代表大会每年由中央执行委员会定期召集一次。④

中共创立初期，通过制定有关党内法规，规范党的组织结构和党组织内部关系，明确职责，为党的建设和发展奠定了良好的基础。

民主集中制是中国共产党的根本组织原则和活动原则。中共二大实质上确立了民主集中制原则。1922年7月，中共二大在党的组织建设上迈出了关键的一步。会议通过了《中国共产党加入第三国际决议案》和《关于共产党的组织章程决议案》，标志着中国共产党按照布尔什维克党的组织原则，确立了实质上的民主集中制。"定期选举产生权力""少数服从多数""下级服从上级""党

① 中央档案馆编：《中国共产党章程》，《中共中央文件选集》第1册，中共中央党校出版社1989年版，第93—94页。

② 同上书，第94页。

③④ 同上书，第95页。

的严格纪律"等民主集中制的根本原则都写入首部党章。二大党章肯定了一个"集中权力"的中央机构——中央执行委员会，在第九条规定："中央执行委员会执行大会的各种决议，审议及决定本党政策及一切进行方法"，并在第十七条中注明"在全国大会闭会期间，中央执行委员会为最高机关"，以纪律确立了中央在全党的权力地位。在"中央集权"的前提下，章程规范了中央与地方之间的权力关系，第十八条规定："全国大会及中央执行委员会之议决，本党党员皆须绝对服从之"；第十九条规定："下级机关须完全执行上级机关之命令，不执行时，上级机关得取消或改组之"；第二十条赋予下级机关对上级机关命令的抗辩权，"但在未判决期间均须执行上级机关之命令"；第二十一条规定："区或地方执行委员会及各组均须执行及宣传中央执行委员会所定政策，不得自定政策"，如果"区或地方执行委员会所发表之一切言论倘与本党宣言章程及中央执行委员会之议决案及所定政策有抵触时，中央执行委员会得令其改组之"；第十五条规定："中央执行委员会得随时派员到各处召集各种形式的临时会议，此项会议应以中央特派员为主席"，这是党内确认的中央特派员的由来；第二十五条列出了必须开除的党员违纪情况，排在第一位的即是"言论行动有违背本党宣言章程及大会各执行委员会之议决案"。①

在民主层面，二大党章也有具体内容，第七条规定："中央执行委员会由全国代表大会选举五人组织之"；第八条则明确中央及地方委员实行任期制，"中央执行委员会任期一年，区及地方执行委员会任期均半年"，与之相匹配的第十一条对委员会的产生时间作出规定，"各区，每半年由执行委员会定期召集本区代表大会一次，全国代表大会每年由中央执行委员会定期召集一次"。作为民主集中制中"民主"元素的核心，第二十四条明确规定："本党一切会议均取多数，少数绝对服从多数"。②

中共一大召开时，全国只有50多名党员。由于党员人数少，党的组织设置很不健全，当时只设立了中央和地方两级组织。中央组织决定暂不设立中央执行

---

① 中央档案馆编：《中国共产党章程》，《中共中央文件选集》第1册，中共中央党校出版社1989年版，第94—97页。

② 同上书，第93—97页。

委员会，只设立中央局作为中央的临时领导机构，一大选举陈独秀、张国焘、李达组成中央局，选举陈独秀担任书记，张国焘负责组织工作，李达负责宣传工作。而地方组织则是党的地方委员会。党的纲领并没有规定建立党的基层组织。

到1922年6月底，全国的党员人数已由中共一大时的50多人，发展到了195人。随着党员人数的增加，建立党的基层组织便摆上了议事日程。中共二大通过的《中国共产党章程》对基层组织作了规定。章程第四条规定，农村、工厂、铁路、矿山、兵营、学校等机关及附近，"凡有党员三人至五人均得成立一组，每组公推一人为组长，隶属地方支部（如各组所在地尚无地方支部时，则由区执行委员会指定隶属邻近之支部或直隶区执行委员会；未有区执行委员会之地方，则直接受中央执行委员会之指挥监督）"。在党章规定的四个层次的组织系统中，组处于最基层的地位。"各组组织，为本党组织系统，训练党员及党员活动之基本单位，凡党员皆必须加入。"①可见，组是当时中共的最基本单位，也是党的基层组织的最初形态。

每个地方按照《中国共产党章程》建立了党的基本单位——组，这样的组当时共有70多个。

对真正的无产阶级政党来说，党员的质量标志着党政治上的先进性和组织上的纯洁性。《中国共产党第一个纲领》对吸收党员作了明确规定，其第四条规定："凡承认本党纲领和政策，并愿成为忠实党员的人，经党员一人介绍，不分性别、国籍，均可接收为党员，成为我们的同志。但在加入我们的队伍之前，必须与企图反对本党纲领的党派和集团断绝一切联系。"一大纲领还对入党手续也作了相应规定，"候补党员必须接受其所在地的委员会的考察，考察期限至少为两个月。考察期满后，经多数党员同意，始得被接受入党"。②《纲领》中的这些规定突出了党员必须对党忠诚和坚决拥护党纲的原则，同时保证了党员的先进性。1922年中共二大讨论通过的《中国共产党章程》，第一次详

---

① 中央档案馆编：《中国共产党章程》，《中共中央文件选集》第1册，中共中央党校出版社1989年版，第93—94页。

② 中央档案馆编：《中国共产党第一个纲领》，《中共中央文件选集》第1册，中共中央党校出版社1989年版，第3—4页。

尽规定党员条件和入党手续。章程规定了严格的入党手续，主要是为了从组织制度上保证把确实具备党员条件的优秀分子吸收到党内来。因此，入党时，须有党员介绍，并要经过逐级上报的审查手续。这对防止投机分子和不够条件的人入党，是十分必要的。列宁认为所有共产党员都应该参加党的一个组织，遵守纪律和接受教育，二大党章坚持了列宁的建党思想，突出强调党员必须加入党的一个组织。第四条规定："各级组织，为本党组织系统，训练党员及党员活动之基本单位，凡党员皆必须加入。"[①]表明中国共产党是有严密组织和严格纪律的队伍。《章程》强调党员的义务，虽然没有以专章或分项的形式写明党员义务，但规定党员有承认党的宣言及章程、忠实为党服务、服从党的决议、遵守党的纪律、保守党的秘密、按期缴纳党费等义务，对党员享有的权利却没有提及。如第一条规定："凡承认本党宣言及章程并愿忠实为本党服务者，均得为本党党员。"第二十二条规定："凡党员若不经中央执行委员会之特许，不得加入一切政治的党派。其前已隶属一切政治的党派者，加入本党时，若不经特许，应正式宣告脱离。"第二十三条规定："凡党员若不经中央执行委员会之特许，不得为任何资本阶级的国家之政务官。"第二十五条规定："凡党员有犯左列各项之一者，该地方执行委员会必须开除之：（一）言论行动有违背本党宣言章程及大会各执行委员会之议决案；（二）无故连续二次不到会；（三）欠缴党费三个月；（四）无故联续四个星期不为本党服务；（五）经中央执行委员会命令其停止出席留党察看期满而不改悟；（六）泄漏本党秘密。"[②]这些规定凸显的是对党员的规范和约束，为党在当时严酷的环境中生存发展提供了保障。

二、党对各项工作的领导法规不断丰富

中国共产党成立后，十分注重实际斗争，领导各地党组织迅速开展各项工作。

---

①　中央档案馆编：《中国共产党章程》，《中共中央文件选集》第 1 册，中共中央党校出版社 1989 年版，第 94 页。

②　同上书，第 93—98 页。

中国共产党是马克思列宁主义与中国工人运动相结合的产物。中国工人运动的产生、存在和发展，成为中国共产党得以诞生的必要条件之一。同纲领规定的奋斗目标相适应，大会要求党集中力量领导工人运动，首先是组织工会，加强对工会的领导和控制。中共一大通过的《中国共产党第一个决议》规定："本党的基本任务是成立产业工会。凡有一个以上产业部门的地方，均应组织工会；在没有大工业而只有一两个工厂的地方，可成立比较适于当地条件的工厂工会。""党应特别机警地注意，勿使工会执行其他的政治路线。对于手工业工会，应迅速派出党员，尽快进行改组工作。拥有会员二百人以上方能成立工会，而且至少要派我党党员二人到该工会去工作。"①

根据决议精神，为了领导中国工人运动，1921 年 8 月 11 日，成立中国劳动组合书记部，这是中国共产党领导工人运动的公开机构。从成立开始，中国劳动组合书记部向工人进行了马克思主义的启蒙教育，为了取得组织工会的合法权利，领导工人进行罢工斗争，形成了中国工人运动的第一次高潮。虽然北洋军阀统治区的工人运动，不是用共产党的名义，而是用中国劳动组合书记部的名义开展的，但实际上中国劳动组合书记部及分部的负责人，大多是由中共中央局及各地方组织的负责人兼任的。如中国劳动组合书记部成立后，张国焘任书记部主任。不久，相继在各地建立分部。在北京建立北方分部，由罗章龙任主任；在汉口建立武汉分部，包惠僧、林育南先后任主任；在长沙建立湖南分部，由毛泽东任主任；在广州建立广东分部，谭平山、阮啸仙先后任主任。此外，在济南建立山东支部（后与北方支部合并），主任是王尽美。1922 年 8 月，总部从上海迁往北京后，在上海也建立了分部。各分部在本地区开设工人夜校，创办工人刊物，领导罢工斗争，对工人运动的发展起了重要作用。

中共成立后，在以主要精力领导工人运动的同时，对青年运动也十分重视，将其作为党的活动的重要组成部分。1921 年 11 月，中国共产党中央局发布关于建立与发展党团工会组织及宣传工作的通告，其中规定"全国社会主义

① 中央档案馆编：《中国共产党第一个决议》，《中共中央文件选集》第 1 册，中共中央党校出版社 1989 年版，第 6 页。

青年团必须在明年七月以前超过二千团员"、"关于青年……运动，请各区切实注意；'青年团'……改造宣言及章程日内即寄上，望依新章从速进行"。①这是当时只有 50 多名党员的中国共产党，高瞻远瞩重视和抓好青年工作的战略部署。

中国共产党把争取妇女的彻底解放作为反封建斗争的一项主要内容，并把组织和领导妇女运动列为党的一项重要工作。中共二大通过了《关于妇女运动的决议》，是中国妇女运动史上第一个以政党名义作出的关于妇女问题的决议。决议分析了在不同社会制度下妇女的不同地位，指出：十月革命后的俄国"妇女们在无产阶级专政之下五年功夫所得的自由和平等，远过于妇女们在欧洲资产阶级专政之下经过一世纪奋斗的结果。这便可证明妇女解放要在社会主义的社会，才得完全实现"。决议提出，"中国共产党除努力保护女劳动者的利益而奋斗——如争得平等工价，制定妇孺劳动法等之外并应为所有被压迫的妇女们的利益而奋斗。"决议还提出中国共产党领导妇女运动的任务是"帮助妇女们获得普通选举权及一切政治上的权利与自由""保护女工及童工的利益"，还要"打破旧社会一切礼教习俗的束缚"。②

中国妇女运动在中国共产党的领导下，得到迅速发展，出现了崭新的面貌。广大妇女争取自身解放的觉悟明显提高，群体意识大为增强，成为反对帝国主义、反对封建主义斗争的一支重要力量。

三、党的自身建设法规取得初步成效

中国共产党成立后，在发动和领导革命斗争的过程中，开始注意加强自身的建设，在政治建设、思想建设、组织建设、作风建设和纪律建设上制定和出台了一些党内法规制度，取得初步的成效。

---

① 中央档案馆编：《中国共产党中央局通告——关于建立与发展党团工会组织及宣传工作等》，《中共中央文件选集》第 1 册，中共中央党校出版社 1989 年版，第 26—27 页。

② 中央档案馆编：《关于妇女运动的决议》，《中共中央文件选集》第 1 册，中共中央党校出版社 1989 年版，第 87—88 页。

1. 政治建设法规从无到有、从隐到显

党的政治建设是党的根本性建设，决定党的建设的方向和效果。

无产阶级政党的政治建设，主要是指马克思主义者运用科学的立场、观点和方法，来分析社会的政治经济状况，在此基础上科学制定党的政治纲领、政治路线以及各项方针、政策，使之得到有效的贯彻执行。具体到中国共产党而言，党的政治建设就是指紧紧围绕坚持政治方向、政治路线、政治原则而进行的自身建设，以制定和执行党的政治纲领、政治路线和方针政策为主要内容，旨在保证全党在政治上的高度一致。①

在新民主主义革命时期，中国共产党的政治建设经历了一个从无到有、从隐到显，逐步明确、愈益重视和自觉强化的发展过程。中国共产党自诞生之日起，就是严格以马克思列宁主义之建党原则建立起来的无产阶级政党，"共产党唯靠极集中的组织，铁的纪律（即采用军队的纪律）和全体战士一致给中央机关以广大的权力，过余的信任，使得执行一种不可抗辩的威权"②凸显其政治性。1922年中共二大通过的《中国共产党第二次全国代表大会宣言》，提出党的最高纲领和最低纲领，其中提到"要组织无产阶级，用阶级斗争的手段，建立劳农专政的政治，铲除私有财产制度，渐次达到一个共产主义的社会"。③这都是我们党在建党初期讲政治的最初体现。

坚持和维护中央权威和集中统一领导是党的政治建设的首要任务，中共从成立之初，就强调全党服从中央，并把它作为维护党中央权威和集中统一领导的基本规定。中共一大通过的《中国共产党第一个决议》就提到："任何出版物，无论是中央的或地方的，均不得刊登违背党的原则、政策和决议的文章。"④中共

---

① 柳建辉：《中国共产党加强政治建设的历史考察与启示》，《中共宁波市委党校学报》2019年第5期。

② 中共中央文献研究室、中央档案馆编：《建党以来重要文献选编（1921—1949）》第1册，中央文献出版社2011年版，第144页。

③ 同上书，第133页。

④ 中央档案馆编：《中国共产党第一个决议》，《中共中央文件选集》第1册，中共中央党校出版社1989年版，第7页。

二大通过的第一部党章，规定"全国大会及中央执行委员会之议决，本党党员皆须绝对服从之"。①

2. 思想建设法规使马克思主义理论与中国革命的具体情况初步结合

从思想上建党，是马克思主义建党学说的一条重要原则。马克思、恩格斯十分重视革命理论的指导作用，强调党员要接受无产阶级世界观，其他阶级成员加入共产党，要放弃原来的非无产阶级世界观。列宁在创建俄国新型无产阶级政党的过程中，强调用马克思主义武装工人阶级的重要性，指出马克思主义不能在工人中自发产生，必须自觉向工人灌输。

中国共产党创立一个很大的特点就是党在理论上准备不足，大多数党员是先入党而后学习马克思主义，先投入斗争实践而无暇顾及理论研究，造成党内大多数人缺乏对马克思主义理论的深刻了解。也就是说，理论准备，理论信仰是先天不足的，所以，党在建立后，鉴于当时党外各种思潮纷然杂陈的社会状况和党内知识分子占绝大多数的自身特点，中国共产党从一开始就注重思想理论建设对党的建设的导向作用，通过制定党内法规和规范性文件，加强思想建设。

首先从思想上建党，注重从思想理论方面来加强党的建设，用马克思列宁主义理论体系武装全党，改造和克服党内一切非无产阶级思想，并且把马克思主义理论与中国革命的具体情况相结合，创建适合中国国情的新理论，并且用这一理论武装全党。

其次，明确以马克思列宁主义为党的指导思想。中共一大通过的纲领和决议、明确提出"承认无产阶级专政，直到阶级斗争结束，即直到消灭社会的阶级区分""本党承认苏维埃管理制度，把工农劳动者和士兵组织起来，宣传共产主义，并承认党的根本政治目的是实行社会革命"。②中共二大强调"中国共

---

① 中央档案馆编：《中国共产党章程》，《中共中央文件选集》第1册，中共中央党校出版社1989年版，第96页。

② 中央档案馆编：《中国共产党第一个纲领》，《中共中央文件选集》第1册，中共中央党校出版社1989年版，第3页。

产党是中国无产阶级政党。他的目的是要组织无产阶级，用阶级斗争的手段，建立劳农专政的政治，铲除私有财产制度，渐次达到一个共产主义的社会"。①这是当时传入中国的任何其他思想和理论所不具备的，因此，党从一开始，就是一个以马克思列宁主义的理论为基础的党。

第三，开展马克思主义理论的宣传教育。1921年11月，陈独秀以中央局书记的名义签署，向全国各地党组织发出《中国共产党中央局通告》，通告对近期党、团组织的发展以及工人运动、宣传出版工作等提出了具体的计划和要求，"中央局宣传部在明年七月以前，必须出书（关于纯粹的共产主义者）二十种以上""关于青年及妇女运动，请各区切实注意；'青年团'及'女界联合会'改造宣言及章程日内即寄上，望依新章从速进行。"②

根据通告的计划和要求，中央局和各地党组织积极开展工作。一是创办出版社和刊物，宣传马克思主义。1921年9月党在上海创办了党的第一个出版机构——人民出版社，由李达负责，在一年多时间里，先后出版《共产党宣言》《马克思〈资本论〉入门》《列宁传》等近二十种书籍，对宣传马克思主义发挥了重要作用。而除继续办好《新青年》《共产党》外，又编辑出版了党的机关刊物《向导》以及《劳动周刊》、《先驱》等进步刊物，译介宣传马克思主义理论。二是创办工人学校和党校。1921年邓中夏在长辛店创办劳动补习学校，董必武、陈潭秋在武汉创办工人识字班。1921年8月毛泽东在长沙创办党史上第一所研究宣讲马克思主义的干部学校——湖南自修大学。三是派遣党团员深入工人中，宣传马克思主义。于是党早期许多优秀党团员深入工人群众中，普及马克思主义，启发工人觉悟，帮助工人党员学习马克思主义基本原理。正是由于党重视马克思主义理论教育，启发了工人阶级的觉悟，从而掀起了第一次工人运动高潮和轰轰烈烈的国民革命浪潮。

---

① 中央档案馆编：《中国共产党第二次全国大会宣言》，《中共中央文件选集》第1册，中共中央党校出版1989年版，第115页。

② 中央档案馆编：《中国共产党中央局通告》，《中共中央文件选集》第1册，中共中央党校出版社1989年版，第26—27页。

3. 作风建设法规开始起步

无产阶级政党的作风建设是马克思主义和科学社会主义理论的重要内容之一，它关系党的性质及其事业的前途。党的作风是党的形象，是党的性质、宗旨、纲领、路线的重要体现，是党的创造力、战斗力和凝聚力的重要内容。中国共产党历来重视自身的作风建设，这也是中国共产党成立近一百年不断取得胜利的政治优势和法宝。

中国共产党成立后，主要精力都放在思想建设和组织建设上，从党的一大、二大成立的中央领导机构除陈独秀担任中央局书记、中央执行委员会委员长外，另各有两位同志负责党的宣传和组织工作就可以看出。但这并不是说中共在创立初期在作风建设上无所作为。虽然在中共创立初期党的各类文件，包括党内法规中并没有出现"作风"这个字眼，也没有对这个概念作出具体阐释，但在党内文件，包括党内法规中包含有大量的作风建设的思想和实践。

运用马克思主义研究中国实际。中国共产党在成立后的近两年里，通过对马克思主义的学习和革命斗争的实践，开始注意理论联系实际，把马克思主义的基本原理与中国革命的实际结合起来，尝试用来认识和解决中国革命的一系列具体问题。中共一大通过的《中国共产党第一个决议》重视工人运动，明确提出党要深入工厂、工人之中，组织工会，推动工人运动："本党的基本任务是成立产业工会。"[1]并且强调，党应该推动工会组织成立研究机构，而这类研究机构研究的内容包括工人运动史、组织工人的方法、马克思的经济学说、各国工人运动的现状，"应特别注意中国本国的工人运动问题"。[2]这实际上是要求在学习、研究马克思主义时，必须与中国工人运动的实际情况相结合。1922年，中共二大针对工人运动中的不足提出："切实研究这种现状，集中，扩大和正当指挥这种运动，是中国共产党的根本任务"。[3]

---

[1]　中央档案馆编：《中国共产党第一个决议》，《中共中央文件选集》第 1 册，中共中央党校出版社 1989 年版，第 6 页。

[2]　同上书，第 7、8 页。

[3]　中央档案馆编：《关于"工会运动与共产党"的议决案》，《中共中央文件选集》第 1 册，中共中央党校出版社 1989 年版，第 76 页。

1922 年 6 月，中共中央发表《中国共产党对于时局的主张》，分析了国家帝国主义和中国封建军阀的历史和现状、中国内忧外患的根源，指出解决时局问题的关键。《主张》还指出，要完成无产阶级目前迫切的任务，就必须和其他革命力量组成联合战线。这是中国共产党运用马克思主义分析中国社会状况，解决中国革命问题的新起点。正是由于中国共产党人在创建初期开始意识并实际运用研究和分析中国革命的实际问题，中共二大才能提出切合中国实际的反帝反封建的民主革命纲领。

深入群众，发动群众。党的作风建设的核心是密切党与人民群众的血肉联系。密切联系群众是我们党的三大优良作风之一，更是我党最大的政治优势。

密切联系群众是这一阶段党的作风建设的主要内容。我们党的很多早期领导都看到了群众的力量。作为中共的早期领袖，陈独秀是较早承认群众作用的，承认群众是改造社会的工具，承认阶级斗争的必要性，承认群众的历史主体性。他在批评国民党不重视民众、不重视民众运动中指出："国民党诸君！保障民族民权是国民党人唯一的使命，……第二要将奉行这个使命的基础建设在每个民众革命的行动上面，勿失去一个参加民众运动的机会，万不可单单建设在军事行动上面，造成新的军阀，站在被革命的地位！"[1]他还批评蔡元培"眼中只看见一班无良心无能力的学者官吏，而不看见全国有良心有能力的士农工商大民众"，还说"这可以说是中国领袖人物轻视民众的一个共同缺点"。所以，陈独秀正告"蔡校长及一般国民：革命的事业必须建设在大民众积极运动的力量上面，依赖少数人消极的拆台政策来打倒恶浊政治未免太滑稽了，太幼稚了，而且太空想了。"[2]

早在 1919 年 7 月，毛泽东在《湘江评论》的《创刊宣言》中，就提出了"民众联合的力量最强"的重要观点。[3]在《民众的大联合》中，毛泽东则提出

---

[1] 《反动政局与各党派》，《陈独秀文集》第 2 卷，人民出版社 2013 年版，第 311 页。

[2] 《评蔡校长宣言》，《陈独秀文集》第 2 卷，人民出版社 2013 年版，第 321 页。

[3] 《毛泽东早期文稿》，湖南出版社 1995 年版，第 292 页。

了一切革命成败的关键在于是否发动群众并实行巩固的联合的重要思想。①

　　在陈独秀群众观的影响和指导下，1921 年 7 月，中共一大通过的《中国共产党第一个纲领》第三条提出："把工农劳动者和士兵组织起来"。②中共二大就明确提出，"我们既然是为无产群众奋斗的政党，我们便要'到群众中去'要组成一个大的'群众党'""党的一切运动都必须深入到群众里面去"。③此外，在中共创立初期出台的多个党内法规中，都明确了党是人民群众利益的代表，要深入群众，领导群众运动。"工人阶级的利益在中国共产党占第一位。我们加入民主革命的阵线，完全是以他为达到工人阶级夺得中国政权的一步过程"④，"中国共产党为代表中国无产阶级及贫苦农人群众的利益而奋斗的先锋军"、"本党议员必须常常保持与群众的直接接触，每年必须到选举他的区域往返几次，召集选民开种种会议，演说政治经济国际等情形及访察群众的新要求"。⑤这说明年轻的中国共产党已经认识到：进行无产阶级革命必须结合并应用马克思主义的群众观点，联系人民群众，必须发动群众、依靠群众。共产党员深入群众中去，这些都为以后党形成密切联系群众的作风奠定了理论基础。为了发动群众，中国共产党制定了动员各类群众参加革命运动的政策和党内法规等。1922 年，中共二大制定了《关于"工会运动与共产党"的议决案》《关于少年运动问题的决议案》《关于妇女运动的决议》等党内法规。

　　4. 重视纪律建设，有关党内法规不断出台

　　早在 1859 年，马克思在致恩格斯的信中就谈到，"我们现在必须绝对保持

---

　　①　《毛泽东早期文稿》，湖南出版社 1995 年版，第 338 页。

　　②　中央档案馆编：《中国共产党第一个纲领》，《中共中央文件选集》第 1 册，中共中央党校出版社 1989 年版，第 8 页。

　　③　中央档案馆编：《关于共产党的组织章程决议案》，《中共中央文件选集》第 1 册，中共中央党校出版社 1989 年版，第 90 页。

　　④　中央档案馆编：《关于"国际帝国主义与中国和中国共产党"的决议案》，《中共中央文件选集》第 1 册，中共中央党校出版社 1989 年版，第 63 页。

　　⑤　中央档案馆编：《关于议会行动的决案》，《中共中央文件选集》第 1 册，中共中央党校出版社 1989 年版，第 74—75 页。

党的纪律，否则将一事无成"。①列宁也说过，"无产阶级的无条件的集中制和极严格的纪律，是战胜资产阶级的基本条件之一"。②我们党作为一个无产阶级政党，继承了马克思、恩格斯对无产阶级政党的基本要求，特别强调纪律建设。从建党之初，我们党就加强纪律建设，强调严明的纪律和规矩。中共一大召开时，陈独秀给出席会议代表写信。他在信中提出几点意见，希望会议郑重地讨论。"一曰培植党员；二曰民主主义之指导；三曰纪律；四曰慎重进行发动群众。"③从这里可以看出，陈独秀对纪律建设的重视。

中共一大召开期间，与会代表围绕着是要将中国共产党建设成为一个有严格组织纪律的战斗力很强的无产阶级政党，还是仅仅作为一个松散的、来去自由的研究团体展开了争论，大多数代表认为党应该成为有战斗能力及有纪律性的政党。

由于中国共产党的大多数创始人对纪律的重要性有着一定的认识，所以中共一大通过的一些党内法规对政治纪律、组织纪律等有所规定。如一大通过的《中国共产党第一个纲领》虽然没有单列"纪律章"，但其中有多条涉及党的纪律，对加强党组织的管理、党员的入党条件提出了硬性规定。如在组织纪律方面规定，"在加入我们队伍之前，必须与企图反对本党纲领的党派和集团断绝一切联系"，"党员除非迫于法律，不经党的特许，不得担任政府官员或国会议员"。在工作纪律方面，对党员提出保守秘密的要求，"在党处于秘密状态时，党的重要主张和党员身份应保守秘密"。④

在政治纪律方面，中共一大通过的《中国共产党第一个决议》明确规定，"任何出版物，无论是中央的或地方的，均不得刊登违背党的原则、政策和决

---

① 《马克思恩格斯全集》第 29 卷，人民出版社 1972 年版，第 413 页。

② 《共产主义运动中的"左派"幼稚病》，《列宁专题文集——论无产阶级政党》，人民出版社 2009 年版，第 245 页。

③ 《陈独秀致中共一大代表信》，载人民网，http://cpc.people.com.cn/GB/64162/64168/64553/4427956.html，2018-08-09。

④ 中央档案馆编：《中国共产党第一个纲领》，《中共中央文件选集》第 1 册，中共中央党校出版社 1989 年版，第 4—5 页。

议的文章"，①这实际上是强调在宣传工作中要遵守政治纪律。

在中共一大至二大召开期间，从党的文件、报告中多次强调党的纪律并且出台有关纪律的党内法规，可以看出党的领导人对加强纪律重要性的认识。虽然在当时制定的党内法规中并没有专门系统地论述纪律建设，但值得一提的是中国共产党的青年组织——中国社会主义青年团在 1922 年 5 月召开的第一次全国代表大会制定的《中国社会主义青年团章程》中专设"纪律"一章，对团的纪律作了比较系统完整的规定。

由于中国共产党还处于初创阶段，缺乏革命斗争经验，一大党纲对纪律建设的规定并不全面，对执纪机构、惩戒措施也没有规定，纪律执行也得不到有力保障。所以，在党员出现纪律问题后，对如何处理无规可依，有时只好不了了之。如中共一大召开后，在陈独秀从广东返回上海前，担任中国共产党中央执行委员会代理书记的周佛海的恋爱风波引起党内一些争论。1921 年 7 月，已经结婚的周佛海又与一位上海富商之女发生婚外情。党内一些同志认为周佛海的婚外情已经影响到革命工作，造成不良影响，采取不赞成的态度。但由于党内并没有生活作风方面的党内法规，周佛海还认为自己是反对封建包办婚姻，且自由恋爱纯属私事，其他人士小题大做，此事最后也就不了了之。②

1922 年 7 月召开的中共二大发展了一大关于党的纪律建设的有关规定。

第一次强调纪律建设的重要性，首次在党章中设立"纪律"专章。在通过的一些党内法规中，多次强调纪律建设的重要性，"凡一个革命的党，若是缺少严密的集权的有纪律的组织与训练，那就只有革命的愿望便不能够有力量去做革命的运动""要有集权精神与铁似的（纪）律，才免得安那其的状态"。③特别是二大通过了中国共产党第一部党章，首次设立"纪律"专章，提出了九条纪

---

①　中央档案馆编：《中国共产党第一个决议》，《中共中央文件选集》第 1 册，中共中央党校出版社 1989 年版，第 7 页。

②　张国焘：《我的回忆》第 1 册，东方出版社 1998 年版，第 153—155 页。

③　中央档案馆编：《关于共产党的组织章程决议案》，《中共中央文件选集》第 1 册，中共中央党校出版社 1989 年版，第 90—91 页。其中，"安那其"的状态指无政府的状态，英文为 Anarchism，又译作无政府主义。

律要求。这表明当时中国共产党的创始人已经充分认识到只有加强纪律，才能统一意志、统一行动、统一步调。

在中共二大通过的党内法规对纪律的规定涉及政治纪律、组织纪律、群众纪律、工作纪律等方面内容：

（1）严明政治纪律。政治纪律是最重要、最根本、最关键的纪律。在二大通过的党内法规中，多处强调要遵守政治纪律。"无论何时何地个个党员的言论，必须是党的言论，个个党员的活动，必须是党的活动；不可有离党的个人的或地方的意味。"①"区或地方执行委员会及各组均须执行及宣传中央执行委员会所定政策，不得自定政策，凡有关系全国之重大政治问题发生，中央执行委员会未发表意见时，区或地方执行委员会，均不得单独发表意见，区或地方执行委员会所发表之一切言论倘与本党宣言章程及中央执行委员会之议决案及所定政策有抵触时，中央执行委员会得令其改组之"②，明确规定了党的下级组织、党员要与中央保持高度一致。

（2）规定组织纪律。党员皆须绝对服从全国大会及中央执行委员会之议决，规定从党的中央到基层组织都要有集权精神与铁的纪律，对党员与其他政党来往、参加组织活动、缴纳党费等提出了严格要求。党章规定，凡党员有犯下列各项之一者，即言论行动有违背本党宣言章程及大会各执行委员会之议决案；无故连续两次不到会；欠缴党费三个月；无故连续四个星期不为本党服务；经中央执行委员会命令其停止出席留党察看期满而不改悟，应开除党籍；等等。③

（3）强调保密、财经工作纪律。在二大党章及其他一些党内法规中，延续了中共一大党纲对保守党的秘密的要求，如规定对于"泄露本党秘密"的党员，地方执行委员会必须开除。二大党章规定中央、区及地方执行委员会委员

---

① 中央档案馆编：《关于共产党的组织章程决议案》，《中共中央文件选集》第1册，中共中央党校出版社1989年版，第91页。

② 中央档案馆编：《中国共产党章程》，《中共中央文件选集》第1册，中共中央党校出版社1989年版，第96—97页。

③ 同上书，第97页。

长除"总理党务"外，还有一项工作就是"总理会计"，由"一把手"亲自监督和管理财务工作，体现了对经费管理、财经工作纪律的重视。二大党章专设"经费"一章，明确了党的经费来源、党费交纳办法以及有权经费支配的部门，并规定"欠缴党费三个月"要开除党籍。①

（4）首次规定了纪律处分。党内法规属于法的范畴，不仅应具有法的规范功能，同时也应具有法规文本架构。其中，"罚则"是其中不可或缺的部分。法规的罚则部分属于党规的"牙齿"，没有罚则的党内法规是软弱无力的。同中共一大通过的有关纪律规定的党内法规相比，二大党章的一大进步就是明确了纪律处分，使党的纪律更具刚性和可操作性。一大通过的党内法规文件虽然明确了一些纪律要求，但均未设置相应的罚则。而二大党章明确规定了必须开除出党的六种行为：（一）言论行动有违背本党宣言章程及大会各执行委员会之议决案；（二）无故联续二次不到会；（三）欠缴党费三个月；（四）无故联续四个星期不为本党服务；（五）经中央执行委员会命令其停止出席留党察看期满而不改悟；（六）泄漏本党秘密。②

从二大党章规定的纪律处分种类来看，具有鲜明的特点：一是种类单一，只有"开除"一项，这不利于党组织根据党员的违纪性质和情节轻重，区别不同情况，予以恰当处理；二是严厉，开除出党，这是一个政党处理一个党员违纪行为的最严厉的方式。这反映了在建党初期，为了党组织的发展壮大，我们党的领导人意图把党的纪律规定为党的各级组织和全体党员必须遵守的行为规则，把严明党纪作为管党的根本之策，但把"无故联续两次不到会"与"泄漏本党秘密"的严重性等同起来，似有畸重畸轻之弊。

（5）严肃处理违反党纪的党员。由于中共对执纪机构、惩戒措施作了规定，中共对违反政治纪律和组织纪律的案件严肃处理。1922 年 6 月 16 日，军阀陈炯明在英帝国主义和北方军阀吴佩孚的支持下，公然发动叛乱，炮轰总统府，

---

① 中央档案馆编：《中国共产党章程》，《中共中央文件选集》第 1 册，中共中央党校出版社 1989 年版，第 95—98 页。

② 同上书，第 97 页。

欲置孙中山于死地。对此，中共中央即与陈炯明断绝关系，并一致声讨。中共二大后，中共中央再一次致函广东支部，"严厉指责他们对陈炯明的态度不当；并严重警告陈公博、谭植棠二人，如不立即改变态度，将受到开除党籍的处分"。中央执行委员会委员、负责党的宣传工作的蔡和森指出，"一到今年六月，陈炯明不但不是进取的革命党而且成为民主革命最可怕最反动的叛徒，完全暴露他个人割据自私的野心，不惜将广东革命政府推翻，将民主革命最好的形势扑灭，将孙中山置于死地……""民国九年陈炯明在漳州的时候，曾在精神上和实际上赞助社会主义运动，并为民主革命努力，彼时社会主义者与之发生关系，是极应当的并且是光明磊落的行为。故陈炯明和民主革命势力回到广东以后，社会主义者陈独秀曾到广州去办教育，这也是极光明磊落的行为，可是现在不但一切社会主义者不应与他合作，就是一切民主主义者和全国人民再没有一人可与他联络合作的"。①陈公博仍不听警告，违反党的政治纪律，不与党中央在政治上保持一致，"没有完全遵照中央的指示"去办，后来还在党组织会议上宣布"我不再履行党的任务"。为此，中共中央警告了广州党部的负责人谭平山，将广州党员谭植棠予以除名，并给予陈公博严重警告的处分。②后来，陈公博在正确的大路上越滑越远，中共中央于1923年决定将其开除出党。

党的自身建设在创建时期已有一个良好的开端，取得初步的成果，使党能以无产阶级先锋队的面貌，迅速从中国各政党和团体中脱颖而出，获得中国工人阶级和其他劳动群众的信赖。这为以后党的建设奠定了坚实基础，为发动和领导中国革命走向高潮提供了有力的保证。

四、党的监督法规制度的起步

加强党内监督是马克思主义政党建设一以贯之的宝贵经验，通过有效自我监督，对提高党的凝聚力和战斗力，维护党的集中统一，确保全党统一意志、

---

① 《国人应当共弃的陈炯明》，《蔡和森文集》（上），人民出版社2013年版，第160—161页。

② 张国焘：《我的回忆》第1册，东方出版社1998年版，第237—238页。

统一行动、步调一致前进具有重大作用。中国共产党从成立之初，就借鉴传统政治文化中的监督经验，极为重视监督工作。中共一大通过的《中国共产党第一个纲领》第十条规定："工人、农民、士兵和学生的地方组织中党员人数多时，可派他们到其他地区去工作，但是一定要受地方执行委员会的严格监督。"第十二条规定："地方委员会的财务、活动和政策，应受中央执行委员会的监督。"①这是初步表述中央有监督下级组织、组织有监督党员的权力。中共一大这种对自身行为严格监督的高度自觉性，为此后党内监督工作的开展提供了重要条件。

巡视制度开始萌芽。作为一种党内监督制度，党内巡视制度萌芽于党的创立和国民革命时期。中共一大召开时，虽强调了党对革命活动的指导和上级党委对下级党委的监督，但各级党委还没有派遣巡视员直接进行监督和指导。中共二大通过的《中国共产党章程》第十五条规定："中央执行委员会得随时派员到各处召集各种形式的临时会议，此项会议应以中央特派员为主席。"②这应该是党内巡视最初的党内法规依据。

由于当时党处在初创时期，党员人数不多，组织不健全，党内并没有设置专门的监督机构，党内监督一直由中央及地方各级执行委员会来执行。中国共产党在创立初期进行的党内监督的初步探索实践，为之后中共党内监督的理论和实践的发展积累了经验。

中国共产党成立后，由于党员人数较少，组织不健全，革命实践活动较少，党内的法规体系不完善，突出问题和薄弱环节大量存在。主要表现在：一是党内法规数量少，许多规范党组织工作、活动和党员行为的党内法规缺失，有时涉及了，但内容不多，规定笼统，缺乏实用性。比如党的领导法规几乎空缺，党的自身建设法规也是大量缺失。所以对于周佛海搞婚外情，找不到相关的

①　中央档案馆编：《中国共产党第一个纲领》，《中共中央文件选集》第 1 册，中共中央党校出版社 1989 年版，第 4 页。

②　中央档案馆编：《中国共产党章程》，《中共中央文件选集》第 1 册，中共中央党校出版社 1989 年版，第 96 页。

党内法规来处罚，只好不了了之。二是中共创立初期制定通过了一部分党内法规，但实体性规定多、程序性规定少，定性规定多、定量性规定少。当然，随着党的组织逐步健全，党的活动逐步扩大，党内法规体系不断得到了完善。

此外，中国共产党的创建和成长是在共产国际的帮助下完成的，党内法规制定深受共产国际、俄共（布）的影响。在中共筹备召开一大的过程中，共产国际代表维经斯基、马林、尼克尔斯基就曾来到中国。马林、尼克尔斯基还亲自参加中共一大。中国共产党在探索、制定适合中国国情的革命纲领的过程中，也得到苏俄共产党和共产国际的帮助和指导，经费支持等对于幼年中国共产党的成长起到巨大的作用。这种影响必然会在包括党章在内的党内法规中体现出来。《中国共产党第一个纲领》规定"本党承认苏维埃管理制度"，就是受俄共（布）的影响。至于二大制定的《中国共产党章程》，则带有共产国际章程和《加入共产国际的条件》，以及俄共（布）八大通过的党章的烙印。如对比中苏党章，中共党章的某些条文直接来自苏共党章。这说明中共党章的制定、修改者在制定、修改党章时采取了一种拿来主义的态度。如关于党员资格，中共二大党章规定：本党党员无国籍性别之分，凡承认本党宣言及章程并愿忠实为本党服务者，均得为本党党员。有美国学者发现："写进党章的概念是相同的，因此，共产党支部的结构、组织上的等级制度、党的纪律和经费收入都和俄国共产党的党章一样"，"给人的印象是，熟悉俄国共产党章程的某个起草者给中国共产党制定了一套章程，而把我所不了解的中国党的特殊情况（或许是历史上的情况）考虑在内了。"①

中国共产党创立初期还是一个年轻的政党，在理论上还不成熟，但是在马克思列宁主义指导下，从建党开始就在党内法规建设上进行了初步探索，在不到两年的时间里，制定通过了包括党章在内的十余部党内法规，规范党组织的工作、活动和党员行为，尽管在党内法规建设中存在许多缺点与不足，党内法规建设还处于萌芽状态，但是为以后成熟完备党内法规建设积累了初步的经验。

①　叶笃初：《中国共产党党章史》，湖北人民出版社1991年版，第39—43页。

第二章 大革命时期党内法规制度建设

1924 年至 1927 年，中国爆发了轰轰烈烈的大革命运动，第一次国共合作实现，革命统一战线建立。在矛盾复杂和斗争激烈的环境下，如何规范党组织的工作、活动和党员行为，成为摆在年轻的中国共产党面前的一个重大课题。中国共产党制定出台了包括党的组织、党的领导、党的自身建设、党的监督保障等方面的一系列党内法规①。尽管由于党处在幼年时期缺乏经验，所制定的党内法规在内容上深受苏共的影响，在党内法规的制定上还存在着许多缺点和不足，但相比党的初创时期已经有了很大进步，党内法规建设得到初步发展。

第一节 高度重视党章建设，制定和修改党章及相关法规

大革命时期，国际共产主义运动形势和国内形势不断发展，党对自身发展定位、主要任务的认识也随着革命形势的发展不断变化，因此党的章程性法规也频繁修正，其间对党章共进行了三次修改。党章是最根本的党内法规，是管党治党的总规矩，是全党各级党组织和广大党员活动和言行所遵循的基本规章制度。对党章制定和修改的高度关注，彰显了中国共产党对法规建设的重视。

---

① 根据 2013 年施行的《中国共产党党内法规制定条例》，党内法规是党的中央组织以及中央纪律检查委员会、中央各部门和省、自治区、直辖市党委制定的规范党组织的工作、活动和党员行为的党内规章制度的总称。实际上，党内法规概念或含义的确定是一个不断发展变化的过程，在 1990 年开始施行的《中国共产党党内法规制定程序暂行条例》之前，党内法规在名称上并没有严格规定。因此，判断是不是党内法规应根据特定的历史时期以及内容加以确定。党的中央组织制定的党内法规称为中央党内法规，本书仅及中央党内法规。在一个很长的时期内，党内法规与党的其他规范性文件并没有严格区分，因此在追溯党内法规的历史时，有时发挥党内法规作用的党的其他规范性文件也应包括在内。

一、中共三大通过《中国共产党第一次修正章程》

中国共产党第三次全国代表大会通过了《中国共产党第一次修正章程》，对二大党章进行局部性修改。与二大党章比较起来，由原来的六章二十九条改为六章三十条，章节体例完全保留不变，仍然是党员、组织、会议、纪律、经费和附则六章。从条文数量上看，只增加了一条。在基本上保持了二大党章内容的基础上，它对党的组织建设做了一些新的变动，使其具有了一些特点。如在党员方面，严格了入党手续，第一次规定了新党员候补期；在组织方面，对二大党章中关于党的各级组织成立的人数作了适当的调整和增加，以发挥地方党委员会的作用；改变或取消了原来的一些临时性、不确定性的规定，使其具有了确定性。从上述党章修改的特点可以看出，随着革命形势的发展日益显现，确定这次党章修改的侧重点就十分重要。我们党敏锐地洞察了当时的革命形势，把修改党章的重点放在了严格入党手续和发挥地方委员会一级组织的作用，体现了我们党在组织建设方面的日趋成熟。

二、中共四大通过《中国共产党第二次修正章程》

1925 年 1 月，中国共产党第四次全国代表大会制定的《中国共产党第二次修正章程》，仍为六章，增加到三十一条。《章程》在党的历史上第一次将党的支部规定为党的基层单位，并规定从四大开始对中央委员会委员长的职务，改称为"总书记"；地方各级党的执行委员会的委员长职务，改称为"书记"。

同二大党章一样，三大、四大党章都不含"纲领"的内容，所以 1923 年中共三大通过了《中国共产党党纲草案》。虽仍称草案，但已是经过大会通过的版本。三大党纲首次写上"国民革命"的口号，并回答了这一革命的性质、任务前途等问题；三大党纲提出了"两个大多数"和无产阶级是国民革命中"最彻底的有力部分"的观点，进一步阐明了中国革命的动力问题；三大首次将农民问题写进了党的纲领；并规定了党的最低革命纲领。①

三、《中国共产党第三次修正章程决案》

1927 年 6 月 1 日，中央政治局会议根据中共五大通过的《组织问题议决案》提出的原则和要求，对党章进行了修改，通过了《中国共产党第三次修正章程决案》。由于当时革命形势正处在危急关头，无法召开党的代表大会，所以党章的制定和修改是由政治局会议讨论决定的，这也是中国共产党历史上唯一不是由党的代表大会制定和修改的党章。

同以往的党章相比，《中国共产党第三次修正章程》从内容到体例，都发生了重大变化，作了根本性的修改，由四大党章的六章三十一条，改为十二章八十五条，是我们党历史上条目最多的党章。《中国共产党第三次修正章程决案》有多个首创：

第一次明确提出党的组织原则为民主集中制。五大党章规定"党部的指导原则"为"民主集中制"，同时规定，党是按照民主集中制的原则建立起来的，"按照民主集中制的原则在一定区域内建立这一区域内党的最高机关，管理这一区域内党的部分组织"，②这标志着党内民主制度有了重大突破。此后，党的历次代表大会都把民主集中制作为一项原则写入党章。

第一次明确规定"支部是党的基本组织""支部是党与群众直接发生关系的组织"，并规定了支部的六项任务，包括宣传和组织群众，教育、吸收党员，讨论党的重要问题等。③

第一次规定中央政治局和中央常委会的设置和组成。中央委员会选举若干名正式委员组成中央政治局，指导全国一切政治工作；中央政治局互推若干人

---

① 中央档案馆编：《中国共产党党纲草案》，《中共中央文件选集》第 1 册，中共中央党校出版社 1989 年版，第 135—143 页。

② 中央档案馆编：《中国共产党第三次修正章程决案》，《中共中央文件选集》第 3 册，中共中央党校出版社 1989 年版，第 144 页。

③ 同上书，第 150 页。

组成中央常务委员会处理党的日常事务。这项规定健全了党的中央机关，有利于增强党的集体领导，为以后党的中央机关的组织建设奠定了基础。①

第一次设立中央纪律检查机构——中央监察委员会，在严肃党纪上作出重大突破。规定选举产生中央及省监察委员会这一党的监察机关。规定了两级监察委员会与中央和省委的相互制约的关系。②

第一次明确规定党团的设置及其职责。"在所有一切非党群众会议，及执行的机关（国民党，国民政府，工会，农民协会等等）中，有党员三人以上，均须组织党团，党员的目的，是在各方面加紧党的影响，而实行党的政策于非党的群众中"。③

第一次把党与青年团的关系单独列为一章，并规定"青年团中央，应派代表出席党的中央政治局会议，各级团部亦应派代表参加各级党部机关之常务委员会议，此等团部之出席代表应有表决权"。实际上要求把青年团置于党的领导之下。④

《中国共产党第三次修正章程决案》是建党以来对党章进行的第一次全面性的修改，在党章内容上确立了主要规范，在党章结构上确立了基本框架，标志着党的组织章程开始进入规范化发展进程，在党的历史上产生了深远的影响。

第二节　党的组织法规、领导法规、自身建设的法规、监督法规不断完善

除党章外，党还制定了30余部党内法规或包含法规内容的文件。其中包括《关于国民运动及国民党问题的议决案》（1923年6月）、《中国共产党中央执行委员会组织法》（1923年6月）、《教育宣传问题议决案》（1923年11月）、

---

① 中央档案馆编：《中国共产党第三次修正章程决案》，《中共中央文件选集》第3册，中共中央党校出版社1989年版，第146—147页。

② 同上书，第151—152页。

③④ 同上书，第153页。

《同志们在国民党工作及态度决议案》（1924 年 2 月）、《共产党在国民党内的工作问题议决案》（1924 年 5 月）、《工会运动问题议决案》（1924 年 5 月）、《党内组织及宣传教育问题议决案》（1924 年 5 月）、《中央通告第二十一号——加强党务工作，对孙中山参加北方和会的态度》（1924 年 11 月）、《对于职工运动之议决案》（1925 年 1 月）、《对于农民运动之议决案》（1925 年 1 月）、《对于青年运动之议决案》（1925 年 1 月）、《对于妇女运动之议决案》（1925 年 1 月）、《关于宣传工作之议决案》（1925 年 1 月）、《对于组织问题之议决案》《中国现时的政局与共产党的职任议决案》（1925 年 10 月）、《组织问题议决案》（1925 年 10 月）、《宣传问题议决案》（1925 年 10 月）、《职工运动议决案》（1925 年 10 月）、《中国共产党与中国国民党关系议决案》（1925 年 10 月）、《中央通告第六十八号——十月北京扩大执委会决议案的若干解释》（1925 年 12 月）、《中央组织部通告第二号——加强支部工作与组织统计工作等》（1926 年 1 月）、《中国共产党与国民党关系问题议决案》（1926 年 7 月）、《组织问题议决案》（1926 年 7 月）、《关于宣传部工作议决案》（1926 年 7 月）、《职工运动议决案》（1926 年 7 月）、《农民运动议决案》（1926 年 7 月）、《商人运动议决案》（1926 年 7 月）、《学生运动议决案》（1926 年 7 月）、《对于中国共产主义青年团工作议决案》（1926 年 7 月）、《军事运动议决案》（1926 年 7 月）、《妇女运动议决案》（1926 年 7 月）、《中央扩大会议通告——坚决清洗贪污腐化分子》（1926 年 8 月）、《中国共产党关于农民政纲的草案》（1926 年 11 月）、《政治形势与党的任务议决案》（1927 年 5 月）、《土地问题议决案》（1927 年 5 月）、《职工运动议决案》（1927 年 5 月）、《组织问题议决案》（1927 年 5 月）、《对于共产主义青年团工作议决案》（1927 年 5 月）等。[①]

一、加强党的组织法规建设，形成从中央到基层的五级组织系统

党组织的健全和完善是一个政党走向成熟完善的重要因素。中共建立后，

[①]　参见中央档案馆编：《中共中央文件选集》第 1、2 册，中共中央党校出版社 1989 年版。

在许多党内法规里对党的各级组织的产生和职责作了规定。

中共三大通过的第一次修正章程对党的组织系统的划分仍然沿袭了二大党章的规定，不过将"组"改称"小组"，即小组—地方支部—区执行委员会—中央执行委员会。但由于党的力量有了一定的增长，三大党章对二大党章中关于党的各级组织成立的人数作了适当的调整和增加，以发挥地方党委员会的作用。如将原来"凡有党员三人至五人均得成立一组"的规定，改为"凡有党员五人至十人均得成立一组，每组公推一人为组长，隶属地方支部"；"不满五人之处，亦当有组织，公推书记一人，属于附近之区或直接属于中央"；将二大党章规定"一地方有两个支部以上，可成立地方党委员会"，改为"一地方有十人以上，经中央执行委员会之许可"，可以成立"地方执行委员会"；将中央执行委员会委员和候补委员分别由原来的五人和三人改为九人和五人。①中共三大通过了《中国共产党中央执行委员会组织法》，这是中国共产党的第一个组织法规。开始注意发挥地方委员会一级组织的作用，主要是因为随着党员人数的增加，党的地方支部的数量也随之增多，像过去那样党内一切事务主要由中央执行委员会负责和管理的难度有所增加，相对而言，地方委员会一级组织更便于了解当地党员和要求入党的人的实际情况，发挥地方委员会在审批新党员手续这一环节中的作用，有利于从组织上把好党员质量关。

中共四大通过的第二次修正章程将党的基层组织正式定名为支部，组织系统依此为：党支部—地方执行委员会—区执行委员会—中央执行委员会。

1927年第三次修正章程决案标志着中国共产党已形成了从中央到基层的比较完善的五级组织，其权力机关分别为全国代表大会、省代表大会、市或县代表大会、区代表大会、支部党员全体大会，执行机关分别为中央委员会、省委员会、市或县委员会、区委员会、支部干事会。②

---

① 中央档案馆编：《中国共产党第一次修正章程》，《中共中央文件选集》第1册，中共中央党校出版社1989年版，第159—160页。

② 中央档案馆编：《中国共产党第三次修正章程决案》，《中共中央文件选集》第3册，中共中央党校出版社1989年版，第144页。

对于各级组织的职责，历次党代会通过的党章及其他党内法规都有所规定。第三次修正章程决案规定中央委员会的职责为："得代表党与其他政党及机关发生关系；得组织党的各种机关并指导其行动；得指导与监督中央机关报并指定党的中央机关报的主任；得分配党的人才及支配党的经费。"对省委员会的职责规定为："得指导省委之下各种机关；得指导与监督省委机关报及制定省委机关报主任；得分配工作人才；得分配省委经费；得经过党团指导省政府及其他社会团体之工作方针。"规定市及县委员会的职责为，"得指导市或县执行委员会下之各种机关；得指导与监督市或县机关报；得指定市或县委员会机关报主任；得经过党团指示市或县政府及社会团体之工作方针"等。①

历次代表大会对于基层组织的职责也作了规定，1924 年 5 月中国共产党扩大执行委员会通过的《党内组织及宣传教育问题议决案》规定："小组的工作除教育党员征求新党员外，还应当常常在工人群众里做宣传的工作"。②第三次修正章程决案将党的支部定位为"党与群众直接发生关系的组织"，其职责包括领导群众之日常斗争、扩大党的影响，实行党的口号与决议与群众中，吸收新党员、服从地方党部从事组织与宣传工作等六个方面。③

对于基层组织的会议制度，党代会的历次党章都作了规定。第二次修正章程规定："各支部每星期至少须开会一次，由支部书记召集之。但已分成小组之支部，其小组每星期至少须开会一次，由小组组长召集之；至支部全体会议，至少须每月举行一次。"④第三次修正章程决案则规定："支部干事会［议］，

---

① 中央档案馆编：《中国共产党第三次修正章程决案》，《中共中央文件选集》第 3 册，中共中央党校出版社 1989 年版，第 146、148、149 页。

② 中央档案馆编：《党内组织及宣传教育问题议决案》，《中共中央文件选集》第 1 册，中共中央党校出版社 1989 年版，第 245 页。

③ 中央档案馆编：《中国共产党第三次修正章程决案》，《中共中央文件选集》第 3 册，中共中央党校出版社 1989 年版，第 150 页。

④ 中央档案馆编：《中国共产党第二次修正章程》，《中共中央文件选集》第 1 册，中共中央党校出版社 1989 年版，第 385、386 页。

每两星期中，至少召集一次支部党员大会，报告支部干事会的工作，及讨论支部所在之机关或区域内的一切实际政治及经济争斗的问题。"①

有关党的全国代表临时会议的规定始于二大章程。"中央执行委员会认为必要"或"有过半数区之请求"时，应该召开临时会议。②第一次修正章程规定"中央执行委员会认为必要时"或"有三分之一区代表全党三分之一之党员之请求"时，必须召集临时会议。根据第一次党章修正章程，党的全国大会、临时会议的代表"每地方必须派代表一人，但人数在四十人以上者得派二人，六十人以上者得派三人，以上每加四十人得加派代表一人"。③

中央执行委员会（中央委员会）是全国代表大会闭会期间党的最高机关。其职责是"执行大会的各种决议，审议及决定本党政策及一切进行方法"。根据二大党章规定，中央执行委员会（中央委员会）的组成人数原为五人，第一次党章修正章程时增加到九人，第三次修正章程决案规定"中央委员会及中央监察委员会人数由大会规定"。④

关于党的中央执行委员会（中央委员会）具有里程碑意义的法规是中共三大通过的《中国共产党中央执行委员会组织法》。组织法共十条，对党的中央领导机构的组织结构、人员构成、职责分工、工作制度等作了规定。第一条涉及中央执行委员会的产生及主要职责，第二、三条则对中央局的产生及职权进行规定，第四、五、六条属于中央执行委员会、中央局议事规则方面的内容，其余则是中央执行委员会与全国代表大会之间关系方面的内容。该组织法规定党的中央执行委员会"在两大会之间为本党最高指导机关"，其主要职责是

---

① 中央档案馆编：《中国共产党第三次修正章程决案》，《中共中央文件选集》第3册，中共中央党校出版社1989年版，第151页。

② 中央档案馆编：《中国共产党章程》，《中共中央文件选集》第1册，中共中央党校出版社1989年版，第95页。

③ 中央档案馆编：《中国共产党第一次修正章程》，《中共中央文件选集》第1册，中共中央党校出版社1989年版，第161页。

④ 中央档案馆编：《中国共产党第三次修正章程决案》，《中共中央文件选集》第3册，中共中央党校出版社1989年版，第146页。

"管理各区各地方之行动，发行用本党名义之出版物；并管理派遣做青年，妇女，劳工，农民等工作之职员"。中央局由中央执行委员会选举产生，五人组成，以中央执行委员会名义行使职权。中央执行委员会常会每四个月开一次，中央局每星期开会一次。中央局自己或经中央执行委员四人请求，可召集特别会议。中央执行委员会及中央局之一切决定，以多数取决。①《中国共产党中央执行委员会组织法》是有关党的"最高机关"的第一部单行法规，改变了建党初期中央缺乏组织机构和工作机制、领导不力的状况，对于规范中央执行委员会的日常工作具有一定的意义和作用。

为了发挥全体党员的作用，对召开会议的时间也作了规定。三大党章对小组会议召开的规定由二大章程规定的"每星期由组长召集会议一次"，②改为"各小组每星期至少须开会一次，由组长召集之"；③对地方支部会议，由二大章程的"各干（支）部每月召集全体党员或组长会议一次"④改为"各地方每月至少召集全体党员会议一次"；⑤对于区执行委员会，由二大章程的"每半年召集本地方全体党员或组长会议一次"⑥改为"各区每三月由执行委员会定期召集该区全体党员会议一次"。⑦

除此之外，中国共产党对中国共产党工作机关的设置、具备的职责、还通过制定党内法规的方式固定下来。1923 年 10 月中央局发布的《教育宣传委员会组织法》，是第一部规范党的工作部门的党内法规，对委员会的组成、职责、会议制度等作了规定。1924 年 5 月，中央扩大执行委员会决定成立中央组织部等工作部门，由毛泽东兼任组织部部长，罗章龙兼任宣传部部长，王荷波任中央工农部部长，向警予任中央妇女部部长。会议通过的《党内组织及宣传教育问题议决案》提出，"中央及区亦应分设宣传组织工农等部分担责任"，规定了

---

① 中央档案馆编：《中国共产党中央执行委员会组织法》，《中共中央文件选集》第 1 册，中共中央党校出版社 1989 年版，第 156—157 页。

②④⑥ 中央档案馆编：《中国共产党章程》，《中共中央文件选集》第 1 册，中共中央党校出版社 1989 年版，第 95 页。

③⑤⑦ 中央档案馆编：《中国共产党第一次修正章程》，《中共中央文件选集》第 1 册，中共中央党校出版社 1989 年版，第 160 页。

中央宣传部、中央工农部、编辑委员会的职责。①为落实党的四大有关组织问题的决议，中央组织部制定了《中央组织部工作计划》，对组织部的组成、职责等作了规定，从内容来看，大致相当于中央组织部组织法。

二、加强对工人、农民、青年运动的领导法规建设

中国共产党的领导法规主要是以党与非党员和非党组织的关系为规范对象的法规，目的是规范党的领导活动，理顺党与非党组织的关系。大革命时期，党的领导法规涉及的主要是工人运动的法规、农民运动的法规、青年运动的法规以及其他一些组织的法规。

对工人运动领导的党内法规。中国共产党成立以后，工人运动一直是党的工作的重心。中国劳动组合书记部成立后，在此后两年多的时间里，党集中力量发动、领导了一系列以反对帝国主义、反对资本家剥削为主要目标的工人运动。至 1923 年底，中国的工人运动已获得相当的基础和经验。

1924 年初，国共合作开始后，工人运动随之进一步深入发展，特别是随着北伐战争的胜利推进，工人运动更是以前所未有的声势蓬勃发展起来。1926 年12 月，全国工会会员由北伐前的 100 万人增加到 200 万人。②

工人运动在大革命时期一直是党的工作的重心。为了更好地领导工人运动，大革命时期，中国共产党通过了多部领导工人运动的党内法规，包括中共三大通过的《劳动运动议决案》，中国共产党第三届第一次中央执行委员会通过的《劳动运动进行方针议决案》，1924 年 5 月中国共产党扩大执行委员会通过的《工会运动问题议决案》，中共四大通过的《关于职工运动之议决案》，1925 年 10 月中共中央扩大执行委员会通过的《职工运动议决案》《全国职工

---

① 中央档案馆编：《党内组织及宣传教育问题议决案》，《中共中央文件选集》第 1 册，中共中央党校出版社 1989 年版，第 245、246 页。

② 中共中央党史研究室：《中国共产党历史》第 1 卷上册，中共党史出版社 2011 年版，第179 页。

运动讨论会议决案》（1926 年 1 月），1926 年 7 月召开的中央扩大执行委员会通过的《职工运动议决案》，1926 年 12 月中央特别会议通过的《关于职工运动议决案》，中共五大通过的《职工运动议决案》等，此外，在其他一些党内法规和规范性文件中，也有部分内容提到了对工人运动的领导。

对农民运动领导的党内法规。农民问题是中国革命的一个重要问题。中国共产党成立后，对农民在革命中的重要地位的认识是逐步深入的，因此，在不同阶段，在领导农民运动中，对党组织的工作、活动和党员的行为都作了不同的规定。在中共三大上，就提到要发动农民起来反抗"中国的帝国主义者，打倒军阀及贪官污吏，反抗地痞劣绅，以保护农民之利益而促进国民革命运动之必要"。[①]1924 年 5 月，中国共产党召开扩大的执行委员会，就提道，"第三次大会的国民运动议决案里曾经说明反对国际帝国主义及国内军阀的国民运动里大多数农民群众的加入是最有力的动力"。[②]中共四大进一步肯定了农民在中国革命重要作用，肯定农民是无产阶级的同盟者。"农民问题在中国尤其在民族革命时代的中国，是特别的重要。中国共产党与工人阶级要领导中国革命至于成功，必须尽可能地系统地鼓动并组织各地农民逐渐从事经济的和政治的争斗。没有这种努力，我们希望中国革命成功以及在民族运动中取得领导地位，都是不可能的"，"我们务必在反帝国主义反军阀的民族革命时代努力获得最大多数农民为工人阶级之革命的同盟"。[③]1925 年 5 月全国第二次劳动大会通过的《工农联合的决议案》，把引导农民参加民主革命、与农民建立巩固的联盟，作为民主革命胜利的保证。五卅运动中，由于民族资产阶级的动摇、妥协而使工人阶级陷于孤立，这使中国共产党人进一步认识到农民在民主革命中的地位和建立工农联盟的重要性。1925 年 10 月，中共中央执委会扩大会议提出要在政

---

① 中央档案馆编：《农民问题决议案》，《中共中央文件选集》第 1 册，中共中央党校出版社 1989 年版，第 151 页。

② 中央档案馆编：《农民兵士间的工作问题议决案》，《中共中央文件选集》第 1 册，中共中央党校出版社 1989 年版，第 247 页。

③ 中央档案馆编：《对于农民运动之议决案》，《中共中央文件选集》第 1 册，中共中央党校出版社 1989 年版，第 358、364 页。

纲中列入解决农民土地问题，"中国共产党对于农民的要求，应当列成一种农民问题政纲，……中国共产党应当使一般民主派知道没收土地是不可免的政策，是完成辛亥革命的一种重要职任"，"中国共产党是中国无产阶级的代表，我们要能和农民结合巩固的同盟，才能尽自己的历史上的职任"。①

1926年2月，在北京召开的中共中央特别会议通过《关于现时政局与共产党的主要职任议决案》，强调在北伐战争中，党应该实行发动农民起来给予支援、并在战争胜利中发展农民运动的策略，这是"十月会议"积极发展农民运动方针在北伐战争这一新的历史条件下的具体体现。

随着北伐军的胜利进军，在北伐军占领的地区，农民运动得到更大规模的发展。为了更好地领导农民运动，规范党组织的工作活动，1926年11月4日中共中央制定《中国共产党关于农民政纲的草案》，指出："没有满足农民群众要求的农业政策，则国民党政权是不能维持长久的，整个解放斗争是要失败的"，为此提出了中国共产党农民政纲。政纲共九条，主要包括三方面内容：第一，明确规定要"推翻农村中劣绅的政权，并要由革命的农民建立平民的政权"。第二，武装农民，乡村中一切武装势力受乡村的革命民众政权所指挥。第三，明确规定没收地主、军阀、劣绅的土地，归给农民。②

与社会主义青年团关系的法规。1924年5月，中国共产党扩大执行委员会通过《S.Y.工作与C.P.关系议决案》，这是第一部有关共产党和共青团关系的党内法规。《议决案》将党与团的工作和活动分开，学生运动由青年团专任，工农运动划为党的工作领域。即使在青年工人中，团也只能从事教育、宣传、娱乐、体育及其他有关青年工人本身利益之运动，不担任组织工会及其他工人运动。在青年农民中，团亦只能做教育、娱乐等运动，而不担任组织农会及其他农民运动。同时，中共还强调："S.Y.应以青年本事运动为中心，参加政治

---

① 中央档案馆编：《中国现时的政局与共产党的职任议决案》，《中共中央文件选集》第1册，中共中央党校出版社1989年版，第462、463页。

② 中央档案馆编：《中国共产党关于农民政纲的草案》，《中共中央文件选集》第2册，中共中央党校出版社1989年版，第434、436、437页。

运动次之，参加国民党组织工作更次之。"①

　　党团工作法规。党团是党组的前身。在中国共产党成立初期，党的工作大部分还是局限于党自身内部的发展，直至大革命期间，中国共产党与国民党合作，建立民主统一战线，推动革命进程中逐渐意识到要发展壮大自己的组织，掌握统一战线的领导权，增强在国民运动和全国人民中的影响，就必须将党的活动渗透到国民党和其他一些非党组织中。因此，在中共四大上，中国共产党第一次正式提出"要组织党团"："吾党在国民党及其他有政治性质的重要团体中，应组织党团，从中支配该党和该团体的活动。此种团体应与 S.Y.同志合组之，按其性质隶属于各级执行委员会。"②1926 年 7 月，中国共产党召开中央扩大执行委员会会议，通过《组织问题决议案》，里面专列"党团工作"一节，对党团的作用、任务、性质作出了明确规定。党团的作用是："为实现党的政策，加重党的影响于各种非党的组织，如工会，农会，学生会及各种社会团体里，和党的支部组织及作用均不同。"党团的性质是："党团的组织并不是一个独立的单位或自成一个系统，而是依随党的组织，在各级党的机关之下成立，并受其管理；从中央至支部干事会，有各级的各种性质的党团。党团的性质且多临时的，常为变动的，由各级党部规定其存在，人数过多时指定其组织干事会。"党团的任务是，"党团的工作，便是整个的代表党的意见，贯彻党的政策"，"党的机关对党团有决议时，就必须执行"。③

三、加强自身建设的党内法规，建立请示报告制度等方面的探索

　　（一）加强政治建设，在建立请示报告制度方面制定了一系列党内法规制度，维护中央权威和集中统一领导

　　政党是典型的政治组织，政治属性是政党天生带来的政治基因，党的政治

---

　　①　中央档案馆编：《S.Y.工作与 C.P.关系议决案》，《中共中央文件选集》第 1 册，中共中央党校出版社 1989 年版，第 240—242 页。

　　②　中央档案馆编：《对于组织问题之决议案》，《中共中央文件选集》第 1 册，中共中央党校出版社 1989 年版，第 381 页。

　　③　中央档案馆编：《组织问题议决案》，《中共中央文件选集》第 2 册，中共中央党校出版社 1989 年版，第 184 页。

建设是党的根本性建设，决定党的建设方向和效果。党在大革命时期虽然没有明确提出党的政治建设的概念，但是党的建设实践过程始终体现了党的政治建设要求。大革命时期，中国共产党重视政治建设的一个重要表现就是维护中央的权威和集中统一领导，加强组织观念，在建立请示报告制度方面制定了一系列党内法规制度。1923 年 6 月，中共二大通过的章程要求"地方执行委员会开除党员后，必须报告其理由于中央及区执行委员会"，①开启了中国共产党建立请示报告制度的进程。1924 年 11 月 1 日，中共中央发布《中央通告第二十一号》，通告首先批评地方同志组织观念不强，工作中存在怠惰与散漫，指出："党内组织为党的中心工作，一切对内对外发展，均与之有密切关系，前次扩大会议决议及中局迭次文告，均已再三说过。近来党的工作一天一天繁重，但是内部组织却未有显著的进步，有的地方许久没有报告，有的虽寄报告，不是漫无系统，便是失之简略，不能看出工作的进步，这样散漫的精神如果继续下去，影响是很坏的。"②为改变这种状况，中央提出要求："每次接到中局文告后，应即提出会议讨论，并尽力执行，执行时有无障碍及其结果，均应随时报告中央；委员会或组长，至少一星期应向中央作报告一次报告一星期内所做工作；报告不宜过于简略，要很有条理的述明各项工作之全部。"③1925 年 2 月 25日，《中央通告第九号》发给"各区委、各地委、各独立支部同志们"，"鉴于以前全党组织松懈，兹为切实执行大会议决"，要求向中央报告相关事项，包括：区委及地委对于大会组织问题议决案是否有不能充分了解之处；区委及地委是否依大会议决分部组织，各部工作由何人担任；区委或地委除委员外，各部设有何项技术人员，姓名为何；各地支部及小组是否已按照大会议决改组完成；各地在大会后，平均每星期增加新党员多少人；党员缴纳党费情形如何等

---

① 中央档案馆编：《中国共产党第一次修正章程》，《中共中央文件选集》第 1 册，中共中央党校出版社 1989 年版，第 163 页。

② 中央档案馆编：《中央通告第二十一号——加强党务工作，对孙中山参加北方和会的态度》，《中共中央文件选集》第 1 册，中共中央党校出版社 1989 年版，第 299 页。

③ 中央档案馆编：《中央通告第二十一号》，《中共中央文件选集》第 1 册，中共中央党校出版社 1989 年版，第 299—300 页。

十一个问题，并要求详细填写党员检查表妥慎寄交中央。[①]

（二）加强思想建设法规制度，创立党报党刊、开办党校

思想建设是党的建设的首要任务和中心环节。理论建设和思想武装是党的思想建设的基本内容和主要任务。大革命时期，宣传教育工作对于引导中国革命具有重要作用，除了在党章中作了宣传教育工作的规定以外，中共中央还单独制定党的宣传法规，建立了党的组织机构，并规定工作内容、责任和方式方法。建立宣传组织机构。1923 年 10 月，中共中央和团中央成立教育宣传委员会，在政治上由中共中央直接领导。同月 15 日颁布《教育宣传委员会组织法》，这是第一部规范党的工作部门的党内法规，也是中国共产党第一个宣传领域的党内法规。它规定了教育宣传委员会的任务以及人事安排。"教育宣传委员会由党及青年团两中央协定派委员（十七人）组织之；其职任在于研究并实行团体以内之政治上的主义上的教育工作以及团体以外之宣传鼓动"。会内设编辑部、函授部、通讯部、印行部、图书馆。出版八种出版物：《新青年》季刊、《前锋》月刊、《向导》周刊、《党报》（不定期）、《青年工人》月刊、《中国青年》周刊、《团镌》（不定期）和小册子。[②]中共三大组建中央教育委员会，在党中央明确建立宣传教育机构。随后，1924 年 5 月中共中央举行第一次扩大执行委员会议，会议通过《党内组织及教育宣传问题议决案》，指出规定成立中央及各区委宣传部，并且在中央成立编辑委员会。1926 年 7 月《关于宣传部工作议决案》发布，对中央和地方宣传部的职责进行详细的规定，党的宣传教育工作基本组织机构确立。

加强理论教育。针对党员队伍理论水平低，知识水平低的情况，党把理论教育放在党内教育的首要位置，对党员进行了一系列的理论教育。设立党校是一个重要的举措。中共中央在 1924 年 5 月召开的第三届中央执行委员会第一

[①]　中共中央组织部、中共中央党史研究室、中央档案馆编：《中央通告第九号——要各地向中央报告组织工作情况》，《中国共产党组织史资料》第 8 卷《文献选编》上册，中共党史出版社 2000 年版，第 58 页。

[②]　中共中央宣传部办公厅，中央档案馆编研部编：《中国共产党宣传工作文献选编（1915—1937）》，学习出版社 1996 年版，第 555—556 页。

次扩大会议上会议通过《党内组织及宣传教育问题议决案》，指出，"……还应当常常在工人群众里做宣传的工作""党内教育的问题非常重要，而且要急于设立党校养成指导人才"。①由于安源拥有独一无二的无产阶级组织，会后，党中央和团中央领导人相继到安源巡视，着重对党、团组织内部的训练给予指导。安源党、团地委在 1924 年 10 月底、11 月初召开联席会议时，决定合办党校（亦为团校），训练党、团骨干力量。汉冶萍总工会临时执行委员会委员长刘少奇对安源党校十分重视，他指示安源路矿工人俱乐部要对党校的创办予以大力支持。随后，在刘少奇的直接领导下，1924 年 12 月，安源党校开学，首批入校学员为 60 人。这是我党创办的最早的党校。党校授课的内容包括《政治经济浅说》《俄共党史》《少年运动史》等。通过开办党校教育培训，增强学员的共产主义信仰，增强党员的组织力和战斗力，为党培养人才，推动革命事业的发展。1925 年 1 月，在上海召开的中共四大又重申设立党校这一主张，在其《对于宣传工作之议决案》中说："党中教育机关除支部具其一部分作用，另外于可能时更有设立党校有系统教育党员……增进党员相互间对于主义的深切认识之必要。而党的中央机关亦宜注意到统一的材料之供给。"②1925 年李大钊在北京创办中共北方区委党校。学习时间三个多月，课程内容丰富，涉及马列主义理论、革命历史知识、目前形势和政策等多个方面。这所党校是中共创办的第一所专业党校，积累了宝贵的经验，为北方地区中国共产党的发展培养了一批急需的干部。中共四大以后，由于革命形势空前高涨，中共自身组织迅速发展，客观上需要党培养更多的人才，以适应革命的需要，党的自身发展也有了条件可以举办党校。1925 年 10 月在北京召开的中共中央扩大执行委员会上，关于创办党校的问题又作出进一步的决定。在这次会议通过的关于《宣传问题议决案》中明确提出："群众的鼓动和宣传中一定要有一种鼓动和宣传的

---

① 中央档案馆编：《党内组织及宣传教育问题议决案》，《中共中央文件选集》第 1 册，中共中央党校出版社 1989 年版，第 245—246 页。

② 中央档案馆编：《对于宣传工作之议决案》，《中共中央文件选集》第 1 册，中共中央党校出版社 1989 年版，第 377—378 页。

人才。所以开办各地党校确是一种重要的工作。现时党内所有的力量，只能开办下列两种形式的党校：（一）各地委之下的普通的党校，造成群众的鼓动员。这种党校应当是工人的，毕业期限至多不过一月或一个半月。（二）区委之下的高级党校，教育一般政治智识较高的同志和已经有工作经验的同志——造成能够办党的能够做成负责任的工作的人才，毕业期限不要过三个月。党校内的教育方法，应当根据国内革命运动的经验，说明共产党在许多革命运动中的作用。在党校听讲的同志，不应当与群众隔离，党校里的学生应当同时在校外工作，在同志或同志间工作。只有这样，才能使党校的学生得着真正的无产阶级的思想。"①

为督促各地执行这一决定，1925 年 12 月 12 日，中共中央发出《中央通告第六十八号》，提出"普通及高级党校，照我们现在的力量都可以办到，务要实行；其办法及教材，可直向中局宣传部商定。此次扩大会议全部议案如何执行，望各地早日详报，万务延忽！"②这时无论是普通党校还是高级党校，学员都是一方面在党校听课，一方还要在校外工作，基本上还是短期训练班的性质。

1926 年 7 月，中共中央在上海举行扩大执委会议。这次会议在《关于宣传部工作议决案》中提出：

（乙）党校的教本及普通的党员教育的大纲：

（a）《革命常识》——中国革命中最重要问题的通俗的解释。

（b）《党务常识》——党的工会的学生的妇女的……各种工作的组织宣传等方法原理之解释和论述（如支部之意义及党团之运用等）。

（c）初级党校（训练班）教授方法（实际的课目表及参考材料汇录）。③

---

① 中央档案馆编：《宣传问题议决案》，《中共中央文件选集》第 1 册，中共中央党校出版社 1989 年版，第 481 页。

② 中央档案馆编：《中央通告第六十八号——十月北京扩大执委会决议案的若干解释》，《中共中央文件选集》第 1 册，中共中央党校出版社 1989 年版，第 536 页。

③ 中央档案馆编：《关于宣传部工作议决案》，《中共中央文件选集》第 2 册，中共中央党校出版社 1989 年版，第 191 页。

1926 年 9 月当北伐军占领汉口、汉阳，兵抵武昌城下，中共中央于当月22 日发出《中央通告第十八号》，共提出配合北伐年内各地应完成的十六项工作。"目前本党应集中全力进行下列各项工作。望各级党部于收到后即切实计划执行：……15.沪粤湘鄂四区都即须设立普通党校，以养成党的及职工运动的下级干部人材。"①

此外，党还选送优秀青年到农民运动讲习所和黄埔军校学习，选派优秀的共产党员、共青团员到苏联学习，其中许多人后来成为党的著名领导者。

中国共产党还通过创立党报、党刊以加强对党员干部的理论教育和思想政治教育。中共中央在 1924 年 5 月召开的第三届中央执行委员会第一次扩大会议上通过的《党内组织及宣传教育问题议决案》指出："再则政治宣传亦急于有全国的进行规画。所以中央必须特别设一个编辑委员会（主持中央一切机关报的编辑委员会），以七人组织之其中四人必需在中央所在地"。②

在国共合作时期，党创立《中国共产党报》，此报刊是秘密创刊亦并未对外界公开发表，主要刊登党内的政策以及相关运动的讨论文章。同时，利用知名度较高的《中国工人》《新青年》等杂志加大对国际共产主义运动和马克思、恩格斯及列宁的著作，并此基础上还针对如何在实际工作中应用马克思列宁主义作系统阐释。

中共四大还专门要求中央编译委员会集中力量办好《向导》《新青年》《中国工人》《中国共产党报》，以加强对全党的马克思列宁主义和政策策略的宣传教育。③

中共还派遣党团员深入到工人中去，宣传马克思主义。在制定的有关党内法规中，要求根据群众的具体情况，注意宣传的方式和内容。"在职工运动中

---

① 中央档案馆编：《中央通告第十八号——配合北伐年内各地应完成的十六项工作》，《中共中央文件选集》第 2 册，中共中央党校出版社 1989 年版，第 323 页。

② 中央档案馆编：《党内组织及宣传教育问题议决案》，《中共中央文件选集》第 1 册，中共中央党校出版社 1989 年版，第 245—246 页。

③ 中央档案馆编：《关于宣传工作之议决案》，《中共中央文件选集》第 1 册，中共中央党校出版社 1989 年版，第 376—377 页。

的宣传工作，我们应切实了解其客观所具有的条件，如不识字，识字不多，不善听纯粹理论的议论，注意目前切身的实际问题，然后筹画的方案方不至艰（难）于施行"。①

（三）加强民主集中制、基层组织和党员队伍的党内法规建设

组织建设是党的自身建设的一个重要方面，大革命时期是中国共产党发展的重要时期。党在矛盾复杂和斗争激烈的环境下，面临着发展、壮大组织的艰巨任务，主要加强了民主集中制建设、党的基层组织建设和党员队伍建设以及报告制度建设等内容。

加强民主集中制的党内法规。民主集中制是中国共产党的根本组织原则和活动原则。在民主集中制方面：1923 年 6 月召开的中共三大通过的《中国共产党第一次修正章程》对二大的党章作了修改，这次修改在组织原则、制度上并没有做太多的变动，主要在一些实施细节上作了新规定。如在第八条将中央执行委员会的人数从五人增加到了九人；②将原来一些不确定的规定制度化，如对于召集全国代表临时会议，除了中央执行委员会认为有必要时可以召开外，第十三条还规定"有三分之一区代表全党三分之一党员之要求，中央委员会亦必须召集临时会议"，③而二大党章规定触发临时会议的标准是"半数区之请求"。④上述变化主要反映了从中共一大至三大以来党员人数和党组织规模的扩大，同时也是为了发扬党内民主，集中全党智慧。

中共三大通过了一个重要文件——《中国共产党中央执行委员会组织法》。从内容上来看，组织法集中体现了民主集中制思想，无疑是贯彻民主集中制原

① 中央档案馆编：《关于宣传工作之议决案》，《中共中央文件选集》第 1 册，中共中央党校出版社 1989 年版，第 378 页。

② 中央档案馆编：《中国共产党第一次修正章程》，《中共中央文件选集》第 1 册，中共中央党校出版社 1989 年版，第 160 页。

③ 同上书，第 161 页。

④ 中央档案馆编：《中国共产党章程》，《中共中央文件选集》第 1 册，中共中央党校出版社 1989 年版，第 95 页。

则的一部重要党内法规。它的一个重要特点就是中央权力的强化与规范，具体措施是中央局的设立。组织法规定：中央执行委员会在两大会之间为本党最高指导机关、中央执行委员会由九人组成、选举五人组织中央局，中央局以中央执行委员会名义行使职权，实际上是赋予了中央局在全国大会闭会期间是全党最高领导机关的权力。组织法另一个显著特点明确规定了中央一切决定"以多数取决"，"中央执行委员会及中央局之一切决定，以多数取决，但召集临时全党大会之议决，须以三分之二的多数取决"。①

中共二大、三大、四大制定的党章都体现了民主集中制价值取向，但直到五大才第一次正式使用这一概念。五大党章第十二条规定："党部的指导原则为民主集中制。"第十三条规定："按照民主集中制的原则在一定区域内建立这一区域内党的最高机关，管理这一区域内党的部分组织。党部之执行机关概以党员大会或其代表大会选举，上级机关批准为原则；但特殊情形之下，上级机关得指导之。"第十四条规定："地方党部对于地方部分的问题有自行解决的权利。"②

中共三大之前，党处于秘密状态，组织发展一直比较缓慢。三大遵照共产国际的指示，决定与国民党实行"党内合作"，同时也强调："我们加入国民党，但仍旧保存我们的组织，并须努力从各工人团体中，从国民党左派中，吸收真有阶级觉悟的革命分子，渐渐扩大我们的组织，谨严我们的纪律，以立强大的群众共产党之基础。"③这是党在组织建设方面的一个重大决策。大会通过的《中国共产党执行委员会组织法》，第一次规范了中共中央的组织机构、职权分工和工作制度。④

国共合作为党组织的发展提供了良好契机。但由于党起初集中全部精力帮

---

① ④　中央档案馆编：《中国共产党中央执行委员会组织法》，《中共中央文件选集》第1册，中共中央党校出版社1989年版，第156—157页。

② 　中央档案馆编：《中国共产党第三次修正章程决案》，《中共中央文件选集》第3册，中共中央党校出版社1989年版，第141页。

③ 　中央档案馆编：《关于国民运动及国民党问题的议决案》，《中共中央文件选集》第1册，中共中央党校出版社1989年版，第147页。

助国民党发展组织，忽视了党的自身建设，使党的发展出现停顿徘徊的状况，一些地方甚至出现党员数量下降的趋势。为此，中共中央在 1924 年 5 月召开的第三届中央执行委员会第一次扩大会议上纠正了工作中的偏向，强调发展产业工人入党的重要性，指出："这些工人都是我们党的基础，只有联结这些工人，我们的党才能发达而成一政治上的势力。"①会议通过的《党内组织及宣传教育问题议决案》指出："在大产业的工人里扩大我们的党，是现时的根本职任之一。"②此次会议之后，党的组织获得较快发展。到中共四大前，党员发展至近千人，比三大时增加了一倍多。但这时党还只设立执行委员会和地方委员会，尚未建立基层组织。这种情况远不能满足日益发展的革命形势的需要。

中共四大对党的组织建设更加重视。会议强调指出："中国共产党是中国工人阶级唯一的指导者，要使工人阶级取得民族革命运动的领导地位，对于职工运动应当特别注意：必须工人阶级有强固的群众的独立的阶级组织，他在民族运动中才能成为独立的政治势力；然后民族运动中的领导地位，方才能有保障。"③为了使党成为坚强的无产阶级政党，四大通过的《对于组织问题之议决案》明确指出："组织问题为吾党生存和发展之一个最重要的问题。"为加强党的组织建设，中央决定设立"一有力的中央组织部，实际上真能指导地方之党的组织"；并决定"吾党在国民党及其他有政治性质的重要团体中，应组织党团，从中支配该党和该团体的活动"。④议决案决定将党的工作重点由帮助国民党发展组织转向加强自身的组织建设，将党的组织建设的重点从执行委员会和

① 中央档案馆编：《工会运动问题议决案》，《中共中央文件选集》第 1 册，中共中央党校出版社 1989 年版，第 234 页。

② 中央档案馆编：《党内组织及宣传教育问题议决案》，《中共中央文件选集》第 1 册，中共中央党校出版社 1989 年版，第 244 页。

③ 中央档案馆编：《对于职工运动之议决案》，《中共中央文件选集》第 1 册，中共中央党校出版 1989 年版，第 346 页。

④ 中央档案馆编：《对于组织问题之议决案》，《中共中央文件选集》第 1 册，中共中央党校出版社 1989 年版，第 379、381 页。

地方委员会转移到党的支部建设上来。

中共四大之后，为适应从数量上和质量上建党的需要，党加强了中央组织部和中央宣传部的工作，规定组织部的中心工作是：指导各地方党的组织及一切实际活动；办理党员统计；分配全党人才于适当地位；指导各区委、地委的组织部贯彻大会及中央执行委员会关于组织工作的决议与决定；注意各地方实际运动，拟出活动的方法，提交中央局议决后通知各地执行。党的队伍的发展壮大和各项工作的有序开展，为党正确而有力地领导五卅反帝爱国运动，奠定了组织基础和群众基础。

加强党的基层组织建设。党成立之初，基层组织实际上是党小组，中共四大后，党支部才成为党的基层组织。四大党章对地方设立党支部作了原则规定。1926 年 5 月，中央专门制定《支部的组织及其进行的计划》，对支部的地位作用提出明确要求："支部是党的基本的组织，是党的组织单位——党没有支部的组织党就是没有基础；支部组织不坚固，党就很涣散。所以党的组织坚固与否，就看他的支部组织得好不好。""总之，支部的组织意义是：A 党的基本组织和党的组织单位；B 党的教育和宣传的学校；C 党在群众中的核心；D 发展党的工具；E 党的生活的中心；F 党的战斗的武器；G 党的实际监督党员二作的机关。"①

同年 7 月，中共中央召开扩大的执行委员会会议又提出："今后要把党的真正基础建筑在各支部上面，要把党的基本工作责成各支部，建立每个支部的活动工作……实行'一切工作归支部'的口号，使各支部里都有全党形式的各样工作。"②通过支部来吸收教育党员，组织发动群众，讨论党的重大问题，并将党的方针、政策真正落到实处。

《中国共产党第三次修正章程决案》修改的党章专列"党的支部"一章，

---

① 中央档案馆编：《支部的组织及其进行的计划》，《中共中央文件选集》第 2 册，中共中央党校出版社 1989 年版，第 611—613 页。

② 中央档案馆编：《组织问题议决案》，《中共中央文件选集》第 2 册，中共中央党校出版社 1989 年版，第 183 页。

对支部的设立、任务和作用作了明确规定，指出"支部是党与群众直接发生关系的组织"，"支部的任务是：（一）积极在各该工厂等之内活动，领导该处群众之日常斗争，扩大党的影响；（二）实行党的口号与决议与群众中"①等等，同时对支部的会议选举制度等方面也作了相应规定。除党的支部外，党还在非党的具有政治性质的群众团体或会议中设立党团组织，"党团的目的，是在各方面加强党的影响，而实行党的政策与非党的群众中"。②这对党在力量比较弱小的情况下，贯彻我党主张，扩大党的影响，以及发展和壮大党的队伍等方面，起到了重要作用。

关于吸收党员的严格规定。一个政党的先进性要靠党员的先进性来承载和体现。中国共产党是以马克思主义为指导的、特别强调意识形态的政党组织，因此，《中国共产党第一个纲领》就规定只有承认党的纲领和政策，并愿意成为忠实党员的人，才能接收为党员。这一规定在二大党章及第一、第二次修正章程中继续被贯彻，《中国共产党第三次修正章程决案》将其修改为"承认本党党纲及章程，服从党的决议，参加在党的一定组织中工作并缴纳党费者，均得为本党党员。"还规定"党员年龄须在十八岁以上"。③这样，党章中有关党员基本条件的条款逐渐完善起来。

关于入党程序的规定。二大党章规定"党员入党时，须有党员一人介绍于地方执行委员会"，④中共三大第一次修正章程将入党介绍人改为二人，并要求具有半年以上的党龄。⑤1925 年 1 月召开的中共四大通过的第二次修正章程延续了第一次修正章程的规定。1925 年五卅运动后，随着国民革命的蓬勃发展，

---

① 中央档案馆编：《中国共产党第三次修正章程决案》，《中共中央文件选集》第 3 册，中共中央党校出版社 1989 年版，第 160 页。

② 同上书，第 150—154 页。

③ 同上书，第 142—143 页。

④ 中央档案馆编：《中国共产党章程》，《中共中央文件选集》第 1 册，中共中央党校出版社 1989 年版，第 93 页。

⑤ 中央档案馆编：《中国共产党第一次修正章程》，《中共中央文件选集》第 1 册，中共中央党校出版社 1989 年版，第 158 页。

为了适应组织发展的需要，中央以"通告"形式将入党介绍人又改为一人，"新生入学①时介绍二人中只须有一人是正式同学，且不限于入学半年以上者"。②关于党员候补期（即预备期）的规定始于三大通过的第一次修正章程，该章程按阶级成分规定了不同的党员候补期："候补期劳动者三个月，非劳动者六个月，但地方委员会得酌量情形伸缩之。"③1925年10月中共中央扩大执行委员会通过的《组织问题议决案》决定"对于革命的工人学生农民免除入党之手续上的繁重形式，工人农民候补期一月，智识分子三个月。"④1927年通过的第三次修正章程决案则取消了劳动者（包括工人，农民，手工工人，店员、士兵等）的候补期，而非劳动者（包括知识分子、自由职业者等）的候补期为三个月。⑤在被接收为党员以后，其行为就必须受到党内法规的规范。《中国共产党第一个纲领》就规定党员不得担任政府官员或国会议员。⑥二大党章要求党员绝对服从"全国大会及中央执行委员会之议决"，"若不经中央执行委员会之特许，不得加入一切政治的党派"，"不得为任何资本阶级的国家之政务官"。⑦第三次修正章程决案提出"严格党的纪律是全体党员及全体党部最初的最重要的义务"，⑧并对违反党的纪律的党员规定了警告、留党察看、开除党籍等轻重

① 指新党员入党。

② 中央档案馆编：《中国通告第五十三号——介绍新党员之变通办法，各团体中党团的组织与任务》，《中共中央文件选集》第1册，中共中央党校出版社1989年版，第450页。

③ 中央档案馆编：《中国共产党第一次修正章程》，《中共中央文件选集》第1册，中共中央党校出版社1989年版，第158页。

④ 中央档案馆编：《组织问题议决案》，《中共中央文件选集》第1册，中共中央党校出版社1989年版，第474页。

⑤ 中央档案馆编：《中国共产党第三次修正章程决案》，《中共中央文件选集》第3册，中共中央党校出版社1989年版，第142页。

⑥ 中央档案馆编：《中国共产党第一个纲领》，《中共中央文件选集》第1册，中共中央党校出版社1989年版，第4—5页。

⑦ 中央档案馆编：《中国共产党章程》，《中共中央文件选集》第1册，中共中央党校出版社1989年版，第96、97页。

⑧ 中央档案馆编：《中国共产党第三次修正章程决案》，《中共中央文件选集》第3册，中共中央党校出版社1989年版，第152页。

不同的处分。

（四）围绕作风建设，探索制定党内法规

党的作风是党的组织和成员在思想、政治、工作、学习、生活等方面表现出来的态度和行为，是党的世界观、性质和宗旨的外在表现，是党的整体风貌和基本风格。党的作风建设包括思想作风、学风、工作作风、领导作风和干部生活作风等。大革命时期，围绕作风建设，探索制定党内法规。

理论联系实际的作风。大革命时期，中共积极地投入工农运动的实际斗争。1926 年 11 月，毛泽东担任中共中央农民运动委员会书记，决定以湘、鄂、赣、豫的农民运动为重点。从 11 月底到次年 1 月，农民协会会员从 107 万人激增到 200 万人。到 1927 年 1 月，湖南、湖北的工会会员发展到 70 万人。中共还开始对脱离中国实际的倾向进行反思。1926 年 7 月，中共中央扩大执行委员会发布《对于广东农民运动决议案》，对中共农村工作中存在的缺乏对实际调查研究的倾向进行了分析和批评："我们同志对调查工作做得太少"，并强调"此后应指导同志注意乡村调查工作"。会议还对农村工作中存在的教条主义倾向进行了批评："我们同志以前组织协会太看死了，只求能够死板板的仅仅照章程人数成立个乡或区协会……因此以后要令同志们善于运用章程，适合农村实际，仍照组织系统及广东省协会颁布之组织手续而组织之。"①大革命时期，中共还重视运用马克思主义研究中国实际问题。1926 年 4 月，在中共中央发出的《我们今后应当怎样工作》中指出："我们不仅研究全国的政治问题，特别注意研究本地的政治问题经济问题，能引导当地民众日常的要求。"②在运用马克思主义研究中国革命的实际问题上，毛泽东做了大量工作。他的《中国社会各阶级的分析》《湖南农民运动考察报告》是这一时期运用马克思主义基本原理分析和研究中国实际的最有代表性的成果。在《中国社会各阶级的分析》一

---

① 中央档案馆编：《对于广东农民运动决议案》，《中共中央文件选集》第 2 册，中共中央党校出版社 1989 年版，第 247 页。

② 中央档案馆编：《我们今后应当怎样工作》，《中共中央文件选集》第 2 册，中共中央党校出版社 1989 年版，第 111 页。

文中，毛泽东运用马克思主义的阶级分析方法，具体分析了中国社会各阶级的经济状况和社会地位、政治态度，从而说明了中国革命的领导、动力和对象等问题。1927年3月，毛泽东深入湖南五县，做了三十二天的考察工作，写出了《湖南农民运动考察报告》。该文既是毛泽东深入中国农村实际的典范，同样也是他运用马克思主义分析和研究中国实际，并解决中国民主革命中的实际问题的典范。

密切联系群众、依靠群众的工作作风。1923年，中共三大制定《劳动运动议决案》《农民问题决议案》《青年运动决议案》《妇女运动决议案》，提出要深入工人、农民、青年、妇女中去，做好宣传发动工作。同年11月，通过《劳动运动进行方针议决案》，再次谈到党组织和党员要深入工人群众中去，"党的活动须多于工会活动"、"为养成劳动运动人才起见，在适当地点设立劳动教育机关，以启发工人宣传及组织之智识"。[1]

大革命高潮兴起后，发动群众成为党的一项重要工作内容。1925年10月，中共中央执委会扩大会议讨论通过的《组织问题议决案》进一步强调："中国革命运动的将来命运，全看中国共产党会不会组织群众、引导群众。"议决案还对党的各级组织和党员如何指导工人运动提出要求。[2]

此次会议通过的《宣传问题议决案》强调："我们党的职任是吸收工人及革命的智识分子的群众，巩固并且发展我们党的势力于全国工人阶级之中，开始在乡村农民中工作，建筑党在农民群众的基础。"[3]1926年4月，《我们今后应当怎样工作》则指出："只有在一切实际工作中，无一时无一事不努力深入群众，获得群众，扩大及巩固各阶级群众的联合战线，能够抵抗这反动势力的进攻，这乃是今后准备时期的工作原则，也就是民族革命运动

---

① 中央档案馆编：《劳动运动议决案》，《中共中央文件选集》第1册，中共中央党校出版社1989年版，第149—150页。

② 中央档案馆编：《组织问题议决案》，《中共中央文件选集》第1册，中共中央党校出版社1989年版，第472页。

③ 中央档案馆编：《宣传问题议决案》，《中共中央文件选集》第1册，中共中央党校出版社1989年版，第478页。

中的工作原则。"①这里不仅强调深入群众、获得群众的重要意义，同时也是我们党首次明确提出深入群众是党的工作原则的思想。经过党对各类群众运动的努力发动，党与群众的关系更加密切起来。1926年7月中共中央扩大执行委员会在总结党的发展经验时指出："经过各种的运动，我们得以接近于广大的民众，得到民众组织的发达和党自身的发展。"②

中共中央还根据群众运动中出现的一些错误，开始主动纠正脱离群众的错误倾向。1926年4月，《我们今后怎样工作》系统总结、分析了党在宣传工作方面出现的脱离群众的错误倾向："不注意当地的群众日常生活的要求，而只有全国政治活动的总口号和全国的普泛的政治煽动"；"但凭主观的理论，不顾群众的心理，把口号提得过高，完全不懂斗争的战术，不知详细计算敌人的力量，不知怎样集聚一切反对敌人的力量向敌人进攻"；"不懂得联合战线政策之实际应用"；"同志个人对外态度不好"。③同年7月中共中央扩大执行委员会会议通过的《对于广东农民运动议决案》也检讨了不能接近群众的错误："我们同志以前工作，是走马看花式了无实际的，不能接近群众，更不能指挥群众"。④

批评与自我批评的作风。大革命时期，党内存在着批评与自我批评的实践。1923年，中共三大召开，陈独秀在三大报告中对前一年党的工作，全方位、多角度进行批评与自我批评。他说："现在我想就我们最近一年的工作提出批评意见。首先忽略了党员的教育工作。我们遇到的许多困难，都可以归咎于这一点。许多知识分子抱着革命感情加入了我们党，但是对我们的原则没有

---

① 中央档案馆编：《我们今后怎样工作》，《中共中央文件选集》第2册，中共中央党校出版社1989年版，第108页。

② 中央档案馆编：《组织问题议决案》，《中共中央文件选集》第2册，中共中央党校出版社1989年版，第179页。

③ 中央档案馆编：《我们今后怎样工作》，《中共中央文件选集》第2册，中共中央党校出版社1989年版，第111页。

④ 中央档案馆编：《对于广东农民运动议决案》，《中共中央文件选集》第2册，中共中央党校出版社1989年版，第246页。

认识。工人表现出脱离知识分子的倾向，常常缺乏求知的愿望。""宣传工作进行得不够紧张，我们很少注意农民运动和青年运动，也没有在士兵中做工作。要在妇女中进行工作，女党员的人数也还太少。在工会的宣传工作中，我们没有提出任何口号。""我们党内存在着严重的个人主义倾向。党员往往不完全信赖党。即使党有些地方不对，也不应当退党。我们应该纠正我们的错误。此外，党内的同志关系很不密切，彼此很爱怀疑"。①作为党的最高领导人，陈独秀还对党中央的工作以及自己和其他中央领导同志的工作进行了自我批评。关于中央委员会的错误，陈独秀指出："实际上中央委员会里并没有组织，五个中央委员经常不能呆在一起，这就使工作受到了损失。""中央委员会也缺乏知识，这是罢工失败的原因。我们的政治主张不明确。大家都确信中国有实行国民革命运动的必要，但是在究竟应当怎样为国民革命运动工作的问题上，我们的观点各不相同。有的同志还反对加入国民党，其原因就是政治认识不够明确。""我们不得不经常改换中央所在地，这使我们的工作受到了严重损失。"②此外，陈独秀还对自己和中央其他领导人进行了具体的批评和自我批评："陈独秀由于对时局的看法不清楚，再加上他很容易激动，犯了很多错误。张国焘同志无疑对党是忠诚的，但是他的思想非常狭隘，所以犯了很多错误。他在党内组织小集团，是个重大的错误。邓同志在唐山和科乌矿工罢工时犯了严重错误，并且在广州造成了很多困难。"③之后，中央和地方继续开展批评与自我批评，检讨工作中存在的问题，同时颁布多个党内法规，对开展批评与自我批评提出要求。1925 年，中共四大通过的《对于民族革命运动之议决案》，对党在与国民党建立统一战线时出现的"左"倾和右倾的错误进行了批评。④1925 年 9 月底至 10 月上旬，中共中央召开扩大执行委员会会议。会议在肯定党在各方

---

① 中央档案馆编：《陈独秀在中国共产党第三次全国代表大会上的报告》，《中共中央文件选集》第 1 册，中共中央党校出版社 1989 年版，第 171 页。

② 同上书，第 171—172 页。

③ 同上书，第 172 页。

④ 中央档案馆编：《对于民族革命运动之议决案》，《中共中央文件选集》第 1 册，中共中央党校出版社 1989 年版，第 335 页。

面工作取得成绩的同时，明确批评了各个方面存在的缺点。1926 年 5 月发布的《支部的组织及其进行的计划》规定，支部书记应该经常开会"审查和批评各支部的工作并讨论具体的方法"。[①]在各级党组织的极力倡导和推动下，党内批评很快成为一种自觉行为。[②]

党的创建时期及大革命时期，是党的作风建设基础的奠定时期。但是，这一时期党的作风建设还未开始形成。一是对党的作风建设尚未形成系统的思想理论。从我们党一些主要领导人的著述和中央通过的党内法规中都未见系统的论述。所以这一时期，党的作风建设明显缺乏理论指导，党内法规和文件中虽然出现有关作风建设的内容，但往往都是在论及其他问题时有所涉及。二是作风建设未能成为党的建设的一项专门工作。在实际工作方面，党的作风建设的各个方面均是在其他具体工作中附带进行的。三是党的作风建设尚未能形成全党的统一认识和统一行动。无论在理论还是在实践方面，对于作风建设的重要性、内容等都未形成统一认识，也未形成科学、有效的作风建设的途径、方法等。而且，这一时期党的作风建设还未成为全党的共同认识和统一行动，体现出了个体性、局部性的特点。作风建设只是在部分同志、部分工作领域中开始进行，并发挥了积极作用。[③]

（五）在纪律建设法规上，首次提出政治纪律概念，出台第一个反贪污腐化法规

党的纪律是党的各级组织和全体党员必须遵守的行为规则，是维护党的团结统一、完成党的任务的保证。

党的自身建设在创建时期已有一个良好的开端，取得初步的成果，使党能以无产阶级先锋队的面貌，迅速从中国各政党和团体中脱颖而出，获得中国工人阶级和其他劳动群众的信赖。这为以后党的建设奠定了坚实基础，为发动和

---

① 中央档案馆编：《支部的组织及其进行的计划》，《中共中央文件选集》第 2 册，中共中央党校出版社 1989 年版，第 617 页。

② 何益忠：《民主革命时期党内"批评与自我批评"的形成》，《中共党史研究》2018 年第 1 期。

③ 刘颖：《中共创建及大革命时期的作风建设探究》，《攀登》2018 年第 4 期。

领导中国革命走向高潮提供了有力的保证。

革命转折关头严肃党的政治纪律。"政治纪律是各级党组织和全体党员在政治方向、政治立场、政治言论、政治行为方面必须遵守的规矩",是"最重要、最根本、最关键"的纪律,遵守政治纪律是遵守全部纪律的"重要基础"。①

在革命转折关头,中共全党就纪律建设进行了艰辛探索,强化政治纪律的实践由中央向全党层面渐次展开。

在中国共产党历史上,最早出现"政治纪律"这个概念是瞿秋白1927年2月写成的长达7万多字的《中国革命中之争论问题》小册子。在《问题》第五章"中国革命中之共产党党内问题"第三节"官僚式的纪律观与流氓式的纪律观"中,瞿秋白指出纪律方面的种种错误表现:"没有积极的纪律,而只有消极的纪律。没有'不准不做某事,不准不讨论,不准不提议,不准不反问上级命令的理由';却只有'不准说,不准问,不准讨论'"。"只有组织手续上的纪律,而没有政治上的纪律。""责备是常有的,但是真正纪律,政治上的纪律不多没有。"在全文最后,他号召党内同志,"我们应当严格的执行政治纪律,暴一暴'家丑',以极紧张极积极的努力,迅速的改正我们的错误,至少使个个同志知道'为什么'这是错的,然后,能够增高党的斗争力,然后能够保持党在群众的威信,尽我们伟大的使命"。②

"政治纪律"这个概念正式出现在党的重要会议上第一次使用是在中共五大上。在1927年4月召开的五大上,瞿秋白将他撰写的《中国革命中之争论问题》散发给与会代表。在五大通过的《组织问题决议案》中指出:"党内纪律非常重要,但宜重视政治纪律。"在这里把政治纪律放在各项纪律之首,可见当时我们党已经认识到了政治纪律的重要性。

在党的纪律处分方面,《中国共产党第三次修正章程决案》增加了警告、

---

① 《习近平关于全面从严治党论述摘编》,中央文献出版社2016年版,第95—96页。

② 《中国革命中之争论问题》,《瞿秋白文集(政治理论编)》第7卷,人民出版社2013年版,第696页。

在党内公开警告、临时取消党内工作、留党察看等四种处罚方式，改变了以往只对党员实行开除的做法。议决案对处分程序有严格规定对于违纪行为须经党委会、党员大会或监察委员会依合法手续加以审查。对于像陈公博、周佛海之类的违反纪律、不符合标准的党员，党中央及时进行了严肃处理，毫不留情地把他们清除出党组织。由于有铁的纪律、党员的严格遵守，国共合作的国民革命出现了轰轰烈烈的局面。到1927年五大召开前，党员人数大大增加，全国党员发展到57 967人，党的影响力、战斗力更大大增强。这是党的建设的巨大成就，也是党自身纯洁性建设的必然结果。

第一个反腐败党内法规。1926年，工农运动迅猛发展，一些党组织在发展党员时只重数量，忽视了对要求入党者的考察和教育，党员素质下降，一些投机分子混入党内，党内发生了侵吞公款等贪污腐败行为，1926年8月4日，中国共产党召开中共中央扩大会议并发出《关于坚决清洗贪污腐败分子的通告》，针对贪污腐败的问题作了重点论述，明确指出，"在这革命潮流仍在高涨的时候，许多投机腐败的坏分子，均会跑在革命的队伍中来，一个革命的党若是容留这些分子在内，必定会使他的党陷于腐化""这不仅丧失革命者的道德，且亦为普遍社会道德所不容""所以应该很坚决的洗清这些不良分子，和这些不良倾向奋斗，才能巩固我们的营垒，才能树立党在群众中的威望"。中央特别训令各级党组织："迅速审查所属同志，如有此类行为者，务须不容情地洗刷出来，不可令留存党中，使党腐化，且败坏党在群众中的威望"。①通告作为中国共产党第一个关于反对贪污腐化的专门文件，表明党坚决反对贪污腐败的立场和方针，也表明中国共产党对自身纯洁性的重视，有力地推进革命形势的发展，同时对之后中国共产党的廉政建设具有重要意义。

四、加强党的监督法规建设，成立中央监察委员会

马克思主义政党历来重视党内监督问题。列宁曾经精辟地指出："对于党

---

① 中央档案馆编：《关于坚决清洗贪污腐化分子的通告》，《中共中央文件选集》第2册，中共中央党校出版社1989年版，第282—283页。

员在政治舞台上的一举一动进行普遍的（真正普遍的）监督，就可以造成一种能起生物学上所谓'适者生存'的作用的自动机制。完全公开、选举制和普遍监督的'自然选择'作用，能保证每个活动家最后都'各得其所'，担负最适合他的能力的工作，亲身尝到自己的错误的一切后果，并在大家面前证明自己能够认识错误和避免错误。"①1921年中共一大通过的《中国共产党第一个纲领》就明确提出监督问题。此后，从中共二大到四大的党的章程，都对党的纪律作出过明确规定。但由于当时党处在初创时期，直到五大前夕，党内并没有设置专门的监督机构，党内监督权一直由中央及地方各级执行委员会直接行使。

成立中央监察委员会，作为党内专门监督机关。1927年4月中共五大第一次提出"集体领导"和"民主集中制"原则，选举产生中央监察委员会，从而建立了我们党最早的纪律检查机构。

同年6月，中共中央政治局会议通过的《中国共产党第三次修正章程决案》，专门设立"监察委员会"一章。第二十二条规定党的全国代表大会"讨论与批准中央委员会中央监察委员会及其他中央各部工作的报告"，"改选中央委员会及监察委员会及其他等等"，由此确立了党的全国代表大会对中央委员会及中央监察委员会的监督权。决案还明确中央、省设立党的监察委员会。第61条规定："为巩固党的一致及权威起见，在全国代表大会及省代表大会选举中央及省监察委员会。"同时对中央及省监察委员会的机构设置、职权范围等作出一些规定，特别强调了监察委员会与党的委员会的平等地位和平行关系。规定了两级监察委员会与中央和省委的相互制约关系。第六十四条规定："中央及省委员会，不得取消中央及省监察委员会之决议；但中央及省监察委员会之决议，必须得中央及省委员会之同意，方能生效与执行。遇中央或省监察委员会与中央或省委员会意见不同时，则移交至中央或省监察委员会与中央或省委员会联席会议，如联席会议再不能解决时，则移交省及全国代表大会或移交于高级监察委员会解决之。"这些规定一方面坚持了党的集中统一的领导，另

---

① 《列宁选集》第1卷，人民出版社1995年版，第417—418页。

一方面则又有效维护了监察机关的权威。决案对监察委员的权力也作了一些限制性规定。如第六十二条规定："中央及省监察委员，不得以中央委员及省委员兼任。"第六十三条规定："中央及省监察委员，得参加中央及省委员会议，但只有发言权无表决权。遇必要时，得参加相当的党部之各种会议。"①这些规定，标志着中共初步确立了一套"两委"（党委与监委）基本平行、相互制约、党内专门监督机构能比较独立完整地行使监督权的党内监督体制。这些规定一方面坚持了党的集中统一的领导，另一方面则又有效维护了监察机关的权威。

由于中国共产党首次设立专门的纪检机构，缺乏这方面的经验，《中国共产党第三次修正章程决案》的有关内容又基本是从联共（布）党章学来的，因此对于党的监委的具体任务和工作权限等问题没有能作出明确规定，没有充足的队伍力量和权力履行职责，在实际工作中也没有得到很好地解决。更主要的原因是大革命很快就失败了，大批共产党人惨遭杀害，党的组织被大量破坏，党的监察机构也就不复存在。所以，五大选举产生的中央监察委员会的工作未能开展起来，各地方的监察工作更是无从谈起。

巡视制度及其党内法规。巡视作为中国共产党党内监督的一项重要制度，形成于民主革命时期。党内巡视这种自上而下的监督在恢复和发展党组织、和谐党内关系、解决下级组织纠纷、贯彻党的方针政策、统一全党认识等方面能发挥重要作用。中国共产党成立后，曾经探索过在党内建立巡视制度。二大党章规定："各区有两个地方执行委员会以上，中央执行委员会认为有组织区执行委员会必要时，即派员到该区召集区代表会""中央执行委员会得随时派员到各处召集各种形式的临时会议，此项会议应以中央特派员为主席"。②这是中央首次在中央层面确立特派员制度。大革命时期，中共继续在这一方面进行探索。1923年中共三大通过的《中国共产党中央执行委员会组织法》规定："中

---

① 中央档案馆编：《中国共产党第三次修正章程决案》，《中共中央文件选集》第3册，中共中央党校出版社1989年版，第146、151、152页。

② 中央档案馆编：《中国共产党章程》，《中共中央文件选集》第1册，中共中央党校出版社1989年版，第94、96页。

央执行委员会以九人组织之。中央委员缺职时应以候补委员补缺。大会后之中执行委员会第一次会议，即应分配工作，并选举五人组织中央局。其余四人分派各地，赞助该地方委员会一同工作，每星期将所在地情形报告中央局一次。"①这样，分派各地的中央委员就承担了帮助下级党组织开展工作、传递上下级信息的功能，分派各地的这四人就是当时最高级别的特派员。②国民革命蓬勃发展起来以后，党对于监督、指导工作更加重视。1925年1月召开的中共四大提出，"中国地域很大，中央为明了全国实际情形，随时特派巡行员，并同时便做职工运动的指导员"。③1925年10月，中央扩大会议认为中央对地方的指导太少，"应当增加中央特派巡行的指导员，使事实上能对于区及地方实行指导全部工作"。④1926年7月，中共召开中央执行委员会扩大会议，通过《组织问题议决案》，从五卅运动的革命实践中，党认识到在组织发展上有一种危险，这种危险是"指导力之薄弱，主观的力量不能适合客观的需要，以致失掉了许多活动之机会。"所以党的最大责任是"愈更推进革命的运动，拿住运动的重心，在其最大可能的范围内指挥一切"，所以大会决定"以后中央对于各区，各区对于各地方，最好能常派遣特派员，考查并执行此种任物；在某地发生特殊事变时，此种派遣更不可少"。⑤至此，党基本确立了从中央到区、地方、支部的党内巡视体制。

　　这一时期党内法规存在制定的科学性、规范性不足的问题。从形式上看，党内法规的名称各异，仍然延续了党在创立初期的名称，有党章、决议、通

---

① 中央档案馆编：《中国共产党章程》，《中共中央文件选集》第1册，中共中央党校出版社1989年版，第156页。

② 中央档案馆编：《中国共产党中央执行委员会组织法》，《中共中央文件选集》第3册，中共中央党校出版社1989年版，第156页。

③ 中央档案馆编：《对于职工运动之议决案》，《中共中央文件选集》第3册，中共中央党校出版社1989年版，第356页。

④ 中央档案馆编：《组织问题议决案》，《中共中央文件选集》第1册，中共中央党校出版社1989年版，第473页。

⑤ 中央档案馆编：《组织问题议决案》，《中共中央文件选集》第2册，中共中央党校出版社1989年版，第180、181页。

告、议决案、决议案、决案、计划等，没有固定的名称，没有清晰的体系；从内容的专属性看，没有做到一事一文，往往是各种事情杂糅在一起，不甚明了；从法规的效力上看，并没有作出规定，故各类法规的效力等级无法确定；从制定主体、解释主体和修改主体看，除了中共三大通过的《中国共产党第一次修正章程》、中共四大通过的《中国共产党第二次修正章程》规定："本章程修改之权，属全国代表大会，解释之权属中央执行委员会。"之外，其他党内法规都未明确制定主体、解释主体和修改主体；从制定日期、生效日期看，除《中国共产党第一次修正章程》《中国共产党第二次修正章程》规定，"本章程由本党第三次全国代表大会（一九二三年七月十日—二十日）议决，自中央执行委员会公布之日起发生效力"、"本章程由本党第四次全国代表大会（一九二五年一月十一日——二十二日）议决，自中央执行委员会公布之日起发生效力"外，其他党内法规在这方面的规定都是空白；在立法技术上，字数畸轻畸重，有的长篇大论，有的就只有一条。如中共三大对党员进入政界的规定正文五十四个字："凡党员之行动带有政治意义者，中央执行委员会有严重监督指导之权。党员遇有不得已须在政界谋生活时，必须请求中央审查决定。"[1]当然，考虑到制定法律过程的确是一个复杂的过程，当时我们党所处的秘密和半秘密的特殊环境、没有专门的立法机关，党内法规基本上是由没有法律专业背景的人来制定，所以要求党内法规制定科学、规范确实有些苛求前人。然而，在当时的历史条件下，中国共产党还不能制定出较完整的规章制度，甚至即使有制度规定由于主客观条件也难以实施。如陈独秀在五大的报告中就谈到中央机关不健全的问题："我们的工作仍然在开展着，九个中央委员是不够的。中央工作更感到困难的是，甚至九个中央委员也不能经常在一起工作。在中央一起工作的只有两三个委员，有时只有一个委员。""第四次代表大会以后，由我来主管组织部的工作。后来，组织部实际上已不存在了，因为不论是我还是其他人都没有在组织部里工作过。""总之，党中央不很健全。我们党目前还不是一个

---

① 中央档案馆编：《关于党员入政界的决议案》，《中共中央文件选集》第3册，中共中央党校出版社1989年版，第152页。

有完善组织的党，而是个共产主义者的小组。地方组织比中央好些。"①

党内法规在执行过程中存在有法不依、执行不力的现象。法规制度的生命力在于执行，执行是彰显制度有效性的必然要求。在大革命时期，我们党制定了许多党内法规，但效果却不尽相同，存在着大量的有法不依、执法不严、执行不力的情况。1924年5月，中共中央扩大执行委员会通过一份《党内组织及宣传教育问题议决案》。议决案认为党在"数量上及质量上要有相当的组织"，重点要体现在"宣传鼓动"和"党务组织"方面，并且提出"加重党内教育""设立党校养成指导人才"等要求。②从当时的情况看，这份议决案非常符合革命形势的需要，也是党自身发展的要求。然而，在这份议决案通过后的大半年时间里，全国大多数地区党部根本没有实行过。

既然中共认识到"组织问题为吾党生存和发展之一个最重要的问题"，为什么这么重要的议决案在地方得不到贯彻和落实呢？这主要原因在于地方组织的涣散。1924年5月，汉口党组织在谈及本区组织发展状况时指出："虽共有四十七人，而懂组织与党义的占最少数，同志们不知服从纪律与党纲为党员应尽职责，并忽视小组会议，故意不出席，甚至有成年不为党任事。"③在1925年10月召开的中共中央扩大执行委员会上，从中央到地方的党部都反映了这一方面的严重问题。中央承认党的组织工作"自第四次大会直到现在，仍然比从前无甚进步"，④虽然四大以后各地党员的数量有了较大的增长，但河南、湖北、广东等地的报告都反映当地的党组织"涣散""散漫""缺欠严明的纪律及训练"，这导致"党的主义及政策不能使全体同志充分的了解和执行"。如1925

---

① 《陈独秀在中国共产党第五次代表大会上的报告》，《陈独秀文集》第4卷，人民出版社2013年版，第99—100页。

② 中央档案馆编：《党内组织及宣传教育问题议决案》，《中共中央文件选集》第1册，中共中央党校出版社1989年版，第243—246页。

③ 中央档案馆编：《汉口地方报告》，《中共中央文件选集》第1册，中共中央党校出版社1989年版，第262—263页。

④ 中央档案馆编：《中局报告议决案》，《中共中央文件选集》第1册，中共中央党校出版社1989年版，第494页。

年 10 月，中共中央也在《河南报告议决案》中指出："我们同志的数量虽增加了约十倍，但内部教育训练的工作非常缺乏，支部及地委的组织均极涣散没有秘密工作的基础，各地的工作都只有个人的活动，临时的应付，一切责任全集中央特派员一人身上，缺乏党的有组织的指导和全部有系统的计划。"[1]

在这种情况下，不仅中央决议或命令到了地方难以贯彻下去，地方党部自己的决议或命令也一并没法贯彻到基层去。

这一时期党内法规制定深受共产国际、联共（布）的影响。中国共产党的创建是在共产国际的帮助下完成，中共正式建党以后，共产国际、联共（布）对中国共产党有着强大的影响力。共产国际代表接受共产国际的指示，指导中国革命。如共产国际代表马林参加了中共三大、维经斯基参加了中共四大、罗易参加了中共五大。此外，中共还经常派出代表到苏俄，接受共产国际的指示，学习苏联革命的经验。因此，在中共建党后的相当一段时间内，共产国际在某种程度上扮演着中国革命间接领导者的角色，一些共产国际及俄共领导人成为中国革命的导师。大革命时期，共产国际、联共（布）及其驻华代表对中国共产党有过许多正确的指导。如推动共产党与国民党建立合作关系，要求加强党的自身建设，帮助共产党人认识无产阶级领导权和工农联盟的重要性，指导中共中央开展工人运动，声援五卅运动和省港大罢工，提出开展土地革命、武装工农的正确方针等。为了支持中共中央开展工作，共产国际在党的活动经费上给予了一定援助，苏联为中国共产党培养了一批优秀的干部和军事人才。苏联顾问在中国的革命军队建设和北伐战争中发挥了重大作用，有的人还为中国人民革命事业献出了宝贵的生命。但他们有不少脱离中国实际的错误指挥。鲍罗廷、维经斯基、罗易等驻华代表之间，在土地问题、工农运动、军事行动、战略方向、国共关系、对蒋介石和汪精卫的政策等问题上，经常存在严重的分歧，这也极大地影响了中共中央对许多问题的决断和有关方针、政策的实施，还必然影响到包括中共党章在内的党内法规的制定。比如，共产国际执行

---

① 中央档案馆编：《河南报告议决案》，《中共中央文件选集》第 1 册，中共中央党校出版社 1989 年版，第 501 页。

委员会根据马林的建议，于 1923 年 1 月作出《关于中国共产党与国民党的关系问题的决议》，认为："中国唯一重大的国民革命集团是国民党""中国独立的工人运动尚且软弱""工人阶级尚未完全形成独立的社会力量"。[①]受共产国际的影响，中共三大对国共两党及其所代表的阶级力量作了片面估计，认为"中国劳动阶级还在极幼稚时代，……工人运动尚未能强大起来成为一个独立的社会势力，以应中国目前革命之需要""中国现有的党，只有国民党比较是一个国民革命的党""我们须努力扩大国民党的组织于全中国，使全中国革命分子集中于国民党，以应目前中国国民革命之需要"；[②]"中国国民党应该是国民革命之中心势力，更应该立在国民革命之领袖地位"。[③]所以，中共三大通过的党内法规文件没有提出工人阶级争取对民主革命的领导权问题。

---

① 中央档案馆编：《共产国际执行委员会关于中国共产党与国民党的关系问题的决议》，《中共中央文件选集》第 1 册，中共中央党校出版社 1989 年版，第 577 页。

② 中央档案馆编：《关于国民运动及国民党问题的议决案》，《中共中央文件选集》第 1 册，中共中央党校出版社 1989 年版，第 146、147、148 页。

③ 中央档案馆编：《中国共产党第三次全国大会宣言》，《中共中央文件选集》第 1 册，中共中央党校出版社 1989 年版，第 165 页。

第三章　土地革命战争时期党内法规制度建设

土地革命时期，为了应对极端艰难曲折的斗争，中国共产党制定、颁布了一系列党内法规制度①，包括党章、党的组织、党的领导，党的自身建设、党的监督保障等方面的法规制度。从前期党内法规制度制定受到共产国际和苏联共产党的影响，出现理论脱离实际、照搬照抄外国经验的教条主义，在革命实践中出现各种"左"的和"右"的错误，到后期能够从中国的实际情况出发，为实现全民族抗战和争取中国革命的胜利提供了保证，中国共产党党内法规建设得到进一步发展。

第一节　六大党章：中共党史上唯一一部在国外通过的党章

土地革命战争时期只中国共产党制定了一部党章，这就是在莫斯科召开的中共六大制定的《中国共产党党章》（以下简称六大党章）。六大党章基本上保持了五大第三次修正章程的内容，但在结构上有较大调整，共分为十五章，分

---

①　根据 2013 年施行的《中国共产党党内法规制定条例》，党内法规是党的中央组织以及中央纪律检查委员会、中央各部门和省、自治区、直辖市党委制定的规范党组织的工作、活动和党员行为的党内规章制度的总称。实际上，党内法规概念或含义的确定是一个不断发展变化的过程，在 1990 年开始施行的《中国共产党党内法规制定程序暂行条例》之前，党内法规在名称上并没有严格规定。因此，判断是不是党内法规应根据特定的历史时期以及内容加以确定。党的中央组织制定的党内法规称为中央党内法规，本文仅及中央党内法规。在一个很长的时期内，党内法规与党的其他规范性文件并没有严格区分，因此在追溯党内法规的历史时，有时党的其他规范性文件也应包括在内。

别为"名称""党员""党的组织系统""支部""城乡区的组织""县或市的组织""省之组织""党的全国会议""党的全国大会""中央委员会""审查委员会""党的纪律""党的财政""党团""与共产青年团的互相关系",共五十三条,比原党章增加三章,减少三十二条。

一、六大党章的主要贡献

(一)第一次明确规定民主集中制三项根本原则

中共五大党章首次将党的指导原则确定为民主集中制,而六大党章第一次明确规定了党的组织原则为民主集中制,提出了民主集中制的三条根本原则:"(1)下级党部与高级党部由党员大会、代表会议及全国大会选举之。(2)各级党部对选举自己的党员,应作定期的报告。(3)下级党部一定要承认上级党部的决议,严守党纪,迅速且切实的执行共产国际执行委员会和党的指导机关之决议。"①这也是此次修正党章最突出的贡献之一。六大党章还特别指出:"党员对党内某一个问题,只有在相当机关对此问题的决议未通过以前可以举行争论。"②"各级机关执行权:党的组织在共产国际和党的决议范围内,对于地方问题有自己处决权。"③这些规定是对党内关系、党内民主与集中问题的一个较好的说明,有利于纠正党内存在的家长制和极端民主化两种倾向,有利于克服官僚主义、命令主义和极端民主化的倾向。

(二)进一步严明党纪

大革命失败后,在白色恐怖下,共产党员被大量屠杀,不少意志薄弱的党员纷纷脱党,甚至叛变,党员数量骤减至 1 万人。这一时期,在"左"倾错误思想指导下,强调党员队伍的"唯成分论",很多地方的入党基本条件和要求被降低,而党员质量不容乐观。为了纯洁净化党的队伍,六大党章强调加强党

---

①② 中央档案馆编:《中国共产党党章》,《中共中央文件选集》第 4 册,中共中央党校出版社 1989 年版,第 470 页。

③ 同上书,第 471 页。

的纪律建设，第四十四条明确规定，"严格的遵守党纪为所有党员及各级党部之最高责任"，①同时规定在共产国际等未作出决议时党内可以自由讨论，一旦作出决议，全党必须执行。此外规定了对团体及党员个人的违纪处罚，第四十五条规定，"不执行上级党部的决议和犯了党内认为有错误的其他过失，应由相当的党部予以纪律上的处分"。同时将党部执行纪律的方法细化为对团体和个人两种：对于团体，"指责，指定临时委员会，解散组织和党员重新登记"。"对于党员个人的是：各种形式的指责，警告，公开的指责，临时取消其党的重要工作，开除党籍或予以相当时间的察看。"②这样就区分了对象，明确了处分程度。

六大党章有关纪律的规定，进一步严肃了党的纪律，对于统一全党思想、提升全党行动力具有积极意义。

二、六大党章存在的局限性

六大党章与前几部党章一样，也存在着一些不尽如人意之处：

（一）过分突出和强调共产国际的领导

六大党章较以前几部党章，更加突出地强调了共产国际的领导。中共六大党章中前后有十七处提到共产国际，这在中共历次修改并通过的党章中是绝无仅有的。

第一，在党的名称中突出共产国际。第一章规定"中国共产党为共产国际之一部分，命名为：中国共产党，共产国际支部"。③

第二，在党员入党资格上突出共产国际。第二章规定"凡承认共产国际和本党党纲及党章，加入党的组织之一，在其中积极工作，服从共产国际和本党一切决议案，且经常缴纳党费者，均得为本党党员"。④

---

①②　中央档案馆编：《中国共产党党章》，《中共中央文件选集》第4册，中共中央党校出版社1989年版，第480页。

③④　同上书，第468页。

第三，在关于执行党的民主集中制的组织原则方面，突出共产国际。规定下级党部一定要"迅速且切实的执行共产国际执行委员会和党的指导机关之决议"。①"共产国际代表大会或本党代表大会或党内指导机关所提出的某种决议，应无条件的执行"。②甚至各级机关对于地方问题的执行权，也被缩小到了只有在共产国际和党的决议范围内，才有自由处决权。即"党的组织在共产国际和党的决议范围内，对于地方问题有自由处决权"。③这就把共产国际摆到了至高无上的地位。

第四，在党的全国代表大会的召开上突出共产国际的领导。中共六大党章虽然规定每年召开一次"党的全国大会"（党的全国代表大会），但要"得共产国际同意后召集之"，④"党的全国大会的临时大会之召集，必须经过共产国际执行委员会之批准"，⑤等等。

这些规定明显地过分强调共产国际在中国共产党的建设中的地位和作用，不但违背了马克思主义的基本原则，这就使党不能独立自主地按照实际情况领导革命和自行处理党内事务，也在党的制度上为共产国际干涉中共党内事务提供了依据，这也是造成后来党内各种"左"倾错误不断的一个重要原因。

纵观整个土地革命战争时期，是中国共产党被共产国际全面干预最深刻的历史时期。党的六大后，在共产国际的干预影响下，中国共产党内部又先后产生两次严重的"左"倾错误思想，给这一时期党内法规制度建设带来了严峻的挑战。

这种干预首先可以反映在中共六大后共产国际这一时期发布的关于中国革命的部分决议草案中。1929 年共产国际针对中国革命先后发布《共产国际执委给中共中央关于中国革命现势、前途和目前任务给中共中央的信》（1929 年 2 月）、《共产国际执行委员会与中国共产党书》（1929 年 2 月）、《共产国际执委

---

①② 中央档案馆编：《中国共产党党章》，《中共中央文件选集》第 4 册，中共中央党校出版社 1989 年版，第 470 页。

③ 同上书，第 471 页。

④ 同上书，第 477—478 页。

⑤ 同上书，第 478 页。

给中共中央关于农民问题的信》（1929 年 6 月）、《共产国际执行委员会与中国共产党书》（1929 年 6 月）、《共产国际执委给中共中央关于青工问题的信》（1929 年 8 月）、《共产国际执委给中共中央关于职工会里工作问题的决议》（1929 年 8 月）、《共产国际执委给中共中央关于国民党改组派和中共任务问题的信》（1929 年 10 月）等。①1930 年又先后发布了《共产国际执委政治秘书处关于中国问题的决议案》（1930 年 6 月）、《共产国际东方部关于中国农民问题决议案》（1930 年 8 月）、《共产国际东方部关于中国苏维埃问题决议案》（1930 年 8 月）、《共产国际东方部关于中国苏区土地农民问题决议案草案》（1930 年 8 月）、《共产国际东方部关于中国苏维埃政权的经济政策草案》（1930 年 8 月）、《共产国际执委给中共中央关于立三路线问题的信》（1930 年 10 月）等。②这些决议草案涉及中国革命的重大问题，如中国革命的现状、前途、任务，中国农民问题，中国工人青年问题，中国苏维埃政权问题，中国共产党党内指导路线问题等方面，事无巨细，全部涵盖在内。其次，这种全面干预还反映在共产国际要求中国共产党对其作出的决议要坚决执行，并难以容忍中国共产党党内不同声音的质疑，要求"一切中国的布尔塞维克一定完全团结起来，像一个人一样，一致的来实行共产国际的路线。"③在共产国际的干预下，当时的中国共产党中央多采取盲目听从共产国际指导的一种态度趋向，要求党内群众"在对于共产国际铁一般的忠实中，密切的坚强的巩固我们的队伍"，④"对于共产国际，要铁一般的忠实！"⑤

共产国际对中国革命的全面干预，造成中国共产党盲从于共产国际的指

---

① 以上参见中央档案馆编：《中共中央文件选集》第 5 册，中共中央党校出版社 1989 年版；《共产国际与中国革命资料选辑》，人民出版社 1988 年版。有关文件未全部列出。

② 以上参见中央档案馆编：《中共中央文件选集》第 6 册，中共中央党校出版社 1989 年版；《共产国际与中国革命资料选辑》，人民出版社 1988 年版。有关文件未全部列出。

③ 中央档案馆编：《共产国际执委给中共中央关于立三路线问题的信》，《中共中央文件选集》第 6 册，中共中央党校出版社 1989 年版，第 654 页。

④ 中央档案馆编：《四中全会告全党同志书》，《中共中央文件选集》第 7 册，中共中央党校出版社 1989 年版，第 47 页。

⑤ 同上书，第 49 页。

导，不顾中国革命实际情况，给中国革命带来了重大损失。反映在党内法规建设中，就是不可避免地带有各种"左"的错误，影响了作用的发挥。

（二）片面强调党员成分无产阶级化

1927年八七会议以后，党内出现了"左"的错误倾向，在强调组织问题重要性的同时，还提出了党员和干部最好是工人出身的要求，并用工人出身的新干部替换非无产阶级的知识分子干部，各级党组织成员的成分，必须大多数是工人或农民。在这种思想的指导下，党员的"唯成分论"思想在六大党章里有所反映。其结果体现在六大党章中就是不同成分人员入党，介绍人数量就不同。"工厂工人，须经党员一人之介绍，由生产支部通过"；"农民手工业者，智识份子及各机关下级服务人员，须有党员二人之介绍"；"各机关服务人员，须有党员三人之介绍"。①将《中国共产党第三次修正章程决案》中规定的"支部是党与群众直接发生关系的组织"②的正确定位，改为"支部任务：支部为使与工农联系起来的组织"，③改"群众"为"工农"，直接体现了党在这方面指导思想所发生的重大变化。这些规定又跟中共六大提出中国共产党的总任务是争取群众准备暴动的要求不完全吻合。

尽管中共六大党章存在上述一些缺点，但六大的路线和党章基本上是正确的。六大以后两年，全党贯彻执行六大路线，中国革命出现走向复兴和发展的局面。但是，由于六大党章存在着的缺陷，六大党章的修改深受共产国际的影响，很多规定实际上脱离了我们党当时的实际情况。所以，1935年遵义会议束了王明"左"倾机会主义在党内的统治后，除了一些正确的部分外，事实上已停止执行了。对此，刘少奇在《论党》中曾经作过这样的评价："党的第六次全国代表大会通过的党章，由于情况的特殊，许多部分不能使用，这就造成许

---

① 中央档案馆编：《中国共产党党章》，《中共中央文件选集》第4册，中共中央党校出版社1989年版，第468—469页。

② 中央档案馆编：《中国共产党第三次修正章程决案》，《中共中央文件选集》第3册，中共中央党校出版社1989年版，第150页。

③ 中央档案馆编：《中国共产党党章》，《中共中央文件选集》第4册，中共中央党校出版社1989年版，第473页。

多党员对党章重视不够、实行不力的习惯。"①

第二节　革命危机关头加强党的组织法规制度建设

由于党在革命时期的特殊任务，需要党的组织和党员更有战斗性、政治性和保密意识，因此在组织规范、纪律规定上的法规更多。梳理新民主主义革命时期中国共产党制定出台的二百余件党内法规和规范性文件，在党的组织和纪律方面占有相当大的比重。特别是在土地革命战争时期，尤其是前期，更是如此。这是因为大革命失败后，国民党反动派到处制造白色恐怖，致使中国共产党及其领导的各地组织和各革命群众团体，遭到严重破坏，中共党员从大革命高潮时的六万多名，急遽减少到一万多名，共产党组织被迫转入秘密状态。党处于生死存亡的危急关头，加强党的组织和纪律建设至关重要。中央档案馆编辑的《中共中央文件选集》辑录的这一时期的文件有党内法规达五十余件，内容涵盖党章、党纲和党的组织问题、宣传教育问题、党员和党的干部及党的纪律性法规等各个方面，这其中有关组织和纪律方面的党内法规最多，既有基本法规，也有重要法规。组织方面的法规，有八七会议通过的《组织问题议决案》、1927 年 11 月召开的中央临时政治局扩大会议通过的《最近组织问题的重要任务议决案》、1927 年 12 月 10 日通过的《中央通告第二十号——关于组织工作》、1928 年 1 月 30 日通过的《中央通告第三十二号关于组织工作》、1928 年 5 月 18 日通过的《中央通告第四十七号——关于在白色恐怖下党组织的整顿发展和秘密工作》、1928 年 7 月，中共六大通过的《关于组织问题草案之决议》、1929 年 6 月底至 7 月初召开的中国共产党六届二中全会第六届中央执行委员会第二次全体会议通过的《组织问题决议案》。1930 年 9 月召开的中国共产党六届三中全会通过的《组织问题决议案》、1931 年 3 月 5 日中央通过的《关于发展党的组织决议案》、1931 年 5 月 1 日中央通过的《全国组织报告的决

---

① 《刘少奇选集》上卷，人民出版社 1981 年版，第 318 页。

议案》、1931 年 5 月《中央关于苏维埃区域党的组织决议案》、1933 年 1 月 10 日苏区中央局《关于巩固党的组织与领导的决议》等。纪律方面的法规，1927 年 11 月，召开的中央临时政治局扩大会议，通过了《政治纪律决议案》。虽然直接以纪律命名的法规不多，但有关纪律的规定大量散见于其他法规之内。

此外，还散见于决定、通知、通告、指示信等非法规性文件中。土地革命时期党内法规主要以"决议案""条例"等形式出现，内容涉及党员接收及管理、党的各级组织及其领导机关、党组织的派出机构、党内选举及党内监督等，如《党的组织问题议决案》（1927）、《中央通告第五号——巡视条例》（1928）、《中央巡视条例》（1931）等。除此以外，这一时期的大量党内法规内容散见于决定、通知、通告、指示信等非法规性文件中。这一时期的复杂的生存环境和艰巨的斗争任务决定了党内法规建设在内容上不可能完全统一，在时效上不可能连续和稳定，在形式上不可能很规范，这也是党内法规建设走向成熟的必经阶段。

分析梳理这一时期的党内法规，可以看到主要内容集中在以下几个方面：

一、党的组织法规：适应形势需要，改革组织制度和组织机构

党的组织法规制度是党内法规制度体系的首要环节，规定的是党的各级各类组织的产生和职责，是管党治党的组织制度基础，是形成组织力量的保障。

大革命时期，中国共产党加强党的组织法规建设，形成了从中央到基层的五级组织系统。大革命失败后，为适应白色恐怖的形势，改革组织制度和组织机构，并由党内法规制度来规范。由于国民党右派叛变革命，发动四一二和七一五反革命政变，大肆屠杀共产党人和工农群众，党员数量由大革命时期的 5 万余人骤减到 1 万余人，中国国产党到了生死存亡关头。为了恢复、整顿党的组织，大革命失败后，中国共产党颁布施行了一系列党内法规。

《党的组织问题议决案》。八七会议为审查和纠正党在大革命后期的严重错误，决定新的路线和政策，1927 年 8 月 7 日中央召开紧急会议（即八七会议）。会议高度重视党的组织工作，实行党在组织路线上的重大转变，重新改造党的

各级指导机关，强化党的集中统一领导。通过的《党的组织问题决议案》规定，党的六大前由中央临时政治局执行中央委员会的职权，并规定了白色恐怖时期党的中央组织和各级党委的工作方式、职责任务、纪律要求等。会议要求在广东设立南方局，"至少须有政治局委员或候补委员三人加入"，说明党对组织在全国范围内已考虑到重新的布局；在革命危机关头，仍然重视宣传工作，要求中央临时政治局按期出版秘密党的政治机关报，并在全国传播；"机关报之党报委员会，由政治局委任。政治局之下应设一特别的出版委员会，专掌传播党的机关报及中央一切宣传品的责任"。同时地方党组织，如"北方顺直省委（或北方局）、南方局，以致上海省委之下，亦应设立出版机关及传播秘密宣传品传单等工作。"根据形势的变化，指出当时党在组织上的主要任务是"造成坚固的能奋斗的秘密机关"，使"每一党部都应严格的与其上级及下级党部建立极密切的极秘密的联系"。随后，中央派出巡视员到各地实际指导工作，并要求省委、市委、县委派出人员，传达中央各项决议，对"下级党部选举代表及改组领导机关的会议"进行"党内讨论"指导。①

《中央通告第十七号——关于党的组织工作》（1927 年 12 月 1 日发布）全面否定当年 7 月以前的党的组织系统，强调工农分子在组织领导层面的比例。例如，在省委一级中，"大省—执委十一人至十七人，工人农民成分须占半数；常委五人至七人，至少须有工人贫农分子二人或三人"。

此外，在中共六大召开前，中共中央还发布了其他有关组织工作的党内法规，包括：《中央通告第二十号——关于组织工作》（1927 年 12 月 10 日发布）、《中央通告第三十二号——关于组织工作》（1928 年 1 月 30 日发布）等。这些党内法规的发布，说明在大革命失败后，在革命危急关头，党已经迅速行动起来，在党的组织建设方面提出了具体方案，而且根据形势的变化，每一个出台的党内法规都有新的内容，许多方面有纠偏性质，是对之前发布的内容错误的纠正，以期提高并统一全体党员的认识和行动。

---

① 中央档案馆编：《党的组织问题议决案》，《中共中央文件选集》第 3 册，中共中央党校出版社 1989 年版，第 302—305 页。

八七会议后，中央临时政治局派出许多干部到各地指导工作，传达八七会议决议，恢复重建和整顿党的各级组织，建立党的秘密机关，组织全国的秘密交通网。到 1927 年 10 月间，先后建立中共中央北方局、南方局和长江局，建立广东江西满洲等省委组织，加强对已建立的湖南、湖北、江苏、浙江、安徽、四川、山西、山东、陕西、河南各省委、临时省委的领导。

1927 年 11 月，中央临时政治局扩大会议通过《最近组织问题的重要任务决议案》，对工会的组织问题、农民的组织问题、党团关系、党的组织与纪律、发展党员数量等作了规定。本次会议还通过《中央通告第二十号——关于组织工作》，规定了改组各级党委的办法，以解决各级党委中的机会主义问题。鉴于以往党组织遭受严重破坏的教训，为在国民党统治区做好地下工作，1928 年 5 月，中共中央发出《中央通告第四十七号——关于在白色恐怖下党组织的整顿、发展和秘密工作》，提出党的组织形式要适应秘密环境。上述党内法规，为恢复和发展党组织、继续进行革命斗争提供了制度保证。

从八七会议到中共六大，全国中央地方组织已建有十二个省委、三个临时省委及若干个特委，共有四百多个县、市委；全国共产党员总数由 1927 年冬的一万多名发展到四万名。

二、党的六大关于党的组织系统的规定

1928 年 6 月开始召开的中共六大对党的中央组织作了许多原则规定。大会决定，目前党在组织上的主要任务是建立产业支部，地方支部和工农组织。大会讨论通过的《中国共产党党章》设"组织系统"专章，规定党在组织上的根本原则是"民主集中制"；规定了党的组织系统。强调，"中央委员会在党的全国代表大会前后期间内是党的最高机关，代表党与其他政党发生关系。设立党的各种机关，指导党的一切政治的组织的工作，指定在他指导和监督之下的党的中央机关报的编辑，按环境之需要，可派中央特派员与各省党的组织并设立中央执行局"，中央委员会设立组织部、宣传鼓动部、军事部、职工运动委员会，农民运动委员会、妇女运动委员会等，并对职责、工作方式作了规定。

三、提出吸收党员新标准，克服关门主义

1935 年 12 月，中共中央政治局召开瓦窑堡会议，通过《中央关于目前政治形势与党的任务决议》。决议根据形势和任务变化，强调必须反对在发展党组织中关门主义倾向，扩大与巩固党，并对过去长期存在的过分强调党员出身的"唯成分论"提出了批评。提出："为了完成中国共产党在伟大历史时期所负担的神圣任务，必须在组织上扩大与巩固党。"强调："中国共产党是中国无产阶级的先锋队。他应该大量吸收先进的工人雇农入党，造成党内的工人骨干。同时中国共产党又是全民族的先锋队。因此一切愿意为着共产党的主张而奋斗的人，不问他们的阶级出身如何，都可以加入共产党。由于中国是一个经济落后的半殖民地与殖民地，农民分子与小资产阶级出身的知识分子，常常在党内占大多数，但这丝毫也不减低中国共产党的布尔什维克的地位。"决议明确提出："能否为党所提出的主张而坚决奋斗，是党吸收新党员的主要标准。社会成分是应该注意到的，但不是主要的标准。应该使党变为一个共产主义的熔炉，把许多愿意为共产主义而奋斗的新党员，锻炼成为有最高阶级觉悟的布尔什维克的战士。"一切在民族革命与土地革命中的英勇战士，都应该吸收入党，担负党在各方面的工作。[①]

这就是说，中国共产党吸收新党员的标准，主要是政治标准，而不是其他的标准。衡量一个共产党员是不是先进战士，主要是看他对于实现党的主张的政治态度，而不是他的社会出身与社会成分。瓦窑堡会议通过制定决议这样的党内法规，重新确定吸收党员的主要标准，在党的建设史上具有特别重要的意义，它第一次认真纠正了党内长期存在的唯成分论，对党的发展壮大起到了重要作用。瓦窑堡会议后，党克服关门主义，注意发展党员，建立健全党的各级组织，使党的组织和党员队伍得以发展壮大。到全民族抗日战争爆发前夕，中

---

① 中央档案馆编：《中央关于目前政治形势与党的任务决议》，《中共中央文件选集》第 10 册，中共中央党校出版社 1989 年版，第 620 页。

共党员已发展到四万多人，为应对全面抗战做好了组织上的准备。

第三节　强化党的领导法规　确定党对根据地和军队的领导

坚持无产阶级政党的领导，是科学社会主义的一条基本原则，是马克思主义建党学说的一个基本观点。马克思深刻指出："为保证社会革命获得胜利和实现革命的最高目标——消灭阶级，无产阶级这样组织成为政党是必要的。"[①]列宁在领导俄国革命和苏联社会主义实践中，坚持把无产阶级政党领导作为"社会主义胜利的唯一保证"，指出"国家政权的一切政治经济工作都由工人阶级觉悟的先锋队共产党领导"。中国共产党通过制定法规，加强对一切工作的领导。

一、制定根据地建设领导法规

大革命失败后，我们党开展了武装反对国民党反动统治的斗争，创建、发展红军和农村革命根据地。在各根据地内，党大力加强自身建设。1928 年 3 月，《中央通告第三十七号——关于没收土地和建立苏维埃》提出，暴动胜利后，一切土地归苏维埃公有，重新分给农民耕种；一切权力归于苏维埃，建立直接之民众政权。[②]1931 年 4 月，针对苏区不重视发动工农群众问题，中共中央通过《关于苏区宣传鼓动工作的决议》，对苏区如何开展党的宣传工作作出全面部署。[③]

1931 年 5 月，中央通过了《关于苏维埃区域党的组织决议案》，主要就组织系统的几大问题，提出解决方案。分为四点：第一，中央派遣中央代表在苏区设

---

① 《马克思恩格斯文集》第 3 卷，人民出版社 2009 年版，第 228 页。

② 中央档案馆编：《中央通告第三十七号——关于没收土地和建立苏维埃》，《中共中央文件选集》第 4 册，中共中央党校出版社 1989 年版，第 152 页。

③ 中央档案馆编：《中央关于苏区宣传鼓动工作的决议》，《中共中央文件选集》第 7 册，中共中央党校出版社 1989 年版，第 210—220 页。

立中央局或中央分局是绝对需要的，但不能因此而取消当地最高党委的领导，不能混淆中央派出机构与通过当地党代表大会产生的党组织的职权关系，两者在任务和组织上应当分别清楚。第二，苏区各特委统改称省委员会，成为中央与区县委之间的常设机构。省委员会之下如管辖区域太宽，可设中心县委或成立道委员会，省区太小的可以设联省党委员会，但都不是经常性普遍性组织。第三，红军中的党组织以连支部为基本单位，其上级党委员会设立在政治部系统，直属总政治部，红军中的团组织隶属党支部。远离革命军事委员会所在地的红军党组织可以设立前敌党委员会，前敌党委员会指导地方党部。第四，各苏区党的改造，必须有系统的进行。"党员成分，必须以城镇工人与乡村雇农为基础。"从党员成分开始，清除一切党内腐败，从支部到省委，选举新的各级班子。改造的情况上报中央。①

为完善苏区土地政策，1934 年，中央组织局颁布《苏区党团组织与工作条例》，规定了党团日常的工作，保证了党对苏维埃工会及其他群众团体的领导。1936 年 7 月，中共中央通过《关于土地政策的指示》，对有关地主、富农、商人、小业主、大农业企业主等的土地政策作出修正，进一步清除了封建残余，赢得了人民拥护。

苏区的发展，一直是中央重点关注的方面，但是党组织怎样要求如何管理，是亟待解决的难题，在苏区设立中央局或中央分局，总比遥控指挥来得更切实，但是中央和地方的各自工作分工需要明确，因此中央出台这一文件，以解决组织上可能产生的问题，这一文件似乎也为中共中央决策部门最终从白区转移到苏区，做了前期准备。

二、确定党对军队领导的根本原则措施和方法

1927 年，毛泽东领导著名的三湾改编，确立了"将党的支部建在连上"制度。1928 年 11 月，毛泽东在总结党领导革命的经验时，强调建立红军中的党代表制度。

---

①　中央档案馆编：《中央关于苏维埃区域党的组织决议案》，《中共中央文件选集》第 7 册，中共中央党校出版社 1989 年版，第 268—272 页。

1929年1月，红四军发起向赣南、闽西进军，开创了赣南、闽西革命根据地，奠定了后来的中央革命根据地的基础。

随着形势的发展和革命队伍的扩大，红四军及其党组织内加入了大量农民和其他小资产阶级出身的同志，加上环境险恶，战斗频繁，生活艰苦，部队得不到及时教育和整训。因此，极端民主化、重军事轻政治、不重视建立巩固的根据地、流寇思想和军阀主义等非无产阶级思想在红四军内滋长严重。作为红四军党的前委书记毛泽东曾力图纠正这些错误的思想倾向。但是，由于当时的历史条件，红四军党内特别是领导层内在创建根据地、在红军中实行民主集中等原则问题上存在着认识上的分歧和争论。因而，毛泽东的正确主张没有能够为红四军领导层的大多数人所接受。

1929年8月下旬，陈毅抵达上海，向党中央如实汇报了红四军的工作。中央政治局专门召开会议，深入研究讨论红四军的问题，形成了陈毅起草、周恩来审定的《中共中央给红四军前委的指示信》，即著名的"九月来信"。"九月来信"肯定了红四军建立以来所取得的成绩和经验，要求红四军前委和全体干部战士维护朱德、毛泽东的领导，明确指出毛泽东"应仍为前委书记"。

1929年12月下旬，中国共产党红军第四军第九次代表大会（即古田会议）在福建上杭县古田召开。

会议认真总结了红军创建以来党在同各种错误思想、错误倾向作斗争的过程中积累起来的丰富经验，统一了思想认识，一致通过了八个决议案，即著名的古田会议决议，其中最重要的是《关于纠正党内的错误思想的决议》。这些决议案系统地解决了建党建军的一系列根本问题。

在军队建设方面，决议案明确规定了红军的性质，指出"中国的红军是一个执行革命的政治任务的武装集团"，[①]这个军队必须是服从于无产阶级思想领导，服务于人民革命斗争和根据地建设的工具。这个规定，从根本上划清了新型人民军队同一切旧式军队的界限。从这个基本观点出发，决议案阐明了军队同党的关系，指出军队必须绝对服从党的领导，必须全心全意地为着党的纲

---

① 《关于纠正党内的错误思想》，《毛泽东选集》第1卷，人民出版社1991年版，第86页。

领、路线和政策而奋斗，批评了那种认为军事和政治是对立的，军事不要服从政治，或者以军事来指挥政治的单纯军事观点，确立了党对军队领导的根本原则措施和方法，从思想上确立党的理念，组织上确立党的领导制度两个方面，奠定了党领导军队和军队听从党指挥的基础。

第四节　党的自身建设法规

一、注重在党内法规制度中体现思想建党

我们党是按照马克思主义的革命理论和原则建立起来的无产阶级政党。因此，注重思想理论建设，加强马克思主义思想理论教育，始终保持党在思想上、政治上的先进性和纯洁性，是提高党的凝聚力，保持党的先锋队性质的必然要求，也是马克思主义政党学说的一个基本原则。在土地革命战争时期，中国共产党通过加强党内法规建设，推动思想建设取得成效。

加强党内教育，增加教育内容，扩展教育途径。大革命失败后，党内弥漫着消极失败的情绪，对党的发展以及农村革命根据的建设都极为不利。为此，中共从教育内容上看，突出马克思主义理论教育，注重党员干部的理想信念教育。并重视对党员的理想信念教育。1928 年 1 月，中央发出《关于党团关系通告第二号》，指出"在一切训练教育工作中，应注意增加团员对于党的认识和信仰"。①毛泽东等人从中国革命的实际出发，分别写了《中国的红色政权为什么能够存在》《井冈山的斗争》《星星之火，可以燎原》等文章，鼓舞了党和工农红军的士气，解决了党内弥漫的思想困惑。

从教育途径上，党在保留了原有的教育途径的基础上又创新了其他的教育途径。1931 年 4 月，中央通过《关于苏区宣传鼓动工作的决议》，提出了多样

---

① 中共中央文献研究室、中央档案馆编：《中共中央、共青团中央关于党团关系通告第二号》，《建党以来重要文献选编》第 5 册，中央文献出版社，第 67 页。

的"宣传鼓动"方式："1.苏区内各中央局必须要有健全的宣传部，领导苏区内一切宣传鼓动工作。2.在各苏区中央分局所在地必须创办一种党的与苏维埃的机关报。3.必须用种种方法在各乡村各城市创办当地的小报。4.必须编辑各种最通俗的小册子，做反帝，拥护苏联，土地革命，八小时劳动日的宣传与鼓动。5.在各苏区中央分局所在地，必须设立一个以上的党校，培养党，苏维埃与职工会的中等干部。"①为此，党在各农村革命根据地时期创办了大批的党校干校，给予党员干部以严格正规的马克思主义理论教育。这一时期，中国共产党通过在实际工作中加强对党和工农红军的教育，促进马克思主义理论与中国革命实际的结合。土地革命时期党逐步实现"理论联系实际"，通过不断地鼓励党员干部去农村调查，了解中国革命的实际情况并同时运用马克思主义的世界观和方法论解决革命和党的建设中问题。

古田会议，开启思想建党道路。土地革命战争时期是中共思想建设发展的关键时期。大革命失败后，党员人数锐减，组织遭到严重破坏，党内弥漫着失败主义的悲观气氛。"八七会议"后我们党的工作中心由城市转到农村，生存问题和维系革命队伍的问题由此变得极为突出。与此同时，在党员队伍中工人成分急剧减少，不识字的农民党员占了绝大多数。据1928年党的六大的统计，党员成分为农民占党员总人数的76.6%、士兵占0.8%、知识分子占6.9%、其他成分占4.8%，工人只占10.9%。到1929年6月中共六届二中全会召开时，工人党员占党员总人数的比例又减少到7%。党员成分的这种新的构成，在红军中尤为突出。据1929年5月的统计，红四军全军约4 000人，其中党员1 329人，占33.2%。在这些党员中，有工人310人，占23.4%；农民626人，占47%；小商人106人，占8%；学生192人，占14%；其他95人，占7%。党员中农民和其他小资产阶级出身的人占70%。②

---

① 中央档案馆编：《中央关于苏区宣传鼓动工作的决议》，《中共中央文件选集》第7册，中共中央党校出版社1989年版，第211—220页。

② 中共中央党史研究室：《中国共产党历史》第1卷上册，中共党史出版社2011年版，第289页。

由于党员构成成分的变化，使得党组织必然要受到来自农民和城市小资产阶级及其他非无产阶级的思想影响。这些非无产阶级思想，严重地妨碍党的路线的贯彻执行。在艰苦的斗争的环境中，在党员成分主要是农民的条件下，如何克服非无产阶级思想，把党建设成为无产阶级先锋队，成为亟待解决的带根本性的问题，给这一时期的思想建党带来了严峻挑战。毛泽东在实践中创造性地找到了解决问题的新办法。早在井冈山时期，毛泽东就在《井冈山的斗争》中指出："无产阶级思想领导的问题，是一个非常重要的问题。边界各县的党，几乎完全是农民成分的党，若不给以无产阶级的思想领导，其趋向是会要错误的。"①

在古田会议上，《关于纠正党内的错误思想的决议》作为古田会议决议最重要的决议案，贯穿着毛泽东的思想建党的理念。

在党的建设方面，决议着重强调加强党的思想建设的重要性，并从红四军党组织的实际出发，全面地指出了党内各种非无产阶级思想的表现、来源及纠正的办法。为了加强党的思想建设，决议强调要注重调查研究，坚决反对各种形式的主观主义；强调必须"教育党员用马克思主义的方法去作政治的形势的分析和阶级势力的估量，以代替主观主义的分析和估量"，"使党员注意社会经济的调查和研究，由此来决定斗争的策略和工作的方法，使同志们知道离开了实际情况的调查，就要堕入空想和盲动的深坑""党内批评要防止主观武断和把批评庸俗化"。②为了有效地纠正各种错误思想，决议提出要加强党内教育特别是党的正确路线的教育和开展党内的正确批评。决议在着重强调党的思想建设的同时，又指出必须加强党的组织建设，必须坚持党的民主集中制，反对极端民主化、非组织观点等错误倾向，并提出了加强各级组织的工作等要求。为保证党员的质量，决议提出了以后发展新党员的条件。

古田会议决议是中国共产党和红军建设的纲领性文献。它结合中国共产党和中国革命的具体情况，灵活地、创造性地运用马克思列宁主义，初步回答了在党员以农民为主要成分的情况下，如何从加强党的思想建设着手，保持党的无产阶

---

① 《井冈山的斗争》，《毛泽东选集》第 1 卷，人民出版社 1991 年版，第 77 页。

② 《关于纠正党内的错误思想》，《毛泽东选集》第 1 卷，人民出版社 1991 年版，第 92 页。

级先锋队性质的问题；初步回答了在农村进行革命战争的环境中，如何将以农民为主要成分的军队，建设成为无产阶级领导的新型人民军队的问题。古田会议所做的努力，会议决议所规定的基本原则，集中体现了着重从思想上建设党这一独特的党的建设的道路。这些原则，不但很快在红四军得到贯彻，而且随后在其他各部分红军中也逐步得到实行，并对以后不断加强党的建设产生了深远的影响。

二、开创党的优良作风法规制度

土地革命战争时期，中国共产党人开始探索中国革命的规律以及适合中国国情的革命发展道路，充分把马克思列宁主义理论与中国具体实际相结合，通过加强党的作风建设，纠正和抵制党内存在的各种错误思想和倾向，开创了党的优良作风，确立了党的政治优势。这一时期的革命特点，一方面是"左"的错误思想和路线依然占统治地位；而另一方面，以毛泽东为主要代表的中国共产党人也在不断地探索正确的作风和革命的路线方针，并同时通过制定颁布党内法规制度的形式，加强作风建设。这一时期，党的作风建设总体呈现出正确与错误相对立、理论与实际相分离的特点。

密切联系群众作风的逐步成型。在创建农村革命根据地过程中，如何处理与人民群众的关系，这是摆在中国共产党人面前的一个新问题。党在土地革命时期已经意识到群众的重要性。1929 年 9 月，周恩来在《中共中央给红军第四军前委的指示信》（即九月来信）中，用一节专门论述红军与群众的关系，第一次在党内明确提出"群众路线"的概念。信中指出，"红军本身是一种阶级的积聚力量""党的指导绝不要忽略群众日常生活上许多未解决的问题""应该细心去了解群众日常生活的需要，从群众日常生活斗争引导到政治斗争以至武装斗争。这种斗争才是群众本身所需要的，才不是单纯军事力量的发动，才不是少数个人英勇的硬干，才会团结广大群众在党的周围""关于筹款工作亦要经过群众路线"。①

---

① 中央档案馆编：《军委给红军第四军前委的指示信》，《中共中央文件选集》第 3 册，中共中央党校出版社 1989 年版，第 478—484 页。

同年12月，古田会议决议中毛泽东写的《关于纠正党内的错误思想》更是坚持和发展周恩来在九月来信中关于群众路线的观点，并对群众路线的形成作出了特殊贡献。指出："离开了对群众的宣传、组织、武装和建设革命政权等项目标，就是失去了打仗的意义，也是失去了红军存在的意义。"而在1930年毛泽东发表的《反对本本主义》更是强调联系群众的重要性，指出，"共产党的正确而不动摇的斗争策略……是要在群众的斗争过程中才能产生的"。然而，获得实际经验就不能走原来的"保守路线"，要求党员干部"伸只脚到社会群众中去调查调查"。①《反对本本主义》强调了与农民群众联系并深入群众调查的重要性。

1934年1月，毛泽东发表《关心群众生活，注意工作方法》一文。充分论述群众生活的问题以及党与群众之间的工作方法问题。指出，"我们现在的中心任务是动员广大群众参加革命战争……把帝国主义赶出中国去"。认为群众的利益是至关重要的，"因为革命战争是群众的战争，只有动员群众才能进行战争，只有依靠群众才能进行战争"。②因此，党就必须大力去发动群众，融入群众。针对党的群众工作方法，主张做群众生活的领导者和组织者，而且注重领导和组织的方法。"我们是革命战争的领导者、组织者，我们又是群众生活的领导者和组织者。组织革命战争，改良群众生活，这是我们的两大任务。"在具体的工作方法上就要注意任务完成和实现的工作方法，这种工作方法必须反对官僚主义、命令主义，代之以具体的方法和耐心的说服。

土地革命时期，中国共产党关于群众问题的阐释，不仅是中国共产党充分认识人民群众重要性的问题，更是中国共产党把马克思列宁主义与中国实际相结合的具体说明。历史唯物主义告诉我们，人民群众是历史的创造者，必须坚持群众路线，坚持一切为了群众，一切依靠群众和从群众中来，到群众中去的工作方法。

而这一时期对党群关系的探索，可是说是中国共产党"密切联系群众"这一优良作风的先声。"当然，党尚处幼年，优良作风处于萌芽状态，还有待成

---

① 《毛泽东选集》第1卷，人民出版社1991年版，第115—116页。

② 同上书，第136页。

为广大党员自觉的行动，有待在以后的革命实践中不断发展和完善"。[①]

理论联系实际的风气得到推行。土地革命时期，中国共产党在路线方针上总共经历了三次严重的"左"倾错误，分别是瞿秋白等人的"左"倾盲动主义错误、李立三等人的"左"倾教条主义错误、王明等人的"左"倾教条主义错误。这三次"左"的错误都给党和革命带来了不可挽回的巨大损失。纵观这三次"左"的错误，其共同点都是犯了主观主义的错误。所谓主观主义，从哲学层面来讲，就是唯心主义哲学的表现形式之一。在实际的问题上，就是一种唯心主义、形而上学的思想方法和工作作风，其实质就是一切从主观出发的思想方法和工作作风，包括教条主义、经验主义两种形态，基本特征就是主观和客观相分离，认识和实践相脱离。[②]毛泽东曾在1929年12月在中国共产党红军第四军第九次代表大会的决议（《古田会议决议》）的一部分——《关于纠正党内的错误思想》中就党内的主观主义进行了分析。决议指出："主观主义，在某些党员中浓厚地存在，这对分析政治形势和指导工作，都非常不利……其必然的结果，不是机会主义，就是盲动主义"。[③]

土地革命时期"左"倾错误给党和革命造成巨大损失，但是不得不注意的是，正是这些错误暴露后，中国共产党开始了反对主观主义等"左"倾错误的行动，也正是在这一时期内，对中国共产党纠正思想和路线的错误问题的作风建设，尤其是思想作风建设，以至于党的优良作风的形成都具有至关重要的意义。土地革命时期，中国共产党开始重视党内的错误思想，毛泽东等人根据实际情况调查研究，作出了正确的指导，更重要的是开始形成正确思想路线和优良的作风。在大革命时期，毛泽东在1925年12月发表《中国社会各阶级的分析》一文，指出："中国无产阶级的最广大和最忠实的同盟军是农民"。在此之后，毛泽东开始大兴调查研究，以做到理论和实际的结合。之后，毛泽东又在

---

① 董遂强：《论党的优良作风的萌芽阶段》，《前沿》2011年第12期。

② 李永杰：《中国共产党作风建设的历史考察》，湖南师范大学博士学位论文，第31—32页。

③ 《关于纠正党内的错误思想》，《毛泽东选集》第1卷，人民出版社1991年版，第91页。

调查的基础上写了《湖南农民运动考察报告》。

在土地革命时期，毛泽东根据调查和实地考察的结果，先后写了《中国红色政权为什么能够存在》《井冈山的斗争》《关于纠正党内的错误思想》《星星之火，可以燎原》等文章，充分论证了党的工作重心由城市转移到农村，实现"农村包围城市"理论的现实依据及可能性。

在大革命时期，由于中国共产党理论的不成熟，又由于受到共产国际的错误领导，党内产生依赖"苏俄模式"，并没有很好地把马克思列宁主义与中国革命实践相结合，而是把马克思主义教条化、共产国际和苏俄经验神圣化。因此，反对教条主义是党进行土地革命开始初期的基本任务。经过逐步探索，毛泽东坚持把工作重心转移到农村，开辟出一条适合中国革命发展的新道路。

那什么才是适合中国革命发展的道路呢？毛泽东看到理论联系实际的重要性和紧迫性。于是更加重视调查研究，坚持一切从实际出发，反对本本主义。在 1929 年年末古田会议的决议，毛泽东在《关于纠正党内的错误思想》一文中把调查研究的意义被提高到了新的思想高度和政治高度。

根据文中的论述，主张应用马克思列宁主义对党员进行教育，并把对政治形势的分析和阶级势力的估量应用到党员教育中。古田会议《关于纠正党内的错误思想》的决议，不仅对各种错误思想和倾向的形成根源做了详细论述，而且对党克服和纠正一些党在领导革命和调查研究中的错误思想和倾向，并对纠正方法提出了有效的途径。比如针对调查实践中存在的主观主义、个人主义、流寇思想以及盲动主义残余等问题进行了纠正方法的探析。因此，可以说《关于纠正党内的错误思想》是党正式开始反对不良作风、错误思想和倾向的起点，对于党优良作风来说也进入了初步形成的阶段。

三、严密党的纪律建设法规

大革命失败后，党组织遭到严重破坏，斗争形势及其严峻。在这种情况下，只有严格执行党的纪律，才能确保党组织的生存和发展。所以，土地革命战争时期，中国共产党把加强党的纪律建设作为党的建设的重要内容，制定了大量的有关纪律建设的党内法规。

严肃党的政治纪律。在革命转折关头，中共全党就纪律建设进行了艰辛探索，强化政治纪律的实践由中央向全党层面渐次展开。在大革命失败前，从通过的一些党内法规可以看出，我们党已经认识到政治纪律的重要性。八七会议以后不久，党又专门通过一个政治纪律的党内法规制度，这就是1927年11月9、10日中共中央临时政治局扩大会议上通过的《政治纪律决议案》。决议案开篇就强调了加强政治纪律的重要性：只有最严密的政治纪律，才能够增厚无产阶级政党的斗争力量，这是每一个共产党所必具的最低条件。决议案还指出八七会议确定了开展土地革命和武装反抗国民党反动派屠杀政策的总方针，"但是在各省暴动过程中本党的指导机关与负责同志做出许多违背策略的严重错误"，决议案列举了八七会议以后八一南昌起义前委、南方局广东省委、湖南省委、鄂北特委所犯的一系列错误，涉事党部都被予以全体警告的处分，而相关党部负责人则分别被处以开除、撤职等严重处罚。①这是从1921年到当时，中共中央为严肃党内纪律而开出的一张最重的罚单，也是党第一次为政治纪律作出的决议案。

突出保密工作纪律。大革命失败后，中国共产党的活动转入地下，面对国民党反动派的白色恐怖，维护保密工作纪律成为纪律建设的重中之重。八七会议通过的《党的组织问题议决案》中，大量篇幅谈到了要加强党的秘密工作，对强调要严格执行保密工作纪律，指出："每一党部都应严格的与其上级及下级党部建立极密切的极秘密的联系。极严格的秘密规律，是秘密状态中党的工作之基本条件。虽极小的破坏秘密规律，都应与以严厉的处分（一直到开除）。""严守党的纪律尤其为秘密党之必要条件。党部机关之一切决议及决定，调遣等等，应当绝对的服从，一切党员，不论其地位如何都应如此。凡破坏纪律者，都应从严惩办（停止职务，开除党籍等）。"②这是适应当时严峻的形势作

---

① 中央档案馆编：《政治纪律决议案》，《中共中央文件选集》第3册，中共中央党校出版社1989年版，第478—484页。

② 中央档案馆编：《党的组织问题议决案》，《中共中央文件选集》第3册，中共中央党校出版社1989年版，第303—304页。

出的规定，对保留革命力量起到了重大作用。

颁布反腐法规并运用纪律处罚。土地革命战争时期，中央对加强反腐工作极度重视，颁布反腐法规，并广泛运用纪律处罚。中共苏维埃政权针对当时党内出现的贪污腐化现象，颁布了一系列的法纪法规。如 1932 年 12 月 1 日，中央工农检察人民委员部颁布《训令第二号——关于检查苏维埃政府机关和地方武装中的阶级异己分子及贪污腐化动摇消极分子问题》。训令指出，在敌人垂死的挣扎，用三分军事，七分政治，下最大决心大举进攻的时候，一切阶级异己分子及各种反动政治派别，必定要混入我们的苏维埃政府机关和地方武装中，来危害和阻碍我们的革命胜利。训令要求，为了粉碎敌人大举进攻，进行和准备与敌人长期作战，保障革命的全部胜利，我们对于被选举的各级苏维埃政府委员，及各级政府委任的工作人员，和各地军事机关及地方武装，独立师团，游击队、赤卫军、少先队等部队的指挥领导人员中的阶级异己分子，和官僚腐化动摇消极的分子，要来一个大的检举运动，洗刷他们出苏维埃政府机关及地方武装中去。

1931 年 11 月，中华苏维埃共和国临时中央政府在江西瑞金成立。在革命不断取得胜利的同时，贪污腐化、以权谋私等腐败现象在苏区也时有出现。虽然为数极少，但造成的不良影响和危害却很大。因此，1932 年初到 1934 年秋，中国共产党在中央苏区开展了第一次大规模的反腐倡廉运动。1933 年，中央执行委员会发出《关于惩治贪污浪费行为的第二十六号训令》，对贪污腐败行为规定了具体的惩处标准，如：贪污公款在五百元以上者，处以死刑；贪污公款三百元以上五百元以下者，处以两年以上五年以下监禁等。训令的颁布，对腐败分子产生了极大的威慑作用，也使苏区的反腐败斗争有法可依。

1933 年 12 月，中央工农检察部发出《怎样检举贪污浪费》的指示。当时，在苏维埃机关中、军事机关中、国家经济事业机关中以及各级苏维埃政府中，进行着一场反贪污浪费的斗争，而且在瑞金等地已初见成效。但是这场斗争在一些省县区以至乡政府中却始终未开展起来。为广泛开展反贪污浪费斗争，工农检察部对怎样检举贪污浪费提出六项指示：要提起对于贪污浪费的警觉性；贪污浪费常常不能分开；发动群众反对贪污浪费；要注意许多机关里的贪污浪费；要根据中央政府新颁布的惩治贪污浪费法令从严治罪；要组织审查委员会审查贪污浪费。

这些反腐倡廉法规的颁布，清除了党自身肌体上的各种毒瘤，严明了纪律，纯洁了队伍，对推动党的建设起到了重要作用。

四、探索党的监督保障法规

（一）撤销监察委员会，设立审查委员会

1928 年，中共六大召开。在修改党章时，中共六大没有在《中国共产党第三次修正章程决案》的基础上，进一步完善党内监督制度，一些规定内容对党内监督制度建设造成诸多不良结果。一是中共六大撤销了刚刚成立的监察委员会，并且没有设立常设机构来处理违反党纪的问题，代之以审查委员会。六大党章第四十三条规定："为监督各级党部之财政、会计及各机关之工作起见，党的全国大会，省县市代表大会，选举中央或省县市审查委员会。"①与监察委员会相比，审查委员会虽然也是由党的全国代表大会、省县市代表大会产生，权力来源仍然与党委相平行，但权限却大大缩小，仅限于"监督各级党部之财政、会计及各机关之工作"等具体事务。况且，即便是这方面内容的规定也过于简单，对于如何监督等并无任何规定。二是对党员的纪律监督问题并没有作出由专门机构来审议、处理的规定，只是在第四十五条规定："关于犯纪律的问题由党员大会或各级党部审定之。各级委员会得成立特别委员会以预先审查关于违犯党纪的问题，此种特别委员会之决议，经该级党部批准后，方发生效力。"②这里提出成立的特别委员会与中共五大主张设立的监察委员会是不同的。其一，成立的目的不同。特别委员会仅仅是处理党员违纪行为的预审机构，而监察委员会是为了巩固党的一致及权威。其二，产生的办法不同。特别委员会

---

① 中央档案馆编：《中国共产党党章》，《中共中央文件选集》第 4 册，中共中央党校出版社 1989 年版，第 480 页。

② 同上书，第 480—481 页。

是在党的委员会中成立的，担任实职的委员可以兼任行使预审权的特别委员会成员；而监察委员会是由党的代表大会选举产生的，监察委员会委员不得兼任党委委员。其三，设置的机构不同。特别委员会实际上是对违纪党员进行情况调查的临时组织，而监察委员会机关是常设的。由此可见，在党内监督制度建设方面，中共六大对后来的党内监督建设产生了不良的影响。

中央审查委员会于 1928 年 12 月 1 日正式成立，并于第一次会议起开始实行审查工作。中央委员刘少奇任审查委员会书记，孙津川、阮啸仙、张昆弟任审查委员会委员，候补委员为叶开寅。1931 年 1 月，中共六届四中全会通过的新一届审查委员会委员是刘少奇、阮啸仙、宁迪生、康生，候补委员是张昆弟。1934 年 1 月，中共六届五中全会改选中央审查委员会，由董必武、阮啸仙、陈潭秋等三人组成，董必武为书记。由于中央审查委员会职能较窄，主要监督各级党部的财政、会计及各机关的工作，对于党员、干部违纪问题，六大党章规定："不执行上级党部的决议和犯了党内认为有错误的其他过失，应由相当的党部予以纪律上从处分。"对于这一方面，中央审查委员的职责并不涉及，所以中央审查委员会很难在党内政治生活中发挥应有的作用。特别委员会也是一样。为此，1933 年《中共中央关于成立中央党务委员会及中央苏区省县监察委员会的决议》指出："为要防止党内有违反党章破坏党纪不遵守党的决议及官僚腐化等情弊发生，在党的中央监察委员会未正式成立以前，特设立中央党务委员会。"①同时规定："中央党务委员会关于组织和党员个人处分决议须报告中央批准执行，省县监察委员会关于组织和党员个人处分决议之权属于同级委员会。"②虽然相比中共六大成立的中央审查委员会，中央党务委员会对提高党内监督的成效有所进步，但依然不能与中共五大成立的监察委员会相比，因为其权力来源并不是中央和各级党的代表大会，只是在党委的领导下开展工作。

---

① 中央档案馆编：《中共中央关于成立中央党务委员会及中央苏区省县监察委员会的决议》，《中共中央文件选集》第 9 册，中共中央党校出版社 1989 年版，第 340 页。

② 同上书，第 341 页。

从 1931 年王明在共产国际的干涉下取得领导权，到 1935 年遵义会议前，党内形成错误的监督体制，甚至把党内监督引向暴力行为的歧途。一批党员被视为党内异己分子，进行肉体消灭，给党的事业造成巨大的损失。

（二）巡视制度从确立、发展到成熟

巡视制度是党内监督的一项重要制度。中国共产党自成立以来，就十分重视对地方的巡行指导。新民主主义革命时期，中国共产党围绕各阶段的中心任务，不断对巡视工作进行探索和实践，这种为加强党内监督而建立的自上而下的巡查活动形成了一系列党内法规制度。党内巡视制度的确立、发展，既是党领导中国革命战争的需要，也是党不断加强自身建设的表现。党内巡视是民主革命时期形成的党内监督制度。这种自上而下的监督在恢复和发展党组织、和谐党内关系、解决下级组织纠纷、贯彻党的方针政策、统一全党认识等方面起到过非常关键的作用。

巡视制度的确立。 四一二反革命政变后，汪精卫在武汉也发动了七一五反革命政变，国共第一次合作破裂。随后，国民党大肆搜捕杀害共产党和革命群众，面对极端严峻的斗争形势，很多地方党组织陷入停滞并转入地下秘密工作，不少意志薄弱分子脱离党组织，一大批党员与党组织失去正常联系，党员数量急剧下降，从大革命高潮时的六万多人下降为一万多人。中国共产党的生存环境恶化，革命形势险恶。1927 年 8 月，中共中央在武汉召开"八七会议"，明确指出"现时的主要任务是造成坚固的能奋斗的秘密机关，自上至下一切党部都应如此"，同时要求各级党组织抓紧建立秘密而又密切的联系。

为落实会议要求，中央派出一批干部分赴各地，加强对地方党组织的指导和整顿。1927 年 11 月，中共中央在上海召开临时政治局扩大会议，重点研究了组织建设问题，决定从中央至地方建立并实行巡视制度，会议通过的《最近组织问题的重要任务议决案》指出："应当开始建立各级党部的巡视指导制度"，①这标志着中共巡视制度正式确立。为了落实该要求，1927 年 12 月，中

---

① 中央档案馆编：《最近组织问题的重要任务议决案》，《中共中央文件选集》第 3 册，中共中央党校出版社 1989 年版，第 472 页。

央发表第十七号通告，强调"中央，省委，县委，市委必须经常的有一人巡视下级党部直至支部小组的工作"，①在通告里还规定了巡视员的任职条件。

制定第一部巡视条例，巡视制度得到发展。1928 年，随着白色恐怖的加剧，各地的党组织继续惨遭破坏。5 月中央发布第四十七号通告对上级党组织指导下级党组织的具体方式提出了要求，指出"非十分必要时"一般不要运用书面这种形式。同时还提出，"县（省）执委委员必须轮流到所属县区党部巡视工作"；对湖南、广东等地派出巡视员的数量也提出要求。当年 7 月，中共六大审议通过的党章对巡视指导工作进行强调。要求根据形势需要，中央可以派出中央特派员，其主要任务是对各级党组织的工作进行指导。关于地方巡视工作的要求为，"省委特委继续以前的巡视制度，规定经常的巡视员到各地工作，并注意找出新的积极的工人同志担任巡视工作，巡视员必须深入党的群众中去，极力避免巡视员的机关化与官僚化"。②

1928 年 10 月，为了确保中共六大各项决议落实到位，中央专门制定研究了党内第一部巡视条例《巡视条例》，明确规定巡视员的条件、职责和任务，巡视期限、巡视方式，特别规定中央、省委、县委、特委都须设专门巡视员，《巡视条例》要求中央、省、县委员会和特委都要设立专门巡视员，还就各级党部巡视员的数量、职责、工作时间等作出明确规定。比如，要求中央巡视员应为五人以上，粤、鄂、湘、苏应为六人以上，赣、豫、鲁、浙、川和直隶为四人，其他省二至三人。要求各级党组织认真贯彻落实。这是中国共产党第一次以党内法规的形式将巡视工作制度化。

1928 年《巡视条例》是党的历史上的首部巡视法规，为当时和此后的巡视工作开展提供了重要依据和遵循。

同年 10 月，以中央通告形式下发的《关于党的组织——创造无产阶级的

---

① 中央档案馆编：《中央通告第十七号——关于党的组织工作》，《中共中央文件选集》第 3 册，中共中央党校出版社 1989 年版，第 538 页。

② 中央档案馆编：《中央关于湖南工作决议案》，《中共中央文件选集》第 4 册，中共中央党校出版社 1989 年版，第 629 页。

党和其主要路线》，将巡视制度明确作为党的"主要路线之一"，以保证上级党组织能够了解各地方党组织的情况并开展正确指导。

《巡视条例》出台不久，周恩来即受命赴顺直展开巡视，解决中共顺直省委内部出现的问题。

自 1927 年 4 月李大钊遇难后，中共顺直省委的工作长期不能打开局面，问题越积越多，党员干部思想出现混乱，严重影响了党在北方地区工作的开展。为此，1928 年 11 月 27 日，中央政治局会议决定派周恩来到顺直巡视，处理久拖不决、十分棘手的顺直问题。

周恩来一到天津，就立刻开始紧张的工作。他首先听取顺直省委刘少奇、陈潭秋等人的汇报，参加区委和支部的会议，接见各地党组织负责人，广泛听取他们的意见。经过周恩来近 20 天深入细致的工作，顺直党内的思想逐渐接近并趋于一致。

中共六届二中全会对周恩来的顺直之行曾作过这样的评价："在顺直党的历史上，已经酝酿着很复杂的纠纷，到了六次大会的前后更广大的爆发起来，使顺直党成为破碎零离的现象。中央经过极大的努力派人巡视召集几次顺直的会议，特别与这一错误的倾向奋斗，最后得到了顺直全党的拥护，才把顺直的党挽救过来。"①

1929 年中共六届二中全会审议通过《组织问题决议案》，继续对巡视工作的职能进行强调，特别是要求加强政治指导。1930 年中共六届三中全会召开，按照共产国际的相关指示，会议对下级党组织如何开展巡视进一步提出明确要求，"中央对于地方，省委对于支部，经过巡视工作必须有直接的实际的了解和指导"。②

制定第二部巡视条例，巡视制度发展成熟。1931 年中共六届四中全会后，

---

① 中央档案馆编：《中央政治局工作报告纲要》，《中共中央文件选集》第 5 册，中共中央党校出版社，第 149—150 页。

② 中央档案馆编：《组织问题决议案》，《中共中央文件选集》第 6 册，中共中央党校出版社 1989 年版，第 314 页。

中央更加强调巡视工作，认为过去工作指导上"偏重形式上的文件如通告、指导信等"，现在要"侧重在活的指导"，①"巡视的方法要根本废除过去走马看花不切实际的空批评，必须坚决站在巩固地方党部，团结干部，创造下层的中心产业支部的帮助工作观点上，以便各省与中央的领导有最活泼的联系"。②

为纠正以往巡视工作中的问题，推广巡视工作中的一些有益经验，1931年5月1日，中央通过《中央巡视条例》，这是新民主主义革命时期中央制定下发的第二部巡视条例，标志着早期党内巡视制度的进一步完善和规范。这部条例就中央巡视员的条件、基本任务、工作方法、职权、教育与纪律等方面作出了具体规定。《条例》要求中央巡视员具备的条件为："党籍须在三年以上""忠实刻苦，能正确的了解与传达党的路线，为党的总路线的执行而斗争""过去曾在地方党部作过负责工作"。③巡视员的主要任务是：传达党的决议案；检查各级党组织对决议的执行情况；严格检查各地党部的领导成分和领导方式；考察各地政治经济状况和各地党部领导下的青年团、工会等组织的工作；执行教育和提拔工农干部的任务；把下层党部的实际状况与各种问题的解决办法详细报告中央。④《条例》还规定，巡视员在未到达要巡视的地方之前，必须做好充分的前期准备，不能只看外表，粗略的观察，务必要深入到党部的实际工作中去，改变以往只审阅文件的工作方式，要尽可能深入到各中心区域了解情况，巡视内容及时报送中央。《条例》的颁布与施行，标志着党内巡视制度发展成熟。

《条例》的特征凸显在两个方面：第一，结合各地自身环境，增加巡视工作灵活性，除支部外，党的各级组织都有权派出巡视员去巡视下级组织工作，附则中还要求"各省各地须按照《中央巡视条例》建立符合当地的巡视制度"；

---

① 中央档案馆编：《中共中央总书记向忠发给共产国际的报告》，《中共中央文件选集》第7册，中共中央党校出版社1989年版，第133页。

② 中央档案馆编：《全国组织报告的决议案》，《中共中央文件选集》第7册，中共中央党校出版社1989年版，第230—231页。

③ 中央档案馆编：《中央巡视条例》，《中共中央文件选集》第7册，中共中央党校出版社1989年版，第221页。

④ 同上书，第221—223页。

第二，巡视员在巡视期间的权力很大，强调巡视员是代表上级组织的特使，代表着中央对各地党部考察和指导。

将 1931 年《中央巡视条例》和 1928 年《巡视条例》相对比，前者对巡视员的任职条件、工作任务、工作方法和权限等方面的要求更为具体和明确。

这一条例的颁布，标志着党内巡视制度全面确立并日趋成熟完善。各地党组织都认真贯彻落实《中央巡视条例》，普遍实行巡视制度，有的地方还结合当地实际情况出台了实施意见。

巡视制度的逐步建立和完善，对传达落实中央指示、恢复发展地方党组织、指导解决党内纷争、密切联系群众发挥了重要作用。

但是，三次"左"倾路线错误占据党中央统治地位的时候，巡视员也起过不好的作用，尤其是 1931 年六届四中全会后，派往各地的"钦差大臣"为了推动贯彻王明"左"倾教条主义方针，对当时党内一些持异议的同志进行"无情打击"和"残酷斗争"，党内民主遭到了破坏，党的事业也遭受重大损失。

在土地革命战争时期，党的法规制度建设和实践虽已取得一定成果，但由于没有现成的经验可借鉴，党的法规制度建设还存在诸多不足，主要表现为：首先，由于这一期间党处于国民党包围和"围剿"中，生存环境恶劣，因此在建党之初到遵义会议期间，党的制度更多的是框架式实体制度。其次，由于主观和客观原因，制定制度在执行方面也存在较大不足，有的制度制定后并未能得到执行。最后，党的民主集中制也没有得到严格执行。虽然从中共二大开始，中国共产党就确立了民主集中制为党的组织和领导原则，党的五大把民主集中制作为党的指导思想，中共六大规定了民主集中制三原则，但由于中国长期受封建专制思想影响，党内在组织和领导上时常把民主集中制架空。陈独秀在担任党的最高领导人期间在党内实施"家长式"统治；王明"左倾"错误期间，实行个人专断，践踏党内民主和纪律、压制不同意见，导致党内民主被破坏。这些都使得党内法规的在某个阶段没有得到足够的重视。

第四章 抗日战争时期党内法规制度建设

1937 年至 1945 年是中国的全民族抗日战争阶段，中国共产党制定和实施了全面抗战路线和持久战的战略总方针。为了使中国共产党进一步成为成熟的马克思主义政党，为领导中国人民进行抗日战争取得胜利，中国共产党紧紧围绕党的思想路线和政治路线，在斗争实践中有力地推进党的建设"伟大的工程"，明确提出了"党规"的概念，首次成立了负责党内法规事务的机构。在此阶段，党内法规的制定工作取得了较大成效，领导制定了大量党内法规，有力地保证了党的团结和革命目标的实现，中国共产党的党内法规建设逐步成熟。

第一节 七大前后对党内法规建设的探索

一、首次正式提出"党规"概念

中国共产党在成立之初就制定了以党章为统领的一系列党内法规，但是并没有提出"党内法规"相关概念。红军长征胜利到达陕北后，中国共产党开始独立探索中国革命和党的建设道路，制度建设进一步受到党的重视，从理论高度逐步提出党规的概念。

1938 年 9 月 15 日，在准备六中全会的政治局会议上，刘少奇作了北方局工作报告，首次提出"党规"的概念，指出："现在党内要制定一种党规，进行党的建设。"①9 月 26 日，在中央政治局讨论六中全会议程时，刘少奇再次提出这个问题。这次，他是从全党的角度，特别是针对党的领导层的状况提出问

---

① 《刘少奇在中共中央政治局会议上的报告记录，1938 年 9 月 15 日》，转引自金冲及：《刘少奇传》上卷，中央文献出版社 2008 年版，第 309 页。

题，并且主张本着"个人服从组织，少数服从多数，下级服从上级"的原则形成一个"党规"。他说："如何团结呢？我想在组织上、党规上保证党的团结。"①这里提出的党规，虽然还不是后来的党内法规，但两个概念的涵义是一致的。刘少奇郑重提出这个问题是有原因的。十二月会议后，王明在武汉工作期间，有过一系列严重违背组织原则的做法：他不服从中央的决定，公开发表同中央不一致的意见，擅自使用中央甚至毛泽东的名义发表文件，拒不遵守纪律等。刘少奇的意见得到毛泽东的支持。毛泽东建议"在六中全会通过一个中央工作规则"。②会议决定由康生、刘少奇和王明三人组成中央规则起草委员会，负责起草有关工作规则。这是党的历史上首次成立负责党内法规事务的机构。

鉴于张国焘分裂党中央和王明违反党的政治纪律的行为，毛泽东在六届六中全会作《论新阶段》的政治报告中明确提出从制度上建党的问题，指出："党的纪律是带着强制性的；但同时，它又必须是建立在党员与干部的自觉性上面，决不是片面的命令主义。为此原故，从中央以至地方的领导机关，应制定一种党规，把它当作党的法纪之一部分。一经制定之后，就应不折不扣地实行起来，以统一各级领导机关的行动，并使之成为全党的模范。"③这是我党历史上首次正式提出"党规"这个概念。新中国成立以后，毛泽东亲自主持编辑的《毛泽东选集》第一至四卷第一版，将其在六届六中全会上讲的"党规"概念改为"党内法规"概念，④并将相关表述修改为："为使党内关系走上正轨，除了上述四项最重要的纪律外，还须制定一种较详细的党内法规，以统一各级领导机关的行动。"⑤

① 《刘少奇在中共中央政治局会议上的发言记录，1938年9月26日》，转引自金冲及：《刘少奇传》上卷，中央文献出版社2008年版，第309页。

② 《毛泽东在中共中央政治局会议上的发言记录，1938年9月27日》，转引自金冲及：《刘少奇传》上卷，中央文献出版社2008年版，第309页。

③ 中央档案馆编：《论新阶段》，《中共中央文件选集》第11册，中共中央党校出版社1989年版，第652页。

④ 参见李斌雄：《扎紧制度的笼子》，武汉出版社2017年版，第7页。

⑤ 《中国共产党在民族战争中的地位》，《毛泽东选集》第2卷，人民出版社1991年版，第528页。

为了进一步阐释"党内法规"的内涵，在中共六届六中全会上刘少奇在所作的《党规党法的报告》中指出，"我现在要报告的，首先是为何要党规党法以及组织决定"，"要保证党的团结与统一，除政治上思想上之统一外，条文上亦应规定法律上非团结不可，以避免个别人破坏党的团结与统一。并以此党规与党法去教育同志"。①刘少奇对"党内法规"内涵的阐释，为党内法规的推进和执行在思想上和组织上提供了保障。

1945 年 5 月，在中共七大上，刘少奇在《关于修改党章的报告中》运用了"党的法规"的概念，指出："党章，党的法规，不仅是要规定党的基本原则，而且要根据这些原则规定党的组织之实际行动的方法，规定党的组织形式与党的内部生活的规则。"②这里把党章、党内法规的内涵作了进一步的界定和完善，标志着党内法规、党规党法等概念开始形成，并在实践中开始运用。

二、起临时党章作用的六届六中全会决议案

中国共产党第六次代表大会通过的党的章程在总的原则和精神上是正确的，但是也存在着明显的缺陷，很多规定实际上脱离了我们党当时的实际情况。所以在 1935 年的时候，六大党章除正确部分外，事实上已停止执行。

为了总结全国抗战以来的经验教训，确定党在抗战新阶段的基本方针和任务，解决党内一度出现的右倾错误，统一全党的认识和步调，1938 年 9 月 29 日至 11 月 6 日，中国共产党召开了扩大的六届六中全会。全会通过《中共扩大的六中全会政治决议案》。刘少奇在《党规党法的报告》中指出："党章必须在党大会上修改，六中无此权，故只予以补充，七次大会再予党章以大的修

---

① 金冲及：《刘少奇传》上卷，中央文献出版社 2008 年版，第 309 页。

② 《刘少奇论党的建设》，载人民网，http://www.people.com.cn/GB/shizheng/8198/30513/30515/33960/2523558.html，2018-11-01。

改。现在的决定都是暂行的决定。"①从这里可以看出，党的领导人也承认了六届六中全会通过的决议是对党章的暂行修改，这说明六中全会的政治决议案实际上起到临时党章作用。

《中共扩大的六中全会政治决议案》由五个部分组成：（一）中华民族十六个月抗战的总结；（二）目前抗战形势的特点；（三）全中华民族的当前紧急任务；（四）国共长期合作，保证抗战建国大业的胜利，为三民主义的新中华民国而奋斗；（五）民族自卫战争中的中国共产党。

决议案总结了十六个月以来抗战基本经验，指出抗日战争是艰苦的持久战，这种持久战分为三个阶段：敌方为进攻—相持—退却，我方为防御—相持—反攻。同时抗日战争必须坚持全面的抗战路线，团结和组织一切可以团结的力量是保证持久战胜利的关键。"目前抗战形势的特点"是处于第一阶段转到第二阶段的过渡时期，必须毫不动摇地坚决抗战，加强国共合作，巩固和扩大抗日民族统一战线。"全中国民族当前紧急任务"包括"高度的发扬民族自尊心与自信心""提高主力军的战斗力""广大发展敌后方的游击战争"等十五大任务。国共长期合作以及抗战的胜利前途是建立一个独立自由幸福的三民主义新中华民国。最后，决议案号召共产党员必须"在民族自卫战争和三民主义共和国的伟大斗争中"发挥模范战士的作用。②

六届六中全会通过的决议案以及其他党内法规运用马克思主义原理解决了中国革命的实际问题，是党的建设上的重大进步。决议案在党的六大党章不适用的情况下，作为进入抗战时期的全面的指导性文件，发挥了指导性作用，起到了临时性党章的作用，对党的建设的产生了深远影响。

三、七大党章：党内法规发展史上的里程碑

中共六大之后，由于中国共产党和党领导的人民军队一直处于极其严酷恶

---

① 《刘少奇论党的建设》，载人民网，http://www.people.com.cn/GB/shizheng/8198/30513/30515/33960/2523558.html，2018-11-01。

② 中央档案馆编：《中共扩大的六中全会政治决议案》，《中共中央文件选集》第11册，中共中央党校出版社1989年版，第746—754页。

劣的战争环境下，党必须集中全力领导土地革命战争和全民族抗日战争。而且，战争造成交通不便，根据地被分割，党的许多高级干部战斗在第一线，很难集中起来开会。因而此时党的代表大会从 1928 年六大后一直没有按照党章的要求召开，同时，全党对于重大是非问题还没有形成一致的看法。直到 1945 年整风运动结束后，以上问题基本得到解决，七大也才得以顺利召开。

从中共一大到六大，无一例外地受共产国际的指导，都有共产国际代表的参与，都深深印刻着共产国际的烙印。虽然在中共七大筹备过程中，曾受共产国际的关注和指导，但七大召开时，共产国际已经解散两年，中国共产党已经不再是共产国际的一个支部，也不再接受任何外国党或国际组织的指导。七大是中国共产党第一次独立召开的全国代表大会，七大通过的新党章是党在民主革命时期独立自主制定的第一部党章，是结合中国共产党实际制定、具有中国特色的党章，七大确定的党章结构模式成为了新中国成立后党章制定和修订的基础。这是中国共产党发展成熟的一个标志，这在党内法规发展史上也具有里程碑的意义。

七大党章共有十一章七十条，相比六大党章变化较大，主要内容包括：

首次在条文前面增写总纲。过去党章只有条文没有总纲，而条文部分主要是党员和组织行为规范的要求。七大党章把政治纲领主要政策放在条文的前面，以总纲的体例确定下来。总纲对内容也作了规定，包括中国社会的性质、党的领导权、党的三大优良作风，同时要求党员必须有群众的观点，坚持群众路线，并首次把党的宗旨写入总纲。

首次把毛泽东思想作为党的指导思想写进党章。毛泽东思想在这个时候已经在党内形成共识，是指导中国革命的，被实践证明的正确的理论原则和经验总结，是马克思列宁主义在中国的运用和发展，是马克思主义的普遍真理与中国革命具体实践相结合的产物。实际上就是我们党可以用自己的思想为指导来独立自主处理党内的事务，因此在七大党章修改的时候，删掉了六大党章关于共产国际的相关规定和条款。这表明我们党可以用自己的理论、自己的思想独立自主处理党内事务，提高了独立性和理论创新能力。

党章贯穿了坚持群众路线的主线。坚持群众路线，是共产党取得革命领导权、得到人民群众拥护支持的根本。七大党章贯穿这一主线，一方面要求党员必须树立群众观点，包括一切为了群众，一切依靠群众，向群众学习，相信群众自己可以解放自己等这些基本观点；另一方面警示党员不要脱离群众。1945年的共产党队伍已经壮大，革命形式也比较有利，在这种情况下，党内各种各样脱离群众的情况时有发生，所以敲警钟提醒党员不要脱离群众。

发展和完善了民主集中制原则。在党的组织机构章节中第一次阐释民主集中制，明确民主集中制的含义，第一次强调在民主基础上集中和集中指导下民主相结合。规定民主集中制的基本原则包括选举原则、定期报告原则、四个服从原则以及遵守党纪和无条件执行决议原则。强调民主集中制要防止两个误区：一个是过分强调民主，即极端民主化和无政府主义，第二个是过分强调高度集权，这都不是对民主集中制真正含义的理解和把握。

对党的组织结构做了规范和调整。七大党章从第三章到第九章，规范了党的中央组织、省级或边区组织、地方组织和基础组织的设立、职责和运行等。第一次规定党的全国代表大会的职权，即通过召开党的全国代表大会来增补和调整中央委员以及候补委员；明确规定党的各级领导机关都由选举产生；规定党的全国代表大会每三年召集一次，如果有特殊情况可以提前或者延期举行，这样的规定既有原则性又有一定的灵活性。

以正式条文的形式明确了党员的四项权利和四项义务。过去党员的权利和义务是散见在具体条文里面，这次集中、明确地作了规定，非常细化。这是中国共产党制定党章以来第一次以条文形式规定党员的权利和义务。这是发展党内民主、严格党的纪律，保持党的先进性的一个很重要的体现。[1]

第二节　党的各级组织的产生和职责法规

党组织的健全和完善是一个政党走向成熟完善的重要因素。抗战期间，中

---

[1]　中央档案馆编：《中国共产党党章》，《中共中央文件选集》第 15 册，中共中央党校出版社 1989 年版，第 115—136 页。

国共产党通过制定多个党内法规，对党的各级组织的产生和职责作了规定。

一、三部重要党内法规奠定党的领导制度的基础

1938 年，毛泽东在中共六届六中全会上首次正式提出要制定一种"党规"，要求不折不扣地执行，以统一各级领导机关的行动。在上述思想指导下，六届六中全会通过了三部重要的党内法规。

《关于中央委员会工作规则与纪律的决定》对中央委员会、中央政治局、中央书记处以及各中央局和中央分局的职权、任务及运行规则作了规定，特别是强调了各机构成员必须遵守的纪律。这部党内法规完善了党的中央机构工作和职能，确保了抗战时期党拥有坚强的领导核心。[1]

《关于各级党部工作规则与纪律的决定》对各级党组织的工作规则与纪律作出明确规定。例如规定凡取得合法地位的地方党部，应按照党章要求召集地方党的代表大会及党员大会；委员会候选人的选举办法应以候选人个别的提交会议分次举手表决；常委要完全执行各级党的委员会的决定等。[2]

《关于各级党委暂行组织机构的决定》对党的基层组织以及各党的委员会的工作机构的职责和应当遵守的纪律作了规定。例如规定在敌人后方各级党委所担负的工作区域，应依照敌情、地形及战略关系与行政区分重新划分；中央局、中央分局之下，设立区党委员会、地方党委员会、县党委员会、市党委员会、分区党委员会和支部委员会等；区委以上的党的委员会应设立组织部、宣传部、战事动员部、民运部、统一战线部和秘书处；由中央局决定区党委之下设立监察委员会。[3]

---

[1]　中共中央文献研究室、中央档案馆编：《中共扩大的六届六中全会关于中央委员会工作规则与纪律的决定》，《建党以来重要文献选编》第 15 册，中央文献出版社 2011 年版，第 766—770 页。

[2]　中共中央文献研究室、中央档案馆编：《中共扩大的六届六中全会关于各级党部工作规则与纪律的决定》，《建党以来重要文献选编》第 15 册，中央文献出版社 2011 年版，第 771—773 页。

[3]　中共中央文献研究室、中央档案馆编：《中共扩大的六届六中全会关于各级党委暂行组织机构的决定》，《建党以来重要文献选编》第 15 册，中央文献出版社 2011 年版，第 774—776 页。

这三部重要党内法规，首次对党的各级组织的权力运行提出具体规范，奠定了党的领导制度的基础。

二、健全中央领导机构工作制度

中央书记处作为中国共产党领导体制的核心机构，其发展进程反映了领导制度建设的发展状况。中共五大前，党的领导体制还不十分完备，中央领导机关还未形成强有力的组织。1927 年 4 月，中共五大召开时，中国共产党已发展到五万多人，中央机关仅有中央局已难以有效地领导全党。为此，党的五大作出了在中央政治局中"组织中央常务委员会，处理党的日常事务"①的决定，以加强党的中央领导机关建设。1934 年 1 月，党的六届五中全会作出设立中央书记处的决定后一段时期，中央书记处的发展状况并不理想。

1937 年 12 月在延安召开的中央政治局会议，增补了王明、陈云和康生为中央书记处书记，是加强这一领导制度建设的开端。1938 年召开的中共六届六中全会上通过《关于各级党部工作规则与纪律的决定》和《关于中央委员会工作规则与纪律的决定》，不仅重申党的中央领导机构体制，还以正式文件的形式，对中央书记处的性质和任务进行明确，并对中央书记处的工作职责和工作规则作了详细的规定。

此后，中央书记处工作制度又得到了进一步发展。根据中央书记处运转的情况和工作需要，1941 年 8 月至 9 月，中央政治局先后召开会议，明确中央书记处工作会议的人员组成，并通过《中央书记处的任务和组织条例》。1943 年 3 月，中央机构调整，1943 年 3 月，中央发布《中共中央关于中央机构调整及精简的决定》，对中央机构进行调整，决定在两次中央委员会之间，中央政治局担负领导整个党的工作责任，有权决定一切重大问题，政治局推定毛泽东为主席；对中央书记处的职权作了进一步明确，"书记处是根据政治局所决定的

---

① 中央档案馆编：《中国共产党第三次修正章程决案》，《中共中央文件选集》第 15 册，中共中央党校出版社 1989 年版，第 147 页。

方针处理日常工作的办事机关，他在组织上服从政治局，但在政治局方针之下有权处理和决定一切日常性质的问题"。①书记处由毛泽东、刘少奇、任弼时组成，毛泽东为主席，这就从组织上巩固和提升了中央书记处的职权和地位。1945年4月召开的中共七大对设立中央书记处作了进一步规定："中央政治局，在中央委员会前后两届全体会议期间，是党的中央指导机关，指导党的一切工作。""中央书记处在中央政治局决议之下处理中央日常工作。"②不仅选举书记处，党章还规定设主席基于此，中央书记处在党的七大上被确定为中央"最高领导和决策机构"。七大选举的书记处成员有5位：毛泽东、朱德、刘少奇、周恩来、任弼时。1945年8月，中央政治局扩大会议决定，增补陈云、彭真为书记处候补书记。中央书记处工作制度的完善和成熟，标志着中央领导机构工作制度进一步健全。

三、确立六级党的组织系统

七大党章从第二章到第九章，规定了党的组织系统，规范了党的中央组织、省级或边区组织、地方组织、基础组织、地下组织和党外组织中党组的设立、职责和运行等。

七大党章第二章规定了党的组织系统：

（一）在全中国，是党的全国代表大会，中央委员会，全国代表会议。

（二）在省、边区、地方，是党的省代表大会，边区代表大会，地方代表大会，省委员会，边区委员会，地方委员会，省代表会议，边区代表会议，地方代表会议。

（三）在县，是党的县代表大会，县委员会，县代表会议。

---

① 中共中央文献研究室、中央档案馆编：《中共中央关于中央机构调整及精简的决定》，《建党以来重要文献选编》第20册，中央文献出版社2011年版，第173页。

② 中央档案馆编：《中国共产党党章》，《中共中央文件选集》第15册，中共中央党校出版社1989年版，第127页。

（四）在城市，是党的市代表大会，市委员会，市代表会议。

（五）在城市中或乡村中的区，是党的区代表大会（或区全体党员大会），区委员会，区代表会议。

（六）在每一工厂、矿山、农村、企业、街道、连队、机关和学校，是全体党员大会，支部委员会，支部代表会议。

第二章还明确规定："各级党的组织之最高领导机关，在支部——是全体党员大会，在区、县、市、地方、边区、省——是代表大会，在全党——是全国代表大会。在各级大会闭会时期，由各级大会所选出之党的各级委员会，即为各级党的组织之最高领导机关。"[1]

第三章到第九章，规范党的中央组织、省级或边区组织、地方组织、基础组织、地下组织和党外组织中党组的设立、职责和运行等。如第三章"党的中央组织"规定："党的全国代表大会的职权是：（一）听取讨论和批准中央委员会及中央其他机关的报告。（二）决定和修改党的纲领与党章。（三）决定党的基本方针和政策。（四）选举中央委员会。"中央委员会的职责是："中央委员会代表本党与其他政党和团体发生关系，建立党的各种机关并指导其活动，分配党的人力和财力。"[2]

第六章"党的基础组织"首先明确："党的基础组织，是党的支部。""支部的任务是：（一）在人民群众中进行宣传和组织工作，以实现党的主张和上级组织的各种决议。（二）经常注意并向上级机关反映人民群众的情绪和要求，关心人民群众之政治的、经济的、文化的生活。并组织人民群众来解决他们自己的各种问题。（三）吸收新党员，征收党费，审查与鉴定党员，对党员执行党的纪律。（四）教育党员，组织党员的学习。"[3]

---

[1]　中央档案馆编：《中国共产党党章》，《中共中央文件选集》第15册，中共中央党校出版社1989年版，第124页。

[2]　同上书，第126—127页。

[3]　同上书，第131—132页。

第三节　制定党的领导法规，实现"党领导一切"

一、规范党对一切工作的领导

抗日战争时期，随着中国共产党的迅速发展和根据地的不断扩大，党政军民关系出现了一些不协调现象，包括各自为政，军队尊重地方党、地方政权不够，党政不分，向党的领导闹独立性，党员包办民众团体，本位主义等。这些不协调现象，妨害了抗日根据地和党的建设。如陕甘宁边区就存在不尊重边区党的领导中心——西北局领导、向西北局闹独立性的情况。军队自以为与党平列，甚至觉得比党还要高一些、大一些；政府对西北局决定不很尊重，没有认真按照决定办事，还发生政府工作中的党员干部对于党团也不大尊重的情况；群众团体方面，有个时期青年团体曾向西北局闹独立性，发展到"青年主义""第二党"的倾向，公开向党要求尊重青年运动的独立性，甚至在青年会议上对党表示反抗；等等。①加之，抗日战争进入战略相持阶段后，敌后战场斗争形势日益严峻。八路军、新四军从五十万人减少到四十万，抗日根据地面积缩小，总人口从一亿减少到五千万以下，根据地财政经济也极其困难。

在此形势下，客观上要求加强党的领导，党的领导必须统一。1942年9月，中央政治局会议通过《中共中央关于统一抗日根据地党的领导及调整各组织间关系的决定》。决定指出，根据地建设与民主制度的实行，日寇"扫荡"的残酷，封锁线与据点的增强，上下级联系的困难，抗战地区性与游击性的增大，要求每个根据地的领导一元化。决定特别强调："党是无产阶级的先锋队和无产阶级组织的最高形式，他应该领导一切其他组织，如军队、政府与民众团体"。②

---

① 《关于党的一元化领导问题》，《任弼时选集》，人民出版社1987年版，第256页。

② 中央档案馆编：《中共中央关于统一抗日根据地党的领导及调整各组织间关系的决定》，《中共中央文件选集》第13册，中共中央党校出版社1989年版，第427页。

关于"党领导一切"的方式，决定指出："根据地领导的统一与一元化，应当表现在每个根据地有一个统一的领导一切的党的委员会（中央局、分局、区党委、地委），因此，确定中央代表机关（中央局、分局）及各级党委（区党委、地委）为各地区的最高领导机关，统一各地区党政军民工作的领导，取消过去各地党政军委员会……各级党委的性质与成份必须改变，各级党委不应当仅仅是领导地方工作的党委，而应当是该地区的党政军民的统一领导机关（但不是联席会议），因此它的成分，必须包括党务、政府、军队中主要负责的党员干部（党委之常委应包括党务、政府及军队三方面的负责干部），而不应全部或绝大多数委员都是党务工作者。各级党委的工作应当是照顾各方面，讨论与检查党政军民各方面的工作，而不应仅仅局限于地方工作。"①

关于"**党领导一切**"中的**纪律要求**，决定强调："中央代表机关及区党委地委的决议、决定或指示，下级党委及同级政府党团，军队军政委员会，军队政治部及民众团体党团及党员，均须无条件地执行。政府、军队、民众团体的系统与上下级隶属关系仍旧存在。上级政府的决定、命令，法令，上级军事领导的命令、训令，上级民众团体的决定……不仅下级政府、军队、民众团体必须无条件执行，下级党委也必须无条件执行……"②

关于"**党领导一切**"**主体与要求**，决定指出："中央局与中央分局为中央代表机关，由中央指定之。区党委、地委，由军队与地方的党组织的统一的代表大会选出，经上级批准之。区党委、地委，应包括地方党的组织，军队党的干部与政府党团的负责人。……县委（无主力军参加之县委）及区委，只包含地方党，地方军及政府的党的负责人。各级党委书记应选择能掌握，党政军民各方面工作的同志担任之。因此党委书记不仅须懂得党务，还必须懂得战争和政权工作。区党委书记人选由中央局分局议定，经中央批准之。地委书记人选，由区党委议定，经分局中央局批准之。"③

---

① 中央档案馆编：《中共中央关于统一抗日根据地党的领导及调整各组织间关系的决定》，《中共中央文件选集》第 12 册，中共中央党校出版社 1989 年版，第 427 页。

② 同上书，第 428 页。

③ 同上书，第 428—429 页。

《中共中央关于统一抗日根据地党的领导及调整各组织间关系的决定》发出后，党领导一切得以逐步实现，部分处在一线工作的领导对此也作出了深入思考。1943 年 1 月 7 日，中共中央秘书长任弼时在西北局高级干部会议上作《关于几个问题的意见》的长篇讲演。其中"党的一元化领导问题"是其中重要一部分。

再如，为强化领袖作用，1943 年中央政治局通过的《中共中央关于中央机构调整及精简的决定》，赋予毛泽东在书记处讨论问题的"最后决定权"。这大大强化了毛泽东在全党的领袖地位。它是党的领导层针对当时党所面临的历史情况和党的状况作出的决定，是中共中央改革和完善领导体制的一次尝试，也是党的领导层对毛泽东信任的结果。

二、处理党和政府关系的党内法规制度得以确立

抗日战争期间，我们党有了自己的边区政府，创建了许多根据地，建立了政权，因而如何处理党和政府的关系是当时面临的重要问题。为此，1942 年中央政治局会议上，党通过党内法规《关于抗日根据地党的领导及调整各组织间关系的决定》，确立了党的一元化领导，同时对如何处理党和政府关系作出规定，指出："党委包办政权系统工作、党政不分的现象与政权系统中党员干部不遵守党委决定、违反党纪的行为，都必须纠正。""党对政权系统的领导应是原则的、政策的、大政方针的领导，而不是事事干涉、包办代替的领导。""党对参议会及政府工作的领导，只能经过自己的党员和党团。党委及党的机关无权直接命令参议会及政府机关。"①

三、党的自身建设法规

（一）在思想建设法规上，重点加强宣传教育工作

政党的思想建设，体现政党的核心价值，反映政党的意志和组织能力。抗

---

① 　中央档案馆编：《中共中央关于统一抗日根据地党的领导及调整各组织间关系的决定》，《中共中央文件选集》第 12 册，中共中央党校出版社 1989 年版，第 431 页。

战时期党的思想建设放在了党的建设的首位，主要是通过宣传教育这个载体来实现。为此中国共产党高度重视党的思想建设，制定出台大量的宣传教育法规，包括《中央关于宣传教育工作的指示》（1939 年）、《中央关于办理党校的指示》（1940 年）、《中央宣传教育部关于提高延安在职干部教育质量的决定》（1940 年）、《中央宣传部关于各抗日根据地内党支部教育的指示》（1940 年）、《中央宣传部关于大后方党的干部教育的指示》（1940 年）、《中央宣传部关于党的宣传鼓动工作提纲》（1941 年）、《中央宣传部关于各抗日根据地报纸杂志的指示》（1941 年）、《中央关于高级学习组的决定》（1941 年）、《中共中央关于延安干部学校的决定》（1941 年）、《中共中央关于在职干部教育的决定》（1942 年）、《中央书记处办公厅关于政治局对党校组织及教育方针之新决定的通知》（1942 年）、《中央书记处办公厅关于党务广播条例的通知》（1942 年）等。

加强宣传教育工作，制定党的宣传教育法规。为扩大党内党外的宣传教育，深入动员群众参加抗战，中共中央分别于 1939 年 5 月、1940 年 3 月发出《关于宣传教育工作的指示》《关于开展抗日民主地区的国民教育的指示》。1941 年 7 月，中央宣传部又发出《关于各抗日根据地群众鼓动工作的指示》，改进宣传鼓动工作。为加强各级领导干部的马克思列宁主义教育，提高他们的素质能力和工作水平，1940 年 2 月，中共中央发出《关于办理党校的指示》，要求各地党的领导机关都办理党校。1941 年 12 月，中共中央作出《关于延安在职干部学习的决定》，对延安在职干部学习的类别、方法、内容等作了具体规定。

制定多部党内法规，把思想建设的重点放在干部教育培训上。毛泽东经常引用斯大林的一句名言"政治路线确定之后，干部就是决定的因素。"各级干部的思想水平和工作作风如何，对党的发展有着决定性影响。

因此，党中央和毛泽东多次强调，掌握思想教育，首先要教育好党的各级干部。为此，中共通过制定多个党内法规，来规范干部教育培训。1940 年 1 月，中共中央发出《关于干部学习的指示》，对学习内容、课程、学习时间、学习培训机构设置都提出要求。"全党干部都应当学习和研究马列主义的理论及其在中国的运用"。①同年 3 月，中共中央书记处颁发补充文件《关于在职干部教育的指示》，规定根据各类干部不同情况安排学习不同课程。1941 年 9 月，中央军委发出《对军队老干部工作的指示》，在肯定八路军、新四军的老干部，经历了长期的斗争，积聚了许多经验，对革命、对党有过重大的贡献的同时，也指出某些老干部存在的致命弱点，并提出为纠正老干部上述弱点，应开展一些工作，包括"对老干部的在职教育，应简单明确，由文化与普通知识学起，然后逐步推进，目的在使老干部展开眼界，打下自学的基础"。"对离职学习，应确定老干部进学校须学习较长时间，至少一年（行动、生产时间除外），从文化学起"。②同年 9 月，中共中央制定通过《中央关于高级学习组的决定》，指出"为了提高党内高级干部的理论水平与政治水平，决定成立高级学习组"，毛泽东亲自担任中央学习组组长。高级组"以理论与实践统一为方法，第一期为半年，研究马恩列斯的思想方法论与我党二十年历史两个题目，然后再研究马恩列斯与中国革命的其他问题，以达克服错误思想（主观主义与形式主义），发展革命理论的目的"。③同年 12 月，中共中央作出了《关于延安在职干部学习的决定》。1942 年 2 月 28 日，中共中央又作出《关于在职干部教育的决定》，提出"在目前条件下，干部教育工作，在全部教育工作中的比重，应该是第一位的"。对在职干部教育的内容，规定为"应以业务教育、政治教育、文化教育、理论教育四种为范围"。④

（二）在组织建设法规上，重点加强集中领导

组织建设是党的自身建设的一个重要方面，主要包括民主集中制建设、党

---

①　中央档案馆编：《中央关于干部学习的指示》，《中共中央文件选集》第 12 册，中共中央党校出版社 1989 年版，第 227—228 页。

②　中央档案馆编：《对军队老干部工作的指示》，《中共中央文件选集》第 13 册，中共中央党校出版社 1989 年版，第 201—204 页。

③　中央档案馆编：《中央关于高级学习组的决定》，《中共中央文件选集》第 13 册，中共中央党校出版社 1989 年版，第 205—206 页。

④　中央档案馆编：《关于在职干部教育的决定》，《中共中央文件选集》第 13 册，中共中央党校出版社 1989 年版，第 347、348 页。

的基层组织建设和党员队伍建设等内容。

确立民主集中制是在民主基础上的集中和集中领导下的民主。民主集中制是党的最根本的组织制度和领导制度，在抗日战争时期得到飞速的发展。1938年9月至11月召开的中共六届六中全会通过的《关于中央委员会工作规则与纪律的决定》和《关于各级党部工作规则与纪律的决定》，对中央委员会、政治局、书记处、各中央局以及中央分局的工作规则与纪律分别作出了具体规定，特别规定，"党的一切工作由中央集中领导，是党在组织上民主集中制的基本原则，各级党的委员会的委员必须无条件地执行"。"书记处每星期最少须开会一次，集体的解决中央的日常工作和处理答复各党委的问题。书记处开会时，中央所在地的政治局委员，均得出席"。①"规定政治局每三个月左右至少须开会一次。有半数以上政治局委员到会，即得举行会议。会议之决定与通过之文件，须经半数以上政治局委员同意后，认为有效并须立即通知未到会的委员"。②这些规定使党的集体领导制度得到进一步的发展，并为集体领导制度的进一步完善奠定了基础。

1945年，中共七大通过的党章不仅较为系统地阐述了民主集中制的科学含义和基本内容，而且也提出了贯彻落实民主集中制的具体要求，它表明民主集中制在理论上走向成熟，也为中国共产党集体领导制度的进一步健全奠定了坚实的基础。

大力发展党员，逐步巩固组织基础。为适应新的革命形势的需要，毛泽东在1937年底提出了"建立全中国的强固的共产党"的任务，随后，党中央下发《关于大量发展党员的决议》，指出发展党员的有利条件、重要意义、当前的主要任务，并且提出十项发展党员的具体方法。这十项具体办法包括要打破发展党员中的关门主义倾向，把主要精力放在吸收新的积极分子上。在发展对象上，要大胆地发展工人、雇农、青年学生和知识分子。同时要注意在下级官

---

① 中共中央文献研究室、中央档案馆编：《关于中央委员会工作规则与纪律的决定》，《建党以来重要文献选编》第15册，中央文献出版社2011年版，第769页。

② 同上书，第767页。

兵中发展党员，扩大党的无产阶级基础。要特别注意在前线大量吸收新党员，建立强大的党的组织，而在敌后要有计划的迅速建立和发展新的党组织。在敌占区，注意以建立秘密的精干的党组织为主。发展党员要注意质量，"不是采用不经审查的拉夫式的办法，新党员的入党，必须经过支部一定党员的介绍与一定党部的审查"。①

《决议》重新调整了新党员候补期的规定。"工人雇农不要候补期，贫农，小手工工人一个月，革命学生，革命知识分子，小职员，中农，下级军官三个月，但在特殊情形之下得伸缩之"。②

除此之外，《决议》要求对新党员以初步的马列主义与党的建设的教育，把发展党员作为各级党部经常的重要工作之一。这个决议体现了统一战线背景下党对队伍建设的重视，对迅速壮大党组织和党员队伍，适应抗战形势起到了重要作用。仅 1 年时间，全国的党员人数就从"四万多发展到五十余万"。到抗日战争结束时，党员数量已达一百二十万。

为更好地执行《决议》，针对党费问题，党中央制定《关于征收党费的通知》，纠正各地组织中存在的不征收或不交党费的问题。③

针对党员恢复党籍中存在的现实问题，中央于 1938 年 5 月又发布《关于恢复党籍及重新入党问题的第二次通知》，调整政策，原来恢复党员及重新入党人员材料均须报中央常务委员会审查和决定，现因战争环境交通不便，改为各省委自己审查和决定，这为党员管理和发展党员提供了有利条件。④

针对发展知识分子党员问题，党中央虽然已经作出明确指示，但在党内仍然存在对知识分子的偏见问题。为此，1939 年 12 月 1 日，中共中央发出《大

---

① 中央档案馆编：《关于大量发展党员的决议》，《中共中央文件选集》第 11 册，中共中央党校出版社 1989 年版，第 466—468 页。

② 同上书，第 467 页。

③ 中央档案馆编：《中央关于征收党费的通知》，《中共中央文件选集》第 11 册，中共中央党校出版社 1989 年版，第 469 页。

④ 中央档案馆编：《关于恢复党籍及重新入党问题的第二次通知》，《中共中央文件选集》第 11 册，中共中央党校出版社 1989 年版，第 520 页。

量吸收知识分子的决定》，这是中国共产党第一个论述知识分子政策的党内法规文件。《决定》指出了知识分子在中国革命中的重要地位、作用和当前存在的问题及原因，指出了吸收知识分子入党应注意的问题：首先，对于愿意抗日的比较忠实的能吃苦耐劳的知识分子，多吸收入党，在教育的基础上按照入党的基本条件吸收入党，对于不能入党的或不愿意入党的也要建立良好的工作关系；其次，注意拒绝敌人和资产阶级政党派来的知识分子和不忠实的知识分子，采取严肃态度，坚决洗刷出去；第三，对于忠实的知识分子，要好好教育，帮助他们克服弱点，分配合适的工作，以实现革命化和群众化，而对于工农干部，实现工农干部的知识分子化和知识分子的工农群众化；最后，对于国民党统治区和日军占领区的知识分子，更多的注意其忠实程度，保证党的组织的严密。①《决定》使党的干部结构得到优化，大大提高了党员干部的理论水平和素养，提高了党的工作活动能力。

建立干部选拔、培养和管理等相关党内法规制度。抗战时期，中国共产党是全民族团结抗战的中流砥柱，肩负着领导人民抗击日本侵略的重任。为完成如此伟大的历史任务，需要大量德才兼备的干部。随着革命形势发展，缺乏党的干部成为抗战胜利的桎梏，"中国共产党是在一个几万万人的大民族中领导伟大革命斗争的党，没有多数才德兼备的领导干部，是不能完成其历史任务的"。②因此，从六届六中全会开始，党的干部选拔培养等工作开始步入新轨道。

1939 年 6 月总政治部发布《关于大量吸收知识分子和培养新干部问题的训令》，当中明确："由于工作开展，老干部不足，吸收革命知识分子加入军队工作，成为目前干部政策上一个重要任务"，对吸收和培养知识分子出身的干部提出几项原则："（一）大批的吸收纯洁的革命的知识分子参加下层工作；（二）经常考查留心他们思想的动向，及时引导他们向健康的道路上前进；（三）了解并发挥他们的特长；（四）用一切方法逐渐提高他们的组织观念纪律性与坚定

---

① 《大量吸收知识分子》，《毛泽东选集》第 2 卷，人民出版社 1991 年版，第 618—620 页。

② 《中国共产党在民族战争中的地位》，《毛泽东选集》第 2 卷，人民出版社 1991 年版，第 526 页。

性，虚心的接受本军光荣传统。"①

1943 年 1 月中共中央发布《关于征调敌后大批干部来陕甘宁边区保留培养的决定》明确提出，"保留培养干部的目的不仅为了适应目前敌后的环境，同时也为着将来发展的需要"，因此中央对干部培养对象也提出要求，要求各地"应该坚决的送质量好的干部"。②

除了吸收党外干部与新干部外，中央还通过加大对干部教育的方式促进干部能力提升。中共中央在延安先后开办中国人民抗日军事政治大学、青年干部学院、马克思列宁学院等干部培训学校。1940 年，中央书记处专门发布《中央关于办理党校的指示》，敦促各地党领导机关均应办理培养不同层次干部的党校，并进一步明确提出："为培养更高级的干部，各地的党领导机构须有计划尽可能地派送县级及县级以上的干部送中央党校及马列学院学习。"③除了对干部进行培养外，党的干部制度建立起相关管理制度。1938 年通过《关于各级党委暂行组织机构的决定》，明确规定敌后在中央局、中央分局之下，设立区党委、地方党委、县委、市委、区委或分区委、支部，并在区委以上各级党委，设立组织部，其职责包括干部的考察、征调与分配等工作。④1941 年 10 月，中央重申中央与各地的党内外干部均由中央组织部统一管理。在中央统一领导下的由中央组织部和各级党委组织部统管全国党内外干部的管理制度由此形成。中共选拔培养了大批各类德才兼备的新干部，从而保证了全面抗战路线的贯彻执行，提供了抗战胜利的人才保障，奠定了解放战争胜利的坚实基础。

---

① 中央档案馆编：《关于大量吸收知识分子和培养新干部问题的训令》，《中共中央文件选集》第 12 册，中共中央党校出版社 1989 年版，第 134 页。

② 中央档案馆编：《中共中央关于征调敌后大批干部来陕甘宁边区保留培养的决定》，《中共中央文件选集》第 14 册，中共中央党校出版社 1989 年版，第 3—4 页。

③ 中央档案馆编：《中共中央文件选集》第 12 册，中共中央党校出版社 1989 年版，第 304 页。

④ 中共中央文献研究室、中央档案馆编：《中共扩大的六届六中全会关于各级党委暂行组织机构的决定》，《建党以来重要文献选编》第 15 册，中央文献出版社 2011 年版，第 774、775 页。

（三）"三大优良作风"写进党章中

"对我们共产党人来讲，能不能解决好作风问题，是衡量对马克思主义信仰、对社会主义和共产主义信念、对党和人民忠诚的一把十分重要的尺子。"①在党内最早提出"党风"概念的人是毛泽东，1941年9月他在《反对主观主义和宗派主义》一文中提道："延安的学风存在主观主义，党风存在宗派主义。"②这里提到的"党风"覆盖面较窄，主要指的是党员在组织路线方面的作风。1942年2月，在《整顿党的作风》一文中，毛泽东又提出，"学风和文风也都是党的作风，都是党风"。③这里的党风内涵得到了进一步丰富和深化。之后，毛泽东又批评了理论与实际相脱离的主观主义，强调只有将理论与实际统一起来才是正确的作风，才是马克思列宁主义的作风。

在抗战时期，中国共产党从自身的革命目标和实际出发，采取一系列的作风建设措施，促成三大优良作风的形成。可以说，抗日战争时期是中国共产党形成优良作风传统的关键时期。在此期间，中国共产党通过延安整风运动清算党内盛行的宗派主义和教条主义，在不断加强自身作风建设的基础上，总结出三大优势同时也是自身的三大优良传统，理论和实践相结合的作风、和人民群众紧密地联系在一起的作风、批评和自我批评的作风。

制定颁布作风建设党内法规。梳理这一时期制定的作风建设党内法规文件，包括《关于增强党性的决定》（1941年7月）、《关于调查研究的决定》（1941年8月）、《中央关于实施调查研究的决定》（1941年8月）、《中央总学委关于文风学习的通知》（1942年12月）、《中共中央关于领导方法的决定》（1943年6月）、《总政治部关于整顿政治工作中的三风不正给各级政治机关的指示》（1942年10月）、《中央总学委关于学习文风的通知》（1942年12月）、《中共中央关于领导方法的决定》（1943年6月）、《中共中央关于继续开展整风

---

① 《习近平在第十八届中央纪律检查委员会第六次全体会议上的讲话》，《人民日报》2016年1月12日。

② 《反对主观主义和宗派主义》，《毛泽东文集》第2卷，人民出版社1993年版，第373页。

③ 《整顿党的作风》，《毛泽东选集》第3卷，人民出版社1991年版，第812页。

运动的决定》（1943 年 4 月）等。这些党内法规，对于推动党的作风建设都起了重要作用。

如 1941 年 8 月，党中央通过的《关于调查研究的决定》指出，"粗枝大叶、自以为是的主观主义作风，就是党性不纯的第一个表现；而实事求是，理论与实际密切联系，则是一个党性坚强的党员的起码态度"，并对全党提出要求，"必须力戒空疏，力戒肤浅，扫除主观主义作风，采取具体办法，加重对于历史，对于环境，对于国内外、省内外、县内外具体情况的调查与研究"。规定中央、中央局、中央分局、独立区域的区党委或省委等设置调查研究机关，并对收集材料方法作出举例说明。①同日，中央又发布《关于实施调查研究的决定》，进一步规定实施办法："（一）在中央下设中央调查研究局，担负国内外政治、军事、经济、文化及社会阶级关系各种具体情况的调查与研究。内设调查局，政治研究室，党务研究室三个部门，作为中央一切实际工作的助手。""北方局、华中局、晋察冀分局、山东分局、上海省委、南方工委及各独立区域之区党委或省委，均须设立调查研究室"，并对收集的内容和研究作出规定。②在《〈农村调查〉的序言和跋》一文中，毛泽东系统地论述了调查研究的重大意义、必要性、主要措施和基本方法，认为只有大力开展调查研究，才能有效地组织革命，才能获得革命的胜利。要想搞好调查研究，必须"和全党同志共同一起向群众学习，继续当一个小学生"。"没有满腔的热忱，没有眼睛向下的决心，没有求知的渴望，没有放下臭架子、甘当小学生的精神，是一定不能做，也一定做不好的"。③在党中央的号召下，全党兴起调查研究之风，当时延安地区，从中央机关到地方党政组织，先后成立各种类型的调查团，广泛、深入地开展调查研究活动。我党的调查研究理论的形成，对贯彻理论联系实际的原则，转变党的作风起了重要的作用。

---

① 中央档案馆编：《中央关于调查研究的决定》，《中共中央文件选集》第 12 册，中共中央党校出版社 1989 年版，第 174—176 页。

② 中央档案馆编：《中央关于实施调查研究的决定》，《中共中央文件选集》第 12 册，中共中央党校出版社 1989 年版，第 177—178 页。

③ 《〈农村调查〉的序言和跋》，《毛泽东选集》第 3 卷，人民出版社 1991 年版，第 790 页。

　　加强党性锻炼，增强党性修养。"作风建设是党的建设的永恒主题，中国共产党的发展历程中，领导革命、建设和改革取得胜利和成就的经验中都贯穿着加强党的作风建设的实践，都把建设党的事业与建设良好的作风紧紧地联系在一起。作风问题本质上是党性问题。"①

　　抗战时期，我们党非常重视党性锻炼问题。毛泽东曾把理论联系实际提高到党性高度加以论述，刘少奇、任弼时等则对党性锻炼问题作了进一步发挥和论述。

　　1941 年 7 月，中共中央政治局通过的《关于增强党性的决定》，论述了增强党性的目的和意义，论述了增强党性的必要性和违反党性的种种表现，以及增强党性的基本措施和办法。为宣传这个文件，任弼时写了《关于增强党性问题的报告大纲》，进一步阐发党性锻炼问题，特别是对如何增强党性向广大党员提出了五个方面的要求。其一，要深刻认识和了解无产阶级的利益是党的最高利益，应该用无限的忠实性和坚定性为这个利益服务。其二，要理解和掌握马列主义理论和党的政策，在领悟马列主义理论方面修养自己，培植自己，坚定自己，要灵活地、切合实际地去应用马克思主义。其三，要以马列主义原则指导自己的实际行动，个人利益服从于党的利益，把党的利益看得高于一切，积极为维护党的团结统一而斗争。其四，要遵守党的统一纪律，努力克服无组织无纪律的不良倾向。其五，要与群众建立真正密切的联系，使广大群众信赖我们的党。②

　　"三大优良作风"写进党章。在中共七大政治报告上毛泽东正式向全党提出了"理论和实践相结合的作风，和人民群众紧密联系在一起的作风以及自我批评的作风"，将这三大作风作为中国共产党的显著标志，并写进党的根本大法党章中，这标志着中国共产党正式确立了实事求是的思想路线，密切联系群众的群众

---

　　① 《习近平在第十八届中央纪律检查委员会第六次全体会议上的讲话》，《人民日报》2016 年1 月 12 日。

　　② 《关于增强党性问题的报告大纲》，《任弼时选集》，人民出版社 1987 年版，第 233—237 页。

路线。大会特别强调：要重视从思想上建党，坚持把马克思列宁主义基本原理同中国革命的具体实践相结合，坚决反对教条主义、经验主义；群众路线是党的根本的政治路线和组织路线，党员必须全心全意地为人民服务，一刻也不脱离群众；为防止各种政治灰尘和政治微生物侵蚀我们的思想和党的肌体，必须推广民主作风，展开正确认真的批评和自我批评。①中共七大对三大作风的概括和阐释，在中国共产党作风建设史上具有里程碑意义，是一笔宝贵的政治财富。

（四）加强纪律法规建设是取得抗战胜利的一个重要武器

具有高度的组织性和纪律性是马克思列宁主义政党的重要特征和显著特点。加强纪律建设是中国共产党取得抗战胜利的一个重要武器，也是中国共产党自身建设的一条重要规律。抗日战争时期，我们党在艰苦的环境下依然高度重视和加强党的纪律建设，并依靠严格的纪律保证党的路线、方针、政策的执行，保证党的团结与统一，保证人民军队的成长壮大，形成强大的战斗力与凝聚力。

明确政治纪律内容。抗战时期，党的纪律法规的制定使党的政治纪律内容得到明确，要求坚决执行党的路线方针政策，维护党的集中统一。1935 年 12 月中共中央在陕北瓦窑堡的政治局会议上，制定了抗日民族统一战线的政治路线。1937 年 8 月中共中央政治局在陕北洛川召开政治局扩大会议，会议制定了动员一切政治力量争取抗战胜利和建立敌后抗日根据地的任务，指明了党的任务方向。在 1938 年中共六届六中全会上，针对王明在长江局工作期间，对抗中央，不执行党的方针政策，破坏党的纪律的行为，也鉴于 1935 年红一方面军与红四方面军会师后张国焘拒绝北上，甚至发展到另立中央分裂党和分裂红军，毛泽东重申"四个服从"的组织纪律，指出"谁破坏了这些纪律，谁就破坏了党的统一"。②这"四个服从"不但维护了党中央权威，还为我们党肃清主

---

① 中央档案馆编：《中国共产党党章》，《中共中央文件选集》第 15 册，中共中央党校出版社 1989 年版，第 117 页。

② 《中国共产党在民族战争中的地位》，《毛泽东选集》第 2 卷，人民出版社 1991 年版，第 528 页。

观主义和宗派主义，提高党的凝聚力和战斗力提供了坚强保障。

《中共扩大的六中全会政治决议案》指出了党的团结统一的重要性，"每个共产党员应该爱护党和党的团结统一有如生命"，"共产党的团结统一……是保证抗日民族统一战线向前巩固和扩大的基本前提，同时也就是争取中华民族抗战胜利和实现建国大业的重要条件。"①

1941 年 7 月 1 日通过的《中央关于增强党性的决定》指出，在某些党员中容易产生"个人主义"、"英雄主义"、"无组织的状态"、"独立主义"与"反集中的分散主义"等违反党性的倾向。在政治上的表现就是："在政治上自由行动，不请示中央或上级意见，不尊重中央及上级的决定，随便发言，标新立异，以感想代替政策，独断专行，或借故推脱，两面态度，阳奉阴违，对党隐瞒。"针对这些违反政治纪律的表现，中央提出了应对办法：应当在党内更加强调全党的统一性、集中性和服从中央领导的重要性。不允许任何党员与任何地方党部，有标新立异，自成系统，及对全国性问题任意对外发表主张的现象。要求各个独立工作区域领导人员，特别注意在今天比任何时候更需要相信与服从中央的领导。应当在党内开展反对"分散主义"、"独立主义"、"个人主义"的斗争。②在这里，对加强中央集中统一领导作出了严格规定。

1945 年中国共产党第七次代表大会通过的《中国共产党党章》明确规定党的政治纪律："在党内不容许有离开党的纲领和党章的行为，不能容许有破坏党纪、向党闹独立性、小组织活动及阳奉阴违的两面行为"，③否则，要坚决清除出党。

进一步丰富和发展组织纪律建设内容。党的组织纪律是处理党组织之间、党组织与党员之间关系的行为规范和准则，要求党组织和党员必须遵守。抗战

---

① 中央档案馆编：《中共扩大的六中全会政治决议案》，《中共中央文件选集》第 11 册，中共中央党校出版社 1989 年版，第 758 页。

② 中央档案馆编：《中央关于增强党性的决定》，《中共中央文件选集》第 13 册，中共中央党校出版社 1989 年版，第 145、146 页。

③ 中央档案馆编：《中国共产党党章》，《中共中央文件选集》第 15 册，中共中央党校出版社 1989 年版，第 118 页。

时期中国共产党制定了专门的组织纪律法规，特别是七大党章的修订使党的组织纪律得到进一步丰富和发展，其中最主要的就是坚持党的民主集中制。中共六届六中全会通过的《中共扩大的六中全会政治决议案》中强调，党员和各级领导机关要认真执行党的民主集中制。这是最根本的组织纪律，是全体党员和党组织必须遵守的基本准则。除此之外，党中央还制定了《中共扩大的六中全会关于中央委员会工作规则与纪律的决定》《中共扩大的六中全会关于各级党部工作规则与纪律的决定》《中共扩大的六中全会关于各级党委暂行组织机构的决定》三部关于党组织的纪律法规。其中《中共扩大的六中全会关于中央委员会工作规则与纪律的决定》要求各中央分局必须完全执行中央委员会、中央政治局、中央书记处的决议和指令，不得有任何违反决议和指令的文字和行动。《中共扩大的六中全会关于各级党部工作规则与纪律的决定》中要求各地取得合法地位的党部，并能召集党的代表大会或党的代表会的，应按照党章召集党的各级代表大会及党员大会，选举各级党的领导机关，施行严格的选举制，并规定了选举程序。而对于有不同意见的党员，可以向上级申诉，但在没有接到改变的指示前，必须服从上级决定。

在上下级关系上，为了统一党的领导，1942 年 9 月 1 日中共中央政治局于制定了《中共中央关于统一抗日根据地党的领导及调整各组织间关系的决定》，要求实行党的一元化领导，特别是在上下级关系上，严格执行下级服从上级，全党服从中央的原则。1945 年中共七大通过的《中国共产党党章》中详细规定了党的组织纪律，要求党员必须参加党的一个组织，并且参加其中的工作，严格服从党的决议决定，除此之外还要按时缴纳党费。党章规定党组织的纪律最主要的就是民主集中制原则，并且详细阐述了民主集中制的基本条件。七大党章制定的党的组织纪律，对全党保持行动上高度一致和加强党的组织建设起到了十分重要的作用。

明确宣传纪律内容。党的宣传纪律是对党的各级组织和全体党员在宣传舆论方面的规定，要求宣传党的理论、路线、方针和政策，为建立和维护党的统一战线，实现党的任务，创造良好的舆论环境。抗战时期，随着抗日民族统一战线的确立，党的合法地位得到确立。为壮大党，发展党，中国共产党加强党的宣传舆论工作，制定了专门的宣传纪律方面的党内法规。1941 年 2 月 2 日，中央书记处制定《中央关于发表有全国意义的通电、宣言与对内指示的规定》，要求各中央局和各将领各级政治部在没有接到中央及军委及总政治部的指示前，一律不得发有全国意义的通电、宣言与对内的普通指示，在发表有全国意义的通电、宣言及对内指示前需先得到中央及军委同意。①1941 年 5 月 25 日，中央书记处又制定发表《中央关于统一各根据地内对外宣传的指示》，指示针对各抗日根据地对外宣传工作中的无政府状态问题，要求一切对外宣传均应服从党的政策与中央决定，各中央局、分局、省委和区党委，在未得中央指示前，不得公开发言，以保障全党意见与步调一致。要求统一对外宣传工作于宣传部，宣传部要经常地检查和监督。

清正廉洁是共产党员的基本底线。抗战开始后，随着党员和党组织的大量增加，党中央对中国共产党党员的清正廉洁提出了更严格的要求。1937 年 8 月洛川会议上中共中央发布《中国共产党抗日救国十大纲领》。纲领规定"实行地方自治，铲除贪官污吏，建立廉洁政府"的政策，建立"廉洁政府"成为抗战时期党的廉洁纪律的主要目标。毛泽东在六届六中全会政治报告中也指出，"共产党员在政府工作中，应该是十分廉洁、不用私人、多做工作、少取报酬的模范"。②为此，陕甘宁边区政府于 1938 年 8 月 15 日制定《陕甘宁边区政府惩治贪污暂行条例》，经过修改之后，又颁布《陕甘宁边区政府惩治贪污条例》，要求公务人员"公正廉洁、奉公守法"，从制度上杜绝党员干部贪污腐化。

进一步明确群众纪律。群众纪律是党组织和党员开展群众工作中必须遵守的规范和准则，要求党员和党组织坚持党的群众路线，坚持全心全意为人民服务的宗旨，维护人民群众的利益，接受人民群众的批评和监督。遵守群众纪律

---

① 中央档案馆编：《中央关于发表有全国意义的通电、宣言与对内指示的规定》，《中共中央文件选集》第 13 册，中共中央党校出版社 1989 年版，第 37 页。

② 《中国共产党在民族战争中的地位》，《毛泽东选集》第 2 卷，人民出版社 1991 年版，第 522 页。

是中国共产党人的优良传统。抗日战争爆发后，为了争取更多的人民群众支持，建立最广泛的抗日民族统一战线，许多党内法规都体现了党的群众纪律的规定。

早在土地革命时期，中国共产党就制定了"三大纪律八项注意"的群众纪律，初步形成党的群众路线。到了抗战时期，特别是整风运动期间，更加系统的提出了党的群众观点和群众工作方法。在中共七大党章中，最终确定了群众路线作为党的群众纪律的重要地位。七大党章在阐述党的群众路线的同时，明确申明了全心全意为人民服务的宗旨，要求党员必须认识到党的利益与人民群众利益的一致性，维护人民群众利益，自觉接受人民群众的批评。

制定纪律处分专门法规。陕甘宁边区抗日民主政府为防止和惩治行政机关、武装部队和公营企业中的贪污现象，十分重视建立和完善惩治腐败的法规建设，1938年8月公布《陕甘宁边区政府惩治贪污腐败暂行条例》，规定有十种行为之一者，即以"贪污罪"论处。这十种行为是：克扣或截留应行发给或缴纳之财物者；买卖公用物品从中舞弊者；盗窃侵吞公有财物者；强占强征或强募财物者；意在图利贩运违禁或漏税物品者；擅移公款作为私人营利者；违法收募税捐者；仿造或虚报收支账目者；勒索敲诈、收受贿赂者；为私人利益而浪费公有之财物者。1939年4月，陕甘宁边区政府公布《陕甘宁边区抗战时期施政纲领》，规定：发扬艰苦作风，厉行廉洁政治，肃清贪污腐化，铲除鸦片赌博；厉行有效的开源节流办法，在各机关学校和部队中，提倡生产运动与节约运动，增加收入，减少支出，以解决战时财政经济之困难。1943年5月8日，陕甘宁边区政府又公布《陕甘宁边区政府人员公约》，在第五条中规定"公正廉洁，奉公守法。这是我们公务人员应有的品格，要在品行道德上成为模范，为民表率。要知法守法，不滥用职权，不假公济私，不徇私情，不贪污，不受贿，不赌博，不腐化，不堕落"。第七条规定"爱护群众，密切联系群众"，这两条都涉及了廉政方面，可见边区政府对构建廉洁政府的重视。[①]

---

① 《"党史中的纪律"专题三：党早期有关纪律的部分文献》，载中央纪委监察部网站，http://www.ccdi.gov.cn/toutiao/201401/t20140128_123273.html，2019-02-03。

1941 年 7 月，中共中央发出《关于地方和军队中各级党部取消、改正与停止党员处分手续的决定》，对党员受到党内处分的取消、改正和停止进行详细规定。1942 年 10 月，中共中央发出《关于对党员察看处分执行办法的指示》，将党员察看处分具体化为"正式党员降为候补党员""停止党籍"等两种情况。另外，还规定其中正式党员降为候补党员处分须经高一级党委批准，停止党籍处分须经高两级党委的批准，如果被处分者对处分不服从时可以按级或越级申诉；党组织对党员作出降为候补党员或停止党籍的决议时，都需要在决议上规定每隔多少时间重新审查他的问题；被处分降为候补党员者，如经党组织恢复其为正式党员时，候补期内的一般不算党龄。①

严厉查处违纪行为。严明组织纪律，查处违纪行为，加强组织净化，维护纪律权威，是党在延安时期加强纪律建设的重要举措。抗日战争进入相持阶段后，有些党员不愿意去前线和敌后根据地等环境艰苦险恶的地方工作，不服从组织决定。当时有一位叫刘力功的新党员，在中央组织部党员训练班毕业之后，在工作分配问题上与组织讲条件，在党组织的多次教育下仍坚持个人要求，不服从组织分配。经中央党务委员会讨论，认为应该坚决开除他的党籍，以维护党的纪律。中央组织部遂开除刘力功党籍，并公布全党，以示警诫。这件事情作为反面教材，在当时引起了广大党员的深刻反思。

除此之外，延安时期还严肃处理了黄克功、刘振球、肖玉璧等违法乱纪者，这些案件在当时都具有很强的典型意义。先说黄克功案。1937 年 10 月，26 岁的"老革命"、抗大第三期第六队队长黄克功因逼婚未遂开枪杀人，经陕甘宁边区高等法院审判，被判处死刑。黄克功写信向毛泽东求情，毛泽东在支持法院判决的回信中强调，"共产党与红军，对于自己的党员和红军成员不能不执行比较一般平民更加严厉的纪律"。②黄克功遂被处决。与黄克功相似，刘振球也为革命立过功。他参加过五次反"围剿"，并担任长征时期某团政委，

---

① 《中国共产党组织史资料》第 8 卷《文献选编》（上），中共党史出版社 2000 年版，第613—614 页。

② 《给雷经天的信》，《毛泽东文集》第 2 卷，人民出版社 1996 年版，第 39 页。

而且曾在平型关战役中荣立战功。但后来他贪图享乐，贪污公款数百元，被开除党籍并受到法律制裁。还有一个典型案件是肖玉璧贪腐案。1940 年，老红军肖玉璧在担任边区税务分局局长期间，贪污受贿，利用职权私卖军需品，影响极坏。案发后，肖玉璧被开除党籍，边区法院依法判处肖玉璧死刑。肖玉璧不服，也写信向毛泽东求情。毛泽东在了解有关情况后，对林伯渠表示，和对黄克功案件一样，完全拥护法院判决。1941 年底，肖玉璧被处决。1942 年 1 月 5 日，《解放日报》发表社论指出："在'廉洁政治'的地面上，不容许有一个'肖玉璧'式的莠草生长。有了，就拔掉它！"①

这一时期，正是通过对违法乱纪党员干部的严厉查处，一方面维护了党的纪律的威严，保持了党组织的纯洁性与战斗力；另一方面，团结教育了广大党员干部，使党的纪律真正成为广大党员干部自觉遵守的行为规范，保证了党的政策路线的贯彻执行。正如陈云所指出的，纪律虽然带着强制性，但必须自觉遵守，只有使全体党员自觉地遵守纪律，纪律才能成为铁的、不可动摇的、有效的东西。

四、重设党的监督机关，首次以条文形式规定党员权利

（一）重新设立党的监察机关

1938 年 11 月 6 日，扩大的六届六中全会通过《关于各级党委暂行组织机构的决定》规定："由各中央局决定，在区党委之下，得设监察委员会。"并且详细规定了监察委员会的五项职权："（1）监督各种党的机关，党的干部及党员的工作与对于党的章程决议之正确执行。（2）审查党的各种机关之账目。（3）管理审查并决定对于违反党章党纪的党员的处分，或取消其处分。（四）审查并决定所有要求恢复党籍或重新入党者之党籍。（5）监察党员关于破坏革命道德的行为。"②对监察委员的资格，监察委员会与党委员会的关系也作了规定。

---

① 《从肖玉璧之死说起》，《解放日报》1942 年 1 月 5 日。

② 中央档案馆编：《中共扩大的六中全会关于各级党委暂行组织机构的决定》，《中共中央文件选集》第 11 册，中共中央党校出版社 1989 年版，第 771—772 页。

对于监察委员会委员的资格，要求必须三年以上党籍。对于监察委员会的决定由当地党委员会批准，上级监察委员会有权改变下级监察委员的决定。1940 年 12 月，中央颁布《关于地方及军队中党务委员会工作的决定》，规定在地方党未建立党务委员会以及监察委员会的地方，由省委、区委等代行党务委员会的职权。虽然设立监察委员会工作并未实质性开展，但从这些规定也可以看出中央已认识到设立监察委员会的必要性。

1945 年，中共七大通过的《中国共产党党章》重新将"党的监察机关"作为一章，对产生的办法、职权和领导体制等都作了规定。《党章》第五十七条规定监察委员会的产生办法，即"中央监察委员会，由中央全体会议选举之。各地方党的监察委员会，由各地方党委全体会议选举，并由上级组织批准之"。第五十八条规定监察委员会的职权，即"中央及地方监察委员会的任务与职权，是决定或取消对党员的处分，受理党员的控诉"。第五十九条规定监察委员会的领导体制，即"党的各级监察委员会，在各该级党的委员会指导下进行工作"。①与中共五大相比，七大党章的最大变动就是将党的监察委员会由原来的与同级党委的平行关系变为垂直关系，同时，对监察委员会的产生办法也作了较大的改变，把监察委员会由本级党的代表大会选举产生修改为由本级党委的全体会议选举产生，为其后中国共产党党内监督制度的进一步发展奠定了基础。七大党章虽然规定要设立监察机关，并对其产生方式、任务与职权及领导体制等作了明确规定，但由于形势的剧变，随着抗战的胜利，全面内战的爆发，军事和政治斗争更加突出，七大并没有选举产生党的监察机关，执行党纪的工作由各级党委直接负责。

（二）首次以条文形式规定党员权利

保障党员权利是党内民主的基础。只有有切实保障党员民主权利，充分发挥党员群众的主动性和积极性，使广大党员群众敢于拿起批评的武器，勇于揭露和批评党的工作中存在的问题和各种消极腐败现象，真正使党的各级领导机关和领导干部置于广大党员群众的监督之下，才能更加有效地制止各种不正之

---

① 中央档案馆编：《中国共产党党章》，《中共中央文件选集》第 15 册，中共中央党校出版社 1989 年版，第 133 页。

风和腐败现象的滋长和蔓延。

七大第一次以党内根本大法的形式规定党员享有四项权利："凡党员均有下列权利：（一）在党的会议或党的刊物上，参加关于党的政策的实施问题之自由的切实的讨论。（二）党内的选举权和被选举权。（三）向党的任何机关直至中央提出建议和声明。（四）在党的会议上批评党的任何工作人员。"①

七大党章不但规定党员享有选举权，而且还确定无记名的选举方式，第十九条规定："选举党的各级委员会，须按候选人名单进行无记名投票或表决，并保障选举人有批评与调换每一个候选人的权利。"②

七大党章还对党员的辩护权、申诉权作出规定，第六十六条规定："对党的组织及党员个人给予处分，须将处分的理由通知被处分者。凡被处分后不服者，均可进行辩护，并可要求复议及向上级机关申诉。各级党委对于任何党员的申诉书，须迅速转递，不得扣压。""开除党籍，是党内的最高处分。各级党的组织……应保持高度的慎重，仔细听取本人的申诉和分析其犯错误时的情况。"③七大还作出决定，在必要时"得成立党的中央监察委员会及各地方党的监察委员会"。"中央及地方监察委员会的任务与职权，是决定或取消对党员的处分，受理党员的控诉"。④

这表明中国共产党不但高度重视党员权利，而且已经开始重视党员权利的保障和落实问题。与六大及其以前的党章相比较，七大党章对党员权利的规定是一次巨大的进步。七大党章关于党员权利的规定，是在深刻总结中国共产党历史经验教训的基础上，适应当时革命形势的需要而形成的，是历史发展的必然，具有重大的开拓意义。

（三）巡视制度中断

1937 年抗日战争全面爆发，抗战初期巡视制度仍然继续执行。1938 年中

---

①　中央档案馆编：《中国共产党党章》，《中共中央文件选集》第 15 册，中共中央党校出版社 1989 年版，第 119 页。

②　同上书，第 124 页。

③　同上书，第 135 页。

④　同上书，第 133 页。

共六届六中全会通过的《中共扩大的六中全会关于各级党部的工作规则与纪律的决定》，明确提出"各级党的委员会为了了解下面的情况，便利于工作上的指导起见，上级党委得向下级党委派遣巡视员，传达上级党委的意见，考察下面的情形报告上级党委。巡视员对于下级党委有意见时，应该向下级党委建议，由下级党委决定执行与否，巡视员没有决定与强制下级党委执行的权力。但在特殊情形之下由上级党委委托，授巡视员以此项特权者除外"。①这是继续重申巡视制度，要求巡视员切实发挥上传下达、下情上报作用，为巡视制度的实行提供了推动力。但是，随着抗日战争在全国各地全面爆发和持续进行，国内外斗争形势发生巨大变化，运转了十余年的党内巡视制度面临中断。

---

① 中央档案馆编：《中共扩大的六中全会关于各级党部的工作规则与纪律的决定》，《中共中央文件选集》第 11 册，中共中央党校出版社 1989 年版，第 769 页。

第五章　解放战争时期党内法规制度建设

抗日战争胜利后，中国人民迫切需要一个和平安定的环境。从人民的这一根本愿望出发，为了争取中国走向光明的前途，中国共产党领导广大人民同国民党反动派展开了艰苦的斗争，中国革命进入了解放战争时期。在这一历史阶段，党的组织和党员队伍迅速壮大。为了打败国民党反动派，争取解放战争的胜利，中国共产党大力加强党的建设，这一时期党内法规建设无论是深度还是广度都有较大发展。

第一节　加强党的组织法规建设，对党的组织机构进行调整和变动

解放战争时期，许多党内法规对党的各级组织的产生和职责作了规定，并根据形势变化，对党的组织机构进行调整和变动。

一、建立和加强中央派出机构

党中央派驻各地的中央局，是在革命形势发展不平衡，各根据地和国统区的斗争形式与内容具有相对独立性的情况下，保证中央对各地区的领导，所设立的组织机构。随着战后局势的变化，党中央多次调整对中央局的设置及其管辖范围。如1945年8月，党中央撤销北方局，成立晋冀鲁豫中央局。9月，先后成立东北局和冀热辽中央局，并在东北局下设若干分局。10月，把原有的华中局与山东分局合并组成华东中央局，原华中局领导的地域改为华中分局，归由华东中央局领导。同月底又将设立不久的鄂豫皖中央局改称中原局。①为加强

---

① 陈至立、刘吉：《中国共产党建设史》，上海人民出版社1991年版，第517、518页。

中央对国统区各项工作的领导，党中央在 12 月决定恢复南方局（暂名重庆局，此后随着国民党还都而迁往南京，改称南京局）。①

这一阶段，党中央对各中央局的密集调整，从组织上保证了党中央"向北发展，向南防御"战略的有效实施，也为巩固和扩大解放区，做好应对国民党反动派发动全面内战各项工作，奠定了必要的组织基础。

解放战争爆发后，党中央依据形势变化继续调整与充实设置在各根据地的中央局。在东北，党中央于 1946 年 6 月确定东北局主要领导成员及其分工。在此前后中央向东北陆续派出四名政治局委员、二十一名中央委员和二十三名中央候补委员，随之十一万主力部队和二万干部进入东北，以巩固东北根据地。1947 年 3 月以后东北的各中央分局撤销，统一归东北局领导。在华北，随着晋冀鲁豫和晋察冀两大解放区连成一片，中央于 1948 年 5 月将晋冀鲁豫和晋察冀两中央局合并为华北局。在华东，党中央于 1946 年 12 月把华中分局与华东局机关合并，对华中和山东实现统一领导。1947 年 11 月，建立中共华中工作委员会。在西北，对西北局和晋绥分局的领导班子做了人事调整。在中原，面对国民党军队的大规模进攻先后撤销了中原行政公署、中原局和中原军区，并适应挺进中原进行外线作战需要成立了新的中原局。各根据地中央局的频繁调整充实，完善了党的组织体系，强化了党的组织领导，保证了解放战争行进中党的战略与策略有效落实。

二、建立中央工作委员会、中央后方委员会

解放战争爆发以后，中国共产党领导人民军队粉碎了国民党反动派的全面进攻。随后国民党军队对陕甘宁和山东两大根据地发起重点进攻。由于敌我兵力过于悬殊，党中央决定暂时放弃延安，并于 1947 年 3 月举行政治局会议，决定将中央领导机构分为三部分：毛泽东、周恩来与任弼时率中共中央和人民

---

① 中共中央党史研究室、中央档案馆编：《中国共产党组织史资料》第 4 卷（上），中共党史出版社 2000 年版，第 105 页。

解放军总部机关留在陕北，指挥全国各解放区人民解放军的作战；由刘少奇、朱德、董必武等率一部分中央机关人员组成中央工作委员会转移到华北，负责中央委托的工作；4 月，又决定由叶剑英、杨尚昆率中央和军委大部分机关工作人员转移到晋西北并组成中央后方委员会，统筹后方工作（这三部分历史的简称分别是：前委、工委和后委）。①上述的调整，使党的中央领导机构能够更好地适应解放战争的形势变化，把握战争态势，以及及时地应对可能出现的危险。②这种中央机构一分为三的格局一直延续至 1948 年 5 月。党中央主要领导成员和三部分工作机构在西柏坡汇合，中央工作委员会和中央后方委员会即行撤销，党的中央领导机构又归于统一。

第二节　加强党的领导法规建设

解放战争时期，中国共产党重点加强集中统一领导，将一切权力集中于党中央，实现了对一切工作的领导。梳理《中共中央文件选集》关于这一时期的党的领导法规，有三十余件，主要内容包括：

一、加强土改工作领导法规建设

（一）发布《五四指示》

为支持长期战争，奠定战胜国民党反动派的群众基础和物质基础，中共中央决定将抗日战争以来实行的减租减息政策，改变为实现"耕者有其田"的政策。1946 年 5 月 4 日发布《关于土地问题的指示》（即《五四指示》）。

---

①　中共中央党史研究室、中央档案馆编：《中国共产党组织史资料》第 4 卷（上），中共党史出版社 2000 年版，第 107、108 页。

②　张忆军、齐忠成：《解放战争时期中国共产党组织建设的历史进程及启示》，《上海行政学院学报》2014 年第 9 期。

《五四指示》的基本内容，是要坚决地支持和引导广大农民群众，采取各种适当方法，使地主阶级剥削农民而占有的土地转移到农民手中；用一切方法吸收中农参加运动，决不可侵犯中农土地；一般不变动富农土地，对富农和地主有所区别；不可将农村中反对封建地主阶级的办法，运用于城市中反对工商业资产阶级的斗争。

《五四指示》还规定进行土地改革的多项具体政策和方法。主要有：解决土地问题的方式不是无条件地没收一切地主的土地，而是除没收和分配极少数大汉奸的土地之外，主要通过清算、减租、减息和献地等方法，使农民从地主手中获得土地；"对于抗日军人及抗日干部的家属之属于豪绅地主成分者，对于在抗日期间，无论在解放区或在国民党区，与我们合作而不反共的开明绅士及其他人等，在运动中应谨慎处理，适当照顾"，"给他们多留下一些土地"；"对于中小地主的生活应给以相当照顾……要给汉奸、豪绅、恶霸留下能维持生活所必需的土地。①这些政策规定，对于团结大多数，保证土改运动的健康发展，具有十分重要的意义。

《五四指示》发布后，解放区的各级党组织和各级政府进一步发动群众，逐步深入开展土地制度的改革运动。这一运动激发广大农民群众的政治热情和生产积极性，使自卫战争成为更具广泛群众基础的人民战争，使战争的胜利获得更加可靠的保证。

（二）发布《中国土地法大纲》

中共中央工作委员会于 1947 年 7 月召开全国土地会议，通过《中国土地法大纲（草案）》，并于 1947 年 10 月 10 日颁布。

《中国土地法大纲》规定："废除封建性及半封建性剥削的土地制度，实行耕者有其田的土地制度"；"废除一切地主的土地所有权"；"废除一切祠堂、庙宇、寺院、学校、机关及团体的土地所有权"；"废除一切乡村中在土地制度改革以前的债务"。大纲规定彻底平分土地的基本原则，即"乡村中一切地主的土地及公地，由乡村农会接收，连同乡村中其他一切土地，按乡村全部人口，

---

① 《关于土地问题的指示》，《刘少奇选集》上卷，人民出版社 1981 年版，第 377—383 页。

不分男女老幼，统一平均分配，在土地数量上抽多补少，质量上抽肥补瘦，使全乡村人民均获得同等的土地，并归各人所有"。大纲还规定："乡村农民大会及其选出的委员会，乡村无地少地的农民所组织的贫农团大会及其选出的委员会，区、县、省等级农民代表大会及其选出的委员会为改革土地制度的合法执行机关。"①

《中国土地法大纲》是抗日战争胜利后，中国共产党颁布的第一个关于土地制度改革的纲领性文件，为在全国消灭封建剥削的土地制度提供一个基本纲领。它对于推动新老解放区的土地改革运动起到巨大的推动作用，并在国民党统治区产生广泛的政治影响。

二、制定接管和建设城市工作领导法规

从 1945 年 8 月 9 日，毛泽东发表《对日寇的最后一战》的声明，号召中国人民的一切抗日力量应举行全国规模的反攻，中国解放区军民开展了对日全面反攻作战，夺取了大量城市。全面内战爆发后，随着全国解放战争的胜利推进，人民解放军解放了大量城市，其中还包括许多大城市。如何去接收、管理和建设好这些城市，是长期以农村工作为重心的中国共产党面临的新问题新挑战。中国共产党人用极大的努力学习管理城市和建设城市，制定了大量的接管和建设城市的党内法规，为党的工作重心由乡村转移到城市打下了良好基础。

抗战后期至全面内战爆发时期接管和建设城市工作的法规。抗战胜利后，我党在对日反攻和对国民党自卫反击作战中收复了大批城市。到 1946 年 1 月，解放区已拥有 506 座城市。②由于有些城市得而复失，到 1946 年 6 月全面内战爆发时，解放区拥有县以上城市 464 座。③我党占领和管理过张家口、邯郸、长

---

① 中央档案馆编：《中国土地法大纲》，《中共中央文件选集》第 16 册，中共中央党校出版社 1989 年版，第 547—550 页。

② 中共中央党史研究室：《中国共产党历史》第 1 卷下册，中共党史出版社 2011 年版，第 691 页。

③ 同上书，第 734 页。

治、晋城、淮阴、威海卫、烟台、淄川、博山、德州、承德、赤峰、安东、齐齐哈尔、佳木斯等城市。

在这个时期，中共中央相继颁发《中央转发太岳区党委对新收复城市、据点的指示》（1945 年 5 月 1 日）、《中央关于夺取大城市及交通要道的部署给华中局的指示》（1945 年 8 月 10 日）、《中央关于苏联参战后准备进占城市及交通要道的指示》（1945 年 8 月 10 日）、《中央关于日本投降后我党任务的决定》（1945 年 8 月 11 日）、《中央关于新解放城市工作的指示》（1945 年 9 月 2 日）、《中央转发华中局关于新解放区应注意事项的通知》（1945 年 9 月 7 日）、《中央转发晋冀鲁豫中央局关于新解放区城市政策和群众工作的指示》（1945 年 10 月 5 日）等有关接管城市工作的文件。①这些文件主要阐明和解决了接管城市工作中的以下问题：一是关于恢复城市社会秩序问题。二是关于处理工厂企业及各种物资财产问题。三是关于处理公用事业机构及其资产问题。四是关于建立城市政权问题。

全面内战爆发至 1948 年上半年接管和建设城市工作的法规。1946 年 6 月，全面内战爆发。中共中央在军事上、政治上、经济上确定一系列正确的、富有远见的方针和政策，先后粉碎了国民党的全面进攻和重点进攻。到 1947 年 6 月，解放区虽仍有 95 座城市被国民党军队占领，但解放军同时收复和新解放了 153 座城市。从解放战争第二年开始，党中央决定把战争引向国民党统治区，由内线转向外线，由战略防御转入战略进攻。

从 1946 年 7 月到 10 月，人民解放军在中原地区形成三军配合、两翼牵制的战略态势，拉开了战略进攻的序幕。经过 4 个月的作战，共歼敌 19.5 万人，解放县城近百座。同时，我军在其他战场的反攻中也解放和夺取了大片地区和许多城镇。1947 年 11 月 6 日至 12 日，晋察冀野战军一举攻克华北重镇石家庄。攻克石家庄后，中共晋察冀中央局组织全面的城市接管工作，并取得管理新解放城市的有益经验。

在这个时期，中共中央相继制定颁布一些管理城市的法规性文件，如《中

---

① 参见中央档案馆编：《中共中央文件选集》第 15 册，中共中央党校出版社 1989 年版。

央转发邯郸局关于开展新区工作的几个具体政策问题的指示》（1947 年 9 月 2 日）、《中央对西北野战军前委关于在蒋管区作战中几个问题的决定的批示》（1947 年 9 月 2 日）、《中国人民解放军宣言》（1947 年 10 月 10 日）、《中国人民解放军总部关于重新颁布三大纪律八项注意的训令》（1947 年 10 月 10 日）、《中央工委关于政权制度及城市工作给东北局的指示》（1947 年 11 月 28 日）等有关接管城市工作的法规性文件。①但是，对于如何去接收城市，接收后如何管理城市，并没有完全得到解决。在这一时期的接管城市工作中出现违反城市政策、侵犯工商业、损害工厂设备等"左"的错误。

1948 年 2 月 25 日，毛泽东在为中共中央起草的《中央关于注意总结城市工作经验的指示》中强调指出"多年以来我们占领了很多城市，有了丰富的经验。但是没有总结，让这些经验埋没，让各种错误的方针及方法反复重犯，让良好的经验限于一地无法为全党取法。这是经验主义地方主义还在我们党内占有重要地位并在这个问题上表现出来的结果。各中央局分局前委对于自己攻占及管理的城市，似乎还没有作过一次认真的研究，亦没有将城市工作的比较完全的经验向中央作过反映"。②"为了使现已取得的城市的工作在我们手里迅速做好，为了对今后取得的城市的工作事先有充分的精神准备与组织准备，中央责成各中央局分局前委对于自己占领的城市，凡有人口五万以上者，逐一作出简明扼要的工作总结，并限三至四个月内完成此项总结"。③

5 月 25 日，毛泽东在其为中共中央起草的《一九四八年的土地改革工作和整党工作》的党内指示中，强调全党要把城市工作和农村工作、把工业生产任务和农业生产任务放在领导工作的适当位置，"不要因为领导土地改革工作和农业生产工作，而忽视或放松对于城市工作和工业生产工作的领导。我们现在

---

①　参见中央档案馆编：《中共中央文件选集》第 16 册，中共中央党校出版社 1989 年版。

②　中央档案馆编：《中央关于注意总结城市工作经验的指示》，《中共中央文件选集》第 17 册，中共中央党校出版社 1989 年版，第 69—70 页。

③　同上书，第 70 页。

已经有了许多大中小城市和广大的工矿交通企业，如果各有关领导机关忽视或放松这一方面的工作，我们就要犯错误"。①

1948年6月10日，中央批转中共东北中央局的《关于保护新收复城市的指示》，将东北局保护新收复城市的做法批转各中央局、分局、前委遵照执行，指出城市是人民革命战争取得最后胜利决不可少的力量，我们"应该严格遵守党和政府的工商业政策，城市政策和法令，反对乱抓物资的本位主义，反对片面的所谓群众观点，防止破坏城市，破坏工商业"。②

1948年下半年后接管城市工作的法规。1948年9月中央九月会议揭开人民解放军与国民党军队进行战略决战的序幕。1948年9月，我军攻克济南后又接连发动辽沈、平津、淮海三大战役，相继收复和解放锦州、长春、沈阳、徐州、北平、青岛、西安、天津、吉林、四平、安东、承德、张家口、保定、太原、开封、合肥等城市。

党对接管城市工作给予前所未有的重视，在领导城市工作上表现为更周密、全面和有力，接管城市政策从一般性和原则性发展为更具体、全面和系统，突出解决城市的政治、经济、文化、外交及干部等一系列重大问题，注意提高全党解决大城市复杂问题的能力，从而使这一时期的接管城市工作走向成熟。③从政权建设、经济建设、文化教育、新闻宣传等方面制定颁布了大量的法规文件。

政权建设方面。1948年11月15日中共中央发布《关于军事管制问题的指示》，提出新解放的城市管理一律采用军事管制制度，要求在军事管制期间，肃清一切残余敌人势力，解散一切反动党派和团体，建立系统的革命政权机关，建立革命的警察、法庭、监狱，建立临时的各界人民代表会等。④1948年

---

① 《一九四八年的土地改革工作和整党工作》，《毛泽东选集》第4卷，人民出版社1991年版，第1333页。

② 中央档案馆编：《中央批转东北局关于保护新收复城市的指示》，《中共中央文件选集》第17册，中共中央党校出版社1989年版，第210页。

③ 王金艳：《解放战争时期中国共产党接管城市工作的理论和实践》，吉林大学博士学位论文，第31—32页。

④ 中央档案馆编：《中共中央关于军事管制问题的指示》，《中共中央文件选集》第17册，中共中央党校出版社1989年版，第487—488页。

11 月 30 日，中共中央在向各中央局、中央分局和各前委发布的《关于新解放城市中组织各界代表会的指示》中，指出石家庄、洛阳、济南等城市解放后，我们在管理这些城市中存在的问题就是与广大群众联系不够，还没有找到与广大群众联系的最适当的组织形式和工作方法。为纠正存在的这些问题，中央提出在城市解放后军事管制时期成立城市"各界代表会"，作为党和政权领导机关联系群众的最好组织形式。中央要求每个代表具有代表性，各界代表会的职权，由军管会和临时市人民政府赋予，等等。①根据中央的部署，其他各解放区以及新解放的北平、上海、南京、太原等地相继召开各界人民代表会议。各界人民代表会议的召开，为人民代表大会制的新中国政体的确立，打下良好的基础。②1948 年 12 月，中央发布《关于纠正在新解放城市中忽视工运工作的偏向的指示》，批评一些新解放城市忽视工人运动的作用，要求重视工人阶级作用，并把中央精神要求传达下去。③1949 年 1 月，中共中央发出《中央关于新解放城市对旧保甲人员的处理办法的通知》，提出对北平、天津及其他大城市解放后，对保甲人员提出处理的办法，要求各地试行。④此后连续发出《关于接管平津国民党司法机关的建议》（1949 年 1 月）、《中共中央委员会关于国民党、三青团及特务机关的处理办法》（1949 年 1 月）、《中央关于在新解放区域及待解放城市必须谨慎地发展党员的指示》（1949 年 2 月）、《中央关于京沪杭地区应注意吸收自由资产阶级代表参加工作的指示》（1949 年 4 月）、《中央对华东局关于接管江南城市指示草案的批示》（1949 年 4 月）等文件，⑤提出了广泛吸收社会各界参与新政权建设，彻底摧毁国民党反动统治的政治机构的任务和具体

---

①　中央档案馆编：《中央关于新解放城市中组织各界代表会的指示》，《中共中央文件选集》第 17 册，中共中央党校出版社 1989 年版，第 529—533 页。

②　中共中央党史研究室：《中国共产党历史》第 1 卷下册，中共党史出版社 2011 年版，第 771 页。

③　中央档案馆编：《中央关于纠正在新解放城市中忽视工运工作的偏向的指示》，《中共中央文件选集》第 17 册，中共中央党校出版社 1989 版，第 615—617 页。

④　中央档案馆编：《中央关于新解放城市对旧保甲人员的处理办法的通知》，《中共中央文件选集》第 18 册，中共中央党校出版社 1989 年版，第 8—10 页。

⑤　参见中央档案馆编：《中共中央文件选集》第 18 册，中共中央党校出版社 1989 年版。

办法。

经济建设方面。1948年下半年，随着解放战争的不断胜利，更多的大城市相继解放。在接管和建设城市的进程中，经济建设成为其中一个重要的问题。中共中央发布一系列法规文件，内容包括恢复和发展生产、商业、运输业、金融业以及没收官僚资本等。这些法规文件包括：《中央关于修改接收敌伪和蒋占企业后的改造管理与工运方针的决议给东北局的指示》（1948年8月）、《中共中央军事管制问题的指示》（1948年11月）、《中共中央关于城市中公共房产问题的决定》（1948年12月）、《中央关于对私营银钱业的政策给东北局等的指示》（1948年10月）、《中央关于大量提拔产业工人干部的指示》（1948年12月）、《中央关于新解放城市职工工资薪水问题的指示》（1949年1月）、《中央关于没收官僚资本企业的指示》（1949年1月）、《中央关于工资问题的指示》（1949年1月）、《中央关于平稳物价的几项建议》（1949年1月）、《中央关于私营工厂复工等问题的指示》（1949年2月）、《中央关于接受企业问题的指示》（1949年5月）等。①这些法规文件的制定出台，对中国共产党进入城市后有序开展经济建设各项工作，发展城市经济起到了重要作用，也为新中国成立后国民经济的恢复和大规模经济建设的开展创造了条件。

文化教育方面。从1948年下半年开始，中共中央发布大量的关于文化教育方面的党内法规，提出以新民主主义为总的指导思想，提出大学办学方针和宗旨，指明我党对人才培养的政治方向和业务方向。这些法规包括：《中央宣传部关于新收复城市大学办学方针的指示》（1948年7月）、《关于在普通学校中停止三查三整和健全制度提高教学质量问题的指示》（1948年7月）、《中央关于改革平津两市学校教育的指示》（1949年2月）以及1949年3月发布的《中央关于华北大学毕业生的分配和在学生中进行忠诚老实教育问题给华北局的指示》《中央关于尽量收录知识青年入我所办学校的指示》《关于北平各大学的几个方针问题的指示》等法规文件。②

新闻宣传方面。1948年8月，《中央宣传部关于城市党报方针的指示》发

---

①② 参见中央档案馆编：《中共中央文件选集》第17、18册，中共中央党校出版社1989年版。

布，提出要坚持正确的办报方向，大力宣传党的方针政策，反映工农兵生活，为工农兵服务。①之后陆续发表了一些法规文件，包括：《中共中央关于新解放城市中中外报刊通讯社的处理办法》（1948 年 11 月）、《中共中央宣传部与新华总社关于纠正各地新闻报导中右倾偏向的指示》（1948 年 11 月）、《中央对新区出版事业的政策的暂行规定》（1948 年 12 月）、《中央对北平市报纸、杂志、通讯社登记暂行办法的批示》（1949 年 2 月）、《中央宣传部关于城市建设宣传方针的指示》（1949 年 5 月）等法规文件，②规定了对新解放城市的旧有报纸、刊物、书店、出版社与通讯社的处理办法，对旧有新闻工作人员的态度，对新闻宣传的原则和内容作了严格规定。

中国共产党通过制定和颁布有关城市接管工作的党内法规，从原则性、一般性指导，到注意加强对接管和建设城市工作的具体问题、细节问题的指导，并就接管城市工作的某些重大问题作出专门的决定或指示，解决了接管和建设城市这个面临的新课题，顺利地实现了党的工作重心由乡村到城市的转变。

第三节 党的自身建设法规

一、在政治建设法规上，重点加强党的集中统一领导

（一）加强党的集中统一领导，全面建立请示报告制度

随着解放战争的不断胜利发展，中国共产党的组织日益发展壮大，在政治上更加成熟，威信进一步提高。过去在被敌人分割包围的情况下，党曾经允许各地保有一定的地方自主权，但是随之也产生了无纪律、无政府状态和地方主

---

① 中央档案馆编：《中央宣传部关于城市党报方针的指示》，《中共中央文件选集》第 17 册，中共中央党校出版社 1989 年版，第 311—312 页。

② 参见中央档案馆编：《中共中央文件选集》第 17、18 册，中共中央党校出版社 1989 年版。

义、游击主义倾向，这些都成为革命前进的障碍。因此，必须加强党的建设，做到全党在思想上、政治上、组织上的高度统一；必须使中央及时了解各地对中央的路线和方针、政策的执行情况，及时总结群众实践中的新经验和新创造，集中全党智慧，保证党的领导和决策的正确；必须迅速提高党员、干部的思想政治素质，使之能适应新中国建设的需要。

1948 年以后，中共中央连续发出指示，要求在全党各级组织中建立请示报告制度。1948 年 1 月，毛泽东为中共中央起草的《关于建立报告制度的指示》，提出建立严格报告制度的要求，在于发挥中央事先或事后的积极指导作用，减少各地犯错误的可能。"为了及时反映情况，使中央有可能在事先或事后帮助各地不犯或少犯错误，争取革命战争更加伟大的胜利起见，从今年起，规定如下的报告制度。"①《指示》对报告要遵循的时间和程序以及报告的内容都进行了详细的规定："各中央局和分局由书记负责（自己动手，不要秘书代劳），每两个月，向中央和中央主席作一次综合报告。报告内容包括该区军事、政治、土地改革、整党、经济、宣传和文化等各项活动的动态，活动中发生的问题和倾向，对于这些问题和倾向的解决办法。""从今年起，全党各级领导机关，必须改正对上级事前不请示、事后不报告的不良习惯。各中央局和分局是受中央委任、代表中央执行其所委托的任务的机关，必须同中央发生最密切的联系。各省委或区党委，同各中央局和分局也须密切联系。当此革命已进入新的高潮时期，加强此种联系，极为必要。"②1948 年 3 月 25 日，中共中央又下发《关于建立报告制度的补充指示》，对建立报告制度作了补充性指示，规定各级党组织一切有关政策、策略性质的指示、答复和报告，均须发给和报告中央。每一个中央委员、中央候补委员均有单独向中央或中央主席随时反映情况及陈述意见的义务及权利。③

---

① 《关于建立报告制度》，《毛泽东选集》第 4 卷，人民出版社 1991 年版，第 1264 页。

② 同上书，第 1264、1265 页。

③ 中央档案馆编：《关于建立报告制度的补充指示》，《中共中央文件选集》第 17 册，中共中央党校出版社 1989 年版，第 132 页。

　　中共中央对请示报告制度的执行工作十分重视，对各地执行情况进行督查检查。1948 年 1 月至 3 月的指示下达后，林彪和东北局迟迟不报送综合报告，到 8 月已过去 6 个多月，按理应该有三次报告，经中央多次催促，但东北局一次报告也没有。针对林彪的态度，毛泽东严厉批评了林彪，并将这种错误实质提高到"建立一个独立国"的政治高度。经过毛泽东的严厉批评，林彪于 1948 年 8 月 19 日致电中央，承认错误，说明没有报送综合报告的原因，并表示今后会严格执行请示报告制度。

　　1948 年 5 月，毛泽东针对土地改革工作和整党工作问题，为中共中央起草的对党内的指示强调了"将一切可能和必须集中的权力，集中于中央和中央代表机关"的重要性，强调了"一切政策和策略听党中央指挥"，防止出现"独立王国"的必要性。"必须坚决地克服许多地方存在着的某些无纪律状态或无政府状态，即擅自修改中央的或上级党委的政策和策略，执行他们自以为是的违背统一意志和统一纪律的极端有害的政策和策略……各级党委必须对这一点进行反复讨论，认真克服这种无纪律状态或无政府状态。"①

　　为了使请示报告形成制度性规范，1948 年 8 月 14 日，为纠正部队中存在的对重大事项，事前不请示，事后不报告的无纪律状态的危险倾向，发出《中共中央、军委关于严格执行向中央作请示报告制度的指示》，要求一切兵团及军区的负责同志"严格执行及时的和完备的报告制度，将这件事作为一种绝对不允许违反的指令。对于事前请示事后报告的内容，必须是有分析有结论的，而不是空洞无物的"。②9 月 4 日，中共中央又发出《关于在全党全军中进行执行请示报告制度之检讨的指示》。其后，中共中央又多次检查，并且通报执行请示报告制度的情况，批评某些单位和部队仍然存在的事前不请示、事后不报告，各自为政，自成一个独立王国的现象，要求严格及时地执行请示报告

---

　　① 《一九四八年的土地改革工作和整党工作》，《毛泽东选集》第 4 卷，人民出版社 1991 年版，第 1332 页。

　　② 中共中央文献研究室、中央档案馆编：《中共中央、军委关于严格执行向中央作请示报告制度的请示》，《建党以来重要文献选编》第 25 册，中央文献出版社 2011 年版，第 423 页。

制度。

1948 年 9 月，中共中央在西柏坡召开政治局扩大会议（史称"九月会议"）。九月会议全面部署党政军各方面工作，并着重强调全党加强纪律性和统一集中问题。针对"目前党内军内存在着的某些严重的无纪律状态或无政府状态"，通过了《关于各中央局、分局、军区、军委分会及前委会向中央请示报告制度的决议》。决议首先从"总的方面"作出规定，明确指出哪些事项的决定权完全属于中央；哪些事项的决定权仍归地方，但必须事先请示中央，经中央批准后，才能公布和执行。这些规定对于政治、军事、经济、文化、党务方面工作都是适用的。为了使规定更加具体明确，决议还从"政治方面""军事方面""经济方面""文教宣传方面""党务方面"等各方面的特殊问题作出规定，明确各项工作中哪些决定权属于中央，哪些必须事前请示中央，并得到中央批准后才能付诸实行，哪些必须事后报告中央备案。决议还对如何写报告，如何请示作出要求。①

1948 年 10 月，毛泽东在为中共中央起草的对党内的通知中，再次强调坚决维护党中央权威和统一领导，"要求我党用最大的努力克服这些无纪律状态和无政府状态，克服地方主义和游击主义，将一切可能和必须集中的权力集中于中央和中央代表机关手里，使战争由游击战争的形式过渡到正规战争的形式"。②

请示报告制度的建立，较为彻底地解决了党内不同程度存在的无纪律无政府状态，对于加强党的集中统一领导，维护毛泽东作为党中央核心的权威，活跃党内民主生活，进一步统一全党的意志和纪律，使全党达到政治上团结、思想上统一、行动上一致，保证党的路线、方针、政策的正确贯彻执行，起了重大作用，为党夺取和掌握全国政权作了重要的政治、思想和组织准备。

---

① 中央档案馆编：《关于各中央局、分局、军区、军委分会及前委会向中央请示报告制度的决议》，《中共中央文件选集》第 17 册，中共中央党校出版社 1989 年版，第 356—367 页。

② 《中共中央关于九月会议的通知》，《毛泽东选集》第 4 卷，人民出版社 1991 年版，第 1346 页。

（二）确立党委制，为党的集体领导奠定制度基础

1948 年 9 月，毛泽东起草《关于健全党委制》，文中指出："党委制是党保证集体领导、防止个人包办的重要制度"。①并规定"今后从中央局至地委，从前委至旅委以及军区（军分会或领导小组）、政府党组、民众团体党组、通讯社和报社党组，都必须建立健全的党委会议制度，一切重要问题均须交委员会讨论，由到会委员充分发表意见，作出明确决定，然后分别执行"。②同时他还强调："集体领导和个人负责，二者不可偏废。"③党委制对于充分发挥党的集体领导与分工负责制度的优势、夺取新民主主义革命胜利起到非常重要的作用。为提高全党的领导水平，更好地适应革命胜利后的新形势、新任务的需要，毛泽东在总结中国共产党在长期革命斗争中积累起来的丰富领导经验的基础上，于 1949 年 3 月在中共七届二中全会上提出做好党委会工作的十二条基本工作方法，包括"党委书记要善于当'班长'""不懂得和不了解的东西要问下级，不要轻易表示赞成或反对"、要"学会'弹钢琴'"、要"胸中有'数'"、要"注意团结那些和自己意见不同的同志一道工作"等。④

二、加强思想建设法规，做好执政准备

思想建设是党的建设的首要任务和中心环节。理论建设和思想武装是党的思想建设的基本内容和主要任务。

从 1945 年中共七大到新中国成立前是党的思想建设的继续发展阶段。这个阶段，党面临的形势、任务、地位等都发生深刻变化。不仅面临打败蒋介石国民党反动派的任务，而且随着解放战争的胜利进行，党要做好由领导革命的党变为领导建设的党，做好执政的准备。在党内，受资产阶级思想和作风的侵

---

① 《关于健全党委制》，《毛泽东选集》第 4 卷，人民出版社 1991 年版，第 1340 页。

② 同上书，第 1340—1341 页。

③ 同上书，第 1341 页。

④ 《党委会的工作方法》，《毛泽东选集》第 4 卷，人民出版社 1991 年版，第 1440—1444 页。

蚀，一部分党员中滋长了以功臣自居的骄傲自满情绪和官僚主义、命令主义的作风。由此，党继续重视自身的思想建设，着重从思想上建党。党的思想建设得到进一步的发展。

开门整党，纠正党内错误思想倾向。抗战胜利后，党的组织得到很大发展。经过战争的严峻考验，党的队伍总的来说是好的，但同时一些党组织，特别是农村基层党组织中思想、组织不纯的问题也明显地暴露出来，如有些党员的阶级观念模糊，不能坚决执行党的土改政策；有些党员有严重的官僚主义倾向，脱离群众；有些党员利用职权侵占群众利益。这些问题严重影响了中共七大关于放手发动群众的政治路线的实施和土改工作的进行。为纠正这些错误倾向，党在1947年开展整党运动，开展以"三查"（查阶级、查思想、查作风）、"三整"（整顿组织、整顿思想、整顿作风）为基本内容的整党工作。在这一活动中，制定颁布《关于目前党的政策中的几个重要问题》、《一九四八年的土地改革工作和整党工作的指示》、整党过程中，向党外群众公开党的支部，邀请党外群众参加党的会议，共同审查党员和干部。从而克服了党内的非无产阶级思想的影响和官僚主义作风，使全党牢固树立了全心全意为人民服务的思想，有利地保证了土地改革的顺利进行。

转变思想观念，提高党员干部的思想政治水平以适应新中国建设的需要。还在解放战争时期，党就预料到革命胜利后，党的工作重心由乡村转移到城市，转到恢复和发展城市生产事业上的问题，要求全党转变观念。并为适应建设新中国的需要，党有计划地进行了训练干部的工作，提高了干部的思想政治素质，为全国革命的胜利和新中国的建设作了思想上的准备。

三、加强组织法规建设适应解放战争的形势

组织建设是党的自身建设的一个重要方面，主要包括民主集中制建设、党的基层组织建设和党员队伍建设等内容。

（一）关于发展党员的具体规定

进入解放战争时期，中共对党员发展作了进一步规定，既在总的原则上严

格按照标准和程序发展党员，充分保障党员的质量，又根据解放战争进程中的新情况作了具体规定，从而适应了解放战争的胜利形势。

严格按照标准和程序发展党员，是中国共产党在解放战争中始终坚守的基本原则。早在解放战争爆发之前的 1946 年 4 月，为在东北地区组建强大的党组织，以建立巩固的根据地，中共中央东北局在相关文件中提出，要在斗争中大量地慎重地发展党员，并对吸收新党员的条件提出要求，包括"不仅是在伪满时能坚持民族气节，而且必须是在减租减息及劳资斗争中特别是反顽斗争中一贯坚持积极者"，"大量发展之对象是工人、雇农、贫农、佃农、店员、革命知识分子及城市贫民"，①并提出在尚未有党组织基础，但急需建立党组织、发展新党员的地区，可根据实际情况缩短入党候补期，但前提是"批准机关则必须按党章所规定者提高一级"。②这说明，中共即使在迫切需要发展自身的组织以建立巩固根据地的形势下，仍然严格按照标准和程序发展党员，既满足了迫切发展党员和党组织的需求，同时也维护了党员发展标准和程序的严肃性。1948 年 10 月 31 日，在辽沈战役即将取得胜利时，中共中央就东北地区发展党员的问题专门向东北局作出指示，指出"应根据自己所辖区域内的客观条件与主观条件估计，大体上可能发展党员的数目，作为自己发展工作的内定目标"。③发展党员要"根据你们规定的发展方针，发展计划及入党条件、入党手续等，去认真地积极地有选择地个别地吸收党员，并不断地加以督促与检查为好"，并强调在发展党员时要注重质量，严格标准："各区根据其主观力量与客观条件，今冬最大限度能发展多少，即发展多少，首先要注意质，其次再注意量，以避免在党的发展中发生偏向。"④"应采取逐步地巩固地发展的计划，即发展一批、编入组织、加以训练

---

① 中共中央文献研究室、中央档案馆编：《关于发展党的问题》，《建党以来重要文献选编》第 23 册，中央文献出版社 2011 年版，第 227 页。

② 同上书，第 228 页。

③ 中央档案馆编：《中央关于发展党的若干问题给东北局的指示》，《中共中央文件选集》第 17 册，中共中央党校出版社 1989 年版，第 437 页。

④ 同上书，第 438 页。

之后，再发展一批为好。"①这充分表明，中共在形势有利的情况下更加严格地坚持发展党员的标准和程序，从而保障了党员发展的质量。

此外，还对不同出身的人员加入党组织及重新入党作出具体的规定。如中共中央在1948年5月针对中共领导的军队中，劳动者出身、非劳动者家庭出身的知识分子及剥削者本人的入党程序和候补期制定了具体办法。②这一办法主要从部队人员的阶级出身及入伍后的主要经历、表现情况两个方面，具体规定了适用不同的入党程序和候补期。不久后，在《中央组织部关于入党成分的解释与规定》中，对党章第四条所指的各种请求入党者的成分进一步作出解释与规定。③

对于新解放城市中脱党和自首分子重新入党的办法，中共在1947年7月发出的《中央关于新解放城市中对脱党、自首、叛变分子的处理的指示》中作了专门规定，即凡党员曾自动脱党，但从未从事任何破坏和反对党组织的活动，且目前愿为党工作者，可安排适当工作，但须经过党组织长期的考察，且本人也明确提出了入党申请时，才能对其入党问题进行考虑；凡党员曾出现过自首行为，但确未有损害党的行为者，原则上可安排其从事解放区的一般性工作，而唯有经过党组织的长期考验，且本人积极申请入党时，才能对其入党问题进行考虑。④这一规定给了一部分脱党分子、自首分子重新入党，为党工作的机会，又严格规定了入党程序，使党员队伍更加纯洁，使党的组织纪律规定更加严密。

（二）健全党内民主生活的规定

中国共产党自成立以来就注重开展党内民主生活，中共一大至七大党章对党内民主生活都作了具体规定。然而，中共长期的分散斗争或地下状态，导致

---

① 中央档案馆编：《中央关于发展党的若干问题给东北局的指示》，《中共中央文件选集》第17册，中共中央党校出版社1989年版，第438页。

②③ 中央档案馆编：《中央关于革命军人入党办法的规定》，《中共中央文件选集》第17册，中共中央党校出版社1989年版，第154—155页。

④ 中央档案馆编：《中央关于新解放城市中对脱党、自首、叛变分子的处理的指示》，《中共中央文件选集》第17册，中共中央党校出版社1989年版，第267页。

党内民主生活并没有得到正常开展，从而一方面出现了一些党脱离群众的官僚主义现象；另一方面，开展民主生活后，又会出现部分极端民主或无政府现象。①这些错误的主张和作风在党内流传和滋长，并在进入解放战争后给中共带来了较为严重的消极影响。随着解放战争不断取得胜利，为解放区赢得了较为稳定的后方环境，在党内广泛开展民主生活的条件日渐成熟。1948年9月，中共中央召开的政治局扩大会议通过《中共中央关于召开党的各级代表大会和代表会议的决议》。

决议规定，各解放区，各级党委须按期召开党的代表大会和代表会议。②此外，决议还具体规定，各中央局或分局召开全区的党的代表会议，军区和野战军召开各级党的代表大会及代表会议。这就为党内民主生活的开展规定了基本的载体和形式，有利于民主生活的广泛开展。

保障代表大会及代表会议的民主权利是开展党内民主生活的关键内容及党内民主的应有之义。决议规定，为顺利开展党内民主生活，须保证所有与会代表有充分赞成与反对的发言权利，有自由投票或举手的表决权利。这就赋予了代表大会及代表会议代表在会议上自由发言和表决的权利，有利于推动党内民主生活的发展。同时，为保障民主生活的持续、健康开展，还需对其作出必要的限制性规定。

中共历来坚持民主集中制，党内民主生活的开展也离不开集中的指导。因此，决议规定：在扩大党内正常的民主生活中，须坚持少数服从多数，下级服从上级的原则；须纠正极端民主现象；须保障党内政治民主生活有组织有纪律的开展，从而增加党领导机关的工作能力与信心。这就规定了党内民主生活的开展要坚持党的集中指导，以克服极端民主化的现象，为党内民主生活的开展作出明确合理的规范。决议还规定：党的下级组织通过的重要决议须经过上级组织批准以后才能执行，党的上级组织有权更改下级组织代表大会及代表会议

---

① 中共中央文献研究室、中央档案馆编：《中共中央关于召开党的各级代表大会和代表会议的决议》，《建党以来重要文献选编》第25册，中央文献出版社2011年版，第515页。

② 同上书，第516页。

的决议，并有权终止执行决议的全部或部分内容。①这一规定有利于党内民主生活在广泛开展的初期较为规范、有效地推进，为今后党内民主生活的进一步开展积累经验，创造条件。

随着党的代表大会和代表会议召开，党内正常的民主生活得到扩大，"党内各种不同意见的争论可能增多"。对此，决议强调，党各级领导机关须将各种争论及时且如实地上报，如有重要争论还须报告党中央，不得隐蔽这些争论，并明令禁止对上报人实施打击报复行为。②这一规定，有利于使上级党组织在开展党内民主活动中掌握下级党组织和党员干部的思想动态，发现新问题，从而增强其领导的有效性。

四、加强作风建设法规为夺取全国胜利做好充分的准备

抗日战争胜利之后，新情况、新形势的出现对党的作风建设提出了新的要求。国民党政府违背中国人民的利益和愿望，悍然发动全面内战，中国共产党不得不在各方面条件劣于国民党的情况下进行解放战争。要争取解放战争的胜利，必须依靠人民群众，团结一切可以团结的力量，所以党必须继续发扬优良作风。此外，抗战胜利以来，党的组织得到很大的发展，到1947年党员已发展到270万名。党的队伍状况总的来说是好的，但思想、作风和组织不纯的问题也暴露出来。为了争取解放战争的全国胜利，这一时期，中国共产党在进行土地改革的同时，开展了整党运动以加强作风建设。

（一）制定多个党内法规开展整党运动

在解放战争时期进行的土地改革暴露出党的地方组织特别是农村基层组织存在很多作风问题，比如"脱离群众""家长制""一言堂""强制命令"等作风问题。因此，党在这一时期为纠正土地改革中存在的作风问题，在进行土地

---

① 中共中央文献研究室、中央档案馆编：《中共中央关于召开党的各级代表大会和代表会议的决议》，《建党以来重要文献选编》第25册，中央文献出版社2011年版，第517页。

② 同上书，第518页。

改革的同时进行了整党运动。

1947年7月在西柏坡召开的全国土地会议决定结合土地改革进行整顿党的作风的运动。1947年12月，中共中央在陕北米脂县杨家沟召开会议，分析党的地方组织方面，特别是农村基层组织存在成分不纯和作风不纯的问题，提出整顿党的队伍的任务，并指出"这个任务不解决，我们在农村中就不能前进"。认为整党"是解决土地问题和支援长期战争的一个决定性环节"。①

按照中央部署，整党运动在解放区的各基层组织和农村的党员干部中展开。整党运动其中首先重要的是在党内开展批评和自我批评，彻底地揭发各地组织内的离开党的路线的错误思想和严重现象，通过"三查""三整"等方式进行。所谓"三查"就是查阶级、查思想、查作风；而"三整"主要是指整顿组织、整顿思想、整顿作风，进而克服党内存在的组织不纯、思想不纯、作风不纯的现象。

中共中央制定了多个党内法规，对整党提出要求和安排。1948年2月22日，中共中央发出由周恩来起草的《老区半老区的土地改革与整党工作》的指示，提出老区半老区应准备以两年到三年时间完成全区域的土改与整党任务。该指示提出土改与整党要走群众路线；土地与整党要稳步推进，"均应采取有重点的、波浪式的、逐步推广的方法"；要采用党员与党外群众结合开会的整党方法；要求除尚未巩固的新区外，一切党的支部均应公开。一切党的支部，在讨论有关群众利益问题的会议上，包括党的批评检讨会议在内，均应有党外群众参加，不许开秘密会议，借以破除群众对党的组织与党的会议的神秘感觉。公开党组织、开门整党的经验遂在全党推广开来。②1948年5月25日，中共中央发出由毛泽东起草的《一九四八年的土地改革工作和整党工作》的指示，要求各中央局和分局在土地改革和整党工作中要开好干部会议，认真学习中央颁布的重要文件并全部遵照执行；各级干部会议要作充分而恰当的准备；

---

① 《目前形势和我们的任务》，《毛泽东选集》第4卷，人民出版社1991年版，第1253页。

② 《老区半老区的土地改革与整党工作》，《周恩来选集》上卷，人民出版社1997年版，第292—296页。

必须反对经验主义的做法。在此基础上，按照正确政策，完成党的支部组织的整理工作。指示还要求在干部会议和在土改整党工作中，必须教育干部善于分析具体情况，从不同地区、不同历史条件的具体情况出发，决定当地当时的工作任务和工作方法。要注意区分城市和农村、老区半老区接敌区和新区情况的不同，有针对性开展工作。指示还特别强调，要把权力集中于中央和中央代表机关，坚决克服无纪律无政府状态。这些指示精神，对各地搞好整党工作具有重大的指导意义。①

这次整党运动历时一年多，效果显著，成绩巨大：一是具有开拓创新意义，为今后开展类似活动提供了有益借鉴；二是有效解决了基层党组织存在的作风不纯、思想不纯、组织不纯问题，使基层党员特别是干部普遍受到教育、得到提高，从而推动了党的自身建设。

（二）七届二中全会推进党的作风建设法规

在中国革命胜利的前夕，中共中央于 1949 年 3 月 5 日至 13 日，在河北省平山县西柏坡村举行七届二中全会。

全会着重讨论党的工作重心的战略转移，提出党的和军队的工作重心必须从农村转移到城市，党即将面临执政全国的新的考验，必须调整工作重心和工作的方向，必须将工作重心和方向转向城市。全会还阐明党在全国解放战争胜利以后的政治、经济、外交等方面应当采取的基本政策，提出了把中国由农业国转为工业国、由新民主主义社会转变为社会主义社会的总任务。正是在这一时期，以毛泽东为代表的中国共产党人敏锐地察觉到新形势给中国共产党的作风带来的新考验，在执政的过程中能否抵制以往执政党腐化的规律，从而跳出所谓的"历史周期律"。

全会强调要加强党的思想建设，防止资产阶级思想侵蚀党的队伍。全会提醒全党要警惕骄傲自满，提出了"两个务必"的重要思想："务必使同志们继续地保持谦虚、谨慎、不骄、不躁的作风，务必使同志们继续地保持艰苦奋斗

---

① 《一九四八年的土地改革工作和整党工作》，《毛泽东选集》第 4 卷，人民出版社 1991 年版，第 1329、1330、1331、1332 页。

的作风。我们有批评和自我批评这个马克思列宁主义的武器。我们能够去掉不良作风，保持优良作风。"①

"两个务必"作为中国共产党进行自身作风建设的重要内容，是对抗日战争时期"三大优良作风"的继承和发展。

另外，毛泽东在七届二中全会结束之际，特意针对党委会工作方法再次强调要力戒骄傲。这对领导者是一个原则问题，也是保持团结的一个重要条件。就是没有犯过大错误，而且工作有了很大成绩的人，也不要骄傲。毛泽东提出"禁止给党的领导者祝寿，禁止用党的领导者的名字作地名、街名和企业的名字，保持艰苦奋斗作风，制止歌功颂德现象"。②可以说，这一提醒和强调，对于改善和纠正党内，尤其是党委会成员中存在的骄傲自满的领导作风和浮躁的工作作风起到至关重要的作用。全会根据毛泽东的提议，作出"六条规定"：禁止给党的领导者祝寿；不送礼；少敬酒；少拍掌；禁止用党的领导者的名字作地名、街名和企业的名字；不要把中国同志和马、恩、列、斯平列，禁止歌功颂德现象。这些制度规定，保证全党在胜利面前始终保持清醒头脑。

五、丰富和完善宣传纪律、秘密工作等党内法规制度

纪律严明是党的重要政治和组织优势，也是党员党性的重要基础。纪律犹如"紧箍咒"，无时无处不在制约着各级党组织、党员和领导干部，遵守党章党规。纪律更是党员践行党的理论、路线、方针、政策的根本保证。没有纪律，党就会成为一盘散沙，软弱涣散，失去战斗力。解放战争时期，中国共产党在复杂恶劣的环境下对于严明党纪党规尤为重视。

为战胜国民党反动派，中国共产党进一步在全党全军中加强纪律建设。通过建章立规，加强纪律建设。

---

① 《在中国共产党第七届中央委员会第二次全体会议上的报告》，《毛泽东选集》第 4 卷，人民出版社 1991 年版，第 1438—1439 页。

② 《党委会的工作方法》，《毛泽东选集》第 4 卷，人民出版社 1991 年版，第 1443 页。

（一）宣传纪律的规定更全面、更细化

中共历来十分关注自身的宣传工作，注重规定宣传纪律的内容，以保证宣传工作与党的路线、方针、政策和任务相适应，发挥良好的工作效果。进入解放战争时期，中共根据战争形势发展的需要，在以往宣传纪律内容的基础上，又对宣传纪律作了更全面和细化的规定，这些规定主要表现在以下方面：

一是规定在宣传工作中实行请示报告制度。从 1948 年 1 月开始，中共中央先后多次发出指示，要求在中央局、分局和各部队中建立向中央请示报告的制度。①在这一背景下，1948 年 6 月，中共中央专门制定《关于宣传工作中请示与报告制度的规定》，其基本内容是：各地党报必须执行由该地党的负责人看大样的制度，党报大样交党委审查后方能付印；各地党报的社论若要发表有关政治性与策略性按语，以及针对读者提出政治性与政策性问题的答复，须经党委负责人审阅批准。凡该级党委无法回复的问题，应向上级党委或新华总社请示；若要发表具有全国性或全党性的言论，如果内容与中央政策和指示有差异，都须经中央批准后才能发表；如果内容与中央相同，也须事先请示。若要发表地方性的言论，"亦应执行上述同样的原则，即凡新的和特别重要的宣传，均应向上级党委请示"。"凡要求新华总社向全国广播全文的重要言论，在新华社广播以前，不得先在地方发表。"各级党委负责人在上级政策指示范围内的言论，"应尽可能取得同级其他负责人的同意"后进行统一宣传。"凡各地用党及党的负责同志名义所出版的书籍杂志，在出版前，应分别种类送交党的有关部门审查。"各中央局与分局宣传部以两个月为周期，定期向中宣部作政策性报告，而且还需要以半年周期，定期作系统情况报告；"除报纸和报纸合订本继续送中央外，各地出版的书籍、杂志、教材和重要的传单布告，均应经常送中央宣传部两份"等。②这就对宣传工作的请示报告作了详细规定，较大程度地丰富了以往宣传纪律的内容。1948 年 9 月中共中央政治局会议通过的《关于各

---

① 如中共中央在 1948 年 1—4 月先后发出《关于建立报告制度》《中共中央关于建立报告制度的补充指示》《中共中央关于将一切可能和必须统一的权力统一于中央的指示》等多项指示文件。

② 中央档案馆编：《中共中央关于宣传工作中请示与报告制度的规定》，《中共中央文件选集》第 17 册，中共中央党校出版社 1989 年版，第 202—205 页。

中央局、分局、军区、军委分会及前委会向中央请示报告制度的决议》，对中央与地方党组织在文教宣传方面的决定权限作了明确区分，并规定在决定权属于地方的文教宣传事项，"由各地事先请示中央批准后，决定执行"，"所列各种事项的实施情况，结果及经验，亦必须随时报告中央"。①这就对在宣传工作中实行请示报告制度作了更进一步的规定，保障了中央对宣传工作的集中统一领导。

二是规定在宣传中不得将中央与其委托机关处于平列的地位。在解放战争时期加强对全党及各个解放区的集中统一领导的背景下，中共中央还强调在宣传工作中进一步树立和确定中央的领导地位和权威。1948年9月，中共中央通过的《中共中央关于各中央局、分局、军区、军委分会及前委会向中央请示报告制度的决议》规定：各地党报"不得在宣传中将中央和受中央委托执行中央的路线政策和任务的机关（即各中央局、分局、军委分会和前委会）处于平列的地位""各中央局、分局、军委分会及前委会，在发出决议、指示、命令和训令时，亦必须注意到此点，不得将自己和中央处于平列的地位，甚或向党内军内将自己造成高出中央的影响"。此外，这一《决议》还专门强调，不得在宣传中将党员个人与党及党中央平列，以免造成党员个人高于党及党中央的不良影响。②

（二）秘密工作的纪律规定

由于在民主革命时期长期处于地下工作状态，中共历来高度重视开展秘密工作的纪律规定。进入解放战争时期，中共在总结以往开展秘密工作经验的基础上，结合新形势的需要，进一步提出秘密工作的纪律规定。一是规定地下党组织开展秘密工作的方式及原则。抗日战争胜利后，为了应对继续与国民党政府开展斗争的需要，中共中央要求各地党组织在敌人势力比较强大的地区，应建立小而精的秘密组织，平行于公开的党组织开展工作，以在敌人的强力进攻

---

① 中央档案馆编：《中共中央关于各中央局、分局、军区、军委分会及前委会向中央请示报告制度的决议》，《中共中央文件选集》第17册，中共中央党校出版社1989年版，第361、362、363、364、365页。

② 同上书，第362页。

形势下，继续保持和发展党的力量。如中共中央在抗战胜利后给各地的工作指示中就要求，"为着保证在顽军强力进占我支点时我仍能领导群众与顽军作革命的两面政策斗争，支点的党目前必须划出或发展一小部不暴露的党员建立支部、区委的短小精干的平行组织"；①"目前应注意如何使用短小精干武工队散布各个小据点中联系群众，利用保、甲长以革命两面政策，保护群众利益，谨慎进行必要而在群众不受摧残条件下之肃杀最坏顽派的工作，建立无数荫蔽据点"。②二是规定在保守党的机密方面的纪律。进入解放战争时期，中共根据内战随时可能爆发的紧张形势，针对部分党员存在着对忽视保守党内机密的各种现象，于1946年5月专门作出《中共中央关于严重注意保守机密的指示》。《指示》指出，"近查有些同志在笔记本上记载大量秘密事件，携带在国民党地区到处行走，另有些同志利用美国及国民党飞机携带大批秘密文件，其危险性极大"，并强调："一切不能向党外公开的文件和材料，不得利用美机及国民党飞机携带，凡乘坐上项飞机的人员及在国民党地区工作与行走的人员，不得携带任何秘密文件及记载秘密事件的日记本，一切秘密电报必须随看随毁，不得保存。一切秘密文件，必须销毁。这些应订为纪律，详细通知一切在国民党地区工作和来往的机关及人员严格遵行，如有违反此种纪律，因而遗失秘密文件者，必须受到处罚"。③这些规定不仅提出了保守党内机密的具体规定，并提出将其作为党的纪律，进一步严肃党的秘密工作方面的纪律，避免党内机密泄露造成重大损失。

还有，重新发布三大纪律八项注意。1947年10月，为进一步加强党对军队的领导，加强部队的正规化建设，中国人民解放军总部发布毛泽东起草的《关于重行颁布三大纪律八项注意的训令》。从此，三大纪律八项注意从形式和内容上被固定下来。它的重行颁布，对加强全军纪律性，加强部队的思想和作风建设，具有重大的意义。

---

① 中央档案馆编：《中央书记处关于琼崖特委的工作方针与任务给广东区党委的指示》，《中共中央文件选集》第15册，中共中央党校出版社1989年版，第444页。

② 中央档案馆编：《中央书记处关于开辟与坚持赣南粤北工作给广东区党委的指示》，《中共中央文件选集》第15册，中共中央党校出版社1989年版，第469页。

③ 中共中央文献研究室、中央档案馆编：《中共中央关于严重注意保守机密的指示》，《建党以来重要文献选编（一九二一——一九四九）》第23册，中央文献出版社2011年版，第272页。

第六章　新中国成立至改革开放前的党内法规制度建设

新中国成立后，中国共产党从领导和组织人民革命的党成为全国范围内的执政党，担负起领导全国各族人民建设新生活的重任，开启了中华民族伟大复兴的历史新纪元。"中国共产党在中华人民共和国成立后的历史，总的来说，是我们党在马克思列宁主义、毛泽东思想指导下，领导全国各族人民进行社会主义革命和社会主义建设并取得巨大成就的历史。"①党在新中国成立至改革开放前的党内法规制度建设划分为三个阶段：社会主义过渡阶段党内法规制度的重大发展（1949—1956）、全面建设社会主义阶段党内法规制度的曲折探索（1956—1966）、"文化大革命"阶段党内法规制度的重大挫折（1966—1976）。

第一节　社会主义过渡阶段党内法规制度的重大发展

从新中国成立到基本完成社会主义改造，我国相继实现了从半殖民地半封建的旧社会到民族独立、人民当家做主的新社会，从新民主主义革命到社会主义革命两个历史性的转变。在新中国成立初期，党从地下秘密状态，转变为在全国范围内公开建党，积极扩大党的组织基础和党员队伍，并将工作重心从农村转入城市，开始了城市领导农村建设的道路。这个时期，中国共产党面临着如何在全国执政的新考验和消极腐败的新危险，许多困难有待解决。中国共产党在新中国成立之后的前七年的法治建设，一方面进一步加强党的领导，把党的意志和主张转化为国家宪法和法律，领导和组织制定新中国第一部带有党章

---

① 中共中央党史研究室著：《中国共产党的九十年》，中共党史出版社、党建读物出版社2016年版，第636页。

性的法规——《中国人民政治协商会议共同纲领》，建立执政党对国家的一元化领导制度；另一方面加强党的建设方面的制度建设，制定增强党内团结的规则，建立和完善党的干部管理中的分部、分级管理制度，建立党内纪律检查监督制度等，党内法规制度建设获得了重大发展。

一、制定共同纲领成为规范党的行为活动的共同准则

1949 年秋，中国人民历经百年磨难，终于在中国共产党的领导下取得了革命胜利。革命胜利后将建立什么样的国家，如何以法律形式固定革命胜利的成果，并规定新中国建立后的主要政策。全国各族人民团结起来推动革命和建设事业的持续进步，一个根本法性质的文件制定迫在眉睫。但当时解放战争还未结束，反革命势力依旧存在；尚未进行社会改革，国民经济还未恢复；人民群众的组织程度较弱，觉悟程度尚未提升；因此，还不能立即召开全国人民代表大会。在这种情况下，中国共产党邀请各民主党派、人民团体、人民解放军、各地区、各民族以及国外华侨等各方面的代表 635 人，组成中国人民政治协商会议，代表全国各族人民的意志，在普选的全国人民代表大会召开以前代行全国人民代表大会的职权。①1949 年 9 月 21 日，中国人民政治协商会议第一届全体会议在北平中南海怀仁堂隆重开幕，29 日通过了具有临时宪法性质的《中国人民政治协商会议共同纲领》。

《中国人民政治协商会议共同纲领》除序言外，分为总纲、政权机关、军事制度、经济政策、文化教育政策、民族政策、外交政策，共七章六十条。肯定了人民革命的胜利成果，宣布了封建制度和官僚资本主义的终结，宣布了人民民主共和国的建立，并规定了新中国的国体和政体。"中国人民民主专政是中国工人阶级、农民阶级、小资产阶级、民族资产阶级及其他爱国民主分子的人民民主统一战线的政权，而以工农联盟为基础，以工人阶级为领导。"②同时

---

① 刘书祥：《〈共同纲领〉的历史地位和意义》，《求知》2009 年第 8 期。

② 《人民政协文件》，1951 年印，第 31 页。

规定了新中国的各项基本政策、公民的基本权利和义务等。这是新中国成立初期团结全国人民的政治基础，它在巩固人民政权、加强革命法制、维护人民权益以及恢复和发展国民经济方面起着指导作用。

《共同纲领》是在马克思列宁主义、毛泽东思想指导下制定的一部新中国的建国纲领，包含了中国共产党的全部最低纲领，又同党将来制定社会主义纲领相衔接。《共同纲领》是一部真正立足于中国实际、符合人民需要的行动纲领，是具有临时宪法性质的人民大宪章。在新中国成立初期，《共同纲领》成为规范和衡量全国人民行为活动的基本准则，中国共产党必须完全遵守《共同纲领》的一切规定。

二、巩固执政党对国家的一元化领导

（一）加强党对经济工作的领导

新中国成立之初，国家财政经济十分困难，经济工作成为头等大事。为了改变国家财政经济状况困难的局面，1950 年 3 月中央出台《关于统一国家财政经济工作的决定》。5 月，毛泽东提出《省以上各级党委必须经常讨论财经工作》，要求："各中央局主要负责同志必须亲自抓紧财政、金融、经济工作，各中央局会议必须经常讨论财经工作，不得以为只是财经业务机关的工作而稍有放松，各分局、大市委、省委、区党委亦是如此。"①6 月，在党的七届三中全会上，毛泽东所作《为争取国家财政经济状况的基本好转而斗争》的书面报告指出：要获得财经情况的根本好转，需要三个条件：（一）土地改革完成；（二）现有工商业的合理调整；（三）国家机构所需经费的大量节减。因此，会议决定：要做好土改、稳定物价、调整工商业、对旧有文化教育事业进行改革、救济失业人员、肃清反革命、开好各界人民代表会议、整党等八项工作，创造这三个条件，争取在三年时间内，实现国家财经状况基本好转，为计划经济建设创造条件。面对这样错综复杂的社会环境和紧迫的工作任务，毛泽东冷

---

① 《毛泽东文集》第 6 卷，人民出版社 1999 年版，第 59 页。

静地分析了当时的形势，决定把工作重心放在肃清反革命和争取国家财政经济状况的基本好转方面，以巩固新生政权，并为以后进行大规模的经济建设和有系统的社会主义改造创造必要的前提。"我们当前总的方针是什么呢？就是肃清国民党残余、特务、土匪，推翻地主阶级，解放台湾、西藏，跟帝国主义斗争到底。"①"我们的敌人是够大够多的。面对这样复杂的斗争，我们现在跟民族资产阶级的关系搞得很紧张，工人、农民、小手工业者和知识分子中都有一部分人不满意我们。为了孤立和打击当前的敌人，就要把人民中间不满意我们的人变成拥护我们。"②这项政策指导全党全军抓主要矛盾，解决主要任务，孤立和打击了当时的敌人，成功肃清了三大敌对势力，促进了国民经济的恢复和发展。

（二）加强党对政府机关的领导

新中国成立之初，由于各级政权机构尚处于初创阶段，而党的领导机构和组织比较健全，因此，党此前形成的党团制度和在全面抗日战争阶段形成的一元化领导方式继续延续下来，其中一项重要措施就是在国家机构中建立党组制度。1949 年 11 月 9 日，中共中央政治局通过《关于在中央人民政府内组织中国共产党党委会的决定》和《关于在中央人民政府内建立中国共产党党组的决定》。这两个决定加强了党对政府机关的领导和对政府内官员的管理，初步确立党组制度和党的一元化领导制度，形成新中国党政关系的基本格局。

为进一步从体制上加强党对政府工作的领导，1953 年 2 月 19 日，周恩来主持起草了《关于加强中央人民政府系统各部门向中央请示报告制度及加强中央对于政府工作领导的决定（草案）》。指出，为了使政府工作避免脱离党中央领导的危险，"今后政府工作中一切主要的和重要的方针、政策、计划和重大事项，均须事先请示中央，并经过中央讨论和决定或批准以后，始得执行。"③"政府各部门对于中央的决议和指示的执行情况及工作中的重大问题，均

---

① 《毛泽东文集》第 6 卷，人民出版社 1999 年版，第 74 页。

② 同上书，第 75—76 页。

③ 《建国以来重要文献选编》第 4 册，中央文献出版社 1993 年版，第 67 页。

须定期地和及时地向中央报告或请示，以便能取得中央经常的、直接的领导。因此，现在的中央人民政府党组干事会已无存在的必要，应即撤销"。①"今后政务院各委和不属于各委的其他政府部门一切主要的和重要的工作均应分别向中央直接请示报告。如属于两个部门以上而又不同隶于一委的事项，则经由政务院负责同志向中央请示报告。如系主席直接交办的事项，应直接向主席请示报告"。②

此外，这个时期中国共产党在政法系统实行有关案件的党内审批制度，调整党政领导的组织层次，建立中央秘书长工作会议制度，在中央政治局和书记处下成立中央军事委员会、建立军事领导制度等。这些领导制度表明中国共产党在全国执政条件下已经开始探索党的领导方式和执政方式。

三、发展和巩固执政党的组织

（一）公开建党，密切党群关系

新中国成立以后，中国共产党对党的组织发展、构成、理念等要求都有了变化。刘青山和张子善的案件发生后，人们开始反思为什么中国共产党内会产生腐败。首先，党的地位变化了，中国共产党执政后，一些党员干部经受不住权力的考验，导致腐败；其次，封建残余和小资本主义思想侵蚀了党员干部队伍，部分党员干部无法承受诱惑；最后，党员干部队伍发生了转变，党组织缺乏对党员干部的严格管理和教育，造成了党内腐败。针对 1949 年以后党的组织发展中出现的问题，1950 年 5 月 1 日和 5 月 21 日，中共中央先后发出《关于整党的指示》和《中共中央关于发展和巩固党的组织的指示》，对整党建党工作进行部署，提出公开建党是为了密切党与群众的联系，使党成长在群众的监督之下，纯洁而有战斗力。在《中共中央关于发展和巩固党的组织的指示》中，提出"今后发展党的重点，应放在城市中，首先是工人阶级上，在三年到

---

① 《彭真年谱（1949—1954）》第 2 卷，中央文献出版社 2012 年版，第 338 页。

② 《建国以来重要文献选编》第 4 册，中央文献出版社 1993 年版，第 69 页。

五年内要从产业工人中接收三分之一的人入党"，"今后对农民党员的发展，应加以限制"，"对于群众中真正的优秀分子，并经长期工作考验证明其确已具备了党员的条件时，应个别地、慎重地吸收入党"。①批评为了快速发展新党员而实行的"自报、公议、党批准"的建党方法，提倡"公开建党"。"公开建党的目的，是为了更密切党与群众的联系，把党放在群众的切实帮助与监督之下，建设一个有战斗力的纯洁的布尔什维克式的党。"②

（二）提出党员的八项条件，增强组织纯洁性

新中国成立后，党的七届三中全会决定今后发展党组织应慎之又慎，但许多地区并未认真执行。有的地区盲目地执行"自报、公议、党批准"方案，有的地区盲目提出"消灭白村点"，把一部分不适合的人引入党的组织。鉴于党组织存在的这些问题，1951年3月召开的第一次全国组织工作会议上，刘少奇分析了这些问题产生的原因，进一步提出"为更高的共产党员的条件而斗争"③的任务。提出作为共产党员的八项条件，明确党员的标准，经过讨论、修改后写进会议通过的《关于整顿党的基层组织的决议》。概括起来就是："第一，树立无产阶级的雄心壮志，发愤图强；第二，加强全局观点，局部利益服从整体利益；第三，维护党的民主集中制，维护党的集中统一；第四，遵守党的纪律，对党忠诚老实；第五，坚持实事求是的思想作风和工作作风；第六，相信群众，依靠群众，坚持群众路线的工作方法；第七，健全党的生活，开展批评和自我批评；第八，发扬艰苦奋斗的优良传统。"④这八条标准，规定得比较详尽，对党员的要求也是比较高的。"全体干部、全体党员，都要深刻地认识自己对于党的事业、人民的事业所担负的重大责任，认真地学习马克思列宁主义，认真地学习毛泽东思想，提高觉悟，增强党性"，⑤实现这八项条件。

关于发展新党员的问题，1951年党中央颁布《关于发展新党员的决议》，

---

① 《中国共产党执政历程（1949—1976）》第2卷，人民出版社2011年版，第97页。

② 《建国以来重要文献选编》第1册，中央文献出版社1992年版，第244页。

③ 《刘少奇选集》下卷，人民出版社1985年版，第65页。

④⑤ 同上书，第415页。

指出："一方面，老区和某些新区党的基层组织，必须暂时停止发展，加以整顿；另一方面，在土地改革已经完成的新区和城市工厂、企业和学校中，又已经在斗争中涌现与锻炼出了大批积极分子，其中很多人要求入党，党也需要从他们中接收党员。同时，又必须严防各种坏分子钻到党内来。"①根据共产党员的八项条件，每位党员都必须下定决心，坚持终身为革命奋斗，积极为党工作，严格遵守党纪，执行党的政策，遵守国家法律法规，把党和人民的利益放在首位；全心全意为人民服务，为党和人民的事业奋斗，在党领导的一切斗争和事业中发挥示范作用。

中国共产党第一次全国组织工作会议通过的《关于整顿党的基层组织的决议》和《关于发展新党员的决议》，对整党建党工作进行规范。经过第二次全国组织工作会议后，1953 年 12 月 11 日中共中央发出通知对这两个决议进行修正和补充。

四、通过建立纪检监察机构严肃党的监督执纪

（一）初步建立党的纪检监察机构

早在解放战争时期，毛泽东就针对党可能遭遇的复杂考验进行了深刻的思考，并提出了"两个务必"，警示每一名党员要严格要求自己，经得起执政的考验。虽然解放战争即将胜利，更加复杂的形势也随之而来，特别是掌握执政权力后，有些党员干部会出现特权思想，认为自己的权力可以获取更多利益。这就要求所有党员干部即使面对大好形势也不能放松对自己的要求，否则就会遭遇失败的危险。1949 年 11 月 9 日，执政初期的共产党根据面临的任务的变化，针对党风党纪方面出现的新情况新问题，作出《关于成立中央及各级党的纪律检查委员会的决定》，对中央和各级党的纪律检查委员会的设置、任务和职权进行规定。1950 年中央纪委规定，县以下的基层党组织，有党委的必须设立纪律检查委员会，党总支和党支部设纪律检查委员。中央纪律检查委员会的

---

① 《建国以来重要文献选编》第 2 卷，中央文献出版社 1997 年版，第 213 页。

职能主要包括三个方面："（1）检查中央直属各部门及各级党的组织、党的干部及党员违犯党的纪律的行为；（2）受理、审查并决定中央直属各部门、各级党的组织及党员违犯纪律的处分，或取消其处分；（3）在党内加强纪律教育，使党员干部严格遵守党纪，执行党的决议和政府法令，以实现全党的集中与统一。"①1950年2月16日，中共中央又发出《关于各级党的纪律检查委员会领导关系的指示》，规定各级党的纪律检查委员会是各级党委的一个工作部门，受同级党委的领导和上级纪委的指导。新中国成立后，部分党员以胜利者自居，受腐朽堕落思想影响，在工作、生活中出现了奢侈浪费的情况，有些甚至借助手中掌握的权力，肆意妄为，这不仅给国家和人民造成了严重的损失，严重阻碍了国民经济的正常发展，更是给党的伟大形象构成了极为恶劣的抹黑风险。为了扭转这一不利形势，自1951年12月起针对党政机关及其工作人员开展了反贪污、反浪费、反官僚主义的"三反"运动，彻底打击了贪污腐败、奢靡浪费等行为。一些重大案件不断被查出，一些党员干部被惩处，在这段时期，"全国被查出的赃款赃物6亿元"②，这进一步证明了党中央惩治腐败的决心，每一名党员都要坚决抵制诱惑，并对自己提出更加严格的要求。1952年2月9日，中共中央发出《关于加强纪律检查工作的指示》，针对纪检工作中的突出问题，强调要加强党委对纪委的领导，各级纪委与各级人民监察委员会可酌情实行合署办公。

正当全体党员为过渡时期总任务而努力奋斗时，党内又出现为了掌握更多的权力而不惜分裂党的行为。其中，以高岗、饶漱石为代表的一部分人，为了自身的权力地位，无视党的纪律，企图在关键部门安插忠于他们的亲信，进行反党分裂活动；为了一己私利，故意在党员之间制造矛盾，通过挑拨离间破坏党员之间的关系。针对这一分裂党的行为，毛泽东在1953年12月的政治局会议上对其进行批判，并向组织揭穿了他们的阴谋。1954年2月，党的七届四中全会通过《关于增强党的团结的决议》，强调团结是党的生命，是革命取得胜

①　《中国共产党执政历程（1949—1976）》第2卷，人民出版社2011年版，第95页。
②　《建国以来重要文献选编》第3册，中央文献出版社2011年版，第341—342页。

利的根本保证。全党成员尤其是党的高级领导干部必须要提高政治纪律意识，反对党内一切派系，面对破坏党的团结的恶劣行为，要勇于去揭露、去斗争。1955 年 3 月，"目前党的各级纪律检查委员会的组织和职权已不能适应在阶级斗争的新时期加强党的纪律的任务"，①为进一步加强党的纪律，党中央通过《关于成立党的中央和地方监察委员会的决议》，决定成立党的监察委员会，并明确规定各级监察委员会的产生方式、领导体制、主要任务、职责权限。"加强反对党员中各种违法乱纪现象的斗争，特别是防止像高岗、饶漱石反党联盟这一类严重危害党的利益的事件重复发生。"②1955 年 5 月 14 日，中共中央转发中央监察委员会第一次会议情况报告和《中央监察委员会工作细则》，对中央监察委员会工作任务、工作关系、领导机构和内部机构设置、职权等作出具体规定。中共中央还先后发出《关于成立党的省（市）监察委员会的通知》（1955 年 4 月 17 日）和《关于党的各级地方监察委员会的名称问题的指示》（1955 年 5 月 28 日），规范党的各级地方监察委员会的建立。1956 年 8 月 24 日，中共中央批转中央监察委员会第一次全国党的监察工作会议的报告和附件，中共中央批准中央监察委员会《关于加强党在农业合作化中的监察工作的决定》，原则同意《关于处理农村中中共党员反党的纪律问题的几项规定》和《关于肃反斗争中有关党的纪律问题的几项规定》在各地试行。上述三个文件均于 1956 年 1 月 12 日由中央监察委员会第三次全体会议通过。

新中国成立初期，中国共产党加强了党的纪律。这种强调是基于巩固党的执政地位、领导全国人民建设国家的考虑。《中国共产党全国代表会议关于成立党的中央和地方监察委员会的决议》是中国共产党从制度上加强纪律监察的探索。

（二）明确党员干部的处分标准

随着中国共产党成为执政党后，党内的少数党员开始蜕化变质。1952 年 3 月 6 日，中共中央发布《关于处理贪污浪费问题的若干规定》，对于在"三反"运动中所发现的犯有贪污、浪费和官僚主义错误及其他严重错误的共产党员，

---

①② 《建国以来重要文献选编》第 6 册，中央文献出版社 1993 年版，第 134 页。

"除根据中央节约检查委员会《关于处理贪污、浪费及克服官僚主义错误的若干规定》，予以应得的刑事处分或行政处分外，同时在党内应根据党员所犯贪污、浪费、官僚主义错误及其他严重错误的程度，过去一贯在工作中的表现并结合党员的八项标准和整党的其他规定，分别予以适当的党内处理。"①1954年1月17日，中共中央批转中央纪律检查委员会第二次全国纪律检查工作会议的6个文件，其中批准中央纪委《关于处理控告、申诉案件的若干规定》（共6条）和《报告请示制度的规定》（共7条），批准试行《关于处分党的组织及党员的批准权限和手续的规定（草案）》。

为了严肃党纪、国法，为了保持党在人民中间的崇高威信和共产党员的光荣称号，1954年6月颁布《中共中央关于处理受刑事处分的共产党员党籍问题的规定》，对于受国家刑事处分的共产党员的党籍处理问题作出规定："第一，凡共产党员因违犯国法，经法院审判，确定给予刑事处分时，在判决之前，即应开除其党籍；第二，对于那些并非由于品质恶劣、有意破坏国法，但其所犯错误和罪行须受刑事处分的党员，也应开除其党籍；第三，对于某些判处二年和二年以下徒刑，且经宣告缓刑不予监禁、管制或判处其他更轻的刑罚者，可考虑不开除其党籍，但必须给予适当的党纪处分；第四，党中央、中央组织部、中央纪律检查委员会以及各地党的组织过去对这一问题所作的规定、答复、解释等，凡与本规定有抵触者，一律作废。"②这一系列党规对党员违纪行为的处分以及处分程序作出了规定。

五、通过整风整党运动加强党的自身建设

（一）开展整风教育，清除党内错误思想

这一时期，仍然采取的是以往已经得到证明的经验手段，这是党在长期的革命战争年代积累下来的，被证明有着极高的实用价值经验办法。1950年，党

---

① 《建国以来重要文献选编》第3册，中央文献出版社1992年版，第121页。

② 《中国共产党执政60年》上册，人民出版社2010年版，第128页。

中央作出《关于在全党全军开展整风运动的指示》以及《关于整党整干工作的指示》等通知，号召开展一次面向全体党员的整风运动，对于部分领导干部面对暂时胜利的革命形势，出现的骄傲自满、违法乱纪等行为予以严厉的批评，问题严重的要予以严惩。整风的主要对象是领导干部，主要方式是加强理论学习、总结汇报，并进行深刻的批评与自我批评。1951 年 2 月 18 日召开的中共中央政治局扩大会议，提出要在短时间内对全体党员进行一次彻底的政治教育，向他们明确必须站在工人阶级的立场上思考问题，不能产生任何特权思想，不能因为曾经在革命战争时期立过功、受过奖，就认为自己高人一等，就要脱离群众，在工作中更要严格要求自己，对那些受到批评教育仍不思悔改的，要坚决清除出组织。1951 年 3 月和 4 月党中央分别通过《关于整顿党的基层组织的决议》《关于发展新党员的决议》，明确指出党在新形势下面临的问题。在新的历史时期，虽然党的建设、国家的发展都取得了一定的成绩，但同时也存在着各种问题，在发展党员时要慎之又慎，因为这是党的建设的根本性问题，必须有严格的纪律要求，如任何党员行动"必须在党的统一领导下进行"，[①]"党员的私人利益必须服从人民的即党的公共利益"。[②]

（二）制定增强党内团结六项规定

在开始大规模经济建设和全面社会主义改造的过渡阶段，党内发生了高岗、饶漱石反党分裂活动的重大事件。根据毛泽东的提议，1954 年 2 月，党的七届四中全会召开并通过《关于增强党的团结的决议》。《决议》向全党特别是中央委员会和高级干部强调增强和维护党的团结的极端重要性，指出"党的团结必须是也只能是在马克思列宁主义基础上的团结，在正确的政治原则和正确的组织原则的基础上的团结"。[③]《决议》以党的高级干部为主要对象，同时兼顾全党提出增强党内团结的基本要求，作出六项规定：（1）党的团结的利益高于一切，因此应当把维护和巩固党的团结作为指导自己言论和行为的标准；（2）党是工人阶级先进分子统一、集中的组织，党的团结的唯一中心是党中

---

① ② 《建国以来重要文献选编》第 2 册，中央文献出版社 2011 年版，第 207 页。
③ 同上书，第 130 页。

央；（3）党的团结的重要保证之一是严格遵守民主集中制和集体领导原则，因此必须坚决反对分散主义和个人主义；（4）全党高级干部的重要政治活动和政治意见应经常向所属的党组织报告和反映；（5）全党高级干部应根据增强党的团结的原则来检查自己的言论和行为；（6）对于任何有损党的团结的言论和行动应当进行批评和斗争。①六项规定同时列出负面清单和纪律底线。《关于增强党的团结的决议》是一部位阶和效力等级比较高的党内法规，是党在执政条件下颁行的规范党内政治生活和组织生活，特别是高级干部行为的一部重要的党内法规。

（三）开展"三反运动"，严肃党风党纪

早在解放战争时期，毛泽东同志就针对党可能遭遇的复杂考验进行了深刻的思考，并提出了"两个务必"，警示每一名党员要严格要求自己，经得起执政的考验。虽然解放战争即将胜利，更加复杂的形势也随之而来，特别是掌握执政权力后，有些党员干部会出现特权思想，认为自己的权力可以获取更多利益。这就要求所有党员干部即使面对大好形势也不能放松对自己的要求，否则就会遭遇失败的危险。

除了上述党内法规制度外，在新中国成立和向社会主义过渡阶段，还制定实施了党的统一战线工作、党的群团工作、党的民族宗教工作、党的军事工作等方面的党内法规制度。这些表明，党开始全面地探索在执政的条件下进行党内法规制度建设的道路，探索规范党政关系，探索正确地处理党规与国法关系，把党的意志和主张转化为国家法律，并保障国家宪法、婚姻法、兵役法等国法的宣传实施，取得了明显的进展。这个时期的党内法规制度建设遵循"实践探索在前，法规制定在后"的路径，往往是通过中共中央发出指示，先由地方和部门进行实践探索、积累经验，然后由中共中央修改制定，表现出明显的探索性和创造性。这个时期的党内法规制度所规范的党内关系、党际关系、党政关系，内容比较丰富、关系比较复杂、立规难度比较大。因此，这个时期的

---

① 《中共中央文件选集》（1949 年 10 月—1966 年 5 月）第 15 册，人民出版社 2013 年版，第 253—254 页。

党内法规制度往往是针对党内存在的突出问题和矛盾，在开展各种运动过程中或党内发生重大事件后，就一些重要事项进行立规，在简要说明立规的理由的基础上，按照党章规定，制定出几条具体规定，形式简洁，操作性比较强，也比较有效管用。

第二节　全面建设社会主义阶段党内法规制度的曲折探索

到了全面建设时期，无论是党的建设还是国家的发展都逐渐步入了正轨，虽然在发展过程中难免走了一些弯路，受到一些因素的干扰，但总体是呈前进趋势的。直至"文化大革命"前夕，党领导全国人民开始进行全面的社会主义建设，对社会主义建设道路进行了曲折探索，为后来的社会主义现代化建设奠定了物质技术基础。在这个历史阶段，由于党在指导思想上出现"左"倾错误，社会主义建设事业也发生过曲折。在这个阶段，以党的八大制定中国共产党在全国范围内执政后的第一部党章为标志，党内法规制度建设取得了重大成果。但是八大党章并没有得到很好的贯彻实施。在党内法规制度建设的具体内容方面，为加强党对经济社会的集中统一领导，党制定和实施了系列工作条规，探索加强党的领导制度建设。同时，党分别制定实施干部轮训、交流制度，分别制定实施中国共产党农村、国营工业企业和商业企业基层组织工作条例（草案），健全党的组织方面的法规制度。党的八届十中全会通过《关于加强党的监察机关的决定》，强化党内监督制度建设。

一、党的八大制定新中国成立以来第一部党章

1956 年 9 月 15 日至 27 日，党的八大在北京召开，这是新中国成立后召开的第一次全国代表大会。会上，邓小平作《关于修改党章的报告》。9 月 26 日下午，在八大第十一次会议上，通过了修订版《中国共产党章程》，这是新中国成立后制定的第一部党章。八大党章在结构上基本延续七大党章的体系，包

括总纲和条文两部分，一共九章六十条。八大党章与七大党章相比，没有改变根本原则，但在具体内容上做了很多改变。从这些改变中，可以看出以下特点：

第一，提出全面建设社会主义的基本任务和实现现代化的总目标。中国共产党已经成功地从一个革命党转变成为一个全国范围内的执政党。我们党对社会主义改造基本完成后的国内政治、经济和阶级关系进行了科学的分析，在八大党章总纲要中提出要加强社会主义建设的基本任务和实现现代化的目标，有序发展国民经济。第二，突出党的领导地位的重要性。八大党章总纲中阐明党"必须努力在国家生活的各个方面发挥它正确的领导作用和核心作用，反对任何降低党的作用和削弱党的统一的分散主义倾向"。[1]同时还强调，党已经处于领导地位，同时必须充分发挥国家机关的作用，充分行使国家机关的职权，反对党包揽一切，对国家机关行政工作过于干涉。第三，完善了党的群众路线的内容。"中国共产党的一切主张的实现，都要通过党的组织和党员在人民群众中间的活动，都要通过人民群众在党的领导下的自觉的努力。因此，必须不断地发扬党的工作中的群众路线的传统。党的领导能否保持正确，决定于党能否把群众的经验和意见，经过分析和概括，系统地集中起来，变为党的主张，又经过党在群众中的宣传和组织工作，变为群众自己的主张和行动，并且在群众的行动中对党的主张加以检验、补充和修正。"[2]所有党员都要知道，党的利益和人民利益是一致的，对党负责和对人民负责也并不冲突，前提都是全心全意为人民群众服务。第四，强调党的民主集中制原则。八大党章首次提出，民主集中制是"在民主基础上的集中和在集中指导下的民主"。"党必须采取有效的办法发扬党内民主，鼓励一切党员、党的基层组织和地方组织的积极性和创造性，加强上下级之间的生动活泼的联系。"[3]任何党组织都必须遵守集体领导和个人负责相结合的原则，必须接受党中央的监督。第五，强调党的团结和统

---

[1]　《建国以来重要文献选编》第 9 册，中央文献出版社 1994 年版，第 319 页。

[2]　同上书，第 317 页。

[3]　同上书，第 318 页。

一。总纲提出："党的团结和统一，是党的生命，是党的力量的所在。经常注意维护党的团结，巩固党的统一，是每一个党员的神圣职责。在党内不容许有违反党的政治路线和组织原则的行为，不容许有分裂党、进行小组织活动、向党闹独立性、把个人放在党的集体之上的行为。"①在党员权利义务方面，还相应地将"维护党的团结，巩固党的统一"作为党员一项新的义务。

党的八大党章是党从革命党向执政党转变后的第一部党章，具有鲜明的时代特色和中国特色，为中国探索自己的社会主义道路开创了一个良好的开端。八大结束后的一段时间，党和国家的方针政策在实践中一度得到很好的贯彻，但是没能在实践中得以完全坚持。

二、推进党的全面领导制度建设

（一）提出群众路线方法

1958 年 1 月 31 日，毛泽东起草《工作方法六十条（草案）》，作为征求党内意见的草案，然后由中央政治局批准。这个草案对中央和地方党委抓社会主义建设工作的理论原则、工作任务和工作方法进行了规范。其中的第二十三条关于规章制度的重要条文，由刘少奇起草。第二十三条规定：政府各部门所制定的各种规章制度是上层建筑的一部分，一定要适合经济基础和生产力的发展的需要。八年来积累起来的规章制度许多是适用的，但有相当一部分已经成为进一步提高群众积极性和发展生产力的障碍，必须加以修改，或者废除。②中央各部门，各省、市、自治区党委，应当派遣负责同志到各地的基层单位去，根据当地实际情况，"保存现有规章制度中的合理部分，修改或废除其中的不合理部分，并且拟定一些新的适合需要的规章制度，在这个单位实行，也可以推广到其他单位试行"。③"中央各部门，各省、市、自治区党委，应该系统地总结

---

① 《建国以来重要文献选编》第 9 册，中央文献出版社 1994 年版，第 318 页。
② 《建国以来重要文献选编》第 11 册，中央文献出版社 2011 年版，第 42 页。
③ 《毛泽东文集》第 7 卷，人民出版社 1999 年版，第 353 页。

这方面的先进经验。重大的和全国性的，经过党中央和国务院批准；地方性的，经过相应的地方党委和政府批准；技术性的和专业性的，经过主管部门批准。然后在全国或者全省的相同的所有单位中普遍推行。这是制定和修改各种规章制度的群众路线的方法。"①为加强党对经济社会的集中统一领导，中共中央还制定和实施了系列工作条规，例如"农村人民公社十二条"和"农业六十条"、"工业七十条"、"手工业三十五条"、"商业四十条"等。

（二）落实干部责任制

为了总结社会主义建设特别是"大跃进"以来的经验教训，开展批评和自我批评，加强民主集中制和责任制，统一认识和增强党的团结，动员全党更坚决地执行调整方针和战胜困难，中共中央于1962年1月11日至2月7日在北京召开扩大的中央工作会议，出席会议的各级负责人共7 118人，通常称为"七千人大会"。

在"七千人大会"上，中国共产党主动承担责任、自觉检讨错误，体现了对国家、对人民的忠诚态度和负责精神。毛泽东在讲话中主要阐述民主集中制，并总结经验教训，作出自我批评，主动承担责任，作出了表率。同时毛泽东说："在总路线指导下，制定完整的具体的方针、政策和办法，必须通过从群众中来的方法，通过作系统、周密的调查研究，对工作中的成功经验和失败经验作历史的考察，才能找出客观事物所固有的而不是人们主观臆造的规律，才能制定适合情况的各种条例。"②按照毛泽东的意见，刘少奇代表党中央在大会上提交了书面报告供大会讨论。刘少奇的报告从正确认识和处理全局利益与局部利益、根本利益和具体利益、长远利益和眼前利益关系的角度，深刻地分析了党的政策、党的民主集中制和各种工作条例之间的关系，强调要反对分散主义，加强党的集中统一领导，严格遵守党内法规制度和国家法律。刘少奇的报告指出："党内政治生活中有许多不正常的现象，这并不是因为我们党内无章可循、无法可守，也不是因为党所制订的章程、制度不正确，而是这些章

---

① 《建国以来重要文献选编》第11册，中央文献出版社2011年版，第43页。
② 《毛泽东文集》第8卷，人民出版社1999年版，第304页。

程、制度在一些党组织中没有被执行，或者被歪曲、破坏。"①周恩来在讲话中也强调："党内要有正常的民主生活，要实事求是，要按照党章办事。"②朱德在参加山东组全体会议时也强调："党章上有规定，按党章办事。作了决定就执行。"③邓小平在讲话中分析党的五个优点和能够担负重大责任时指出，"我们还有一个传统，就是有一套健全的党内生活制度"。④民主集中制，批评和自我批评，惩前毖后、治病救人等，"这些都是毛泽东同志一贯提倡的，是我们的党规党法"，⑤全党要把按照党规党法办事的传统恢复和发扬起来。邓小平同时指出执政党的特点就是，"执了政，党的责任就加重了"，⑥"就要担负起把国家引导到社会主义道路去进行建设的艰巨任务"。⑦如果责任担的不好，"党是可以变质的，国家也是可以变质的，社会主义也是可以变质的"。⑧"七千人大会"在实际上提出了恢复发扬和贯彻执行以党章为根本、以民主集中制为核心的党规党法的思想理念和从中央到地方的责任制思想理念。

（三）加强党对军队的领导

1960 年 12 月中共中央对军委扩大会议《关于加强军队政治思想工作决议》作出批示，认为这个决议继承和发扬了古田会议决议以来加强军队政治思想工作的传统，不仅是军队建设和军队政治思想工作指针，而且它的基本精神对于各级党组织等都是有用的。1961 年 11 月 17 日，中共中央对总政治部关于全军政治工作会议通过的四个条例和综合报告作出批复，中共中央同意总政治部起草并经过全军政治工作会议通过的《中国人民解放军连队政治指导员工作条例》《中国共产党连队党支部工作条例》《中国共产主义青年团连队团支部工作条例》《中国人民解放军连队革命军人委员会工作条例》。这四个条例分别规定这些组织的性质、组织、职责和任务等内容，简洁实用，部分继承了军队政治

---

① 《建国以来重要文献选编》（1949.9—1965.12）第 11 册，中央文献出版社 2011 年版，第 67 页。

② 《周恩来选集》下卷，人民出版社 1984 年版，第 352 页。

③ 《朱德选集》，人民出版社 1983 年版，第 388 页。

④⑤ 《邓小平文选》第 1 卷，人民出版社 1994 年版，第 300 页。

⑥⑦⑧ 同上书，第 303 页。

工作的优良传统，但其中有的规定也存在历史局限性和突出问题，例如其中关于政治教育和思想工作必须抓好"活的思想"的规定就受到林彪"左"倾错误的影响。1961年12月11日，中共中央、国务院颁发《民兵工作条例》，并将各级民兵工作组改为人民武装委员会。《民兵工作条例》共七章三十条，对民兵的性质和任务、民兵组织、民兵干部、民兵武器、政治教育和军事训练、民兵执勤、领导体制作出规定。

三、健全党的基层组织法规

为加强党的基层组织建设，1963年1月21日，中共中央对《组织工作会议纪要》作出批示，提出执政的党，必须党要管党，必须永远加强党的建设，必须认真地执行民主集中制，必须把党的基层工作的正常秩序建立起来。要求各级党委可以根据中央组织部草拟的《中国共产党农村基层组织工作条例（试行草案）》《中国共产党国营工业企业基层组织工作条例（试行草案）》和《中国共产党商业企业基层组织工作条例（试行草案）》进行试点，在试行一个时期后，再对这些条例进行修正。

（一）加强党的农村基层组织建设

1954年11月初至12月初，中共中央召开全国农村党的基层组织工作会议，对国家发展国民经济第一个五年计划时期农村发展党与巩固党的工作作了部署，在这次会议前，全国22万个乡中已经有17万个建立了党的基层组织。农村中党员人数近400万名，占农村人口的0.8％。①会议要求，在第一个五年计划后三年，在农村发展200万名到300万名党员，使农村党员总数达到600万名到700万名。②鉴于农村中有落后支部，会议提出了整顿农村落后支部的任务和具体措施。会议还对农村支部组织形式作了新的规定：在乡支部的统一领导下，在农业生产合作社和手工业生产合作社中，可建立党小组。会议还讨论

---

①②　韩晓青：《组织的力量——新中国成立以来中国共产党组织工作研究》，人民出版社2017年版，第41页。

和解决过渡时期农村党的基层组织的任务，农村支部如何在农业生产合作社中开展政治工作，如何改进工作作风发扬党内民主、健全党内政治生活等问题。

（二）重视发展高级知识分子党员

1955 年下半年，社会主义改造和社会主义建设高潮到来以后，各方面领导骨干不足的情况日益突出，尤其是科技文化部门干部，无论在数量上和质量上都远远不能适应国家即将开始的大规模的经济建设和文化建设的需要。为了改变这种状况，1956 年 1 月，中共中央专门召开知识分子问题会议，充分肯定知识分子在社会主义建设中的地位和作用。2 月，中共中央发出《关于知识分子问题的指示》，明确指出，"关于在知识分子特别是高级知识分子中吸收党员的工作，过去有严重的关门主义倾向，今后必须加以彻底的纠正"。[1]中共中央要求，加强在知识分子特别是高级知识分子中吸收党员的工作。全国各地党组织根据中央的指示，对过去在高级知识分子中发展党员的工作作了检查，并且开始吸收一批新党员。4 月，中共中央批准了中央组织部关于在知识分子中发展党员计划的报告。5 月，中共中央又转发了中央组织部关于高级知识分子入党情况的报告。此后，在高级知识分子中发展党员的工作有了明显的进展。据1957 年 6 月底统计，在全国 11 万名高级知识分子中，有党员 1.75 万多名，占高级知识分子总数的 15.8％，其中 1 万余名是 1956 年以后入党的。

四、通过改革党的领导体制加强党内监督

党的八届十中全会通过《关于加强党的监察机关的决定》（1962 年 9 月 27日），强化党内监督制度建设。1963 年 1 月 27 日，中共中央批转中央监察委员会报请审批的 7 个文件，要求迅速地将地方各级监察委员会及其办事机构充实起来，督促各级监察委员会建立和健全经常性的业务工作。中央原则同意中央监察委员会起草的《关于共产党员犯有破坏人民公社集体经济、走资本主义道

---

[1]　韩晓青：《组织的力量——新中国成立以来中国共产党组织工作研究》，人民出版社 2017年版，第 46 页。

路错误的处理意见（草案）》《关于清仓核资中的案件和违反财经纪律案件的处理意见（草案）》《关于严肃处理违法乱纪、腐化堕落等错误和反对特殊化行为的意见（草案）》《党的监察工作人员守则（草案）》《中央监察委员会常驻各中央局、国务院所属各部门监察组试行工作条例（草案）》共 5 个文件，作为试行草案下达《中央监察委员会工作细则》附发供参考。①这些条规对加强党内监察体制和监察制度建设发挥了重要作用。

（一）党内监督机构实行"双重领导"

1955 年，党的监察委员会成立了，表明党内监督机构职权有所扩大、地位有所提高。党的八大进一步巩固、强化了党的七大所形成的党内监督模式，并将党的七大规定的监督机构在本级党委的"指导下"进行工作，修改为在本级党委的"领导下"工作。②至此，党内监督机构的"双重领导"体制萌芽，即既受上级监察机关领导，也受本级党委领导。八大党章还对监察委员会的选举办法、工作任务、领导关系等方面作了具体、明确的规定，并要求从中央到地方，县以上的党委全部都要设立监察委员会。在新中国成立初期，党的各级监察机关的工作取得了很大成效，查处各类违纪案件多达 30 万件。如天津市委副书记刘青山和天津行署专员张子善假借经营机关生产之名，盗窃国家救灾粮款、治河专款、干部家属救济粮款、地方粮款，克扣治河民工粮款、机场建筑款，并骗取国家银行贷款从事非法经营，涉案金额庞大，高达 117.9 亿元（旧币），严重贪污腐败，被党内同志检举揭发。毛泽东对这"共和国反腐第一案"非常重视，刘、张二人没有逃脱党纪和国法的严惩。1953 年至 1954 年间，以高岗、饶漱石为代表的一部分人，为了自身的权力地位，无视党的纪律，企图在关键部门安插忠于他们的亲信，进行反党分裂活动；为了一己私利，故意在党员之间制造矛盾，通过挑拨离间破坏党员之间的关系。针对这一分裂党的行

---

① 《中国共产党组织史资料文献选编（下）（1940.10—1966.5）》第 9 卷，中共党史出版社 2000 年版，第 966 页。

② 丁俊萍、廖义军：《中国共产党党内监督机构的发展历程及其启示》，《同济大学学报》（社会科学版）2008 年第 12 期。

为，1954 年 2 月，党的七届四中全会通过了《关于增强党的团结的决议》，强调团结是党的生命，是革命取得胜利的根本保证。全党成员尤其是党的高级领导干部必须要提高政治纪律意识，反对党内一切派系，面对破坏党的团结的恶劣行为，要勇于去揭露、去斗争。

（二）加强党的监察机关

三大改造完成以后，党的指导思想出现了"左"的错误，党内政治生活出现了一些错误现象。党的领导体制发生了重大变化，出现逐渐向集权化演进的倾向。因此，党内监督需要加强，尤其是在制度设计方面。与此同时，党内监督出现了"惩办主义"和阶级斗争扩大化的倾向，甚至出现党的监督机构逐渐成为主要领导人实现个人意愿和维护个人权威工具的现象。为了使党内监督有规可依，更加科学化，1962 年 9 月，党的八届十中全会通过《关于加强党的监察机关的决定》，其主要内容为：加强中央和地方各级的监察委员会，扩大各级监察委员会的委员名额，并规定党的各级监察委员会成员多数应为专职委员；各级党的委员会，必须加强对同级监察委员会的领导，定期讨论党的监察工作；党的各级监察委员会，应加强对同级国家机关的党员的监督工作；地方各级监察委员会有权不通过同级党委，向上级党委、上级监察委员会直到党的中央，直接反映情况，检举党员的违法乱纪行为①。直到"文化大革命"之前，这是唯一一次公开讨论党的纪检监察工作。

总之，党在开始全面建设社会主义历史阶段的党内法规制度建设取得重要成果，以八大党章为标志，在"七千人大会"上又强调按照党规党法办事，在党的组织建设和监督制度方面制定了一批党内法规制度，特别是在党的领导工作方面制定了一批条例，大量的条规非常具体，可操作性强。这个时期，一些规章制度的制定坚持运用群众路线和调查研究的方法，尊重群众的首创精神，先经过试点、试验和试行，后逐步修改完善，积累了比较丰富的法规制度建设经验。

---

① 《建国以来重要文献选编》第 15 册，中央文献出版社 1997 年版，第 574 页。

五、通过强调党员教育管理巩固党的自身建设

1961 年 1 月 20 日，中共中央发出《关于调整管理体制的若干暂行规定》，落实"大权独揽、小权分散"的原则。①同时，制定实施干部管理规定，规范干部思想行为。为了整顿作风、改进工作、改造干部思想、提高干部质量，中共中央先后发出《关于各级领导人员参加体力劳动的指示》（1957 年 5 月 10 日）和《关于下放干部进行劳动锻炼的指示》（1958 年 2 月 28 日）。1958 年 9 月 25 日，中共中央、国务院作出《关于干部参加体力劳动的决定》，对干部参加体力劳动进行规范。在这个时期，中共中央还拟定了"党政干部三大纪律、八项注意"，概括了党的优良传统作风。三大纪律是：如实反映情况，正确执行党的政策，实行民主集中制。八项注意是：参加劳动，以平等态度待人，办事公道，不特殊化，工作要同群众商量，没有调查就没有发言权，按照实际情况办事，提高政治水平。

针对一些党的组织忙于经济建设和包办代替行政工作，而放松对党员的教育管理的问题，1961 年 11 月 26 日，中共中央对中央组织部《关于加强对党员的教育管理工作的报告》作出批示，要求在重新教育干部的同时，应该重新教育党员。《报告》指出：第一，在重新教育干部的同时，应当重新教育党员。第二，要加强党的领导，必须首先加强党的自身的工作。第三，今后接收党员，必须切实注意质量，不要大量地接收新党员。只顾发展，不注意对党员的教育管理，是片面的、错误的。为了让广大的党员干部适应社会主义经济、政治的发展，党中央决定对党员干部进行轮训，在 1961 年颁布的《中共中央关于轮训干部的决定》中提出"中央根据毛泽东同志的建议，决定对全党各级各方面的领导干部，采取短期训练班的方式，普遍地进行一次轮训"。②1962 年 9 月，党的八届十中全会通过《关于有计划有步骤地交流各级党政领导干部的决

---

① 《建国以来重要文献选编》第 11 册，中央文献出版社 2011 年版，第 87 页。

② 《建国以来重要文献选编》第 14 卷，中央文献出版社 1997 年版，第 608、575 页。

定》，建立定期交流干部制度。

中共中央组织部于 1962 年 10 月 25 日至 12 月 8 日在北京召开组织工作会议。会议提出《关于重新登记党员试点工作的意见》《关于试行建立共产主义小组的意见》《关于改进干部管理制度的几点意见》等。着重讨论执政党的建设问题，从党的组织工作方面保证进一步巩固人民公社集体经济和发展农业生产的问题，并且讨论组织工作中其他若干重大问题。

第三节　"文化大革命"阶段党内法规制度建设的重大挫折

国民经济的调整基本完成，第三个五年计划出炉之际，"文化大革命"爆发。这个时期是党的建设理论出现严重混乱和失误的时期，党内法规制度建设遭受重大挫折。这个时期，虽然也制定了党章和一些党内条规，但从总体上看，由于党在指导思想上的严重"左"倾错误，党内法规的内容也发生严重错误。

一、"左"倾错误思想指导下的党章修订

中共九大通过的党章没有关于党员权利的规定，林彪作为党的接班人被写入党章。党的十大在极"左"思潮再次抬头的情况下召开，继续保持了党的九大及其党章的思想、理论、路线。

（一）"九大"党章以阶级斗争为纲，破坏民主集中制原则

民主集中制被破坏是"文化大革命"的重要表现之一。邓小平明确地指出："'文化大革命'时搞'大民主'，以为把群众哄起来，就是民主，就能解决问题。实际上一哄起来就打内战。我们懂得历史的经验教训。"①正如毛泽东

---

① 《邓小平文选》第 3 卷，人民出版社 1993 年版，第 200 页。

说的"现在搞大民主不适合大多数人民的利益,有些人对别人总想用大民主,想整人,到了整自己,民主就越小越好。"①马克思认为,民主有高低但无大小。而"文化大革命"中的"大民主",否定了集中指导,无视党的纪律。邓小平指出,不要社会主义法制的民主,不要党的领导的民主,不要纪律和秩序的民主,决不是社会主义民主。②"文化大革命"使党和政府的各级机构、各级人民代表大会长时间内处于瘫痪状态。

1969年4月1日至24日,党的第九次全国代表大会在北京召开,出席大会的代表共1512人。当时,全国共有党员2200万人③,但绝大多数党员还没有恢复正常的组织生活。所以参会代表无法一级一级选拔产生,大多由革命委员会与造反派组织决定,代表构成上严重不合理。九大党章的修改是在极不正常的情况下进行的。1969年4月14日党的九大召开,通过了《中国共产党章程》(简称九大党章),九大党章仅六章十二条。将"林彪同志是毛泽东同志的亲密战友和接班人"④写进党章总纲,这种做法完全违背了党的组织原则。在党的组织方面,九大党章延续了"党的组织原则是民主集中制"这一规定,但在具体阐述民主集中制基本原则时,把过去的正确原则作了删改,提出了"党的各级领导机关由民主协商、选举产生",⑤删除了请示报告原则和集体领导与个人分工相结合的原则。在党的机构设置方面,取消了中央书记处和监察委员会等机构。

九大党章以条文的形式肯定了"无产阶级专政下的继续革命"的理论,体现出党的九大在思想上、政治上和组织上的指导方针都是适应"以阶级斗争为纲"的"左"倾错误的需要而产生的⑥。

(二)十大党章继续延续九大党章的错误

党的九大以后,林彪、江青两大集团为了争夺权力,矛盾越来越多,所谓

① 《毛泽东文集》第7卷,人民出版社1999年版,第264页。
② 《邓小平文选》第2卷,人民出版社1994年版,第359页。
③ 《中国共产党的九十年》,中共党史出版社、党建读物出版社2016年版,第578页。
④ 《中国共产党章程汇编(从一大到十七大)》,中共党史出版社2007年版,第84页。
⑤ 《中国共产党党章汇编》,人民出版社1979年版,第209页。
⑥ 范平、姚桓:《中国共产党党章教程》(修订版),中国方正出版社2013年版,第34页。

"林副主席一号号令"①使林彪图谋不轨的意图暴露，引起毛泽东的警觉。党的九届二中全会后，全党开展了"批陈整风"运动。1973 年 8 月 24 日至 28 日，党的十大在北京举行。当时全国有 2 800 万党员，出席大会的代表共 1 249 名②。大会通过的政治报告和修改党章的报告，仍然肯定九大的政治路线和组织路线都是正确的，仍然号召全党"坚持无产阶级专政下的继续革命"，坚持"无产阶级文化大革命"。8 月 28 日通过的十大党章延续了九大党章中"左"的错误，基本全部采用九大党章的总纲和条文，改动的地方比较少。由于林彪反革命集团已经覆灭，十大党章将九大党章中关于林彪的一段话和第十二条中"高举马克思主义、列宁主义、毛泽东思想伟大红旗，突出无产阶级政治"③删除，但继续肯定并坚持九大的政治路线和组织路线，强调"无产阶级文化大革命是在社会主义条件下，无产阶级反对资产阶级和一切剥削阶级的政治大革命，也是一次深刻的整党运动"。④在党员的主要任务中，把批判修正主义放在首要位置，提出"要在群众斗争中培养千百万无产阶级革命事业的接班人"。⑤

　　十大党章是在非常时期进行的修改，与九大党章相比，进一步肯定了"文化大革命"的地位。因此，十大党章可以说是九大党章错误思想的延续，并不能够完成党章该有的历史使命。九大、十大通过的党章是"文化大革命"这个特殊历史条件下的产物，是在"无产阶级专政下继续革命的理论"指导下产生的。邓小平指出："九大、十大搞的党章，实际上不大像党章，党员有些什么权利和义务，究竟怎么样才算个共产党员，不合条件怎么办，都没有规定好，需要修改。"⑥这是中国共产党党内法规制度建设过程中遭受的一段严重的挫折。

---

①　1969 年国庆前夕，受毛泽东委托，林彪主持召开政治局会议，研究苏联发动战争的可能性，与会人员一致认为苏联很可能会冒险发动突然袭击，并赞同毛泽东关于领导同志疏散的指示。林彪的战备命令经过军委办事组及"前指"（根据林彪指示于 10 月中旬组成，准备担任战时指挥全军打仗的任务，由主管作战的副总参谋长阎仲川亲自带领，随军委办事组行动）下达全军时，按照内容被区分为四个命令，分别传给军内不同的部门。这也就是所谓的"一号号令"。

②　《中国共产党的九十年》，中共党史出版社、党建读物出版社 2016 年版，第 594 页。

③　《中国共产党党章汇编》，人民出版社 1979 年版，第 211 页。

④　同上书，第 219 页。

⑤　同上书，第 221 页。

⑥　《邓小平文选》第 2 卷，人民出版社 1994 年版，第 269 页。

（三）十一大党章未从根本上纠正"左"倾思想

党的十一大揭露了"四人帮"反革命集团的罪行，积极动员广大党员干部为建设社会主义现代化强国而奋斗。但是，要想彻底清除十年"文化大革命"造成的政治思想混乱，短时间内是做不到的。虽然党的十一大并没有做到促进历史转折并制定正确的路线、方针、政策。但是，十一大党章总的来说有着积极的一面。十一大党章是中国共产党由错误过渡到正确轨道上的一部徘徊时期的党章。

1977 年 8 月 12 日至 18 日，党的第十一次全国代表大会召开。出席大会的代表 1 510 人，代表全国 3 500 多万党员。①大会一方面宣告"文化大革命"的结束，另一方面仍然肯定"文化大革命"的错误理论和实践。党的十一大通过的《中国共产党章程》共五章十九条，结构与十大党章类似，但内容作了较多修改。十一大党章作了不少修改，但仍然保留与"文化大革命"相关的一些规定，没有根本否定九大和十大党章的错误之处。十一大党章包括总纲及党员、党的组织制度、党的中央组织、党的地方和军队中的组织、党的基层组织。在党章总纲中明确提出"本世纪内，党要领导全国各族人民把我国建设成为农业、工业、国防和科学技术现代化的社会主义强国"②这一目标，这是个明显的进步。但十一大党章在指导思想上延续了九大、十大党章中"关于无产阶级专政下继续革命"的提法，对十大党章关于党的基本纲领一段作了修改，规定："中国共产党在整个社会主义历史阶段的基本纲领，是坚持无产阶级专政下的继续革命，逐步消灭资产阶级和一切剥削阶级，用社会主义战胜资本主义。"③十一大党章反映了当时党的工作在徘徊中前进的状况。所以，在十一大党章中，正确与错误是并存的。

二、个人崇拜破坏了党的集体领导制度

在党的八届十一中全会上，以毛泽东为首的七人中央领导集体被新组建的

---

① 中共中央党史研究室：《中国共产党的九十年》，中共党史出版社、党建读物出版社 2016 年版，第 648 页。

② 《中国共产党章程汇编》（从一大到十七大），中共党史出版社 2007 年版，第 96 页。

③ 同上书，第 95 页。

十一人领导集体所取代，林彪成为唯一的党中央副主席。中央政治局和中央书记处被取代，中央文化革命小组从中央政治局常委的秘书班子成为参与决策的特殊机构。在党的九大所通过的党章中，林彪正式成为毛泽东的接班人。党的九届一中全会上，选举了中央委员会主席毛泽东，唯一的副主席林彪；政治局常委为五人：毛泽东、林彪、周恩来、陈伯达、康生。①九届二中全会解除陈伯达职务之后，中央政治局常委只剩四人。

三、党内法规被曲解修改，导致组织严重不纯

"文化大革命"期间，党的制度建设遭遇重大损失。各级党组织不是解散，就是形同虚设。党的九大召开前夕，各地区都处在极为混乱的状态，党的组织基本陷入停滞，很多党员不能正常地参加组织生活，局势混乱无序。党的监察委员会被取消，党章删掉了大部分有关党的纪律的内容，像"维护党的团结、巩固党的统一"②，不允许有分裂党、把个人置于党的集体之上的行为以及对党必须忠诚等。在这个时期，党的民主集中制进程被打断。

随着林彪反革命集团的灭亡，党的建设得以逐步恢复。但以江青为首的"四人帮"仍然坚持"左"倾错误。对于当时党的建设发展情况，邓小平指出："现在不只是组织纪律差，政治纪律也差。比如，中央说要落实的政策，他就是不干，这是什么问题？这就是政治纪律问题。又如，要军队同志帮助地方消除派性，使群众团结起来，可是有些同志就是不执行这个方针。这是组织纪律问题，又是政治纪律问题。"③

"文化大革命"期间宪法形同虚设，党内法规也没有约束力，损害了整个国家的政治生活。1977 年 8 月党的十一大党章一定程度上纠正了一些错误思

---

① 胡鞍钢：《中国集体领导体制的制度创新与历史演变》，《国情报告》第 15 卷（2012 年）2013 年第 12 期。

② 《中国共产党党章汇编》，人民出版社 1979 年版，第 151 页。

③ 《邓小平文选》（第 2 卷），人民出版社 1994 年版，第 17 页。

想，并恢复了部分党内法规，但仍然坚持"无产阶级专政下继续革命"。

四、"大民主"式监督破坏党的监督工作

"文化大革命"期间，权力过分集中的弊端逐渐暴露出来，党的监督工作和检察机关遭到破坏。1969年，党内监督条款在九大党章中被取消，党的监察委员会也被撤销，党内监督基本处于瘫痪状态。1966年7月，中央监委机关选举产生了革命委员会，领导中央监委机关的文化革命运动。从"文化大革命"开始至中央监委被撤销期间，中央监委机关革委会实际上是处于领导低位。在党内极"左"思想的指导下，党的九大党章、十大党章均以阶级斗争为纲，否定了社会主义现代化建设这个根本任务，取消党内民主、党员权利和义务，取消党内监察机关，严重破坏党的集体领导和民主集中制的根本组织制度，党内法规制度的发展陷入停滞。

综上所述，中国共产党在新中国成立至改革开放之前的党内法规制度建设历经发展、曲折探索和重大挫折，所取得的成就是主流和本质。根据2014年11月发布的《中共中央关于再废止和宣布失效一批党内法规和规范性文件的决定》统计，纳入第二阶段清理范围的新中国成立至1977年期间中共中央制定的411件党内法规和规范性文件中，160件被废止，231件宣布失效，20件继续有效。①党内法规制度建设的历史反映了党的历史和党的建设的历史进程，党在这个历史时期的党内法规制度建设的历史进程所取得的经验教训非常深刻。

---

① 盛若蔚：《中央党内法规和规范性文件集中清理工作全部完成》，《人民日报》2014年11月18日。

第七章 改革开放至十八大之前党内法规的恢复和发展

党的十一届三中全会后，全党进入拨乱反正、整顿党纪以及重塑党内政治生态的新时期，党的主要任务由以阶级斗争为纲转向以经济建设为中心。改革开放是决定中国命运的关键一步，深刻地影响了党的建设和党的领导。党在改革开放到十八大之前的党内法规制度建设也经历了如下三个阶段，即改革开放初期到全面展开阶段党内法规制度建设的恢复与变革（1978—1990 年）、改革开放新阶段党内法规制度建设走向程序化（1990—2002 年）、全面建设小康阶段党内法规制度建设走向科学化（2002—2012 年）①。

第一节 改革开放初期党内法规制度建设的恢复与变革

党的十一届三中全会以后，全党进入拨乱反正、整顿党纪以及重塑党内政治生态的新时期，党的主要任务由以阶级斗争为纲转向以经济建设为中心。党中央充分认识到党内法规制度建设的重大意义，恢复和重申了党的思想路线，即一切从实际出发，理论联系实际，实事求是，在实践中检验和发展真理；重新确立民主集中制和集体领导原则，恢复了党的组织路线。从改革开放起步到1992 年邓小平视察南方并发表重要谈话，党的建设面临着新问题，即如何应对改革开放和发展社会主义市场经济的考验，加强党内法规制度建设已经迫在眉睫。

---

① 李斌雄：《改革开放 40 年党内法规制度建设研究》，《决策与信息》2018 年第 10 期。

一、改革开放初期的党章修订

这一时期共修改制定了两部党章，分别是：1982 年党的十二大通过的《中国共产党章程》、1987 年党的十三大通过的《中国共产党章程》。1982 年的十二大党章中改变了 1977 年十一大党章的指导思想，恢复了党的重要组织制度和正常政治生活。十二大党章与 1982 年宪法一起构成了改革开放时期最基本的治党治国的重要依据。

（一）十二大党章提出"建设有中国特色的社会主义"命题

党的十二大制定进入改革开放新时期的第一部党章。党的十二大以提出建设有中国特色的社会主义这一重大命题而载入史册，以这次会议为标志，改革开放进入全面展开阶段。1982 年 9 月 11 日，党的十二大在北京召开。邓小平在大会开幕词中明确地提出了"建设有中国特色的社会主义"的重大命题。①大会审议通过了《全面开创社会主义现代化建设的新局面》的政治报告，提出了"把党建设成为领导社会主义现代化事业的坚强核心"的目标和当前党的建设的任务，审议通过了新修订的《中国共产党章程》。十二大党章包括总纲和十章五十条，清除了十一大党章中"左"的错误，增加了党的干部、党的纪律、党的纪律检查机关，党组、党和共产主义青年团的关系等五章，其中"党的干部"一章是从未出现过的。十二大党章继承和发展了七大、八大党章的优点。十二大党章的特点是：总纲内容比较充实；对党员和党的干部的思想、政治、组织上的要求比之前更加严格；对民主集中制和党纪作出了比较充分、具体的规定；对改善党的中央和地方组织体制、党的纪律检查机关、党的基层组织建设以及党团关系都作出了许多新规定。例如，第二十二条设立党的中央顾问委员会。十二大党章总纲明确提出了中国共产党的组织和党员都必须在宪法和法律范围内活动，第三十七条明确提出废除干部职务实际上存在的终身制等内容。从党章比较看，十二大党章是党执政以来比较充实、完善的一部党章。

---

① 《邓小平文选》第 3 卷，人民出版社 1993 年版，第 3 页。

1987 年 1 月 13 日，中央纪委发出《关于共产党员必须严格遵守党章的通知》，对自觉遵守党章、严格执行纪律作出三条规定："共产党员是否真诚地拥护党的纲领、遵守党的章程，充分的规定这是衡量一个共产党员的义务，言论行动是否符合党宽员是否合格的根本标准。"①

十二大通过的新党章，实现了改革开放后党章方面的拨乱反正，正确规定了党的性质、宗旨、指导思想、奋斗目标以及党的基本路线方针政策等，首次提出了中国特色社会主义理论体系，肯定了毛泽东思想的伟大之处。首次规定党员领导干部和各级党组织必须在宪法和党法规定范围内活动。十二大党章既总结了党内政治生活正反两方面的经验教训，又针对改革开放后的社会新形势新变化增加了新内容，对于保证党的路线方针政策贯彻执行、规范党内政治生活健康有序发展起到了关键作用。

（二）十三大党章强调"从严治党"的重要性

党的十二大以后，经济体制改革全面展开，对外开放政策全面实行，我国经济面貌发生翻天覆地的变化。社会物质财富的增长是空前的，广大人民群众普遍充分享受到改革开放的发展成果，城乡居民的收入显著上升，消费水平显著提高，温饱问题已经基本得到解决，共同走向小康社会已经成为党和人民的共同目标。因此，党的建设面临着新形势新要求。为使改革开放继续下去，并且能有更快、更深入的发展，对改革开放以来取得的实践进行总结思考成为必要。

党的十三大强调要从严治党，加强党的制度建设，提出党的建设要探索一条靠改革和制度建设的新路子。1986 年 9 月 28 日，党的十二届六中全会通过《中共中央关于社会主义精神文明建设指导方针的决议》，提出："建设好党的作风，思想教育很重要，制度建设也很重要，必须努力改革和完善党的组织制度和工作制度，严格执行党的纪律，建立和健全党内监督制度和人民监督制度，使各级领导干部得到有效的监督。"②在中央全会的决定中正式提出了党的制度建设的问题。1987 年 7 月，为使党的领导干部的权力能够受到制约，中纪

---

① 《中国共产党党内法规选编（1978—1996 年）》，法律出版社 2009 年版，第 331 页。

② 《改革开放三十年重要文献选编》（上），中央文献出版社 2008 年版，第 439 页。

委通过《关于对党员干部加强党内纪律监督的若干规定（试行）》。1987 年 10 月 25 日至 11 月 1 日，党的十三大在北京举行，大会审议通过《沿着有中国特色的社会主义道路前进》的政治报告和《中国共产党章程部分条文修正案》。党的十三大系统阐述了社会主义初级阶段的理论，明确概括了党在社会主义初级阶段的基本路线，确定了在改革开放实践中加强党的建设的基本方针。政治报告提出："新时期党的一切工作，都必须保证党的基本路线的贯彻执行。"①强调党处于执政地位，必须经得起执政的考验和改革开放的考验；指出在党内发生腐败，"仅仅靠教育不能完全解决问题，必须从严治党，严肃执行党的纪律"。②这是党的全国代表大会的政治报告中首次针对反腐败而提出"从严治党"的任务。因此，要"切实加强党的制度建设"，"在新的历史条件下，在党的建设上走出一条不搞政治运动，而靠改革和制度建设的新路子"。③这是对党执政以来历史经验教训的总结。党的十三大未对党的十二大党章进行全面修改，只是作出十条条文修正，④优化及改良了十二大党章。此外，党的十三大还指出，首先要认清社会主义初级阶段的国情，再围绕"一个中心、两个基本点"的基本路线进行奋斗，因此，需要真正地强化党的制度建设，在新的历史条件下，走出一条靠改革及制度建设的全新道路。十三大党章修订后，党的制度建设有了极大发展，逐步走出了一条不同于搞政治运动，而是依靠发展党内民主，依靠制度改革和创新，依靠改革和完善党的领导方式和执政方式的新道路。

二、改革党和国家的领导制度

在改革开放的起步阶段，邓小平高度重视党规党法建设提出要改革和完善党和国家的领导制度、组织制度和工作制度，提出要健全和维护党规党法。

---

① 《十三大以来重要文献选编》（上），中央文献出版社 2011 年版，第 41 页。

② 同上书，第 45 页。

③ 同上书，第 43、46 页。

④ 同上书，第 53—56 页。

1978 年 11—12 月间召开的中共中央工作会议是党的十一届三中全会召开的准备。12 月 13 日，邓小平在中央工作会议闭幕会上发表的《解放思想，实事求是，团结一致向前看》的讲话，是党的十一届三中全会的主题报告。在讲话的第二部分"民主是解放思想的重要条件"中，邓小平说："国要有国法，党要有党规党法。党章是最根本的党规党法。没有党规党法，国法就很难保障。各级纪律检查委员会和组织部门的任务不只是处理案件，更重要的是维护党规党法。切实把我们的党风搞好。"①这是邓小平首次对党规党法与国家法律之间关系的阐述。1978 年 12 月 22 日，具有历史转折意义的党的十一届三中全会发布公报，作出一系列加强党的建设的部署，决定健全党规党法，整顿党的作风。公报强调："根据党的历史的经验教训，全会决定健全党的民主集中制，健全党规党法，严肃党纪。"②建立、健全和维护党规党法成为党的十一届三中全会以来党内法规制度建设的主要任务。

1980 年 8 月 18—23 日，中共中央政治局召开扩大会议，主要讨论党和国家领导制度的改革问题。邓小平在会上作了《党和国家领导制度的改革》重要讲话。明确指出："改革党和国家领导制度及其他制度，是为了充分发挥社会主义制度的优越性，加速现代化建设事业的发展。"③从党和国家现行的领导制度、干部制度方面来说主要弊端就是官僚主义现象、权力过分集中的现象、家长制现象、干部领导职务终身制现象和形形色色的特权现象。我们过去犯的各种错误当然与某些领导者的思想和作风有关，但是组织和工作系统中的问题更为重要。领导制度和组织制度问题更带有根本性、全局性、稳定性和长期性，这种制度问题关系到党和国家是否会改变颜色，必须得到全党的重视。邓小平要求："制定周密的、切实可行的、能够在较长时期发挥作用的制度和条例，有步骤地实施。"④各级干部的职权范围和政治生活待遇，必须制定各种规定。

---

① 《邓小平文选》第 2 卷，人民出版社 1994 年版，第 147 页。

② 《改革开放以来历届三中全会文件汇编》，中央文献出版社 2013 年版，第 15 页。

③ 《邓小平文选》第 2 卷，人民出版社 1994 年版，第 322 页。

④ 同上书，第 341 页。

最重要的是要有专门的机构进行无私的监督检查。要勇于改革不合时宜的组织制度、人事制度，大力培养、发现和破格使用优秀人才。邓小平1980年8月18日在中共中央政治局扩大会议上的这篇讲话，后经过中央政治局会议通过，成为党内法规制度建设和政治体制改革的纲领性文献。

三、完善党组织的产生和运行机制

在党的组织制度建设方面，主要是建立领导干部生活会制度，民主生活会制度，党员民主评议制度，干部选拔任用、推荐、交流制度和后备干部制度，干部考核、退休、生活待遇制度和出国出境制度，国有企业基层组织工作制度等。例如，《中共中央关于处理建国前党员脱党期间党籍、党龄问题的几点补充规定》（1982年5月14日）、《中共中央关于建立老干部退休制度的决定》（1982年3月1日）、《中共中央、国务院关于中央党政机关干部教育工作的决定》（1982年10月3日）、《中共中央关于整党的决定》（1983年10月11日党的十二届二中全会通过）、《中共中央关于严格按照党的原则选拔任用干部的通知》（1986年1月28日）、《中国共产党全民所有制工业企业基层组织工作条例》（1986年9月15日）、《关于建立民主评议党员制度的意见》（1988年12月15日中共中央批转中央组织部通知）、《中共中央关于加强党的建设的通知》（1989年8月28日）、《关于县以上党和国家机关党员领导干部民主生活会的若干规定》（1990年5月25日中共中央印发）、《中国共产党发展党员工作细则（试行）》（1990年8月1日中共中央组织部印常）等。

在基层组织的产生和运行机制方面，党的十一届三中全会以后，党的组织工作法规制度建设迎来新的发展，自此，中央逐步加大组织工作法规建设力度，取得瞩目成就。1980年2月，党的十一届五中全会审议通过《关于党内政治生活的若干准则》，重申党内政治生活准则，也标志着组织路线上拨乱反正的完成。1985年2月，党中央发布《关于党的地方各级代表大会若干具体问题的暂行规定》，对党的代表大会、代表大会主席团、委员会委员和候补委员、纪律检查委员会、选举办法等都作了规定，建立起党代表常任制。1988年3

月，中组部制定《关于党的省、自治区、直辖市代表大会实行差额选举的暂行办法》，规定候选人的差额不少于应选代表名额的 20%，使党内的差额选举制度有规可依。1990 年 5 月，党中央颁布《关于县以上党和国家机关党员领导干部民主生活会的若干规定》，规范县以上党和国家机关党员领导干部的政治生活，对《关于党内政治生活的若干准则》中相关规定的落实作了细化。[1]1990年 6 月，党中央发布《中国共产党基层组织选举工作暂行条例》，通过改进候选人提名制度和选举方式，规范了党的基层组织代表和委员会的选举以及监督处分。[2]

四、恢复发展党的监督机构

党的十一届三中全会结束了长达十年之久的"文化大革命"，党的第二代中央领导集体审时度势，坚持将经济建设作为将党和国家的工作重心，坚持改革开放，并着力恢复党内专门监督机构、建立和探索党内监督制度，为党内监督的恢复发展提供了动力支撑和目标要求。

党内监督专门机构的恢复和职能的完善。1977 年通过的十一大党章明确规定，恢复建立党的纪律检查委员会，为党内监督的逐步恢复提供了保证。1978年 12 月，党的十一届三中全会决定恢复成立并选举产生以陈云为第一书记的中央纪律检查委员会。中央纪委恢复成立后即着手建立健全各级纪检机关。1979 年 1 月，中央纪委第一次全会通过《中共中央纪律检查委员会关于工作任务、职权范围、机构设置的规定》，规定中央纪委的一项根本任务就是维护党规党法，切实搞好党风。1983 年 3 月 2 日，中央纪委发出《关于健全党的纪律检查系统加强纪检队伍建设的暂行规定》，规定党的各级纪律检查机构的设置、任务和职责范围、委员名额和机关编制、干部配备和管理原则。此后，中央纪委又与中央组织部、监察部、公安部、人事部、最高人民检察院、最高人民法

---

[1][2]　冯浩：《法治中国建设中的中国共产党党内法规问题研究》，吉林大学博士论文，2017 年。

院等部门联合发文建立工作联系制度。1987 年 7 月 14 日，中央纪委印发《党的纪律检查机关案件审理工作条例》，对党内案件审理进行规范。1987 年 7 月 29 日，中央纪委又发出《关于对党员干部加强党内纪律监督的若干规定（试行）》，规定党内纪律监督的任务、内容、方式等。此外，还制定条规对档案管理进行规范。在党内纪律条规方面，1980 年 8 月 16 日，中共中央发出《关于禁止在对外活动中送礼、受礼的决定》，对同国外、境外交往进行规范。1988 年 6 月 1 日，中共中央发出《关于党和国家机关必须保持廉洁的通知》，对党政机关提出廉洁自律纪律规范。此外，中共中央还先后发出一系列纪律条规，主要有：《中共中央、国务院关于打击经济领域中严重犯罪活动的决定》（1982 年 4 月 13 日）、中共中央、国务院关于进一步制止党政机关和党政干部经商、办企业的规定》（1986 年 2 月 4 日）等。这些纪律条规对改革开放起步和展开阶段党组织和党员干部的行为进行规范，涉及涉外活动规定和禁止公款旅游、黄色音像制品管理规定、禁止经商办企业和兼职规定、"三公"经费管理规定、官僚主义失职错误处分、党内纪律监督等方面。

　　开展党内法规的执行力建设。1979 年 1 月，中纪委一次全会通过《中共中央纪律检查委员会关于工作任务、职权范围、机构设置的规定》。同年，党的十一届三中全会选举产生中央纪律检查委员会。"纪律检查委员会的根本任务，就是维护党规党法，切实搞好党风。"①1987 年 7 月，中纪委发布《关于对党员干部加强党内纪律监督的若干规定（试行）》，对党内纪律监督的任务、内容和方式等作了详细规定。同月，印发《党的纪律检查机关案件审理工作条例》，规范党的案件审理工作。1990 年 11 月，中纪委印发《关于全民所有制工业企业纪律检查工作的暂行规定》。只有严格地执行纪律，才能够维护党的严肃性及权威性。全党上下需要重点注意遵守纪律的状况，坚持不懈促进党内监督法规的建设。

---

　　① 《中国共产党第十一届中央委员会第三次全体会议公报》，人民网，http://cpc.people.com.cn/GB/64162/64168/64563/65371/4441902.html。

五、突出强化干部管理和党风建设

邓小平在党的十一届五中全会上提出要改革干部人事制度，废除终身制，推动干部队伍年轻化。在这一思想的指导下，1980年4月，中共中央通过《关于丧失工作能力的老同志不当十二大代表和中央候选人的决定》，在废除领导干部终身制上迈出了重要的一步。1982年，中共中央通过《关于建立老干部退休制度的决定》，废除了领导干部职务终身制。党的十二大成立了中央顾问委员会，以解决党的中央领导机构新老交替所面临的问题，让一些退休之后仍然愿意为党和国家奉献余温的老同志继续发挥一定的作用。十二大、十三大党章都明确规定，党的领导干部的职务不是终身的，是可以变动的，为打破终身制提供了制度依据。1989年，邓小平带头退出所有领导职务，这意味着彻底打破了领导干部职务终身制。

建立干部考核制度，加强作风建设。1979年11月，党中央下发《关于实行干部考核制度的意见》以及《关于高级干部生活待遇的若干规定》，结合新形势对高级干部的要求，监督范围更加明确。1984年，党中央发布《关于严禁党政机关和党政干部经商、办企业的决定》《关于禁止领导干部的子女、配偶经商的决定》《关于县以上党和国家机关退（离）休干部经商办企业问题的若干规定》等党内法规，有效遏制一些党的领导干部和机关工作人员违规经商，投机取巧的现象，促进了党风政风向更清明的方向发展。1988年以后，中纪委针对党员干部违反社会主义道德、违反党规党纪、违规下海经商等违法行为制定了处分规定，为社会主义市场经济条件下党员领导干部的行为起到很好的规范作用。1989年，中央办公厅、国务院办公厅先后印发《关于严格控制领导干部出国访问的规定》《关于中央党政机关汽车配备和使用管理的规定》《关于在国内公务活动中严禁用公款宴请和有关工作餐的规定》等党内法规，严格限制了党的领导干部出国、用车、用餐等待遇。

建立起严格的党内政治生活准则。党的十一届五中全会制定《关于党内政治生活的若干准则》，党的十一届三中全会决定恢复成立中央纪律检查委员会。

1979 年 1 月 4—22 日，中央纪律检查委员会举行第一次全体会议，会议在总结历史经验教训的基础上，讨论并拟定《关于党内政治生活的若干准则（草案）》。1979 年 3 月，中共中央决定将《关于党内政治生活的若干准则（草案）》向全党公布。经过近一年的讨论、征求意见和反复修改，1980 年 2 月23—29 日，党的十一届五中全会召开，通过《关于党内政治生活的若干准则》并向全国公布。《准则》提出 12 条党内政治生活准则，采用段落形式表述政治生活准则的原则要求和具体内容，开列正面清单和负面清单，为全党提供明确具体的行为准则。《准则》批判了"文化大革命"期间林彪、"四人帮"肆意践踏"党规党法"的行为，①并提出："《关于党内政治生活的若干准则》是党的重要法规，全体党员要认真学习，自觉遵守，要对照《准则》的规定，认真检查自己的工作和作风。党的各级领导机关和领导干部要带头执行。任何党员如果有违反本准则的行为，要进行批评教育，情节严重的必须按照党的纪律给予处分，直至开除党籍。"②《准则》把党章的有关规定和民主集中制的原则具体化，使党内政治生活制度和组织生活制度更加完备，更加适合新形势新任务的需要，是十一大党章的重要补充。《准则》公布后，中央纪委在一年内先后召开三次座谈会，推动《准则》的贯彻实施。

总之，在这个历史阶段，中国共产党汲取"文化大革命"的教训，在管党治党过程中重新认识党规党法的概念、地位和作用，自觉地围绕恢复和逐步健全民主集中制而开展党内法规制度建设。同时，党在改革开放起步到展开阶段，面临大量新情况新问题，加强和改进党的建设和党的领导迫切需要恢复和发扬的党的优良传统规章制度，针对新形势新任务制定和实施新的规章制度，党规破旧立新的任务艰巨。这个时期的党内法规制度建设也处于恢复和改革阶段，以 1980 年党内政治生活若干准则和十二大党章为标志，在党的领导制度、组织制度、干部制度、工作制度、反腐廉政制度等方面制定了一批新的具体制度，党内法规制度建设围绕恢复和健全民主集中制取得重要进展。

---

① ② 《三中全会以来重要文献选编》（上），中央文献出版社 2011 年版，第 376 页。

第二节　改革开放新阶段党内法规制度建设走向程序化

改革开放新阶段，党依然面临着复杂的国际国内形势的考验，尤其是东欧剧变和苏联解体，社会主义在世界范围的实践陷入低潮。国内也面临着如何加快经济发展和深化改革开放的问题。在这个重要历史关头，邓小平于 1992 年1—2 月视察南方并发表重要讲话，要求抓住时机加快发展。邓小平指出："中国要出问题，还是出在共产党内部。"①"说到底，关键是我们共产党内部要搞好，不出事，就可以放心睡大觉。"②"还是要靠法制，搞法制靠得住些。"③党的十四大确立起社会主义市场经济目标，标志着我国迈入了改革开放的新阶段。在这个阶段，以江泽民同志为核心的党的第三代中央领导集体推进党的建设新的伟大工程，中共党员队伍规模从 5 000 多万人发展到 6 000 多万人，人数增加1 000 多万。以 1990 年 7 月颁布《中国共产党党内法规制定程序暂行条例》为标志，党在改革开放新阶段的党内法规制度建设也开始走向程序化阶段。

一、改革开放新阶段的党章修订

20 世纪 80 年代末至 90 年代期间，国内外的形势变化多端。苏东剧变给社会主义政权带来了极大的挑战。我国市场经济的发展极大影响传统的思想政治格局，各种各样的资产阶级自由化思想开始在国内党内出现。此外，在改革开放的过程中，累积的转型矛盾及发展问题同样逐渐显露，考验着党把握政治大局的能力。在这样一个关键时刻，中国共产党作出了正确的判断，党的十四大、十五大高举改革开放旗帜不动摇，引领中国特色社会主义事业顺利进入新

---

① 《邓小平文选》第 3 卷，人民出版社 1993 年版，第 380 页。

② 同上书，第 381 页。

③ 同上书，第 379 页。

时期。而这一时期党的十四大、十五大党章也顺应了改革开放新形势下的要求，立足实际，对党的建设提出了具体要求。两部党章从指导思想到组织原则和制度，从表现形式到条文内容，都没有根本性的修改。政治上的稳定为党和国家的政治生活和政治活动制度化、规范化水平不断提高奠定了坚实基础。

（一）十四大党章正式提出"建设有中国特色的社会主义"理论

在我国加快改革开放和现代化建设步伐的新形势下，1992 年 10 月 12 日至 18 日，党的十四大在北京召开。大会作出了建立社会主义市场经济体制的重大决策，通过了党章修正案。江泽民在《加强党的建设和改善党的领导》政治报告中提出："在新的历史时期，党所处的环境和肩负的任务有了很大变化，我们一定要结合新的实际，遵循党的基本路线，坚持党要管党和从严治党，加强和改进党的建设，努力提高党的执政水平和领导水平。"①十四大党章将党的指导思想表述为："总结十二大以来社会主义现代化建设和党的建设的新经验，把邓小平同志建设有中国特色社会主义的理论和党的基本路线及一系列方针、政策写入党章，对党的工作和党的建设提出切合实际的新的要求，把党建设成为领导全国人民沿着有中国特色社会主义道路不断前进的坚强核心。"②十四大党章依旧分为十章五十条，对于十三大党章中仍然适用于当下党和国家建设的内容，采用延续的方式保留了下来。这样有利于保持党章内容的连续性，也有利于保证党章的权威性，也有利于党章在新形势下更好地指导党的建设。修正案对总纲部分作了较大的调整和充实，由原党章总纲的十九个自然段增加到二十二个自然段，其中还合并了原党章的两个自然段，简明扼要地阐述了中国特色社会主义理论体系，提出了党在社会主义初级阶段的基本路线，并补充说明了党的建设和党的领导的相关条款。十四大党章在总纲第十七个自然段中首次写入"必须围绕党的基本路线加强党的建设，坚持从严治党"的规定；在第四十四条规定党的各级纪律检查委员会的主要任务时，将原党章中维护"党章和

---

① 《十四大以来重要文献选编》（上），中央文献出版社 2011 年版，第 33 页。
② 《中国共产党第十四次全国代表大会文件汇编》，中央文献出版社 1992 年版，第 123 页。

其他重要的规章制度"的表述，修改为维护"党章和其党内法规"。①这样，就在作为党的根本大法的党章中确认"党内法规"的概念。中共中央关于《中国共产党章程（修正案）》的说明中也使用"其他党内法规"的概念②。同时，十四大党章第三十七条首次对党的纪律要求作出规定："党的纪律是党的各级组织和全体党员必须遵守的行为准则，是维护党的团结统一、完成党的任务的重要保证。"③这些规定有利于在建立社会主义市场经济体制条件下加强党的建设和从严治党。

经过这些调整，十四大党章更加适应新形势和新任务的要求，对党的各项任务的要求更加全面、科学、详细。形成了更加实用的语言表达方式，具有较强的现实感和可操作性，为全党今后开展党的建设和党的工作提供了有力的指导。

（二）十五大党章确立邓小平理论为党的指导思想

党的十五大确立邓小平理论在全党的指导地位，并提出"党要管党"的原则和"从严治党"的方针以及依法治国基本方略。1997 年 9 月 12 日至 18 日，党的十五大在北京召开，大会通过了江泽民所作的《高举邓小平理论伟大旗帜，把建设有中国特色社会主义事业全面推向二十一世纪》的报告和《中国共产党章程（修正案）》。十五大党章包括总纲、10 章 50 条，总体结构保持稳定。十五大党章最突出的特点，就是首次明确提出邓小平理论的概念，并将邓小平理论正式确立为党的指导思想。"中国共产党以马克思列宁主义、毛泽东思想、邓小平理论作为自己的行动指南。"④党员和党的领导干部要认真学习马克思列宁主义、毛泽东思想和邓小平理论。江泽民在党的十五大报告中把依法治国提到党领导人民治理国家的基本方略的高度，明确地提出要"建设社会主义法治国家"。同时提出："党的建设和党的领导从来都不是孤立进行的，历来

---

① 《十四大以来重要文献选编》（上），中央文献出版社 2011 年版，第 41—50 页。

② 《中国共产党章程汇编》（1921—2012），中国方正出版社 2012 年版，第 360 页。

③ 同上书，第 357 页。

④ 《中国共产党章程》，人民出版社 1997 年版，第 1 页。

是同党的历史任务，同党为实现这些任务而确立的理论和政治路线密切联系在一起的；党的正确的政治路线是加强党的建设的前提，党的建设为实现党的政治路线提供组织保证。"①把党建设成一个什么样的党，历来是无产阶级政党建设的首要问题。对此，江泽民在党的十五大报告中指出，要"把我们党建设成为用邓小平理论武装起来、全心全意为人民服务、思想上政治上组织上完全巩固、能够经受住各种风险、始终走在时代前列、领导全国人民建设有中国特色社会主义的马克思主义政党"。②这就是党的十五大确立的党的建设总目标。提出"不断提高领导水平和执政水平，不断增强拒腐防变的能力"③两大历史性课题，要求"各级党委要坚持'党要管党'的原则，把从严治党的方针贯彻到党的建设的各项工作中去，坚决改变党内存在的纪律松弛和软弱涣散的现象"。④这就把党的十三大报告提出的"从严治党"提升到指导方针的高度。这就要严格按党章和党的制度、规定办事；就要对党员领导干部严格要求，严格管理监督；就要在党内政治生活中讲党性，讲原则，保持先进性；就要严格按照党章所规定的标准来发展党员，严肃处置不合格党员；就要严格执行党的纪律，坚持在纪律面前人人平等。

二、明确党对国家各项立法工作的领导

为了加强党的建设和党的领导，使党内法规制定程序科学化、规范化，提高党内法规制度效率，保证党内法规质量，1990 年 7 月 31 日中共中央颁布实施《中国共产党党内法规制定程序暂行条例》。《暂行条例》对党内法规的概念和作用、制定目的和依据、制定主体和制定原则、适用范围、名称和制定程序作了具体规定。《暂行条例》规定：党内法规是党的中央组织、中央各部门、

---

① 赵志奎：《改革开放三十年思想史》上卷，人民出版社 2008 年版，第 30 页。
② 《十五大以来重要文献选编》上，中央文献出版社 2000 年版，第 146 页。
③ 《十五大报告辅导读本》，人民出版社 1997 年版，第 70 页。
④ 《党章和党的建设读本》，人民出版社 1997 年版，第 25 页。

中央军委总政治部和各省、市、直辖市党委制定的用以规范党的工作、活动和党员的行为的党内各类规章制度的总称。党内法规制定程序如下：规划-起草-审定-发布-解释-修改或废止等。《暂行条例》首次对党内法规制定工作进行规范，标志着党内法规制度建设进入程序化阶段。11 月 12 日，中共中央办公厅发出《关于党内法规备案工作有关问题的通知》，对党内法规的报备机关、工作要求作出原则性规定。1991 年 2 月，中共中央印发《关于加强党对国家立法工作领导的若干意见》，对中央领导国家立法工作的内容、范围、程序作出规定。1991 年 4 月，中共中央办公厅法规室成立，中央一些部门和省、市委也先后成立党内法规专门工作机构。党内法规专门工作机构以上述三个文件为抓手，全面启动法规起草、法规审核、备案审查服务中央领导国家立法等工作，标志着专业性党内法规服务工作的正式起步。

三、注重党内各项组织法规制度建设

1994 年 1 月，中共中央发布《中国共产党地方组织选举工作条例》，对党的地方各级代表大会代表、委员会委员、常委会会员等的产生条件和选举程序等进行了规范。1994 年 9 月 28 日，党的十四届四中全会通过《中共中央关于加强和改进党的建设几个重大问题的决定》，提出了加强党的建设新的伟大工程的目标和任务，就是要把党建设成为"用中国特色社会主义理论武装起来、全心全意为人民服务、思想上政治上组织上完全巩固、能够经受住各种风险、始终走在时代前列的马克思主义政党"。[1]同时强调解决党的组织建设方面的问题，"必须进一步坚持和健全民主集中制，注重制度建设，以完备的制度保障党内民主，维护中央权威，保证全党在重大问题上的统一行动"。[2]1992 年 10月党的十四大上江泽民提出："只有实行民主基础上的集中和集中指导下的民主相结合，才能充分发挥各级党组织和广大党员的积极性、创造性，集中全党

---

[1]　《十四大以来重要文献选编》（中），中央文献出版社 2011 年版，第 4 页。

[2]　同上书，第 5 页。

智慧，保证党的决策的正确和有效实施，增强党的纪律和战斗力，使我们的事业顺利前进。"①在对党的建设经验进行归纳时，江泽民又着重提出民主集中制对党的事业至关重要的作用。坚持民主集中制的重点是坚持正确的政治方向，贯彻实施党的理论、方针及政策等。党的十四届四中全会通过的《关于加强党的建设几个重大问题的决定》中规定，应该在尊重党员民主权利的前提下，贯彻执行党的路线、方针及政策，确保党中央政令畅通，党员必须与党中央保持全面高度统一。

在基层党组织建设制度方面，中共中央先后印发《中国共产党普通高等学校基层组织工作条例》（1996 年 3 月 18 日）、《中国共产党党和国家机关基层组织工作条例》（1998 年 3 月 30 日）和《中国共产党农村基层组织工作条例》（1999 年 2 月 13 日），分别对这三类基层党组织的工作作出规范。在党内选举制度方面，中共中央先后印发《中国共产党基层组织选举工作暂行条例》（1990 年 6 月 27 日）和《中国共产党地方组织选举工作条例》（1994 年 1 月 6 日），分别对党的基层组织选举工作中代表的选举，委员会的选举，选举的实施，监督和处分；对地方组织选举工作中代表的产生，委员会委员的产生，常务委员会委员和书记、副书记的产生，呈报和审批，选举的实施，监督和处分作出规范。

四、通过试行党内巡视制度完善党内监督法规

随着改革开放不断深入，市场经济体制逐渐在中国确立起来，随之而来的许多新问题和新考验不断出现，对党和国家提出了新要求。党的执政环境不断变化，如何保障党的领导干部不受腐朽思想侵蚀，成了当下需要解决的问题。以江泽民同志为核心的党的第三代中央领导集体对此进行了积极探索，强化了党内监督制度。

（一）试行党内巡视制度

纪律检查机构开始了一系列的调整，以适应新形势及新任务，并探究性地

---

① 《中国共产党第十四次代表大会文件汇编》，人民出版社 1992 年版，第 52 页。

创建了巡视制度，加强党内监督。第一，增强纪委的权威性及执行力。1992 年 10 月，中央纪委向党的十四大作的工作报告中着重指出："纪律检查工作只能加强不能削弱，必须按中央有关文件规定，把各级纪委的领导班子配好。地方各级纪委书记应由同级党委副书记一级干部担任"，①上级纪委应该强化对下级纪委的领导，而下级纪委需要实时的向同级及上级纪委进行汇报。第二，纪检监察机关合署办公。1993 年 1 月，中央纪委及国家监察部共同组织召开机关干部职工动员大会，宣布合署办公，以从体制上解决纪律检查过程中产生的责任不准确、工作不协调等多种问题，增强监督合力。第三，探索创建巡视制度。1996 年 1 月，中央纪委六次全会提出"中央纪律检查委员会根据工作需要，选派部级干部到地方和部门巡视"。②3 月发布《关于建立巡视制度的试行办法》，规定巡视纪律等方面的内容。1997 年 2 月，《关于重申和建立党内监督五项制度的实施办法》出台，其中第一项制度即是巡视制度。随后，部分省市逐渐开始试点。同年，党中央还依次发布《中国共产党纪律处分条例（试行）》和《党员领导干部廉洁从政若干准则（试行）》，对违反政治纪律的党员干部的惩处有法可依，党的政治纪律建设的实践逐渐进入制度化及法制化的时期。2000 年 1 月，党的十五届中纪委第四次全体会议指出，坚决实行从严治党方针，要求必须促进党内廉政建设及反腐败斗争，从制度设计及实践方向上，将从严治党推进到党的建设新的伟大工程。

（二）起草制定党内监督条例

党的十三届六中全会决定通过制定一部党内监督条例，来完善党内监督制度。1995 年，江泽民在党的十四届五中全会上进一步指出，"从严治党，关键在于建立起一整套便利、管用、有约束力的机制，使党的各级组织对党员、干部实行有效的管理和监督"。③经中共中央批准，1997 年 2 月 4 日中共中央办公厅转发《中共中央纪律检查委员会关于重申和建立党内监督五项制度的实施办

---

①　《中国共产党第十四次代表大会文件汇编》，人民出版社 1992 年版，第 86 页。

②　《中华人民共和国大事记（1949—2009）》，人民出版社 2002 年版，第 503 页。

③　《江泽民思想年编（1989—2008）》，中央文献出版社 2010 年版，第 441 页。

法》，健全和加强党内监督机制。经过全方位的调研论证，1997 年 7 月起草小组提交《关于起草〈党内监督条例〉工作情况的报告》，报告中针对起草党内监督条例的重点、难点进行分析，并对接下来的工作提出意见和建议。

（三）强化党的作风建设

为了强化对党的领导干部的监督和管理，促进党风廉政建设和领导干部思想作风建设，1997 年 1 月 31 日，党中央通过《关于领导干部报告个人重大事项的规定》。这是党在社会主义市场经济条件下，为了更加严格地规范领导干部行为的新举措。它不同于以往的一般工作报告制度，而是报告干部个人生活领域的规定。规定的鲜明特点是强烈的现实针对性，要求应报告的事项集中于人民群众普遍关注的、领导干部易发生的以权谋私的几个方面。2001 年 9 月26 日，党的十五届六中全会通过《关于加强和改进党的作风建设的决定》，制定了"八坚持八反对"的作风规范："坚持解放思想、实事求是，反对因循守旧、不思进取；坚持理论联系实际，反对照搬照抄、本本主义；坚持密切联系群众，反对形式主义、官僚主义；坚持民主集中制原则，反对独断专行、软弱涣散；坚持党的纪律，反对自由主义；坚持清正廉洁，反对以权谋私；坚持艰苦奋斗，反对享乐主义；坚持任人唯贤，反对用人上的不正之风"。[1]

五、通过创新党内民主制度加强党的自身建设

（一）强调党内民主的重要性

江泽民曾说过："无论何人，只要违反民主集中制，就应受到批评；破坏民主集中制，就应给予必要的制裁。"[2]基于这样的指导思想，1990 年 5 月 25日，中共中央印发《关于县以上党和国家机关党员领导干部民主生活会的若干规定》，并发出通知，要求县以上各级党组织尤其是主要负责同志要高度重视，认真组织，开好民主生活会。规定实施以来，在有些单位取得了一定的效果，

---

① 《十五大以来重要文献选编》（下），中央文献出版社 2011 年版，第 236—237 页。

② 《江泽民文选》第 1 卷，人民出版社 2006 年版，第 97 页。

但从总体上看大多归于形式，所以民主生活会的质量还有待进一步提高。1996年，第十五届中纪委第六次全会公报，对党员领导干部在政治纪律方面提出的四条要求的第二条纪律要求："重大事项决策、重要干部任免、重要项目安排、大额资金的使用，必须经集体讨论做出决定"（简称"三重一大"制度）。为防止个人独断，形成良好的党内民主生活氛围提供了强大的制度基础。为提升领导干部对民主生活会的认可程度，1997年1月，党中央印发《关于提高县以上党和国家机关党员领导干部民主生活会质量的意见》，十五大党章在此基础上强调领导干部要带头遵守民主集中制规定，做到令行禁止。

在党员权利保障制度和党费管理方面，1995年1月7日，中共中央印发《中国共产党党员权利保障条例（试行）》，共6章35条，对党员权利保障的原则，党员享有的八项权利及其保护，对侵犯党员权利行为的惩处、程序和责任等进行规范。这是中国共产党历史上第一部保障党员权利的专门党内法规，具有开创性意义。1998年1月6日，中共中央组织部印发《关于中国共产党党费收缴、管理和使用的规定》，根据党员的工资收入对党费交纳的比例进行规定，对党费的管理和使用分别作出规范。

（二）创新干部选拔任用制度

在干部选拔任用制度、考核制度、交流制度方面的党内法规有1995年2月，中共中央印发《党政领导干部选拔任用工作暂行条例》；1997年5月16日，经中共中央批准，中共中央办公厅印发《关于对违反〈党政领导干部选拔任用工作暂行条例〉行为的处理规定》；2002年7月，中共中央发布《党政领导干部选拔任用工作条例》，明确民主推荐、考察酝酿、讨论决定、任职、党向人大或人大常委会推荐领导干部人选等程序，规范了党政领导干部选拔任用，推进了党政领导干部选拔任用工作的科学化、民主化、制度化进程；随后，对《党政领导干部选拔任用工作条例》的实施不断进行了分类细化。此外，在规范党校工作方面，1995年9月5日，中共中央印发《中国共产党党校工作暂行条例》；2000年6月5日，中共中央作出《中共中央关于面向21世纪加强和改进党校工作的决定》。

总之，党在改革开放新阶段特别注重加强党的规章制度建设，党内法规制度建设取得重要进展。党内法规制度的数量大量增加，内容主要覆盖以民主集中制为核心的组织建设法规制度和以廉政准则、党纪处分条例为主干的反腐廉政建设法规制度。同时，党内法规制度制定越来越规范化、程序化。党内法规制度的形式越来越具有法的规范性特征。当然，这个时期的党内法规制度的实施仍然存在些突出问题。例如，中共中央办公厅、国务院办公厅先后印发的《关于党政机关县（处）级以上领导干部收入申报的规定》（1995 年 4 月 30 日）和《关于领导干部报告个人重大事项的规定》（1997 年 1 月 31 日）在一些地方和部门就没有得到很好的实施。

第三节　全面建设小康社会阶段党内法规制度建设走向科学化

随着 21 世纪的到来，我国进入全面建设小康社会新的发展阶段。从 2002 年 11 月党的十六大召开到 2012 年 11 月党的十八大召开，党在全面建设小康社会的进程中推进实践创新、理论创新和制度创新。这个历史阶段，中国共产党人提出并贯彻落实科学发展观，推进以党的执政能力建设和先进性建设为主线的党的建设新的伟大工程，党的组织体系规模和党员队伍规模继续扩大，党员队伍人数由 6 800 多万增加到 8 000 多万。党在这个阶段把科学发展观贯穿于党的建设各个方面和全过程，以科学的理论指导党的建设，以科学的制度保障党的建设，以科学的方法促进党的建设，不断提高党的建设科学化水平。在提高党的建设科学化水平的进程中，党内法规制度建设的科学化水平也不断提高。

一、全面建设小康社会阶段的党章修订

（一）十六大党章确立"三个代表"重要思想为党的指导思想

以江泽民同志为核心的党的第三代中央领导集体在建设中国特色社会主义

的实践中，对新形势下"建设什么样的党、怎样建设党"进行了积极的探索和推进，提出了一系列新论断。2000 年 2 月 25 日，江泽民在深入基层调研的基础上，于广州市党建工作座谈会上发表重要讲话，完整地提出了"三个代表"重要思想。"三个代表"重要思想的提出，反映了改革开放新形势下党对自身建设问题认识的深化，是推进中国特色社会主义趋于完善的强大理论武器。

党的十六大与时俱进，修改党章，把"三个代表"重要思想确立为党的指导思想。2002 年 11 月 8—14 日，党的十六大在北京召开，制定了全面建设小康社会的纲领，通过了关于党章修正案的决议。在党的十六大报告中，江泽民提出："一定要坚持党要管党、从严治党方针，进一步解决提高党的领导水平和执政水平，提高拒腐防变和抵御风险能力这两大历史性课题，一定要把思想建设、组织建设、作风建设有机结合起来，把制度建设贯穿其中，既立足经常性工作，又抓紧解决存在的突出问题。"①这就明确地提出了加强党的制度建设的任务。十六大党章包括总纲、十一章五十三条，与十五大党章相比增加了第十一章"党徽党旗"。十六大党章的突出特点就是将"三个代表"重要思想同马克思列宁主义、毛泽东思想和邓小平理论共同作为党必须长期坚持的指导思想写入党章总纲。党章总纲对党的性质作了新的表述，增写了关于党的十三届四中全会以来的历史进程的表述，阐述了"三个代表"重要思想的历史地位和指导作用。十六大党章明确地提出党的建设要解决两个历史性课题，同时将"依法治国，建设社会主义法治国家"写入党章，将十四大、十五大党章中关于"坚持从严治党"的表述修改为"坚持党要管党、从严治党"。2004 年 9 月，党的十六届四中全会通过《关于加强党的执政能力建设的决定》，明确表示："党的执政能力，就是党提出和运用正确的理论、路线、方针、政策和策略，领导制定和实施宪法和法律，采取科学的领导制度和领导方式，动员和组织人民依法管理国家和社会事务、经济和文化事业，有效治党治国治军，建设社会主义现代化国家的本领。"②要深刻吸取世界上一些执政党兴衰的经验教训以及

① 沈云锁、潘强恩：《共产党通史》第 3 卷下册，人民出版社 2011 年版，第 871 页。
② 《十六大以来重要文献选编》（中），中央文献出版社 2006 年版，第 272 页。

中国共产党执政的历史经验教训，更加有意识地加强执政能力建设。提出，"贯彻依法治国基本方略，提高依法执政水平。依法执政是新的历史条件下党执政的一个基本方式。党的领导是依法治国的根本保证"。①党的十六届四中全会提出一系列党内法规制度建设的任务。

党的十六大党章的修改切实体现了党与时俱进推进改革的精神，尤其是"三个代表"重要思想被作为党的指导思想写入党章，充分反映了党在思想上的解放，在理论和实践上的新突破和新发展。随后，在党的十六大党章的指引下，党章中的重要思想和部署在社会主义现代化建设的各个领域、党的建设的各个方面都得以顺利地贯彻，发挥着对党的工作的重要指导作用。

（二）党的十七大将科学发展观写入党章

科学发展观概念的正式提出是在党的十六届三中全会上，党中央第一次对科学发展观思想作出了完整的表述。为了使科学发展观的思想能够更好地得以贯彻实施，省部级中央领导干部"树立和落实科学发展观"专题研究班在中央党校举办，在研究班上相关领导阐述了科学发展观，自此，"以人为本、全面、协调、可持续的发展观"被定义为"科学发展观"的概念并正式公开使用。

2007 年 10 月 15—21 日，党的十七大在北京召开，将科学发展观写入党章，推进了党的建设科学化和制度化。胡锦涛在党的十七大所作的报告中比较系统地阐述了科学发展观，在新的历史起点上提出实现全面建设小康社会奋斗目标的新要求，提出以改革创新精神引领党的建设新的伟大工程，并进一步阐述了党的建设中"一条主线"和"五个方面建设"的新布局。②第一次提出了

---

① 《〈中共中央关于加强党的执政能力建设的决定〉辅导读本》，人民出版社 2004 年版，第 16 页。

② 必须把党的执政能力建设和先进性建设作为主线，坚持党要管党、从严治党，贯彻为民、务实、清廉的要求，以坚定理想信念为重点加强思想建设，以造就高素质党员、干部队伍为重点加强组织建设，以保持党同人民群众的血肉联系为重点加强作风建设，以健全民主集中制为重点加强制度建设，以完善惩治和预防腐败体系为重点加强反腐倡廉建设，使党始终成为立党为公、执政为民，求真务实、改革创新、艰苦奋斗、清正廉洁、富有活力、团结和谐的马克思主义执政党。

"党的反腐倡廉建设"的新概念并要求形成反腐倡廉制度体系。胡锦涛在报告中同时强调，要"使党的工作和党的建设更加符合科学发展观的要求"①。党的十七大通过了关于《中国共产党章程（修正案）》的决议。十七大党章仍然包括总纲、十一章五十三条，总体结构保持稳定。十七大修改党章的突出特点就是，将科学发展观写入党章；将中国特色社会主义道路和中国特色社会主义理论体系写入党章；在党章中把党的基本路线中的奋斗目标表述为"把我国建设成为富强民主文明和谐的社会主义现代化国家"②；把中国特色社会主义事业"四位一体"总体布局写入党章。2009 年 9 月 18 日，党的十七届四中全会通过的《关于加强和改进党的建设若干重大问题的决定》，概括了执政党建设的六条基本经验，体现了执政党建设的特点和规律。2011 年 7 月 1 日，胡锦涛在庆祝中国共产党成立 90 周年大会上的讲话系统阐述在新的历史条件下推进党的建设科学化的"五个必须"基本要求，从战略和全局的高度阐明新的历史条件下加强党的建设的形势任务，为全面推进党的建设新的伟大工程指出了方向。同时，对改革开放和经济、政治、文化、社会建设等各项建设事业作了全面部署，明确了全面推进中国特色社会主义事业的大政方针和目标任务。

党的十七大党章的修改，统一了在改革发展关键阶段全党的思想和行动。有利于党的基本理论、基本路线、基本纲领和经验的更好坚持，有利于党的方针、政策和重大部署的贯彻实施，更好地将中国特色社会主义伟大事业和党的建设推向新高度和新水平。

二、加强思想政治工作，推进党的全面领导

这个阶段制定实施了党的领导和党的思想政治工作、机关工作方面的一些法规制度，规范党的领导和思想政治工作以及机关工作。例如，在思想政治工作制度建设方面，中共中央、中央军委先后印发《中国人民解放军政治工作条

---

① 《十七大以来重要文献选编》（上），中央文献出版社 2009 年版，第 14 页。
② 《胡锦涛文选》第 2 卷，人民出版社 2016 年版，第 518 页。

例》（2003 年 12 月 3 日）和《中国人民解放军政治工作条例》（2010 年 8 月 9 日）。中共中央、国务院先后印发《关于进一步加强和改进未成年人思想道德建设的若干意见》（2004 年 2 月 3 日）和《关于进一步加强和改进大学生思想政治教育的意见》（2004 年 8 月 26 日）。在处理政党关系和统一战线工作制度建设方面，中共中央先后印发《关于进一步加强中国共产党领导的多党合作和政治协商制度建设的意见》（2005 年 2 月 18 日）、《关于加强人民政协工作的意见》（2006 年 2 月 6 日）和《关于巩固和壮大新世纪新阶段统一战线的意见》（2006 年 7 月 24 日）。在人大制度建设和司法制度建设方面，2005 年 5 月 26 日，中共中央转发《中共全国人大常委会党组关于进一步发挥全国人大代表作用加强全国人大常委会制度建设的若干意见》的通知；2006 年 5 月 3 日，中共中央发出《关于进一步加强人民法院、人民检察院工作的决定》。在机关制度建设方面，2012 年 4 月 16 日，中共中央办公厅、国务院办公厅印发《党政机关公文处理工作条例》等。

三、建立党代表大会任期制，规范党的组织

这一时期主要制定实施党员权利保障制度、党的代表大会代表任期制等方面的党内法规，加强党的组织法规制度建设。在党员权利保障制度方面，2004 年 9 月 24 日，中共中央印发《中国共产党党员权利保障条例》，将党章规定的党员 8 项权利具体化，分为三大类二十项权利。这是保障党员权利方面的一部十分重要的基本法规，是发展党内民主、健全党内生活、加强党的执政能力建设的重要举措，有利于调动党员的积极性、主动性、创造性，提高党的创造力、凝聚力和战斗力。2006 年 6 月 21 日，中共中央办公厅印发《关于加强党员经常性教育的意见》《关于做好党员联系群众和服务群众工作的意见》《关于加强和改进流动党员管理工作的意见》《关于建立健全地方党委、部门党组（党委）抓基层党建工作责任制的意见》等四个保持共产党员先进性长效机制文件，促进党员教育管理工作的制度化规范化。为了发挥党的代表大会作用，坚持和完善党的代表大会制度，2008 年 5 月 5 日，中共中央印发《中国共产党

全国代表大会和地方各级代表大会代表任期制暂行条例》，落实党章中发展党内民主的规定。

四、明确问责体系，健全党内监督巡视制度

（一）建立党内问责制

为了加强党内监督，发展党内民主，维护党的团结统一，保证权力始终在法治轨道上运行，2003 年 12 月 31 日，中共中央印发《中国共产党党内监督条例（试行）》，该条例共五章四十七条，对党内监督的重点对象和重点内容、监督职责、监督制度和十项监督方式、监督保障等进行规定。该条例是党的历史上首次颁行的第一部党内监督法规，具有开创意义。为加强对党政领导干部选拔任用工作全过程的监督，坚决防止选人用人上的不正之风，2003 年 6 月 19 日，中共中央办公厅印发《党政领导干部选拔任用工作监督检查办法（试行）》共七章三十条，对监督检查的对象和内容、检查方式、日常监督和调查核实等进行规定。此外，这个阶段还制定实施了其他一些党内监督规定，例如，2005 年 12 月 19 日，中共中央办公厅印发《关于对党员领导干部进行诫勉谈话和函询的暂行办法》和《关于党员领导干部述职述廉的暂行规定》；2006 年 9 月 24 日，中共中央办公厅印发《关于党员领导干部报告个人有关事项的规定》；2010 年 5 月 26 日，中共中央办公厅、国务院办公厅印发新版《关于党员领导干部报告个人有关事项的规定》。

在干部监督管理制度建设方面，2004 年，党中央印发《公开选拔党政领导干部工作暂行规定》《党政机关竞争上岗工作暂行规定》《党的地方委员会全体会议对下一级党委、政府领导班子正职拟任人选和推荐人选表决办法》《党政领导干部辞职暂行规定》《关于党政领导干部辞职从事经营活动有关问题的意见》等五件党内法规和规范性文件；2006 年 6 月 10 日，中共中央办公厅印发《党政领导干部职务任期暂行规定》《党政领导干部交流工作规定》《党政领导干部任期回避暂行规定》等三件法规文件，建立干部职务任期制、交流制和任期回避制。在干部考核制度方面，2009 年 7 月 16 日，中共中央组织部印发

《地方党政领导班子和领导干部综合考核评价办法（试行）》《党政工作部门领导班子和领导干部综合考核评价办法（试行）》《党政领导班子和领导干部年度考核办法（试行）》等三部法规。上述有关干部制度的条规，是对《党政领导干部选拔任用条例》（2002 年）进一步具体化，形成比较系统的干部制度法规。

在推进党内问责制度建设方面，为了增强党政领导干部的责任意识，加强对党政领导干部的监督和管理，2009 年 6 月 30 日，党中央通过《关于实行党政领导干部问责的暂行规定》，对问责适用对象范围，问责工作的原则，问责的情形、方式和适用，实行问责的程序进行规范。为进一步匡正选人用人风气，提高选人用人公信度，2010 年 3 月 7 日，中共中央办公厅印发《党政领导干部选拔任用工作责任追究办法（试行）》，分类对问责情形、程序和纪律处分等内容进行具体规定。

（二）加强党内巡视制度建设

2009 年 7 月 2 日，中共中央印发《中国共产党巡视工作条例（试行）》，对巡视工作的指导思想和原则、机构设置、工作程序、人员管理、纪律和责任等进行规范，是对十七大党章第十三条关于党的中央组织和省、自治区、直辖市委员会实行巡视制度的规定的具体化。《巡视工作条例（试行）》的颁布实施，对于完善巡视制度，规范巡视工作，坚持党要管党、从严治党的方针，保证党的路线方针政策和中央重大决策部署的贯彻落实，促进党风廉政建设和反腐败斗争的深入开展，加强领导班子和干部队伍建设，具有十分重要的意义。2010 年 4 月 1 日，中共中央纪委、中共中央组织部印发《关于被巡视地区、单位配合中央巡视组开展巡视工作的暂行规定》；2012 年 8 月 2 日，中共中央纪委、中共中央组织部又印发《省、自治区、直辖市党委对县（市、区、旗）巡视工作实施办法》。这些规定和实施办法与《巡视工作条例（试行）》配套实施。

（三）建立惩治和预防腐败体系

制定实施中国共产党纪律处分条例和廉政准则，建立惩治和预防腐败体系。党风廉政建设和反腐败工作必须坚持教育、制度、监督并重，预防和惩治有机结合。其中教育是基础，制度是保障，监督是关键。在党的纪律处分制度方面，2003 年 12 月 31 日，中共中央印发《中国共产党纪律处分条例》，分总则、分则和附则，共 15 章 18 条，属于党内基础性、主干性、惩戒性的党内法规。2004 年 9 月，党中央通过《关于加强党的执政能力建设的决定》，着重提出六条基本经验，如党的领导关键地位和团结统一是我国事业顺利发展的重要保障等。党的十七大之后，始终将增强拒腐防变能力、提高抵御风险能力与党风廉政建设紧密联系起来。2008 年 1 月，在十七届中纪委二次全会上，胡锦涛提出加强监督力度，严肃惩处所有违反纪律的行为，提出"六个决不允许"①。在廉洁自律和廉政教育方面，2010 年 1 月 18 日，中共中央印发《中国共产党党员领导干部廉洁从政若干准则》，对五十二个"不准"进行规定。这个"廉政准则"在党内法规体系中的位阶比较高。2011 年 3 月 22 日，中共中央纪委印发《〈中国共产党党员领导干部廉洁从政若干准则〉实施办法》；2009 年 7 月 1 日，中共中央办公厅、国务院办公厅印发《国有企业领导人员廉洁从业若干规定》；2011 年 5 月 23 日，中共中央办公厅、国务院办公厅印发《农村基层干部廉洁履行职责若干规定（试行）》，与"廉政准则"配套。

在这个阶段，中共中央一直强调要建立反腐倡廉党内法规制度体系，为此，2005 年 1 月 3 日，中共中央印发《建立健全教育、制度、监督并重的惩治和预防腐败体系实施纲要》；2008 年 5 月 13 日，中共中央印发《建立健全惩治和预防腐败体系 2008—2012 年工作规划》；2010 年 11 月 10 日，中共中央、国务院印发《关于实行党风廉政建设责任制的规定》。这是对党风廉政建设进行总体规划和顶层设计。

五、开展保持党员先进性教育活动，巩固党的自身建设

随着改革开放的不断深入，市场经济体制越来越完善，国家经济水平迅猛

---

① 第一，决不允许在群众中散布违背党的理论和路线方针政策的意见；第二，决不允许公开发表与中央的决定相违背的言论；第三，决不允许对中央的决策部署阳奉阴违；第四，决不允许编造传播政治谣言及丑化党和国家形象的言论；第五，决不允许以任何形式泄露党和国家的秘密；第六，决不允许参与各种非法组织和非法活动。

提升，与此同时，日益复杂的社会环境以及纵横交错的利益关系给中国共产党带来了新的考验，也是对共产党员理想信念的坚定与否的新的考验。这一阶段党的建设围绕加强党的执政能力建设及先进性进行，尤其是在提高党员先进性教育方面进行了较大的努力，且获得较大的成效。事实上，一部分党员干部身上存在着理想信念不坚定、道德滑坡甚至腐化堕落等问题，严重地损害了党的形象。党的十六大之后，党中央非常关注党员纪律教育问题，用开展保持党员先进性教育活动的方法，增强党员干部的纪律意识，筑牢思想道德防线。

为此，胡锦涛强调，在学习过程中，党员干部要紧密结合自己的思想现实，提高思想意识，通过转变主观世界，加强道德修养，增强接受监督的意识。2004 年 11 月，中共中央发布《关于在全党开展以实践"三个代表"重要思想为主要内容的保持共产党员先进性教育活动的意见》，提出开展教育活动内容的几方面：一是全体党员干部必须学习党章，遵从党的纲领，切实行使党员权利，履行党员义务。二是组织坚定政治立场、遵从政治纪律的教育学习。通过学习先进人物事迹，指导党员干部牢固树立马克思主义的人生观及价值观，坚持政治立场，提升政治素养。三是要求党员干部落实求真务实的精神。部分党员干部思想及工作上存在作风不实的问题，违反了党的宗旨及原则。所以将深入贯彻落实党的求真务实精神作为一项纪律要求提出来，要求党员干部结合自身实际，具体落实党的先进性教育活动的各项要求。四是强化党员干部的党风廉政教育。组织党员干部学习党的纪律，如《中国共产党纪律处分条例》、"四大纪律、八项要求"等，强化纪律意识，熟悉纪律处分规定，明确什么样的事能做，什么样的事不能做。从 2005 年 1 月开始，党中央决定在全党范围内分批次进行保持党员先进性的教育活动，这是改革开放和社会主义市场经济条件下以马克思主义理论武装全党的重要举措。

总之，党在全面建设小康社会阶段的党内法规制度建设已经走出一条科学化、制度化和程序化的路子。党内法规制度体系建设的目标和任务更加明确，党内法规制度体系数量明显增加，制度体系内部更加注意"成套设备"的构建；党内法规制度的法的规范性特征已经显现。需要指出的是，党内法规制度建设注重了与国法的一致和协调，但党内法规制度与国法之间的界限却不够清晰。例如，《中国共产党纪律处分条例》就将党的纪律处分与国法中行政处罚、刑事处罚条规混合在一起；同时，这个阶段的党内法规制度数量增多，但在一些地方和部门却存在执行不力的问题。从总体上看，这个阶段的党内法规制度建设在此前党规建设成就的基础上，取得前所未有的科学发展，为加强党的建设和党的领导，实现党科学执政、民主执政、依法执政提供了重要制度保障。

第八章　新时代严肃政治建设把握党内法规制度建设的根本

习近平总书记在十九届中央政治局第六次集体学习中指出，"马克思主义政党具有崇高政治理想、高尚政治追求、纯洁政治品质、严明政治纪律。如果马克思主义政党政治上的先进性丧失了，党的先进性和纯洁性就无从谈起，这就是我们把党的政治建设作为党的根本性建设的道理所在。"①全面从严治党，首先从政治上看。党的十八大以来，在制度治党的背景下，党内出台了一系列的党内法规，不断加强党的政治建设，把党的政治建设要求贯彻到党的其他建设的法规制度之中，用严明的党内法规制度推动党的政治领导、政治原则、政治纪律落实落地，落细落小。

第一节　把准政治方向，夯实政治领导法规制度

习近平在多个场合都讲过一个发人深省的故事，"红军过草地的时候，伙夫同志一起床，不问今天有没有米煮饭，却先问向南走还是向北走。这说明在红军队伍里，即便是一名炊事员，也懂得方向问题比吃什么更重要。如果方向问题上出现偏离，就会犯颠覆性错误"。②中国共产党人的政治方向是什么？"我们要坚守的政治方向，就是共产主义远大理想和中国特色社会主义共同理想、'两个一百年'奋斗目标，就是党的基本理论、基本路线、基本方略。"③党的十八大以来，党中央出台了一系列党内法规，坚守政治方向不偏航。

---

①②③　习近平：《增强推进党的政治建设的自觉性和坚定性》，《求是》2019 年第 14 期。

一、出台一系列党内法规，确保坚守政治方向

如何确保坚定的政治方向始终不偏航？必须以理论的清醒促政治的坚定，必须通过扎实的理论宣传教育和严肃党内政治生活的锤炼才能够实现。2019年1月，中共中央印发《关于加强党的政治建设的意见》，在阐述加强党的政治建设的总体要求之后，明确坚定政治信仰的要求：要坚持用党的科学理论武装头脑、要坚定执行党的政治路线、要坚决站稳政治立场。"要坚定理想信念，牢固树立共产主义远大理想和中国特色社会主义共同理想"，"要坚定'四个自信'，坚信中国特色社会主义是科学社会主义理论逻辑和中国社会发展历史逻辑的辩证统一，是当代中国发展进步的根本方向"。[①]《中国共产党宣传工作条例》将"一个高举""两个巩固""三个建设"作为宣传工作的根本任务，即"高举中国特色社会主义伟大旗帜、巩固马克思主义在意识形态领域的指导地位，巩固全党全国人民团结奋斗的共同思想基础，建设具有强大凝聚力和引领力的社会主义意识形态，建设具有强大生命力和创造力的社会主义精神文明，建设具有强大感召力和影响力的中华文化软实力"[②]。《中国共产党党委（党组）理论学习中心组学习规则》要求"党委（党组）理论学习中心组学习以政治学习为根本，以深入学习中国特色社会主义理论体系为首要任务，以深入学习贯彻习近平总书记系列重要讲话精神为重点，以掌握和运用马克思主义立场、观点、方法为目的，坚持围绕中心、服务大局，坚持知行合一、学以致用，坚持问题导向、注重实效，坚持依规管理、从严治学"。[③]在《中共中央关于加强党

---

① 《中共中央关于加强党的政治建设的意见》（2019年1月31日），《中国共产党重要党内法规学习汇编》，中国法制出版社2019年版，第313页。

② 《全面提升新时代宣传工作的科学化规范化制度化水平——中央宣传部负责人就〈中国共产党宣传工作条例〉答记者问》，载新华网，http://www.xinhuanet.com/politics/2019-08/31/c_1124945754.htm，2019-08-31。

③ 《中国共产党党委（党组）理论学习中心组学习规则》（中共中央办公厅2017年1月30日印发），《中国共产党重要党内法规学习汇编》，中国法制出版社2019年版，第307页。

的政治建设的意见》中，要求"实施年轻干部理想信念宗旨教育计划，大力培养造就具有坚定共产主义信仰和较高马克思主义理论素养的社会主义建设者和接班人"。①中共中央于 2015 年 10 月 14 日印发的《干部教育培训工作条例》指出："干部教育培训坚持以理想信念、党性修养、政治理论、政策法规、道德品行教育培训为重点"，而政治理论教育所要实现的教学目标就是"引导干部坚定共产主义远大理想和中国特色社会主义共同理想，增强中国特色社会主义道路自信、理论自信、制度自信，提高运用马克思主义立场、观点、方法分析解决实际问题的能力"。②与干部教育培训的内容相一致，《中国共产党党员教育管理工作条例》明确规定，"党员教育管理是党的建设的基础性经常性工作。党组织应当加强党员教育管理，引导党员坚定共产主义远大理想和中国特色社会主义共同理想"。③党校是党领导的培养党的领导干部的学校，是培训各级领导干部的主渠道。2019 年 9 月 24 日中共中央政治局会议审议批准，2019 年 10 月 25 日中共中央发布的《中国共产党党校（行政学院）工作条例》第六条规定，党校（行政学院）对学员的教育培训目标是"坚持对党忠诚，把握正确政治方向"，"掌握马克思主义立场观点方法，学懂弄通做实习近平新时代中国特色社会主义思想，树立正确的世界观、人生观、价值观，不忘初心、牢记使命，做共产主义远大理想和中国特色社会主义共同理想的坚定信仰者和忠实实践者"。④

二、坚持政治领导，夯实党的领导法规制度

《中国共产党第十九次全国代表大会关于〈中国共产党章程（修正案）〉

---

① 《中共中央关于加强党的政治建设的意见》（2019 年 1 月 31 日），《中国共产党重要党内法规学习汇编》，中国法制出版社 2019 年版，第 313 页。
② 中共中央办公厅法规局编：《干部教育工作条例》（2015 年 10 月 14 日），《中央党内法规和规范性文件汇编》（1949 年 10 月—2016 年 12 月），法律出版社 2017 年版，第 978—979 页。
③ 《中国共产党党员教育管理工作条例》（2019 年 1 月 31 日），《中国共产党重要党内法规学习汇编》，中国法制出版社 2019 年版，第 217 页。
④ 《中共中央印发〈中国共产党党校（行政学院）工作条例〉》，《人民日报》2019 年 11 月 4 日。

的决议》指出，"大会认为，中国共产党的领导是中国特色社会主义最本质的特征，是中国特色社会主义制度的最大优势。党政军民学，东西南北中，党是领导一切的。大会同意把这一重大政治原则写入党章，这有利于增强全党党的意识，实现全党思想上统一、政治上团结，行动上一致，提高党的创造力、凝聚力、战斗力，确保党总揽全局、协调各方，为做好党和国家各项工作提供根本政治保证"。①

中国共产党作为最高政治领导力量具有科学的理论依据、充分的实践依据。马克思主义经典作家揭示了人类社会发展规律，相信社会主义必然代替资本主义，但这一进程必须通过无产阶级建立代表自己阶级利益的先进政党并获得领导地位才能实现，共产党的领导是科学社会主义的根本原则。回顾中国近代以来的历史，党的领导地位是中国人民在历史发展进程中选择的，这种选择来自对君主立宪等多种社会体制的反复比较，只有中国共产党找出了一条改变中国人民命运的正确道路，建立了人民当家作主的新中国。而新中国成立70多年，党领导人民创造了经济快速发展和社会长期稳定的两大奇迹，当今世界正经历百年未有之大变局，中国正处于中华民族伟大复兴的战略全局，"实现'两个一百年'奋斗目标、实现中华民族伟大复兴的中国梦，不知还要爬多少坡、过多少坎、经历多少风风雨雨、克服多少艰难险阻。要战胜前进道路上的风险挑战、实现宏伟目标，从根本上讲还是要靠党的领导、靠党把好方向盘"。②

"坚持党的政治领导，最重要的是坚持党中央权威和集中统一领导，这是作为党的政治建设的首要任务。"③坚持党中央权威和集中统一领导是马克思主义执政党处理党内关系的根本要求，是确保全党思想上统一、行动上一致的根本要求，是确保党的事业不断发展壮大的根本所在。对于一个拥有9 000多万

---

① 《中国共产党第十九次全国代表大会关于〈中国共产党章程（修正案）〉的决议》，《十九大以来重要文献选编》（上），中央文献出版社2019年版，第55页。

② 江金权：《发挥党的领导制度体系在国家制度和国家治理中的统领性作用》，《中国纪检监察报》2019年11月28日。

③ 习近平：《增强推进党的政治建设的自觉性和坚定性》，《求是》2019年第14期。

党员、在近 14 亿人口的发展中大国长期执政的党来说，如果没有党的集中统一领导，没有党中央权威，党的路线方针政策谈何执行？党就会变成一盘散沙。"维护党中央权威和集中统一领导，是贯彻执行民主集中制的内在要求，是关系党、民族、国家前途命运的原则性问题，是根本的政治纪律和政治规矩。"①事在四方，要在中央。坚决维护党中央权威和集中统一领导，最关键的是坚决维护习近平总书记党中央的核心、全党的核心地位。万山磅礴必有主峰，龙衮九章但挈一领。核心凝聚力量，是团结统一的保证，是马克思主义政党的鲜明优势。马克思恩格斯在总结巴黎公社失败的教训时曾特别强调是由于缺乏集中和权威。列宁也曾深刻地指出，"在历史上，任何一个阶级，如果不推举出自己的善于组织运动和领导运动的政治领袖和先进代表，就不可能取得统治地位。"②中国共产党近百年的实践证明，有坚强的领导核心，党的事业就不断取得胜利。遵义会议确定毛泽东同志在党中央的领导地位后，党开始形成坚强的领导核心，才带领人民打败日本侵略者，推翻国民党反动统治，建立中华人民共和国。在改革开放的进程中，正是有以邓小平同志为核心的党的第二代中央领导集体、以江泽民同志为核心的党的第三代中央领导集体、以胡锦涛同志为总书记的党中央的坚强领导，才有了中国特色社会主义伟大事业的顺利推进。党在长期实践中形成的维护党中央权威和集中统一领导的一系列制度安排，必须不断坚持。2017 年 10 月 27 日，十九届中共中央政治局召开会议，审议《中共中央政治局关于加强和维护党中央集中统一领导的若干规定》，强调加强和维护党中央集中统一领导是全党共同的政治责任，首先是中央领导层的政治责任。中央政治局全体同志要牢固树立"四个意识"，坚定"四个自信"，主动将重大问题报请党中央研究，认真落实党中央决策部署并及时报告落实的重要进展；要带头执行党的干部政策，结合分管工作负责任地向党中央推荐干

---

① 本刊编辑部：《以党的政治建设为统领　把我们党建设得更加坚强有力》，《求是》2019 年第 14 期。

② 转引自丁薛祥：《完善坚定党中央权威和集中统一领导的各项制度》，《党建研究》2019 年第 11 期。

部；要对党忠诚老实，自觉同违反党章、破坏党的纪律、危害党中央集中领导和团结统一的言行作斗争，认真履行所分管部门、领域或所在地区的全面从严治党责任；要坚持每年向党中央和总书记书面述职；要严格遵守有关宣传报道的规定。中央书记处和中央纪律检查委员会、全国人大常委会党组、国务院党组、全国政协党组、最高人民法院党组、最高人民检察院党组每年向中央政治局常委会、中央政治局报告工作。

在《中共中央关于加强党的政治建设的意见》关于坚持党的政治领导的要求中，放在第一位的是坚决做到"两个维护"，"要教育引导广大党员干部从历史和现实、理论和实践、国内和国际的结合上深刻认识、强化认同，不断增强拥护核心、跟随核心、捍卫核心的思想自觉政治自觉行动自觉，始终同以习近平同志为核心的党中央保持高度一致，做到党中央提倡的坚决响应、党中央决定的坚决执行、党中央禁止的坚决不做"。①2019 年 1 月 31 日中共中央印发《中国共产党重大事项请示报告条例》，指出"重大事项请示报告工作以习近平新时代中国特色社会主义思想为指导，坚持和加强党的全面领导，坚持党要管党、全面从严治党，贯彻民主集中制，坚决维护习近平总书记党中央核心、全党的核心地位，坚决维护党中央权威和集中统一领导，保证全党团结统一和行动一致，确保党始终总揽全局、协调各方"，"本条例所称重大事项，是指超出党组织和党员、领导干部自身职权范围，或者虽在自身职权范围内但关乎全局、影响广泛的重要事情和重要情况，包括党组织贯彻执行党中央决策部署和上级党组织决定、领导经济社会发展事务、落实全面从严治党责任，党员履行义务、行使权利，领导干部行使权力、担负责任的重要事情和重要情况"。②

坚持党的政治领导的要求还见于其他党内法规，如《关于新形势下党内政治生活的若干准则》要求坚决维护党中央权威，这是加强和规范党内政治生活

---

① 《中共中央关于加强党的政治建设的意见》（2019 年 1 月 31 日），《中国共产党重要党内法规学习汇编》，中国法制出版社 2019 年版，第 315 页。

② 《中国共产党重大事项请示报告条例》，《中国共产党重要党内法规学习汇编》，中国法制出版社 2019 年版，第 153—154 页。

的重要目的。《中国共产党党员教育管理工作条例》则要求党组织要加强对党员的教育管理，增强"四个意识"、坚定"四个自信"、做到"两个维护"。党的十九大以来，出台的相关领域党的建设意见中，也特别强调党的政治领导。中央和国家机关在党和国家治理体系中地位特殊，是推动党中央治国理政决策部署落实的领导机关，其建设关系着党中央权威和集中统一领导，关乎党中央决策部署能否落实落地。在《中共中央关于加强和改进中央和国家机关党的建设的意见》中，要求中央和国家机关带头做到"两个维护"，特别强调，"中央和国家机关首先是政治机关，必须旗帜鲜明讲政治，坚定不移向党中央看齐，向党的理论和路线方针政策看齐，向党中央决策部署看齐，把准政治方向，认真对标对表，及时校正偏差，自觉在思想上政治上行动上同以习近平同志为核心的党中央保持高度一致。"①《中共中央办公厅关于加强和改进城市基层党的建设工作的意见》指出，"街道社区党组织应当教育引导党员干部旗帜鲜明讲政治，增强'四个意识'，坚定'四个自信'，做到'两个维护'"。②2020年年初，全球发生新冠肺炎疫情，为了更好地应对，中共中央印发《关于加强党的领导、为打赢疫情防控阻击战提供坚强政治保证的通知》，强调"疫情就是命令，防控就是责任"，"面对疫情防控加快蔓延的严重形势，各级党委（党组）要增强'四个意识'、坚定'四个自信'，做到'两个维护'"，"把投身防控疫情第一线作为践行初心使命、体现责任担当的试金石和磨刀石，把党的政治优势、组织优势、密切联系群众转化为疫情防控的重大政治优势，确保党中央重大决策部署贯彻落实，让党旗在防控疫情斗争第一线高高飘扬"。③

由此可见，"两个维护"是贯穿党内法规的一条根本政治原则，是党的十八大以来形成的重大政治成果和宝贵经验，是确保党在革命性锻造中更加坚强

---

① 《中共中央关于加强和改进中央和国家机关党的建设的意见》，《中国共产党重要党内法规学习汇编》，中国法制出版社2019年版，第326页。

② 《中共中央办公厅关于加强和改进城市基层党的建设工作的意见》，《中国共产党重要党内法规学习汇编》，中国法制出版社2019年版，第336页。

③ 《中共中央印发〈关于加强党的领导、为打赢疫情防控阻击战提供坚强政治保证的通知〉》，《人民日报》2020年1月29日。

的重要政治纪律和政治规矩。需要注意的是，"'两个维护'有明确的内涵和要求，维护习近平总书记核心地位，对象是习近平总书记而不是其他任何人；维护党中央权威和集中统一领导，对象是党中央而不是其他任何组织。党中央的权威决定各级党组织的权威，各级党组织的权威来自党中央的权威，'两个维护'既不能层层套用，也不能随意延伸"。①

第二节　夯实政治根基，完善党的作风建设法规制度

人民是历史的创造者，加强党的政治建设，必须紧扣民心这个最大的政治。"民之所好好之，民之所恶恶之"，要站稳人民立场，人民对美好生活的向往就是党的奋斗目标，人民群众反对什么，痛恨什么，我们就要坚决防范和打击，始终保持党同人民群众的血肉联系，以加强党的作风建设夯实政治根基。

作风展现党的形象，高度重视作风建设是马克思主义政党的鲜明特征。历史反复证明，越是面临急难险重的任务，越是要加强作风建设。正如邓小平在改革开放初期所强调的，"在目前的历史转变时期，问题堆积如山，工作百端待举，加强党的领导，端正党的作风，具有决定意义"。②作风建设作为党的自身建设的重要方面，呈现出如下特点：第一，示范性。正因为作风建设通过党员干部个体行为展现，因而具有极强的示范性。"先禁己身而后人"，党员干部作为党的事业的骨干，人民的公仆，在践行党的作风方面必须以身作则。中国共产党是一个以民主集中制为原则组织起来的马克思主义执政党，明确要求"党员个人服从党的组织，少数服从多数，下级组织服从上级组织，全党各个组织和全体党员服从党的全国代表大会和中央委员会"，③这种服从当然遵守

---

① 丁薛祥：《完善坚定党中央权威和集中统一领导的各项制度》，《党建研究》2019 年第 11 期。

② 《邓小平文选》第 2 卷，人民出版社 1994 年版，第 178 页。

③ 《中国共产党章程》（中国共产党第十九次全国代表大会部分修改，2017 年 10 月 24 日通过），《人民日报》2017 年 10 月 29 日。

"其身正，不令而行；其身不正，虽令不从"的客观规律。正如习近平在党的群众路线教育实践活动工作会议上的讲话中所指出的"坚持领导带头。经常听到这样的议论，说一些问题长期得不到解决，表现在基层，根子在上层，上面害病，下面吃药。确实，脱离群众的种种问题，主要表现在领导机关、领导干部中。"①第二，直观性。作风建设既通过党的相关政策制度来体现，更通过党员干部的个体行为来展现，群众对于党的作风的认识直接来自身边的党员干部，直接影响着党群关系，党风问题、党同人民群众联系问题是关系党生死存亡的问题。第三，反复性。作风建设不可能毕其功于一役，是一个永恒的课题，因而抓作风必须要建章立制，必须要一抓到底，建立长效机制。邓小平曾以官僚主义这一作风问题为例强调制度问题不解决，思想作风问题也解决不了。习近平总书记2013年2月22日在人民日报《专家学者对遏制公款吃喝的分析和建议》等材料上的批示中指出，"关键是要抓住制度建设这个重点，以完善公务接待、财务预算和审计、考核问责、监督保障等制度为抓手，努力建立健全立体式、全方位的制度体系，以刚性的制度约束、严格的制度执行、强有力的监督检查、严厉的惩戒机制，切实遏制公款消费中的各种违规违纪违法现象"。②

一、以"八项规定"为突破口，坚持以上率下

2012年12月4日，履新不到20天的中共中央政治局召开会议，一致同意关于改进工作作风、密切联系群众的八项规定。明确抓作风建设，首先要从中央政治局做起，要求别人做到的自己先要做到，要求别人不做的自己坚决不做，以良好党风带动政风民风，真正赢得群众信任和拥护。党的十八大之后，党出台的第一个党内法规就是《关于改进工作作风、密切联系群众的八项规

---

① 《准确把握党的群众路线教育实践活动的指导思想和目标要求》，《习近平谈治国理政》，外文出版社2014年版，第378页。

② 《厉行勤俭节约，反对铺张浪费》，《习近平谈治国理政》，外文出版社2014年版，第363页。

定》，对中央政治局提出了八个方面的要求，主要内容围绕调查研究、会风文风、出访接待等，措辞明确，语言简练，如"提高会议实效，开短会、讲短话，力戒空话套话"；对于会议简报，"没有实质内容、可发可不发的文件、简报一律不发"；对警卫工作，"减少交通管制，一般情况下不封路、不清场闭馆"；对文稿发表，"除中央统一安排外，个人不公开出版著作、讲话单行本，不发贺信、贺电、不题词、题字"。①这份短短 600 多字的党内法规，一度被称为推进全面从严治党的第一把"手术刀"，坚持以上率下，"小切口"推动了"大变局"。党的十八大以后的作风建设以落实中央八项规定精神破题，到逐步锁定群众反映强烈的"形式主义、官僚主义、享乐主义、奢靡之风"的"四风"问题，严查不正之风，刷新党员干部的思维方式和行动模式。这种以上率下的作风建设要求同时体现在其他党的自身建设法规之中，如，《关于领导干部带头在公共场所禁烟有关事项的通知》等。

2019 年，习近平总书记专门作出重要批示，强调 2019 年要解决一些困扰基层的形式主义问题，切实为基层减负。并将 2019 年定为基层减负年，中共中央办公厅印发《关于解决形式主义突出问题为基层减负的通知》，其中特别要求从中央层面做起，"从领导机关首先是中央和国家机关做起，开展作风建设专项整治行动，发扬斗争精神，对困扰基层的形式主义问题进行大排查，着重从思想观念、工作作风和领导方法上找根源、抓整改"，在"严格控制层层发文、层层开会，着力解决文山会海反弹回潮的问题"上明确规定，"认真贯彻落实中央八项规定及其实施细则精神，从中央层面做起，层层大幅度精简文件和会议，确保发给县级以下的文件、召开的会议减少 30%—50%。发扬'短实新'文风，坚决压缩篇幅，防止穿靴戴帽、冗长空洞，中央印发的政策性发件原则上不超过 10 页，地方和部门也要按此从严掌握"；②对于中央层面的检

---

① 《关于改进工作作风、密切联系群众的"八项规定"》，载中国共产党新闻网，http://fanfu.people.com.cn/n/2013/0109/c64371-20146477.html，2013-01-09。

② 《中共中央办公厅印发关于解决形式主义突出问题为基层减负的通知》，《人民日报》2019 年 3 月 12 日。

查，明确规定要实行"年度计划和审批报备制度，中央和国家机关有关部门原则上每年搞 1 次综合性督查检查考核"；①建立保障机制，"在党中央集中统一领导下，建立中央层面整治形式主义为基层减负专项工作机制"。②2020 年出台的《关于持续解决困扰基层的形式主义问题为决胜全面建成小康社会提供坚强作风保证的通知》更是将坚持以上率下狠抓工作落实作为一项要求明确提出。由此可见，"以上率下"既是党的十八大以来作风建设法规制度的鲜明特点，亦是作风建设取得实效的关键所在。

二、围绕群众反映的突出问题，建章立制

2013 年 6 月 18 日，习近平总书记在党的群众路线教育实践活动工作会议上的讲话中指出，"我们必须看到，面对世情、国情、党情的深刻变化，精神懈怠危险、能力不足危险、脱离群众危险、消极腐败危险更加尖锐地摆在全党面前，党内脱离群众的现象大量存在，一些问题还相当严重，集中表现在形式主义、官僚主义、享乐主义和奢靡之风这'四风'上"。③习近平总书记对"四风"问题进行细致的梳理后指出，"我讲这些情况，就是要全党都警醒起来。如果任由这些问题蔓延开来，后果就不堪设想，那就可能发生毛泽东同志所形象比喻的'霸王别姬'了，更为严重的是，我们一些同志对这些问题见怪不怪，甚至觉得理所当然，'久入鲍肆而不闻其臭'，这就更加危险了"。④因此他号召全党"一定要牢记'奢靡之始，危亡之渐'的古训，对作风之弊、行为之垢来一次大排查、大检修、大扫除，切实解决人民群众反映强烈的突出问题"。⑤

在全党范围内开展作风之弊的大整修，坚持思想建党与制度治党相结合，

---

① ② 《中共中央办公厅印发关于解决形式主义突出问题为基层减负的通知》，《人民日报》2019 年 3 月 12 日。

③ 《群众路线是党的生命线和根本工作路线》，《习近平谈治国理政》，外文出版社 2014 年 10 月版，第 368 页。

④ 同上书，第 370、371 页。

⑤ 同上书，第 371 页。

既在全党范围内开展党的群众路线教育实践活动，更通过建章立制的方式反对"四风"落实，出台了一系列作风方面的党内法规。

（一）针对形式主义和官僚主义的问题

中共中央印发《党政机关公文处理工作条例》《关于创新群众工作方法解决信访突出问题的意见》《关于依法处理涉诉涉访信访问题的意见》《关于完善党员干部直接联系群众制度的意见》《关于解决形式主义突出问题为基层减负的通知》《关于持续解决困扰基层的形式主义问题为决胜全面建成小康社会提供坚强作风保证的通知》等一系列党内法规、制度。其中《党政机关公文处理工作条例》对于公文起草的要求中特别强调一切从实际出发，分析问题实事求是，所提政策措施和办法切实可行；内容简洁，主题突出，文字简练；深入调查研究，充分进行论证，广泛听取意见等要求，力戒形式主义和官僚主义。[1]为了解决形式主义的问题，中共中央办公厅于 2019 年、2020 年发文，在 2019 年《关于解决形式主义突出问题为基层减负的通知》中，明确将力戒形式主义和官僚主义作为"不忘初心、牢记使命"主题教育重要内容，引导党员干部坚持实事求是的思想路线，树立正确的政绩观，甚至将其提升到政治的高度来认识，"严明政治纪律和政治规矩，认真汲取秦岭北麓西安境内违建别墅的深刻教训，坚持防止和纠正落实党中央决策部署不用心、不务实、不尽力，口号喊得震天响、行动起来轻飘飘的问题"。[2]2020 年出台的《关于持续解决困扰基层的形式主义问题为决胜全面建成小康社会提供坚强作风保证的通知》，强调在 2019 年"基层减负年"的基础上要持续为基层松绑减负，从筑牢克服形式主义官僚主义的政治根基、纠治贯彻落实党中央决策部署中的形式主义问题、防止文山海反弹回潮、改进督查检查考核方式方法、提高调查研究实效、完善干部担当激励机制、深化治理改革为基层放权赋能、坚持以上率下狠抓工作落实等

---

① 《党政机关公文处理工作条例》，《中央党内法规和规范性文件汇编》（1949 年 10 月—2016 年 12 月），法律出版社 2017 年版，第 1348—1354 页。

② 《中共中央办公厅印发关于解决形式主义突出问题为基层减负的通知》，《人民日报》2019 年 3 月 12 日。

八个方面提出了具体要求。

信访工作是党的群众工作的重要组成部分，是送上门来的群众工作，是党和政府联系群众的重要桥梁、倾听群众呼声的重要窗口、体察群众疾苦的重要途径。面对信访工作存在的有关党员干部作风的问题，2014年2月，中共中央办公厅、国务院办公厅印发《关于创新群众工作方法解决信访突出问题的意见》，既着重强调把领导干部接访下访作为党员干部直接联系群众的一项重要制度，又对省、市、县、乡各级领导干部接访次数作出最低限定，即"省级领导干部每半年至少一天，市厅级领导干部每季度至少一天，县（市、区、旗）领导干部每月至少一天，乡镇（街道）领导干部每周至少一天到信访街道场所，按照属地管理、分级负责的原则接待群众来访"，①并要求集中领导资源解决重大疑难复杂问题；既提出在市、县两级全部实行联合接访，又要求结合实际加强对进驻联合接访场所责任部门的动态管理，防止形式化。紧随其后，中共中央办公厅、国务院办公厅发布《关于依法处理涉法涉诉信访问题的意见》，"改变经常性集中交办、过分依靠行政推动、通过信访启动法律程序的工作方式，把解决涉法涉诉信访问题纳入法治轨道，由政法机关依法按程序处理，依法纠正执法差错，依法保障合法权益，依法维护公正结论，保护合法信访、制止违法闹访，努力实现案结事了、息诉息访，实现维护人民群众合法权益与维护司法权威的统一"。②

党员干部直接联系群众是党的群众路线的最直接体现，2014年4月，中共中央办公厅印发《关于完善党员干部直接联系群众制度的意见》，对这一制度的深化细化，是改进作风常态化制度的重要方面，有利于构建畅通的信息传送系统，提升群众参与权力运行的宽度与广度，为科学决策奠定坚实基础。

具体而言：第一，调查研究制度，既对各层级的干部提出经常性调研、驻

---

① 《中办国办印发〈关于创新群众工作方法解决信访突出问题的意见〉》，《光明日报》2014年2月26日。

② 《全面推动涉法涉诉信访改革——中央司法体制改革领导小组办公室负责人就〈关于依法处理涉法涉诉信访问题的意见〉答记者问》，中华人民共和国中央人民政府网站，http://www.gov.cn/govweb/xinwen/2014-03/19/content_2641875.htm，2014-03-19。

点调研的总体要求之外，还要赋予各地区各部门结合实际提出具体要求的自主权，同时要求各级领导干部在调研中要严格遵守中央八项规定精神，轻车简从，通过"解剖麻雀"认识规律。第二，基层联系点制度，要求县处级以上领导班子成员要建立基层联系点，明确规定了各省（自治区、直辖市）的党政领导班子成员联系到县（市、区、旗）及以下，县（市、区、旗）党政领导班子成员联系到村（社区）省部级、市厅级党员领导干部深入联系点每年至少一次，县处级领导干部每年不少于两次，乡镇（街道）党政领导班子成员每人结对联系两户以上基层群众，每年走访几次，无论是联系点还是结对联系户，联系时间都不得少于一年，可以长期联系，联系点的主要任务是了解社情民意，帮助当地加强基层组织谋划发展思路、解决发展难题，充分发挥联系点的辐射带动作用，结对联系户的主要任务是宣传党的路线方针政策、了解群众利益诉求、听取意见建议、帮助解决问题、做好思想政治工作。第三，基层挂职任职制度，这项制度既是作风建设的具体要求，更是培养干部的重要途径，规定县级以上机关要选派党员干部特别是后备干部、年轻干部和没有基层工作经历的干部，到县、乡特别是条件艰苦、环境复杂的基层单位、与群众接触比较直接的岗位和村、社区、企业、社会组织等基层一线挂职任职、驻点包户，并且明确时间上不少于一年。第四，定期接待群众来访制度，这是与《关于创新群众工作方法解决信访突出问题的意见》相配套的制度规定，不仅对各级领导干部定期接待群众来访的时间要求进一步重申，还提出领导干部接访可采取定点接访、重点约访、带案下访、上门回访等多种方式，接访必须建立工作台账，明确承办单位和责任人，以便督办落实和答复来访群众。第五，与干部群众谈心制度，党员领导干部特别是党政领导班子成员要与干部群众开展谈心活动，每年至少开展两次，基层党支部负责人每年要与所属党员至少进行两次谈心谈话，谈话可以个别谈话、集体座谈、随机交流等多种形式，主要是了解干部群众的学习、思想、工作、生活情况，以采取针对性的肯定、鼓励、解决困难、教育引导等措施。第六，征集群众意见制度，这主要是利用传统设立意见箱等方式与现代信息技术手段，就经济社会发展中的重要问题和人民群众最关心最直接最现实的利益问题广泛征集群众意见，与群众协商，并以适当方式反馈或公布群众意见采纳处理情况。第七，党员承诺践诺制度，党员是党联系服务群众的重要主体，这一制度规定既是加强对党员加强教育管理的有效举措，亦是党联系服务群众的重要平台，要求各基层机关、企事业单位和社会组织的党员以及流动党员既要积极参加所在单位的承诺践诺活动，又要向居住地社区（村）党组织报到，自觉参加各类公益活动，对农村社区党员，窗口单位和服务行业的党员提出了具体的要求。第八，市县党代会代表直接联系群众制度，两级党代会都要合理设置各有分工的党代会代表工作小组，定期组织代表开展调查研究、工作视察、建言献策等活动。

（二）针对享乐主义和奢靡之风的问题

2013 年 1 月 17 日，习近平在新华社《网民呼吁遏制餐饮环节"舌尖上的浪费"》材料上批示指出，要"努力使厉行节约、反对浪费在全社会蔚然成风"，[①] 自此，在全社会掀起了厉行节约、反对浪费的运动，即便如此，群众仍旧担心新风只是"一阵风"。《党政机关例行节约反对浪费条例》的出台，回应了群众关切。根据《中国共产党党内法规制定条例》的规定：条例对党的某一领域重要关系或者某一方面重要工作作出全面规定，这是党第一次专门为厉行节约、反对浪费制定党内条例，是党政机关做好节约工作、防止浪费行为的总依据和基本遵循。首先，这一党内法规适用对象广泛，包括党的机关、人大机关、行政机关、政协机关、审判机关、检察机关以及工会、共青团、妇联等人民团体和参照公务员法管理的事业单位，国有企业、国有金融企业、不参照公务员法管理的事业单位，参照本条例执行。其次，措施具体，针对性强。对党政机关经费管理、国内差旅和因公临时出国（境）、公务接待、公务用车、会议活动、办公用房、资源节约等都作出了全面规范，并明确提出建立预算全过程动态监控机制、公务用车社会化、市场化改革方向，具有很强的针对性和现实指导性。第三，完善的制度执行保障机制。针对过去"号召经常发、文件经常下、口号经常喊、运动经常搞、要求经常提，效果不明显"的情况，此次

---

① 《厉行勤俭节约，反对铺张浪费》（2013 年 1 月 17 日、2 月 22 日），《习近平谈治国理政》，外文出版社 2014 年版，第 363 页。

《党政机关厉行节约反对浪费条例》对"宣传教育、监督检查、责任追究"均提出了明确要求，特别是提出了"各级党委和政府应当建立厉行节约反对浪费监督检查机制，明确监督检查的主体、职责、内容、方法、程序等，加强经常性督促检查，针对突出问题开展重点检查、暗访等专项活动"，①建立党政机关厉行节约反对浪费工作责任追究制度。对违反本条例规定造成浪费的，应当依法依纪追究相关人员的责任，对负有领导责任的主要责任人或者有关领导干部实行问责。

《党政机关厉行节约反对浪费条例》出台之后，相应的配套法规不断跟进。这种配套体现在以其他党内法规对《条例》相关内容不断细化。《条例》对于对党政机关经费管理、国内差旅和因公临时出国（境）、公务接待、公务用车、会议活动、办公用房等方面作了规定，为将相关规定落细落实，中共中央办公厅国务院办公厅又相继出台一系列党内法规：

如《党政机关国内公务接待管理规定》，对包括出席会议、考察调研、执行任务、学习交流、检查指导、请示汇报工作等公务活动做了详细规定，以公务接待厉行节约为主线，紧紧抓住创新管理和深化改革这两个"治本"之策，进行全方位、立体式突破，力求根治公务接待顽疾，遏制"舌尖上的浪费"。共提出了三十八项禁令，包括十一项"禁止"事项和二十七项"不得"要求，一方面从源头管控，双向约束，从起点和源头压减公务接待活动数量；另一方面明确标准，综合治理，简化和规范公务接待活动；此外，全面公开，强化问责，坚决杜绝"破窗效应"。

如财政部根据《党政机关厉行节约和反对浪费条例》制定的《中央和国家机关差旅费管理办法》，适用于中央和国家机关以及参照公务员法管理的事业单位，对包括工作人员临时到常驻地以外地区公务出差所发生的城市间交通费、住宿费、伙食补助费和市内交通费等在内的差旅费进行规定，同时要求各单位要加强对本单位工作人员出差活动和经费报销的内控管理，财政部负责监

---

① 《党政机关厉行节约反对浪费条例》，《中央党内法规和规范性文件汇编》（1949 年 10 月—2016 年 2 月）（下册），法律出版社 2017 年版，第 1103 页。

督检查，违反规定的，依规追究相关单位和人员的责任。

如从中共中央办公厅《关于全面推进公务用车制度改革的指导意见》到中共中央办公厅、国务院办公厅印发的《党政机关公务用车管理办法》，对党的机关、人大机关、行政机关、政协机关、监察机关、审判机关、检察机关，以及工会、共青团、妇联等人民团体和参照公务员法管理的事业单位中有关用于定向保障公务活动的机动车辆，包括机要通信用车、应急保障用车、执法执勤用车、特种专业技术用车以及其他按照规定配备的公务用车进行详细规定。

三、抓住关键时间节点和关键部门织密作风建设党内法规之网

抓住关键时间节点和关键部门的党内法规的发布持续不断，保持作风建设高压态势，以"通知"为主。如《关于制止豪华铺张、提倡节俭办晚会的通知》《关于落实中央八项规定精神坚决刹住中秋国庆期间公款送礼等不正之风的通知》《关于严禁购买印制寄送贺年卡等物品的通知》《关于严禁元旦春节期间公款购买赠送烟花爆竹等年货节礼的通知》《关于在党的群众路线教育实践活动中严肃整治"会所中的歪风"的通知》《关于务实节俭做好元旦春节期间有关工作的通知》《关于党政机关停止新建楼堂馆所和清理办公用房的通知》《关于严禁党政机关到风景名胜区开会到通知》《关于严禁在历史建筑、公园等公共资源中设立私人会所的暂行规定》《关于在全国纪检监察系统开展会员卡专项清退活动的通知》等。

作风建设具有反复性，易变异反弹，党的十八大以来党的作风方面的党内法规建设，清晰地显示关于作风方面的党内法规出台比较集中在 2013 年和 2014 年，呈现出"先广后深"的鲜明特点：

首先，从广度上将作风方面的建设要求落细落小，对于顽固性的作风问题，多次出台党内法规予以规范。如，中共中央纪委、中央群众路线教育实践活动领导小组曾于 2013 年 12 月出台《关于在党的群众路线教育实践活动中严肃整治"会所中的歪风"的通知》，针对一些党员领导干部出入私人会所、吃喝玩乐，甚至搞权钱交易、权色交易严重影响党风政风，带坏社会风气的情

况，提出要严肃整治"会所中的歪风"。到 2014 年 5 月，中共中央纪委和中央党的群众路线教育实践活动领导小组又一次发布《关于进一步整治"会所中的歪风"的通知》，这一通知的下发是为巩固已有工作成果，整治重点为针对在历史建筑、公园等公共资源中实行会员制的会所、只对少数人开放的场所、违规出租经营的场所。如前所述，中共中央办公厅于 2019 年、2020 年连续两年发布关于整治形式主义突出问题为基层减负的通知，以钉钉子的精神解决形式主义的顽疾。

其次，从深度上逐渐加强对某一领域作风的规范。如 2013 年 7 月，中共中央办公厅、国务院办公厅曾印发《关于党政机关停止新建楼堂馆所和清理办公用房的通知》，针对存在违规修建楼堂馆所的现象影响了党和政府形象，要求全面停止新建党政机关楼堂馆所、严格控制办公用房维修改造项目等规定。为把严格控制机关团体建设楼堂馆所这一明确举措制度化，建立长效机制，推动监督检查常态化，2017 年 5 月国务院制定印发《机关团体建设楼堂馆所管理条例》，对机关、人民团体新扩改建的、购置的楼堂馆所作出严格限制，明确规定不得建设培训中心等各类具有住宿、会议、餐饮等接待功能的场所和设施，禁止以技术业务用房等名义建设办公用房或者违反规定在技术业务用房中设置办公用房，"对机关、人民团体建设办公用房，要严格项目审批，强化资金管理，对属于禁止建设或者建设必要性不充分、建设资金来源不符合规定、建设内容或者建设规模不符合建设标准等情形的不得批准建设；办公用房项目应当按照审批机关核定的建设内容、建设规模和投资概算进行设计、施工；办公用房项目的建设资金由预算资金安排，不得挪用各类专项资金、向单位或者个人摊派、向银行等金融机构借款及接受赞助或者捐赠"①等。"对机关、人民团体维修办公用房，要严格履行审批程序，执行维修标准，禁止进行超标准装修或者配置超标准的设施"。②对违法建设行为的，根据具体情况责令停止相关建设活动或者改正，对所涉楼堂馆所予以收缴、拍卖或者责令限期腾退，对负

①② 《李克强签署国务院令〈机关团体建设楼堂馆所管理条例〉公布》，《人民日报》2017 年 10 月 28 日。

有责任的领导人员和直接责任人员依法给予处分。

第三节　强化政治纪律，完善党的纪律党内法规制度，严明政治规矩

"路线是王道，纪律是霸道"，纪律严明是中国共产党的光荣传统和独特优势，党的十九大第一次将纪律建设纳入党的建设总体布局，明确纪律建设是全面从严治党的治本之策。"革命战争年代，我们党团结带领人民打败穷凶极恶的敌人、夺取中国革命胜利，靠的是铁的纪律保证。新的历史条件下，我们党要团结带领人民全面建成小康社会、基本实现现代化，同样要靠铁的纪律保证。"①政党是政治组织，都有纪律要求，特别是政治纪律，没有政治上的规矩不能称其为政党，西方国家议会投票，政党壁垒分明，这就是政党对党员有政治上约束的重要体现。

一、严明党的政治纪律

中国共产党一向重视政治纪律，绝大多数的党员和干部能自觉遵守和维护党的政治纪律，但从近年来查处的腐败问题中也可以看到，少数党员干部的政治纪律意识不强，而且出现了"权力越大、位置越重要，越不拿党的政治纪律和政治规矩当回事儿，甚至到了肆无忌惮、胆大包天的地步"。②

具体表现在以下几个方面：

第一，在原则问题和大是大非面前立场摇摆，有的对党已经明确规定的政

---

① 习近平：《严明政治纪律，自觉维护党的团结统一》（2013 年 1 月 21 日），《十八大以来重要文献选编》（上），中央文献出版社 2014 年版，第 131 页。

② 习近平：《加强纪律建设，把守纪律讲规矩摆在更加重要的位置》（2015 年 1 月 13 日），《十八大以来重要文献选编》（中），中央文献出版社 2016 年版，第 351 页。

治原则口无遮拦，对重大政治问题公开发表不同意见。"在一些干部中，乱评乱议、口无遮拦现象比较突出，如果造谣生事那是违反党纪甚至违反国法，但这些就是在那调侃、传播小道消息，东家长西家短乱发议论，热衷于转发网上不良信息，甚至一些所谓'铁杆朋友'聚在一起妄议中央大政方针。有的人热衷于打探消息，四处寻问，八方打听，不该问的偏要问，不该知道的特想知道，捉到一些所谓内幕消息就到处私下传播。对中央查处的一些大案要案，有的高级干部就在背后说查人家干什么，做了那么多工作，就这一点小事就要抓住不放，显得忿忿不平的。情况是这样吗？看看那些人写的忏悔录，哪个人是冤枉的？虽然这只是不负责任地传播消息、发表议论，也不是在正式场合说的，但其腐蚀性、涣散性也是非常严重的"，有的人"冲着党的理论和路线方针政策大放厥词，散布对中央领导同志的恶毒谣言"。①《中国共产党纪律处分条例》对于在重大原则问题上不同党中央保持一致且有实际言论、行为或者造成不良后果的，视情节给予警告直至开除党籍处分，对于通过网络、广播、电视、报刊、传真、书籍等妄议中央大政方针的，视情节给予警告直至开除党籍处分。"制造、散布、传播政治谣言的，破坏党的团结统一的"，也视情节给予警告直至开除党籍的处分。与此同时，对于"党员干部对违反政治纪律和政治规矩等错误思想和行为不报告、不抵制、不斗争，放任不管，搞无原则一团和气，造成不良影响的，给予警告或者严重警告处分；情节严重的，给予撤销党内职务或者留党察看处分"。②

第二，对中央方针政策和重大决策部署搞"软抵制"，阳奉阴违，搞低级红，高级黑。以"秦岭违建别墅"为例，"秦岭北麓西安境内违建别墅问题，看似拆除违建别墅工作不作为、不到位，实质是有关党组织和党员领导干部对贯彻落实习近平总书记重要指示批示精神和党中央重大决策部署不作为、不到

---

① 习近平：《加强纪律建设，把守纪律讲规矩摆在更加重要的位置》（2015 年 1 月 13 日），《十八大以来重要文献选编》（中），中央文献出版社 2016 年版，第 348—349、351 页。

② 《中国共产党纪律处分条例》，《中国共产党重要党内法规学习汇编》，中国法制出版社 2019 年版，第 365 页。

位，归根结底是，没有把'两个维护'作为最根本的政治纪律和政治规矩，不严肃、不认真、不担当，对党中央的要求只传达不研究、只学习不落实、只表态不行动，讲政治停留在口头上会议上表面文章上，没有真正落实到实际工作中，导致'整而未治、阳奉阴违、禁而不绝'的严重后果"①。《中国共产党纪律处分条例》明确规定，"党员领导干部在本人主政的地方或者分管的部门自行其是，搞山头主义，拒不执行党中央确定的大政方针，甚至背着党中央另搞一套的"，给予撤销党内职务、留党察看或者开除党籍处分，"对党不忠诚不老实。表里不一，阳奉阴违，欺上瞒下，搞两面派，做两面人"，②视情节给予警告直至开除党籍的处分。

第三，在党内搞团团伙伙、结党营私、拉帮结派、培育个人势力等非组织活动。习近平总书记在十八届中纪委五次全会上曾经指出，"党内绝不允许搞团团伙伙、结党营私、拉帮结派，搞了就是违反政治纪律。如何防微杜渐？要从规矩抓起，要有这个意识。有些干部聚在一起，搞个同乡会、同学会，一段时间聚一下，黄埔一期二期三期的这么论，看着好像漫无目的，其实醉翁之意不在酒，是要结交情谊，将来好相互提携、互通款曲，这就不符合规矩了"，③"有的人只要是他工作过的地方，都利用手中的权力'正正规规'地搞团团伙伙，全要搞成他自己的领地，到处插手人事安排，关照自己小圈子里的人，结果他们就成了一根绳子上的蚂蚱"，④"有的领导干部把自己凌驾于组织之上，老子天下第一，把党派他去主政的地方当成了自己的'独立王国'，用干部、作决策不按规定向中央报告，搞小山头、小团伙、小圈子"。⑤《中国共产党纪律处

---

① 《评秦岭违建整治：将"两个维护"真正落实到行动上》，中共中央纪律检查委员会 中华人民共和国国家监察委员会网站，http://www.ccdi.gov.cn/toutiao/201901/t20190110_186741.html，2019-01-10。

② 《中国共产党纪律处分条例》，《中国共产党重要党内法规学习汇编》，中国法制出版社2019年版，第361—362页。

③④ 习近平：《加强纪律建设，把守纪律讲规矩摆在更加重要的位置》（2015年1月13日），《十八大以来重要文献选编》（中），中央文献出版社2016年版，第348页。

⑤ 同上书，第351页。

分条例》对于这种非组织活动，或者"通过利益交换、为自己营造声势等活动捞取政治资本的，给予严重警告或者撤销党内职务处分；导致本地区、本部门、本单位政治生态恶化的，给予留党察看或者开除党籍处分"。①

习近平总书记在十八届中纪委五次全会上曾明确指出党的规矩主要包括四个方面：其一是党章，是总规矩；其二是党的纪律；其三是国家法律；其四是党在长期实践中形成的优良传统和工作惯例。《中国共产党纪律处分条例》第六十九条规定，"违反党的优良传统和工作惯例等党的规矩，在政治上造成不良影响的"②也属于违反党的政治纪律，要视情节给予警告直至开除党籍的处分。

"严明党的纪律，首要的是严明政治纪律。党的纪律是多方面的，但政治纪律是最重要、最根本、最关键的纪律。遵守党的政治纪律是遵守党的全部纪律的重要基础。政治纪律是各级党组织和全体党员在政治方向、政治立场、政治言论、政治行为方面必须遵守的规矩，是维护党的团结统一的根本保证"。③《中共中央关于加强党的政治建设的意见》提出要严明党的政治纪律和政治规矩，强调"要把坚决做到'两个维护'作为首要政治纪律"，政治纪律并不抽象，而是非常具体的，都是与具体的人和事紧密相连的，如果割裂，必然出现责任"空转"，"两个维护"就沦为一句空话。"绝不允许在重大政治原则问题上、大是大非问题上同党中央唱反调，搞自由主义。""坚持'五个必须'，必须维护党中央权威，决不允许背离党中央要求另搞一套；必须维护党的团结，决不允许在党内培植个人势力；必须遵循组织程序，决不允许搞非组织活动；必须管好领导干部亲属和身边工作人员，绝不允许他们擅权干政、谋取私利"。④《关于新形势下党内政治生活的若干准则》规定"党员不准散布违背党的

---

① 《中国共产党纪律处分条例》，《中国共产党重要党内法规学习汇编》，中国法制出版社2019年版，第361页。

② 同上书，第366页。

③ 习近平：《严明政治纪律，自觉维护党的团结统一》（2013年1月21日），《十八大以来重要文献选编》（上），中央文献出版社2014年版，第132页。

④ 《中共中央关于加强党的政治建设的意见》，《中国共产党重要党内法规学习汇编》，中国法制出版社2019年版，第320—321页。

理论和路线方针政策的言论；不准公开发表违背党中央决定的言论，不准泄露党和国家秘密，不准参与非法组织和非法活动，不准制造、传播政治谣言及丑化党和国家形象的言论。党员不准搞封建迷信，不准信仰宗教，不准参与邪教，不准纵容和支持宗教极端势力，民族分裂势力，暴力恐怖势力及其活动"。①

二、严明党的组织纪律

党的力量来自组织，组织严密是党的优良传统。"党的领导，体现在党的科学理论和正确路线方针政策上，体现在党的执政能力和执政水平上，同时也体现在党的严密组织体系和强大组织能力上。一个松松垮垮、稀稀拉拉的组织是不能干事、也干不成事的。"②中国共产党近百年的发展历程，历经坎坷，不断从胜利走向胜利，组织严密是重要保证。计划经济时期，个人对组织的依赖感和归属感强，改革开放一定程度上改变了组织管理模式，很多单位人转变为社会人，组织观念薄弱、组织涣散在一定程度上存在着。针对存在的问题，主要从以下几个方面严明党的组织纪律：

第一，坚持民主集中制等组织原则。民主集中制是党的根本组织原则，党章中所规定的"四个服从"是最基本的组织纪律。党员的第一职责就是忠诚于组织，自觉接受组织安排和纪律约束。"对党组织决定，党员、干部应该不讲任何价钱，不打任何折扣。如果认为组织决定有不妥之处，可以按照组织程序提出意见和建议，但在组织没有改变决定之前，必须毫无保留执行，不允许以任何借口阻挠和拖延组织决定的执行。"③党委制，即党的委员会制度，是中国共产党长期以来实行的集体领导制度。从近年来查处的腐败案件可以明显地看

---

① 《关于新形势下党内政治生活的若干准则》，《中国共产党重要党内法规学习汇编》，中国法制出版社 2019 年版，第 204 页。

② 习近平：《严明党的组织纪律，增强组织纪律性》，《十八大以来重要文献选编》（上），中央文献出版社 2014 年版，第 766 页。

③ 同上书，第 769 页。

出，党内一定程度上存在着独断专行，搞家长制、"一言堂"，个人凌驾于组织之上，党内民主得不到充分保障，领导干部特别是一把手的权力得不到有效制约等现象。正如习近平在河北省委常委班子专题民主生活会中所强调的民主集中制执行中所存在的问题："有的领导干部个人主义、本位主义思想严重，只讲民主不讲集中，班子讨论问题时没有采纳自己的意见就不高兴，或者脑袋长在屁股上，为了自己的那点权力争得不可开交。有的一把手只讲集中不讲民主，习惯于逢事先定调，重大问题不经班子成员充分酝酿和讨论就拍板，甚至对多数人的意见也置之不理"。①《关于新形势下党内政治生活的若干准则》规定，"不允许以任何形式取代党委及其常委会（或党组）的领导"。②《中国共产党纪律处分条例》规定，违反民主集中制原则，有"拒不执行或者擅自改变党组织作出的重大决定的；违反议事规则，个人或者少数人决定重大问题的；故意规避集体决策，决定重大事项、重要干部任免、重要项目安排和大额资金使用的；借集体决策名义集体违规的"，③要视情节给予警告直至留党察看的处分。

第二，严格执行请示报告制度。请示报告制度是党的一项重要制度，也是党的组织纪律的重要方面，是执行民主集中制的有效工作机制。1948年党中央在西柏坡召开政治局扩大会议，其重要议题便是建立请示报告制度，对于党员尤其是干部，严格按照组织程序执行请示报告制度，是基本要求。不按照组织程序执行请示报告制度的，可能就是出现问题的先兆。2019年1月31日，中共中央印发《中国共产党重大事项请示报告条例》对于下级党组织向上级党组织，以及党员、领导干部向党组织请示报告重大事项相关活动进行规定。"当前，在请示报告制度方面存在不少问题，有的干部目无组织，干了什么，人跑

① 中共中央纪律检查委员会　中共中央文献研究室编：《习近平关于党风廉政建设和反腐败斗争论述摘编》，中央文献出版社、中国方正出版社2015年版，第35页。

② 《关于新形势下党内政治生活的若干准则》，《中国共产党重要党内法规学习汇编》，中国法制出版社2019年版，第207页。

③ 《中国共产党纪律处分条例》，《中国共产党重要党内法规学习汇编》，中国法制出版社2019年版，第366页。

到哪里去了，组织上都不知道。泥牛入海无消息"。①"有的党的高级干部编了一套暗语，家里人、身边人相互说话都用暗语，搞得跟《潜伏》一样"。②领导干部的个人事项报告制度是请示报告制度非常重要的方面，要执行即时报、定时报及抽查制度，习近平针对近年来出现的隐而不报的情况，非常直白的指出，"不是说非要家里出了命案才需要报告。有的同志有重病不报，对所有人都隐瞒了，最后病危了组织还不知道，场面上的工作都干不了了，但就是不说，最后命都给耽误没了"，③"有的领导干部不知道哪来的神通，办了好几个身份证，违规办了因私护照甚至持有外国绿卡，有的有几本港澳通行证，有的把老婆孩子都送到国外去了，根本没给组织上说一声，没把组织当回事！"④针对以上这些现象，中共中央新修订的《领导干部报告个人有关事项规定》和新制定的《领导干部个人有关事项报告查核结果处理办法》，要求领导干部需要报告与领导干部权力运行行为关联紧密的八项"家事"⑤和六项"家产"⑥。同时，明确对违反报告个人有关事项制度的责任追究：一是"规定领导干部无正当理由不按时报告、漏报少报、隐瞒不报或者查核发现有其他违规违纪问题的，要根据情节轻重，给予批评教育、组织调整或者组织处理、

---

① ④　习近平：《严明党的组织纪律，增强组织纪律性》，《十八大以来重要文献选编》（上），中央文献出版社 2014 年版，第 768 页。

② ③　习近平：《加强纪律建设，把守纪律讲规矩摆在更加重要的位置》（2015 年 1 月 13 日），《十八大以来重要文献选编》（中），中央文献出版社 2016 年版，第 349 页。

⑤　八项家事：本人的婚姻情况；本人持有普通护照以及因私出国的情况；本人持有往来港澳通行证、因私持有大陆居民往来台湾通行证以及因私往来港澳、台湾的情况；子女与外国人、无国籍人通婚的情况；子女与港澳以及台湾居民通婚的情况；配偶、子女移居国（境）外的情况，或者虽未移居国（境）外，但连续在国（境）外工作、生活一年以上的情况；配偶、子女及其配偶的从业情况，含受聘担任私营企业的高级职务，在外商独资企业、中外合资企业、境外非政府组织在境内设立的代表机构中担任由外方委派、聘任的高级职务，以及在国（境）外的从业情况和职务情况；配偶、子女及其配偶被司法机关追究刑事责任的情况。

⑥　六项家产：本人的工资及各类奖金、津贴、补贴等；本人从事讲学、咨询、审稿等劳务所得；本人、配偶、共同生活的子女为所有权人或者共有人的房产情况；本人、配偶、共同生活的子女投资或者以其他方式持有股票、基金、投资型保险等的情况；配偶、子女及其配偶经商办企业的情况；本人、配偶、共同生活的子女在国（境）外的存款和投资情况。

纪律处分"。①二是"规定党委（党组）及其组织（人事）部门应当把查核结果作为衡量领导干部是否忠诚老实、清正廉洁的重要参考，充分运用到选拔任用、管理监督等干部工作中。对未经查核提拔或者进一步使用干部，或者对查核发现的问题不按照规定处理的，应当追究党委（党组）、组织（人事）部门及其有关领导成员的责任"。②三是"规定组织（人事）部门和查核联系工作机制成员单位，应当严格遵守工作纪律和保密纪律。对违反工作纪律、保密纪律或者在查核工作中敷衍塞责、徇私舞弊的，追究有关责任人的责任"。③《中国共产党纪律处分条例》规定，对于违反个人有关事项报告规定，在组织进行谈话函询时不如实向组织说明问题的，不按要求报告或者不如实报告个人去向、不如实填报个人档案资料的，均要给予党纪处分。

第三，严肃查处干部选拔任用过程中搞任人唯亲、说情干预等问题。具体而言，如跑风漏气，"对组织有关内部决定和考虑，有的人通过隐喻、暗示等方式向相关人员通风报信，说没有还就是有，要查吧还查不出来。组织决定提拔某个干部，只要说'过了''行了'两个字就够了，组织决定审查某个人，只要说'注意一点'就够了"；如说情，"有的人对担任过领导岗位的地方、有影响的地方，对那里的干部问题递一句话，也不直接说要提拔，就说某某还不错啊、某某还可以啊。意思尽在不言中。已经离开那里了，还插手那里的人事安排"；如，打招呼，"选举的时候，一些人打招呼、拉票、助选，有时不用明着干，说者无意、听者有心，最后踏雪无痕"。④《中国共产党纪律处分条例》对于在民主推荐、民主测评、组织考察和党内选举中搞拉票、助选，在法律规定的投票、选举活动中违背组织原则搞非组织活动，组织、怂恿、诱使他人投票、表决的视情节给予警告至开除党籍的处分，对于有组织的拉票贿选，或者用公款拉票贿选的，从重或者加重处分。"在干部选拔任用中，有任人唯亲、

---

①②③　《深入推进领导干部个人有关事项报告制度　充分释放从严管党治吏制度优势——中组部负责人就修订出台〈规定〉和新制定〈办法〉答记者问》，《人民日报》2017 年 4 月 20 日。

④　习近平：《加强纪律建设，把守纪律讲规矩摆在更加重要的位置》（2015 年 1 月 13 日），《十八大以来重要文献选编》（中），中央文献出版社 2016 年版，第 349—350 页。

排斥异己、封官许愿、说情干预、跑官要官、突击提拔或者调整干部等违反干部选拔任用规定行为，对直接责任者和领导责任者"，"用人失察失误造成严重后果的"①，均视情节给予警告至开除党籍的处分。

三、严肃廉洁纪律、群众纪律、工作纪律、生活纪律

党的纪律是多方面的，除了政治纪律和组织纪律之外，《中国共产党纪律处分条例》还规定了廉洁纪律、群众纪律、工作纪律和生活纪律。廉洁纪律的设置主要定位于党员干部必须正确行使人民赋予的权力，反对任何滥用职权、谋取私利的行为。群众纪律的设置主要定位于中国共产党的根本宗旨是全心全意为人民服务，必须切实维护人民群众的根本利益，反对损害人民群众利益的行为。工作纪律主要定位于工作责任、工作要求和工作态度。生活纪律主要定位于领导干部个人的生活作风。

党的十九大报告强调腐败是党长期执政的最大威胁，反腐败斗争是马克思主义执政党保持政党先进性和纯洁性的保障，始终是党的自身建设的重要内容。坚定不移惩治腐败，是党自我革命的重要体现，"反对腐败、建设廉洁政治，保持党的肌体健康，始终是我们党一贯坚持的鲜明政治立场"。②廉洁是从政者的价值原点，反腐败是构建廉洁政治的基石，反腐败是一场输不起的政治斗争。党的十八大以来，党中央始终坚持高站位，"推进腐败治理朝着构建廉洁政治的目标迈进"。③其一，中国共产党作为一个以全心全意为人民服务的政党，我们对腐败的认识在于，我们不仅将其看作经济学上的以权谋私或者政治学上的公权异化，而是将其视为对人民赋予权力的滥用，是对人民利益的侵蚀，会腐蚀党的执政根基。其二，中国共产党作为马克思主义执政

---

① 《中国共产党纪律处分条例》，《中国共产党重要党内法规学习汇编》，中国法制出版社2019年版，第367页。

② 中共中央纪律检查委员会、中共中央文献研究室编：《习近平关于党风廉政建设和反腐败斗争论述摘编》，中央文献出版社、中国方正出版社2015年版，第3页。

③ 裴泽庆：《新时代深入推进反腐败斗争的基本路径》，《理论与改革》2019年第1期。

党，其执政目标是带领人民建设社会主义现代化国家，所以反腐的目标不会止于有腐必反，而是通过长效机制构建社会主义廉洁政治。所以，正如习近平总书记在十九届中纪委四次全会上指出的，"要深刻把握党风廉政建设规律，一体推进不敢腐、不能腐、不想腐""不敢腐、不能腐、不想腐是相互依存、相互促进的有机整体，必须统筹联动，增强总体效果。要以严格的执纪执法增强制度刚性，推动形成不断完备的制度体系、严格有效的监督体系，加强理想信念教育，提高党性觉悟，夯实不忘初心、牢记使命的思想根基"。①

中国共产党腐败治理是一个系统工程。

首先，"诛一恶则众恶惧"，以零容忍全覆盖无禁区惩治腐败。"深入推进反腐败斗争，持续保持高压态势，做到零容忍的态度不变、猛药去疴的决心不减、刮骨疗毒的勇气不泄、严厉惩治的尺度不松，发现一起查处一起，发现多少查处多少，不定指标、上不封顶，凡腐必反，除恶务尽"。②

其次，通过党内法规构建不能腐的制度笼子、不想腐的思想自觉。坚持问题导向，展开纪检监察机构和纪检监察体制改革。针对要么是"老好人"、要么是"阶下囚"的极端现状，找准根源，对症下药。"贪似火，无制则燎原；欲如水，不遏必滔天。一些人在腐败的泥坑中越陷越深，一个重要原因就是对其身上出现的一些违法违纪的小错，党组织提醒不够，批评教育不力，甚至睁一只眼闭一只眼。网开一面，法外施恩，就可能导致要么不暴露，要么就出大问题。所以，要抓早抓小，有病就马上治，发现问题就及时处理，不能养痈遗患"。③党的十九大修改通过的《中国共产党章程》规定，"坚持惩前毖后、治病救人，执纪必严、违纪必究，抓早抓小、防微杜渐，按照错误性质和情节轻

---

① 《习近平在十九届中央纪委四次全会上发表重要讲话》，载中青在线，http://news.cyol.com/content/2020-01/13/content_18324124.htm，2020-01-13。

② 中共中央纪律检查委员会、中共中央文献研究室编：《习近平关于党风廉政建设和反腐败斗争论述摘编》，中央文献出版社、中国方正出版社 2015 年版，第 102—103 页。

③ 同上书，第 98 页。

重，给以批评教育直至纪律处分。运用监督执纪'四种形态'，让'红红脸、出出汗'成为常态，党纪处分、组织调整成为管党治党的重要手段，严重违纪、严重触犯刑律的党员必须开除党籍"。①明确纪委的职责定位，均以党内法规保障。《中国共产党章程》第四十六条对党的各级纪律检查委员会以明确定位，那就是党内监督专责机关，职责是监督、执纪、问责。近年来，分别出台《中国共产党党内监督条例》《中国共产党纪律处分条例》《中国共产党问责条例》等党内法规，同时编制惩治与预防腐败体系的工作规划。"对反腐败机构自身的监督是一个世界性难题。党的十八大以来，为解决'谁来监督纪委'的问题，中央纪委设立了一个新的部门——纪检监察干部监督室，以强化对中央纪委内部机件监察干部的监督。"②同时，出台《中国共产党纪律检查机关监督执纪工作规则》，从监督检查、线索处置、谈话函询、初步核实、审查调查、审理、监督管理等方面进行标准化、规范化，特别是对纪检监察干部的用权行为进行监督，坚决防止"灯下黑"。2020年中共中央办公厅印发《纪检监察机关处理检举控告工作规则》，拓宽党内监督、群众监督渠道，保障检举控告人监督权利，规范纪检监察机关检举控告的接收、受理、办理、处置程序，促进监督执纪执法权力的正确行使，有利于增强监督的严肃性、协同性和有效性，明确对违规违纪违法处理检举控告行为"零容忍"，坚决防止"灯下黑"。

第三，以党内法规不断完善党内派驻制度和巡视制度。自2013年始，党中央开始优化派驻机构的管理，覆盖范围从政府部门扩大到党委、人大和政协，工作人员全部收归纪检监察机关任命或聘用，由其提供财政预算和人员福利，以提升派驻工作的独立性。巡视，作为反腐败工作的利器，也是党的自身建设的利器。党的十八大以来，党章将其纳入党的组织制度体系，不断创新方

---

① 《中国共产党章程》，《中国共产党重要党内法规学习汇编》，中国法制出版社2019年版，第26页。

② 过勇、潘春玲、宋伟：《"十八大"以来我国纪检监察机关对改革路径及成效分析》，《国家行政学院学报》2018年第5期。

式方法，把常规巡视、专项巡视和机动式巡视结合起来，使"回头看"成为常态，充分发挥巡视在反腐败斗争中的震慑作用，完善《中国共产党巡视工作条例》，出现了"现在的巡视有点'八府巡按'的意思了，群众说，'包老爷来了'，有'青天'之感，有问题的干部害怕了"。①以党内法规正面倡导"不能腐"的思想自觉。反面警示与正面倡导辩证共治是党的十八大以来反腐败斗争的鲜明特点。"反面警示是戒尺，重在立规，根植底线，重在威慑；正面倡导是标尺，重在立德，立足高线，强调愿景。"②《中国共产党廉洁自律准则》以"正面清单"的方式列出党员领导干部的合格标准，倡导廉洁从政，自觉保持人民公仆本色；廉洁用权，自觉维护人民根本利益；廉洁修身，自觉提升思想道德境界；廉洁齐家，自觉带头树立良好家风。

最后，推进反腐败国家立法。法治乃治国之重器，自"腐败"一词 1988 年第一次出现在政府工作报告中，到 1993 年党中央首次提出"反腐败"，反腐败国家立法的呼声持续不断。2018 年 3 月，十三届全国人大一次会议表决通过《中华人民共和国监察法》，是党的十八大以来全面从严治党实践的创新成果，能够有效地推动反腐败斗争规范化，开启法治反腐新征程。"坚持监察工作全覆盖是深入推进反腐败斗争的鲜明特点"，③监察对象实现了对所有行使公权力的公职人员全覆盖，包括公务员，参公人员，法律法规授权或者受理国家机关依法委托管理公共事务的组织中从事公务的人员，国有企业管理人员，公办的教育、科研、文化、医疗卫生、体育等单位中从事管理的人员，基层群众性自治组织中从事管理的人员及其他依法履行公职的人员。《监察法》为反腐败斗争提供了法律依据，是应对反腐败斗争既形成压倒性态势又永远在路上的客观形势决胜政治斗争的关键一举。

---

①　中共中央纪律检查委员会、中共中央文献研究室编：《习近平关于党风廉政建设和反腐败斗争论述摘编》，中央文献出版社、中国方正出版社 2015 年版，第 114 页。

②　邹东升、姚靖：《改革开放以来党内反腐倡廉法规的建设与经验》，《甘肃社会科学》2019 年第 2 期。

③　裴泽庆：《新时代深入推进反腐败斗争的基本路径》，《理论与改革》2019 年第 1 期。

第四节　以严肃党内政治生活党内法规制度营造健康政治生态

严肃党内政治生活是党的自身建设中根本性、基础性的问题，党要管党首先要从党内政治生活管起，从严治党首先要从党内政治生活严起。习近平总书记在党的十九大报告中指出，"严格执行新形势下党内政治生活若干准则，增强党内政治生活的政治性、时代性、原则性、战斗性，自觉抵制商品交换原则对党内生活的侵蚀，营造风清气正的良好政治生态"。[①]

"党内政治生活"最早由列宁提出，1915年5月，列宁在批判《我们的言论报》编辑部的政治立场时指出，"编辑部有两位编辑虽然同意该决议的总的内容，却声明他们将对俄国党内政治生活的组织方法问题，提出不同的意见"。[②]这里的"俄国党内政治生活的组织方法问题"主要指的是民主集中制的组织原则。中国共产党自成立始就十分重视党内政治生活，毛泽东在1929年《关于纠正党内的错误思想》一文中关于主观主义就提出了教育党员使党员的思想和党内生活要"政治化、科学化"。[③]但是古田会议之后，"左"倾错误在中央领导中逐渐占据主导地位，对党内矛盾出现了无情打击的错误处理方式，直到1935年的遵义会议开启了集体领导的党内政治生活局面。延安整风确立了实事求是的思想路线，形成了"批评和自我批评"的党内政治生活方式，确立了"批评—团结—批评"的党内政治生活方针。解放战争后为了克服党内的分散主义，建立请示报告制度和党委制等党内政治生活党内法规制度。1957年毛泽东提出了党内政治生活的总目标，那就是要造成"一个又有集中又有民主，

---

①　习近平：《决胜全面建成小康社会　夺取新时代中国特色社会主义伟大胜利——在中国共产党第十九次全国代表大会上的报告》，人民出版社2017年版，第62页。

②　《列宁全集》第26卷，人民出版社1988年版，第192页。

③　《毛泽东选集》第1卷，人民出版社1991年版，第92页。

又有纪律又有自由，又有统一意志、又有个人心情舒畅、生动活泼，那样一种政治局面"。①国内首次提出和使用"党内政治生活"这一概念是在1980年党的十一届五中全会通过的《关于党内政治生活的若干准则》，更加凸显此前一直使用"党的生活"的政治性，是对左倾错误特别是"文化大革命"冲击下党内政治生活不正常的有力规范，是第一次以党内法规形式全面规范党内政治生活，提出了"十二条原则"："坚持党的政治路线和思想路线；坚持集体领导，反对个人专断；维护党的集中统一，严格遵守党的纪律；坚持党性，根绝派性；要讲真话，言行一致；发扬党内民主，正确对待不同意见；保障党员的权利不受侵犯；选举要充分体现选举人的意志；同错误倾向和坏人坏事作斗争；正确对待犯错误的同志；接受党和群众的监督，不准搞特权；努力学习，做到又红又专"，②这"十二条原则"对于党内政治生活走向制度化和规范化提供了有力保障。习近平总书记在十八届中央政治局第三十三次集体学习时曾指出，"我们党从成立之日起，就高度重视党内政治生活，在长期实践中逐步形成了以实事求是、理论联系实际、密切联系群众、批评和自我批评、民主集中制、严明党的纪律等为主要内容的党内政治生活基本规范"，③同时强调，"党的历史经验告诉我们，严格党内政治生活是我们党增强自我净化、自我完善、自我革新、自我提高能力的重要途径。抓住了严格党内政治生活这个关键点，也就抓住了解决党内矛盾和问题的钥匙"。④

一、关于新形势下党内政治生活的十二个方面规定

为什么党的十八大以来党中央要把严肃党内政治生活放在更加突出的位置

---

① 《毛泽东文集》第8卷，人民出版社1999年版，第293页。

② 中共中央办公厅法规局编：《中央党内法规和规范性文件汇编》（1949年10月—2016年12月）"下册"，法律出版社2017年版，第591—601页。

③ 中共中央文献研究室编：《习近平关于全面从严治党论述摘编》，中央文献出版社2016年版，第37页。

④ 习近平：《在听取兰考县和河南省党的群众路线教育实践活动情况汇报时的讲话》（2014年8月27日），《做焦裕禄式的县委书记》，中央文献出版社2015年版，第63页。

来抓？原因在于一段时间以来党内政治生活不认真不严肃现象比较普遍，存在庸俗化、随意化的倾向。"严肃党内政治生活是篇大文章。其中最重要的是围绕坚持党的政治路线、思想路线、组织路线、群众路线，坚持和完善民主集中制、严格党的组织生活等重点内容，集中解决好突出问题"。①《关于新形势下党内政治生活的若干准则》坚持问题导向和目标导向，坚持激浊和扬清两手抓，坚持传统和创新两手抓，从十二个方面作出规定，"既指出了病症，也开出了药方，既有治标举措，也有治本方略"。②具体而言：

坚定理想信念，把握党内政治生活的首要任务。志不立，天下无可成之事。共产主义远大理想和中国特色社会主义坚定信念，是党团结统一的思想基础。坚定理想信念是开展党内政治生活的首要任务。当前，大部分党员干部理想信念坚定，少数党员在理想信念层面存在各种各样的问题。思想理论的清醒是理想信念坚定的前提，所以坚定理想信念必须加强学习。党委（党组）中心组学习是创新党内学习制度的主要抓手，制定了适用于各级党委（党组）理论学习中心组学习，党的各级纪律检查机关、工作机关、直属事业单位的领导班子学习中心组学习的《中国共产党党委（党组）理论学习中心组学习规则》；规定了每季度不少于一次的集中学习研讨，要求把学习马克思主义理论作为做好一切工作的看家本领。《干部教育培训工作条例》规定"省部级、厅局级、县处级党政领导干部应当每5年参加党校、行政学院、干部学院，以及干部教育培训管理部门认可的其他培训机构累计3个月或者550学时以上的培训。提拔担任领导职务的，确因特殊情况在提任前未达到教育培训要求的，应当在提任后1年内完成培训。其他干部参加教育培训的时间，根据有关规定和工作需要确定，每年累计不少于12天或者90学时"。③《中国共产党党校（行政学院）工作条例》规定党校的主体班次均以安排理论学习运用为主，"进修班的教学

---

① 中共中央文献研究室编：《习近平关于全面从严治党论述摘编》，中央文献出版社2016年版，第40页。

② 同上书，第48页。

③ 《干部教育培训工作条例》，《中国共产党重要党内法规学习汇编》，中国法制出版社2019版，第262页。

以引导学员运用所学理论研究重大现实问题、指导工作实践为主。培训班的教学系统安排理论教育、党性教育、能力培养和相关知识的学习。理论研修班的教学以引导学员系统学习研究党的基本理论、提高理论素养为主。专题研讨班的教学主要围绕党中央的重大战略部署、地方党委和政府的重要工作确定相关专题，开展集中研讨"。①《关于新形势下党内政治生活的若干准则》还要求建立中央领导同志作专题报告制度、党内重大思想理论问题分析研究和情况通报制度，以此来实现把深层次的思想理论问题讲清楚，以理论的清醒促党员干部政治立场的坚定。

坚持党的基本路线，抓牢党内政治生活的根本保证。党在社会主义初级阶段的基本路线是党和国家的生命线，人民的幸福线，是党内政治生活正常开展的根本保证。《中国共产党章程》规定，党的社会主义初级阶段的基本路线是："领导和团结全国各族人民，以经济建设为中心，坚持四项基本原则，坚持改革开放，自力更生，艰苦创业，为把我国建设成为富强民主文明和谐美丽的社会主义现代化强国而奋斗。"②在执行党的基本路线的过程中，要将党的思想路线始终贯穿其中，坚持解放思想、实事求是、与时俱进、求真务实，一切从实际出发。《中国共产党纪律处分条例》规定通过网络、广播等方式公开发表坚持资产阶级自由化立场、反对四项基本原则，反对党的改革开放的文章、演说等，直接给予开除党籍处分，以负面清单的形式对一切违背、歪曲、否定党的基本路线的言行进行抵制。政治路线确定之后，干部就是决定性要素，如何确保干部坚定不移贯彻党的基本路线？《党政领导干部选拔任用工作条例》明确规定选拔党政领导干部，必须把政治标准放在首位，符合将班子建设成为坚持党的基本理论、基本路线、基本方略等要求。《党政领导干部考核工作条例》将执行党的理论和路线方针政策作为领导班子考核的重要内容。《中国共产党

①　《中共中央印发〈中国共产党党校（行政学院）工作条例〉》，《人民日报》2019年11月4日。

②　《中国共产党章程》，《中国共产党重要党内法规学习汇编》，中国法制出版社2019年版，第5页。

巡视工作条例》规定的巡视内容第一位就是是否存在违背党的路线方针政策。《中国共产党问责条例》对于党的基本理论、基本路线、基本方略没有得到有效贯彻执行的情况要予以问责。《关于新形势下党内政治生活的若干准则》指出，考察识别干部特别是高级干部必须首先看是否坚定不移贯彻党的基本路线。贯彻党的基本路线不是抽象的，要求党员干部在大是大非面前必须坚定政治立场，在党和国家形象受到损害时要挺身而出，坚决开展斗争，"对于在大是大非面前不抵制、不斗争，明哲保身、当老好人等政治不合格的坚决不用，已在领导岗位的要坚决调整，情节严重的要严肃处理"。①

坚决维护党中央权威，明确党内政治生活的重要目的。维护党中央权威是马克思主义执政党的鲜明特色，是党和国家的命运所系，也是加强和规范党内政治生活的重要目的。首先，维护党中央权威可以通过集中统一的领导来实施党的政治纲领，这是中国共产党的比较优势。维护党中央权威既有利于集中力量办大事，也有利于谋划长远实现战略目标，增强全党的"四个意识"是加强党的政治建设、维护党中央权威的重中之重，"四个意识"中看齐意识是落脚点。《关于新形势下党内政治生活的若干准则》明确了如何看齐，"党的各级组织、全体党员特别是高级领导干部都要向党中央看齐，向党的理论和路线方针政策看齐，向党中央的决策部署看齐，做到党中央提倡的坚决响应、党中央决定的坚决执行、党中央禁止的坚决不做"。②其次，维护党中央权威可以通过高效的执行机制来确保党的路线方针政策的实现，始终做到令行禁止。"没有党中央的政治权威就没有我国发展的独特优势，当然不可能实现赶超的发展战略"，改革开放四十余年的成就就是在市场经济实现利益的积极性与服从党中央权威的政治性的完美结合下实现的，新时代要实现党的基本路线，就必须以强大的执行效率确保党的路线方针政策的贯彻。"党中央权威，全党都必须自觉维护，并具体体现在自己的全部工作中去，决不能表面上喊着同党中央保持

---

① 《关于新形势下党内政治生活的若干准则》，《中国共产党重要党内法规学习汇编》，中国法制出版社 2019 年版，第 202 页。

② 同上书，第 202、203 页。

一致、实际上没当回事，更不能违背中央大政方针各自为政、各行其是"。①《准则》规定，"涉及全党全国性的重大方针政策问题，只有党中央有权作出决定和解释"，全党必须严格执行重大问题请示报告制度，"研究涉及全局性的重大事项或者作出重大决定要及时向党中央请示报告，执行党中央重要决定的情况要专题报告"。②

严明党的政治纪律，把握党内政治生活的重要内容。如前所述，纪律严明是党统一意志、统一行动的重要保障，是党内政治生活的重要内容。党员在纪律面前人人平等，遵守纪律没有特权。在党的六大纪律中，政治纪律是党最根本、最重要的纪律。用政治纪律规范党内政治关系是实现党的政治意志的重要手段，能否正确处理党内关系关系着党的自身建设的根本成效，遵守政治纪律的难题在于如何确保全党按照党内法规制度要求正确处理党内关系，避免"潜规则"的渗入，构建风清气正的党内政治生态。但是，"这些年，一些潜规则侵入党内，并逐渐流行起来，有的人甚至以深谙其道为荣，必须引起我们高度警觉"。③比如说，在处理个人与组织的关系上，应该是党员个人服从组织，然而实际上却有了一些误读必须给予纠正，"不能把党组织等同于领导干部个人，对党尽忠不是对领导干部个人尽忠，党内不能搞人身依附关系。干部都是党的干部，不是哪个人的家臣。有的干部信奉拉帮结派的'圈子文化'，整天琢磨拉关系、找门路，分析某某是谁的人，某某是谁提拔的，该同谁搞搞关系、套套近乎，看看能抱上谁的大腿。有的领导干部喜欢当家长式的人物，希望别人都惟命是从，认为对自己百依百顺的就是好干部，而对别人、对群众怎么样可以不闻不问，弄得党内生活很不正常"，④有的甚至出现"不求百姓拍手，只求

---

①　中共中央文献研究室编：《习近平关于全面从严治党论述摘编》，中央文献出版社 2016 年版，第 32 页。

②　刘宗洪：《政治的逻辑与新时代党的政治建设》，《中共中央党校学报》2018 年第 4 期。

③　中共中央文献研究室编：《习近平关于全面从严治党论述摘编》，中央文献出版社 2016 年版，第 27—28 页。

④　《严明党的组织纪律，增强组织纪律性》（2014 年 1 月 14 日），《十八大以来重要文献选编》（上），中央文献出版社 2014 年版，第 769 页。

领导点头"这样的荒谬价值观，"这些潜规则看起来无影无踪、却又无处不在，听起来悖情悖理、却可畅通无阻，成为腐蚀党员和干部、败坏党的风气的沉疴毒瘤"，"破除潜规则，根本之策是强化明规则，以正压邪，让潜规则在党内以及社会上失去土壤、失去通道、失去市场"。①为此，《关于新形势下党内政治生活的若干准则》明确要求，"党的各级组织和全体党员必须对党忠诚老实、光明磊落"，要严格遵守党的纪律，弘扬公道正派的价值观，"领导机关和领导干部不准以任何理由和名义纵容、唆使、暗示或强迫下级说假话"，"凡因纵容、唆使、暗示或强迫下级弄虚作假、隐瞒实情的，都要依纪依规严肃追责"。②

保持党同人民群众的血肉联系，把握党内政治生活的根本要求。全心全意为人民服务是党的根本宗旨，保持党同人民群众的血肉联系是加强和规范党内政治生活的根本要求。支撑党和人民群众保持血肉联系的制度很多，如民意调查制度、定期接待群众来访制度、群众满意度测评等制度。党员干部中仍旧存在着公仆意识淡化，工作作风漂浮的现象，进而出现党群干群关系疏远的现象。如前所述，党的十八大以来，围绕保持党同人民群众的血肉联系已经出台一系列的党内法规，如，《十八届中央政治局关于改进工作作风、密切联系群众的八项规定》《关于完善党员干部直接联系群众制度的意见》《党政机关厉行节约反对浪费条例》《关于创新群众工作方法解决信访突出问题的意见》《关于深化"四风"整治、巩固和拓展党的群众路线教育实践活动成果的指导意见》等，部分法规提出了具体的量化指标，客观上提升了党员联系群众工作机制的执行力度，必须继续予以强化，以确保党始终与群众保持血肉联系。

坚持民主集中制原则，筑牢党内政治生活的制度保障。民主集中制是党的根本组织原则，是党内政治生活正常开展的重要制度保障。习近平总书记曾经明确指出，"坚持贯彻民主集中制。民主集中制，是领导班子的根本工作制度，

---

① 中共中央文献研究室编：《习近平关于全面从严治党论述摘编》，中央文献出版社 2016 年版，第 28 页。

② 《关于新形势下党内政治生活的若干准则》，《中国共产党重要党内法规学习汇编》，中国法制出版社 2019 年版，第 204 页。

是党的根本组织制度和领导制度，也是中国特色社会主义民主政治的鲜明特点。民主和集中辩证统一、不可分割。只有既充分发扬民主，又实行正确集中，才能及时集中正确意见，及时纠正不正确的意见和做法""党内组织和组织、组织和个人、同志和同志、集体领导和个人分工负责等重要关系都要按照民主集中制原则来设定和处理，不能缺位错位、本末倒置".①《中国共产党章程》关于民主集中制的基本原则规定六个方面：

一是"四个服从"：党员个人服从党的组织，少数服从多数，下级组织服从上级组织，全党各个组织和全体党员服从党的全国代表大会和中央委员会。关于少数服从多数的原则，《中国共产党章程》第十七条规定，"党组织讨论决定问题，必须执行少数服从多数的原则，决定重要问题，要进行表决。对于少数人的不同意见，应当认真考虑。如对重要问题发生争论，双方人数接近，除了在紧急情况下必须按少数意见执行外，应当暂缓作出决定，进一步调查研究，交换意见，下次再表决；在特殊情况下，也可将争论情况向上级组织报告，请求裁决".②

二是"党的各级领导机关，除它们的派出机关和在非党组织中的党组外，都由选举产生".③这一规定在党的组织法规中都予以明确，如，《中国共产党支部工作条例》（试行）在党支部成立中规定，"基层党委审批同意后，基层单位召开党员代表大会选举产生党支部委员会或者不设委员会的党支部书记、副书记".④《中国共产党地方委员会工作条例》规定，"党的地方委员会由同级党代表大会选举产生".⑤

①　中共中央文献研究室编：《习近平关于全面从严治党论述摘编》，中央文献出版社 2016 年版，第 25、32 页。

②　《中国共产党章程》，《中国共产党重要党内法规学习汇编》，中国法制出版社 2019 年版，第 18 页。

③　《中国共产党章程》（中国共产党第十九次全国代表大会部分修改，2017 年 10 月 24 日通过），《人民日报》2017 年 10 月 29 日。

④　《中国共产党支部工作条例》（试行），《中国共产党重要党内法规学习汇编》，中国法制出版社 2019 年版，第 34 页。

⑤　《中国共产党地方委员会工作条例》，《中国共产党重要党内法规学习汇编》，中国法制出版社 2019 年版，第 85 页。

三是党的最高领导机关，是党的全国代表大会和它所产生的中央委员会。党的各级委员会向同级的代表大会负责并报告工作，健全常委会向全委会定期报告工作并接受监督制度。

四是"党的上级组织要经常听取下级组织和党员群众的意见，及时解决他们提出的问题"。①党的下级组织既要向上级组织请示和报告工作，又要独立负责地解决自己职责范围内的问题。上下级组织之间要互通情报、互相支持和互相监督。下级组织与上级组织的关系是服从关系，这里的"服从"有着丰富的内涵："党的各级领导机关，对同下级组织有关的重要问题作出决定时，在通常情况下，要征求下级组织的意见。要保证下级组织能够正常行使他们的职权。凡属应由下级组织处理的问题，如无特殊情况，上级领导机关不要干预"，②"党的下级组织必须坚决执行上级组织的决定。下级组织如果认为上级组织的决定不符合本地区、本部门的实际情况，可以请求改变；如果上级组织坚持原决定，下级组织必须执行，并不得公开发表不同意见，但有权向再上一级组织报告"。③党的各级组织要按照规定实行党务公开，使党员对党内事务有更多的了解和参与。《中国共产党党务公开条例》（试行）指出，党的组织实施党的领导活动、加强党的建设工作的有关事务，要按照规定在党内或者党外公开。党务公开的范围包括，"党的组织贯彻落实党的基本理论、基本路线、基本方略情况，领导经济社会发展情况，落实全面从严治党责任、加强党的建设情况，以及党的组织职能、机构等情况，除涉及党和国家秘密不得公开或者依照有关规定不宜公开的事项外，一般应当公开"。④

五是党的各级委员会实行集体领导和个人分工负责相结合的制度。凡属重

---

① 《中国共产党章程》（中国共产党第十九次全国代表大会部分修改，2017年10月24日通过），《人民日报》2017年10月29日。

② 《中国共产党章程》，《中国共产党重要党内法规学习汇编》，中国法制出版社2019年版，第17页。

③ 同上书，第18页。

④ 《中国共产党党务公开条例》（试行），《中国共产党重要党内法规学习汇编》，中国法制出版社2019年版，第230—231页。

大问题都要按照集体领导、民主集中、个别酝酿、会议决定的原则，由党的委员会集体讨论，作出决定；委员会成员要根据集体的决定和分工，切实履行自己的职责。在现实中，"有的领导班子成员特别是一把手不正确理解和执行民主集中制，搞家长制、一言堂或自由主义、分散主义、宗派主义，有的甚至把所在地方或分管领导当作'独立王国''私人领地'"。①集体领导制度是民主集中制的重要组成部分，《关于新形势下党内政治生活的若干准则》要求"任何组织和个人在任何情况下都不允许以任何理由违反这项制度"。②《干部选拔任用工作监督检查和责任追究办法》规定："党委（党组）研究干部任免事项，应当把酝酿贯穿始终，认真听取班子成员意见。会议讨论决定时，领导班子成员应当逐一发表意见，主要负责人最后表态。领导班子成员对人选意见分歧较大时，应当暂缓表决。不得以个别征求意见、领导圈阅等形式代替集体讨论决定"。③

六是党禁止任何形式的个人崇拜。"要保证党的领导人的活动在党和人民的监督之下，同时维护一切代表党和人民利益的领导人的威信"。④

发扬党内民主和保障党员权利，夯实党内政治生活的重要基础。党内民主是党的生命，是党内政治生活积极健康的重要基础。党员是组织的主体，在加强党员教育管理的同时，必须增强党内民主，尊重党员的主体地位，保障党员的民主权利。《关于新形势下党内政治生活的若干准则》提出具体的制度路径：健全党内重大决策论证评估和征求意见制度，各级组织在重大决策和重大问题采取多种方式征求党员意见，畅通党员参与讨论党内事务。规范和完善选举制

---

① 中共中央文献研究室编：《习近平关于全面从严治党论述摘编》，中央文献出版社 2016 年版，第 39 页。

② 《关于新形势下党内政治生活的若干准则》，《中国共产党重要党内法规学习汇编》，中国法制出版社 2019 年版，第 207 页。

③ 《干部选拔任用监督检查和责任追究办法》，《中国共产党重要党内法规学习汇编》，中国法制出版社 2019 年版，第 442 页。

④ 《中国共产党章程》（中国共产党第十九次全国代表大会部分修改，2017 年 10 月 24 日通过），《人民日报》2017 年 10 月 29 日。

度，确保党内选举真正体现出选举人意志，坚决防止和反对拉票贿选行为，"党的任何组织和个人不得以任何方式妨碍选举人依照规定自主行使选举权"。①坚持党的代表大会制度，特别是党代表大会代表任期制，代表提案制，代表参与重大决策、列席党委有关会议制，党内情况通报制度，情况反映制度；严格执行《中国共产党章程》赋予党员的八项权利和《中国共产党党员权利保障条例》的相关要求。

坚持正确的选人用人导向，把握党内政治生活的组织保证。"选人用人是党内政治生态的风向标，用人上的不正之风和腐败现象对政治生活危害最烈，端正用人导向是严肃党内政治生活的治本之策"。②坚持正确的选人用人导向，使选出来的干部组织放心、群众满意、干部服气是严肃党内政治生活的组织保证。公道正派是选人用人最核心的工作理念，既要公道对待干部、公平评价干部，还要公正使用干部。如何确保"公道正派"的理念落地？既要树立好干部标准，也要强化党组织的领导和把关作用，落实干部选拔任用制度，确保每个环节都规范操作；既要对干部严格教育严格管理严格监督，也要建立容错纠错机制。《干部选拔任用工作监督检查和责任追究办法》对于如何树立正确导向，从严查处违规用人问题和选人用人中的不正之风，严肃追究失职失察责任，促进形成风清气正的用人生态作了明确规定，明确了坚持党管干部原则情况、坚持好干部标准和树立正确用人导向情况、执行干部选拔任用工作政策规定情况、遵守组织人事纪律和匡正选人用人风气情况、促进干部担当作为情况五个方面作为监督检查的重点内容，规定干部选拔任用工作实行"一报告两评议"制度，"党委（党组）每年应当结合全会或者领导班子和领导干部年度总结考核，报告干部选拔任用情况，接受对年度干部选拔任用工作和所提拔任用干部的民主评议"。③

---

① 《关于新形势下党内政治生活的若干准则》，《中国共产党重要党内法规学习汇编》，中国法制出版社 2019 年版，第 209 页。

② 习近平：《坚定不移推进全面从严治党》（2016 年 10 月 27 日），《十八大以来重要文献选编》（下），中央文献出版社 2018 年版，第 459 页。

③ 《干部选拔任用监督检查和责任追究办法》，《中国共产党重要党内法规学习汇编》，中国法制出版社 2019 年版，第 443—444 页。

严格党的组织生活制度，抓紧党内政治生活的重要载体。党的组织生活是党内政治生活的重要内容和载体，是党组织对党员进行教育管理监督的重要形式。《中国共产党章程》规定，每个党员，不论职务高低，都必须编入党的一个支部、小组或其他特定组织，参加党的组织生活，接受党内外群众的监督。党员领导干部还必须参加党委、党组的民主生活会，即"双重组织生活"，党组织要严格执行党的组织生活制度，确保党的组织生活经常、认真、严肃。党的十八大以来，为了确保党的组织生活制度严格执行，出台《中国共产党支部工作条例》（试行）《中国共产党党员教育管理工作条例》《县以上党和国家党员领导干部民主生活会若干规定》等。如，《中国共产党支部工作条例》（试行）要求，党支部应当组织党员按期参加党员大会、党小组会和上党课，定期召开党支部委员会会议，党支部每月相对固定一天开展主题党日，党支部每年召开一次组织生活会、一次民主评议党员，党支部应当经常开展谈心谈话，支委之间、支委与党员之间、党员和党员之间，每年谈心谈话一般不少于一次，谈心谈话应当坦诚相见、交流思想、交换意见、帮助提高。再如，《县以上党和国家党员领导干部民主生活会若干规定》明确民主生活会是党内政治生活的重要内容，是发扬党内民主、加强党内监督、依靠领导班子自身解决矛盾和问题的重要方式。民主生活会每年召开一次，一般在第四季度，到会人数必须达到应到会人数的三分之二以上，应当确定主题，一般由上级党组织统一确定，或者由领导班子根据自身建设实际确定，并报上级党组织同意。"领导班子遇到重要或者普遍性问题，出现重大决策失误或者对突发事件处置失当，经纪律检查、巡视和审计发现重要问题，以及发生违纪违法案件等情况等，应当专门召开民主生活会，及时剖析整改"，"民主生活会应当切实解决问题"，"对群众反映强烈的突出问题进行专项整治"。①

开展批评和自我批评，用好党内政治生活的重要手段。批评和自我批评是党的优良传统，是党最具活力的"生命要素"，是党强身治病、保持肌体健康

---

①　《县以上党和国家党员领导干部民主生活会若干规定》，《中国共产党重要党内法规学习汇编》，中国法制出版社 2019 年版，第 297—298 页。

的锐利武器，也是加强和规范党内政治生活的重要手段。什么是批评和自我批评？"简而言之，就是党组织、党员个人对党内同志，党员个人对党组织的缺点错误及时指出、深入剖析，在原则问题上进行积极的健康的思想斗争"。[1]中国共产党为什么伟大？并不在于其不犯错误，而是具有批评和自我批评的自觉，具有自我纠错的能力。开展正常的、健康的党内政治生活，需要严肃的批评和自我批评，总体上看，党内政治生活是健康的，正常的，但是也存在着一些庸俗化现象，"批评和自我批评存在的普遍性问题是，自我批评难，相互批评更难。难就难在为人情所困、为利益所惑、怕结怨树敌、怕引火烧身，说到底还是私心杂念作怪，缺乏党性和担当"，[2]一些人信奉"自我批评摆情况，相互批评提希望"，"你不批我，我不批你；你若批我，我必批你"，"上级对下级，哄着护着；下级对上级，捧着抬着；同级对同级，包着让着"。[3]中国共产党作为马克思主义执政党，始终代表人民的根本利益，没有任何私利，能够依靠自身力量解决自身问题，党的十八大之后群众路线教育实践活动，提出要"照镜子、正衣冠、洗洗澡、治治病"，就是强调要开展批评和自我批评。《关于新形势下党内政治生活的若干准则》指出，"党员、干部必须严于开展自我解剖，对发现的问题要深入剖析原因，认真整改。对待批评要有则改之，无则加勉，不能搞无原则的纷争。批评必须出于公心，不主观武断，不发泄私愤。坚决反对事不关己、高高挂起，明知不对、少说为佳的庸俗哲学和好人主义，坚决克服文过饰非、知错不改等错误倾向"。[4]新时代，严肃党内政治生活，重点仍旧是党的领导机关和党的干部，《关于新形势下党内政治生活的若干准则》强调要把发现和解决自身问题的能力作为考核评价领导班子的

① 刘云山：《关于批评和自我批评的几点认识》，《前线》2013 年第 11 期。

② 《在第十八届中央纪律检查委员会第六次全体会议上的讲话》（2016 年 1 月 12 日），人民出版社 2016 年版，第 26 页。

③ 中共中央文献研究室编：《习近平关于全面从严治党论述摘编》，中央文献出版社 2016 年版，第 28 页。

④ 《关于新形势下党内政治生活的若干准则》，《中国共产党重要党内法规学习汇编》，中国法制出版社 2019 年版，第 215 页。

重要依据。《县以上党和国家党员领导干部民主生活会若干规定》要求民主生活会遵循"团结—批评—团结"的方针，贯彻整风精神，开展健康的思想斗争，"自我批评应当联系实际、针对问题、触及思想。相互批评应当开诚布公指出问题，防止以工作建议代替批评意见"，"批评和自我批评的具体意见，不得随意散布"。[①]

　　加强对权力运行的制约和监督，把握党内政治生活的重要举措。监督是权力运行的根本保证，是加强和规范党内政治生活的重要举措。1945 年，民主人士黄炎培访问延安，提出了"一部历史，'政怠宦成'的也有，'人亡政息'的也有，'求荣取辱'的也有。总之没有能跳出这周期率的支配"。对于中国共产党人如何跳出历史周期率，毛泽东的回答是"我们已经找到新路，我们能跳出这周期率。这条新路，就是民主。只有让人民来监督政府，政府才不敢松懈。只有人人起来负责，才不会人亡政息……"[②]加强对权力的"制约"和"监督"是破解历史周期率的关键词。作为一个长期执政的马克思主义执政党，党内决不允许有不受制约的权力，也决不允许有不受监督的特殊党员。党的十八大以来，在制约权力方面，中办、国办印发《关于推行地方各级政府工作部门权力清单制度的指导意见》，将地方各级政府工作部门行使的各项行政职权及其依据、行使主体、运行流程、对应的责任等，以清单形式明确列示出来，向社会公布，接受社会监督。[③]《中国共产党党务公开条例》（试行）要求党的地方组织对于本地区经济社会发展部署安排、重大改革事项、重大民生措施等重大决策和推进落实情况，以及重大突发事件应急处置情况等方面的内容都应当予以公开，通过对施政行为的公开，确保权力在阳关下运行，确保位高不擅权，权重

---

　　① 《县以上党和国家党员领导干部民主生活会若干规定》，《中国共产党重要党内法规学习汇编》，中国法制出版社 2019 年版，第 298 页。

　　② 朱相远，《延安"窑洞对"中用的确是"周期率"》，中国共产党新闻网，http://dangshi.people.com.cn/n/2015/1123/c85037-27843441.html，2015-11-23。

　　③ 《中办、国办印发〈关于推行地方各级政府工作部门权力清单制度的指导意见〉》，中华人民共和国中央人民政府网站，http://www.gov.cn/xinwen/2015-03-24/content_2837962.htm，2015-03-24。

不谋私。《关于新形势下党内政治生活的若干准则》要求各级领导干部特别是高级干部"做到可以行使的权力按规则正确行使，该由上级组织行使的权力下级组织不能行使，该有领导班子集体行使的权力班子成员个人不能擅自行使，不该由自己行使的权力决不能行使"。①在监督权力方面，习近平总书记在十八届中纪委二次全会中指出，"领导干部手中的权力都是党和人民赋予的，领导干部使用权力，使用得对不对，使用得好不好，当然要接受党和人民的监督。不想接受监督的人，不能自觉接受监督的人，觉得接受党和人民监督都很不舒服的人，就不具备当领导干部的起码素质"。②党的十八大以来查处的腐败分子，尤其是一把手，都客观反映了过去党内存在着监督缺位、监督乏力的问题，信任不能代替监督。《中国共产党党内监督条例》规定，党内监督要强化自上而下的组织监督、改进自下而上的民主监督、发挥同级相互监督作用，要求建立健全"党中央统一领导，党委（党组）全面监督，纪检监察机关专责监督，党的工作部门职能监督，党的基层组织日常监督，党员民主监督的党内监督体系"。③中国特色社会主义民主政治决定着党内监督同时要和外部监督相结合，各级党委要支持和保证同级人大、政府、监察机关、司法机关对国家机关和公职人员依法进行监督，人民政协依章程进行民主监督、审计机关依法进行审计监督，同时积极鼓励社会监督和舆论监督，利用互联网技术和信息化手段，不断地拓宽监督渠道，通过"加强党内监督、人大监督、民主监督、行政监督、司法监督、审计监督、社会监督、舆论监督，努力形成科学有效的权力运行和监督体系，增强监督合力和实效"。④

---

① 《关于新形势下党内政治生活的若干准则》，《中国共产党重要党内法规学习汇编》，中国法制出版社 2019 年版，第 214 页。

② 习近平：《依纪依法严惩腐败，着力解决群众反映强烈的突出问题》（2013 年 1 月 22 日），《十八大以来重要文献选编》（上），中央文献出版社 2014 年版，第 136 页。

③ 《中国共产党党内监督条例》，《中国共产党重要党内法规学习汇编》，中国法制出版社 2019 年版，第 214 页。

④ 中共中央纪律检查委员会、中共中央文献研究室编：《习近平关于党风廉政建设和反腐败斗争论述摘编》，中央文献出版社、中国方正出版社 2015 年版，第 132—133 页。

二、保持清正廉洁的政治本色，完成党内政治生活的重要任务

建设廉洁政治，坚决反对腐败，是加强和规范党内政治生活的重要任务。一个领导干部能否廉洁自律，最大的敌人是自己。即便制度设置得再缜密，也会出现"法令滋彰，盗贼多有"的现象，廉洁自律，必须筑牢思想防线。习近平在 2014 年同中央办公厅各单位班子成员和干部职工代表座谈会上的讲话阐明自己的认识，"我刚当干部时就想明白了一个道理，鱼和熊掌不可兼得，当干部就不要想发财，想发财就不要当干部"，如果要发财可以光明正大理直气壮地合法发财，"为什么要在为党和人民服务的岗位上戴着假面具去干那些伤天害理的事?! 自己的良心难道一点没有发现吗? 睡得着觉吗? 把这些事情想清楚了，干事自然有底线，自然有高度"。①党的十八大之后，为了筑牢思想防线，党中央在县处级以上领导干部中开展"三严三实"专题教育，要求各级领导干部要严以修身、严以用权、严以律己，谋事要实、创业要实、做人要实，明确了各级领导干部的修身之本、为政之道、成事之要。

反腐败斗争建设廉洁政治还必须反对特权思想和特权现象。习近平在十八届中纪委二次全会的讲话中就特别强调了现实中仍然存在着特权思想和特权现象的问题，"从上到下，违规占有多套住房的，违规占用公家车辆的，以各种形式侵占公共利益的，违规侵害群众利益的，明里暗里为亲属升官发财奔走的，以权枉法的，这样的干部不乏其人啊"，②这样的特权思想不仅影响构建廉洁政治，而且涉及党和国家发展的生机活力。党要营造干事创业的良好氛围，就要放手让一切劳动知识等活力资源竞相迸发，但是"如果升学、考公务员、办企业、上项目、晋级、买房子、找工作、演出、出国等各种机会都要靠关

---

① 中共中央纪律检查委员会、中共中央文献研究室编：《习近平关于党风廉政建设和反腐败斗争论述摘编》，中央文献出版社、中国方正出版社 2015 年版，第 146 页。

② 习近平：《依纪依法严惩腐败，着力解决群众反映强烈的突出问题》（2013 年 1 月 22 日），《十八大以来重要文献选编》（上），中央文献出版社 2014 年版，第 137 页。

系、搞门道，有背景的就能得到更多照顾，没有背景的再有本事也没有机会，就会严重影响社会公平正义。这种情况如果不纠正，能形成人才辈出、人尽其才的生动局面吗?"①1980年制定的《关于党内政治生活的若干准则》之所以在新时代仍然有效，是因为其中的很多规定仍旧是今天需要明确加以反对的，其中就包括特权思想。"在我们的国家中，人们只有分工的不同，没有尊卑贵贱的分别，谁也不是低人一等的奴隶或者高人一等的贵族。那种认为自己权力可以不受限制的思想，就是腐朽的封建特权思想，这种思想必须受到批判和改正。"②

此外，从近年来查处的腐败问题来看，家风不好是腐败之因，领导干部必须注重家庭、家教、家风，教育管理好亲属和身边工作人员。2015年，在习近平主持召开中央全面深化改革领导小组第十次会议上，审议通过《上海市开展进一步规范领导干部配偶、子女及其配偶经商办企业管理工作的意见》，要求对领导干部的家庭建设情况定期检查。《中国共产党廉洁自律准则》要求党员领导干部廉洁齐家，自觉带头树立良好家风。《中国共产党党内监督条例》规定：中央政治局委员要"带头树立良好家风，加强对亲属和身边工作人员的教育和约束，严格要求配偶、子女及其配偶不得违规经商办企业，不得违规任职、兼职取酬"。③《关于新形势下党内政治生活的若干准则》中要求："领导干部特别是高级干部必须注重家庭、家教、家风，教育管理好亲属和身边工作人员"，"禁止利用职权或影响力为家属亲友谋求特殊照顾，禁止领导干部家属亲友插手领导干部职权范围内的工作、插手人事安排"。④

党内政治生活是党组织教育管理监督党员，党员进行党性锻炼的主要平

---

① 习近平：《依纪依法严惩腐败，着力解决群众反映强烈的突出问题》（2013年1月22日），《十八大以来重要文献选编》（上），中央文献出版社2014年版，第138页。

② 《关于党内政治生活的若干准则》（1980年2月29日），《中央党内法规和规范性文件汇编》（1949年10月—2016年12月），法律出版社2017年版，第599页。

③ 《中国共产党党内监督条例》，《中国共产党重要党内法规学习汇编》，中国法制出版社2019年版，第385页。

④ 《关于新形势下党内政治生活的若干准则》，《中国共产党重要党内法规学习汇编》，中国法制出版社2019年版，第216页。

台，全面从严治党从根本来说，就是要求各级党组织、党员及干部都要按照党内政治生活准则办事。"长期实践证明，严肃认真的党内政治生活是我们党坚持党的性质和宗旨、保持党的先进性和纯洁性的重要法宝，是解决党内矛盾和问题的'金钥匙'，是广大党员、干部锤炼党性的'大熔炉'，是纯洁党风的'净化器'。"①新时代，要营造风清气正的党内政治生态，最关键的在于增强党内政治生活的政治性、时代性、原则性、战斗性。这也是《关于新形势下党内政治生活的若干准则》及其他配套法规的落脚点所在。政治性是党内政治生活的灵魂，最重要的严格的政治纪律，坚决防止"七个有之"，②时代性是党的先进性的体现，要与时俱进地推动党内政治生活的内容、形式和方法创新；原则性是党内政治生活准绳，要始终按照党内政治生活的原则开展活动、处理党内关系，解决矛盾和分歧；战斗性是战斗力的前提，要用好批评和自我批评的武器。营造风清气正党内政治生态，基础是发展积极健康的党内政治文化，政治价值观是政治文化的核心，要弘扬忠诚老实、光明坦荡、公道正派、实事求是、艰苦奋斗、清正廉洁等价值观，发扬中华优秀传统文化，抵制庸俗腐朽的政治文化。营造风清气正的党内政治生态，前提是发挥"关键少数"尤其是高级干部的作用。"人不率则不从，身不先则不信"，习近平总书记在《关于〈关于新形势下党内政治生活的若干准则〉和〈中国共产党党内监督条例〉的说明》中特别指出，加强和规范党内政治生活，是对全党的要求，也是全党的共同政治任务，但是以高级干部为重点，"高级干部要清醒认识自己岗位对党和国家的特殊重要性，职位越高越要自觉按照党提出的标准严格要求自己，越要做到党性坚强、党纪严明，做到对党始终忠诚、永不叛党"。③

---

①　中共中央文献研究室编：《习近平关于全面从严治党论述摘编》，中央文献出版社 2016 年版，第 48 页。

②　"七个有之"：习近平在党的十八届四中全会第二次全体会议上强调，"一些人无视党的政治纪律和政治规矩，为了自己所谓的仕途，为了自己的所谓影响力，搞任人唯亲、排斥异己的有之，搞团团伙伙、拉帮结派的有之，搞匿名诬告、制造谣言的有之，搞收买人心、拉动选票的有之，搞封官许愿、弹冠相庆的有之，搞自行其是、阳奉阴违的有之，搞尾大不掉、妄议中央的有之"。

③　习近平：《关于〈关于新形势下党内政治生活的若干准则〉和〈中国共产党党内监督条例〉的说明》（2016 年 10 月 24 日），《十八大以来重要文献选编》（下），中央文献出版社 2018 年版，第 416 页。

第九章　新时代重视选贤任能抓住党内法规制度建设的关键

"为政之要，莫先于用人"，中国共产党历来重视选贤任能，始终把选人用人作为关系党和人民事业的根本性工作来抓。选贤任能，核心问题有三个：第一，明确"贤能"标准；第二，选拔"贤能"；第三，任用监督"贤能"。党的十八大以来，围绕这三个根本问题，出台一系列党内法规，树立了什么是好干部的鲜明导向，怎么样成长为好干部的具体要求，怎么把好干部用起来的选人用人机制。

第一节　党内法规制度中明确新时代好干部标准

一、明确新时代好干部标准

关于"贤能"标准，就是好干部的标准，从大的方面来说，就是党章中所规定的德才兼备。但是在不同历史时期，具体的表现形式不同，在革命战争年代的要求是不怕牺牲、英勇善战；在社会主义革命和建设时期的要求又红又专，在改革开放新时期是拥护党的十一届三中全会确定的路线方针政策，锐意改革。"现在，我们提出政治上靠得住、工作上有本事、作风上过得硬、人民群众信得过等具体要求，突出了好干部标准的时代内涵"，[1]但是一段时间以来，由于一些地方选人用人的风气不正，选出来的干部达不到党章要求，甚至出现"带病提拔"的干部，这使好干部标准变得模糊起来。在 2013 年全国组织工作

---

[1]　习近平：《在全国组织工作会议上的讲话》（2013 年 6 月 28 日），《十八大以来重要文献选编》（上），中央文献出版社 2014 年版，第 337 页。

会议上，习近平总书记特别强调新时代的好干部标准，"概括起来说，好干部要做到信念坚定、为民服务、勤政务实、敢于担当、清正廉洁"。①信念坚定，就是必须坚定共产主义远大理想和中国特色社会主义共同理想，坚持党的基本理论、基本路线、基本方略；为民服务，就是始终坚持为人民服务的根本宗旨，作为党的干部，始终坚守"是党的事业的骨干、是人民的公仆"的明确定位；勤政务实，就是必须坚持"解放思想、实事求是、与时俱进、求真务实"的思想路线，切忌懒政、怠政，创造出经得起实践、人民、历史检验的成绩；敢于担当，就是必须坚持原则，敢于负责，面对矛盾迎难而上，面对失误勇于担责，切忌为官不为；清正廉洁，就是把握好"权"，敬畏权力，保持政治本色。

在 2013 年全国组织工作会议上，习近平坚持问题导向，特别强调了好干部标准中的理想信念与敢于担当的两大要求。理想信念是人的志向所在，"志之所趋，无远勿届，穷山距海，不能限也，志之所向，无坚不入""理想信念坚定，是好干部第一位的标准"。②在现实中，大多数干部的理想信念是坚定的，但是少数干部对共产主义远大理想心存怀疑，没有"革命理想高于天"的精神力量，却认为共产主义虚无缥缈，信奉拜佛算命；少数干部对中国特色社会主义没有自信，甚至为西方社会制度"摇旗呐喊"；还有一些干部在涉及党的领导和中国特色社会主义的原则性问题上态度暧昧、不敢亮剑，爱惜羽毛。关于好干部的标准中的理想信念问题，其实就是我们在党的政治建设中所强调的把握政治方向的问题。这一要求被明确地写入了党内法规，如党章对于党的干部基本条件的界定，党的干部必须"具有共产主义远大理想和中国特色社会主义坚定信念"；③在《关于新形势下党内政治生活的若干准则》中放在第一位的要求，便是坚定理想信念，强烈"坚定理想信念作为开展党内政治生活的首要任务""领导干部特别是高级干部要以实际行动让党员和群众感受到理想信念的强大力量"。④理想信念是

---

① 习近平：《在全国组织工作会议上的讲话》（2013 年 6 月 28 日），《十八大以来重要文献选编》（上），中央文献出版社 2014 年版，第 337 页。

② 同上书，第 338 页。

③ 《中国共产党章程》，人民出版社 2017 年版，第 49 页。

④ 《关于新形势下党内政治生活的若干准则》，《中国共产党重要党内法规学习汇编》，中国法制出版社 2019 年版，第 199 页。

否坚定，在不同历史时期有不同的检验方法，在革命战争时期，检验相对容易，那就是在子弹面前能不能冲锋向前；在和平时期，检验就相对困难，"X 光、CT、核磁共振成像都没有办法"，"当然，也不是不能检验。那就主要看干部能否在重大政治考验面前有政治定力，是否能树立牢固的宗旨意识，是否能对工作极端负责，是否能做到吃苦在前、享受在后，是否能在急难险重面前勇挑重担，是否能经得起权力、金钱、美色的诱惑。这样的检验需要一个过程，不是一下子、经历一两件事、听几句口号就能解决的，要看长期表现，甚至看一辈子"。①

敢于担当，是党的干部的必备素质。"为官避事平生耻"，有多大担当就能成就多大事业。但是在现实中，"一些干部中好人主义盛行，不敢批评、不愿批评，不敢负责、不愿负责的现象相当普遍"。②"不敢担当"有不同的表现形式，有的干部虽在岗位之中却不谋其政，遇事绕着走，遇到群众躲着行；有的干部工作挑肥拣瘦，在困难面前躲得远，在利益面前跑得快；有的干部奉行明哲保身，信奉"老好人"的庸俗哲学，搞无原则的一团和气，这些问题必须解决，危害极大。党的十八大以来，围绕领导干部的担当，《党政领导干部选拔任用工作条例》规定，"树立注重基础和实践的导向，大力选拔敢于负责、勇于担当、善于作为、实绩突出的干部"。③《干部教育培训工作条例》规定，"要引导党员干部增强党的意识、宗旨意识、执政意识、大局意识、责任意识、规矩意识，做到对党忠诚、个人干净、敢于担当"。④《推进领导干部能上能下若干规定》（试行）强调，对于不适宜担任现职的干部应当进行调整，所谓不适宜，就是指干部的德、能、勤、绩、廉与所任职务要求不符，"不敢担当、不负责任，为官不为、庸懒散拖，干部群众意见较大的"，⑤经组织提醒、教育或者函

---

①② 习近平：《在全国组织工作会议上的讲话》（2013 年 6 月 28 日），《十八大以来重要文献选编》（上），中央文献出版社 2014 年版，第 340 页。

③ 《党政领导干部选拔任用工作条例》，《中国共产党重要党内法规学习汇编》，中国法制出版社 2019 年版，第 237 页。

④ 《干部教育培训工作条例》，《中国共产党重要党内法规学习汇编》，中国法制出版社 2019 年版，第 263 页。

⑤ 《推进领导干部能上能下若干规定》（试行），《中国共产党重要党内法规学习汇编》，中国法制出版社 2019 年版，第 293 页。

询、诫勉没有改正，被认定为不适宜担任现职的，必须及时予以调整。在《关于进一步激励广大干部新时代新担当新作为的意见》中单列一条，"切实为敢于担当的干部撑腰鼓劲"，实现了担当与容错的辩证统一，具体体现为"三个区分开来"："建立健全容错纠错机制，宽容干部在改革创新中的失误错误，把干部在推进改革中因缺乏经验、先行先试出现的失误错误，同明知故犯的违纪违法行为区别开来；把尚无明确限制的探索性实验中的失误错误，同明令禁止后依然我行我素的违纪违法行为区分开来；把为推动发展的无意过失，同为谋取私利的违纪违法行为区分开来"。①2020年初，全球发生新型冠状病毒感染的肺炎疫情，中共中央组织部发出通知，强调要注重在疫情防控阻击战一线考察识别领导班子和领导干部，将是否把疫情防控作为当前最重要的工作来抓，是否能够坚守岗位、靠前指挥，是否能够严密细致做好疫情监测、排查、预警、防控工作作为重点考察内容，在关键时期识别干部，明确对于表现突出、堪当重任的优秀干部要大胆地提拔使用，对于不胜任现职、难以有效履行职责的干部要及时调整，对于不敢担当、作风漂浮、落实不力，甚至弄虚作假、失职渎职的干部要严肃问责。"无私才能无畏，无私才敢担当。心底无私天地宽。担当就是责任，好干部必须有责任重于泰山的意识，坚持党的原则第一、党的事业第一、人民利益第一，敢于旗帜鲜明、敢于较真碰硬，对工作任劳任怨、尽心竭力、善始善终、善作善成。"②

二、新时代的好干部标准进入党内法规制度

关于新时代的好干部标准，党的十九大《党程》第六章"党的干部"第三十六条明确要求："党的各级领导干部必须信念坚定、为民服务、勤政务实、敢于

---

① 《关于进一步激励广大干部新时代新担当新作为的意见》，《中国共产党重要党内法规学习汇编》，中国法制出版社2019年版，第343页。

② 习近平：《在全国组织工作会议上的讲话》（2013年6月28日），《十八大以来重要文献选编》（上），中央文献出版社2014年版，第340页。

担当、清正廉洁"。①《关于新形势下党内政治生活若干准则》强调："选拔任用干部必须坚持党章规定的干部条件，坚持德才兼备、以德为先，坚持五湖四海、任人唯贤，坚持信念坚定、为民服务、勤政务实、敢于担当、清正廉洁的好干部标准。把公道正派作为干部工作的核心理念贯穿于选人用人全过程，做到公道对待干部、公平评价干部、公正使用干部"。②此外，关于好干部的标准，写入了党的十八大以来通过的关于党政领导干部选拔、任用、监督等所有的党内法规。

"育才造士，为国之本"，要按照好干部标准建设一支忠诚干净担当的高素质干部队伍，重点是要做好干部的培育、选拔、管理、使用工作。在 2018 年的全国组织工作会议上，习近平总书记围绕"着力培养忠诚、干净、担当的高素质干部"，提出了五个方面的要求，即要建立"源头培养、跟踪培养、全程培养的素质培养体系"，要建立"日常考核、分类考核、近距离考核的知事识人体系"，要建立"以德为先、任人唯贤、人事相宜的选拔任用体系"，要建立"管思想、管工作、管作风、管纪律的从严管理体系"，要建立"崇尚实干、带动担当、加油鼓劲的正向激励体系"。③

第二节　构建源头培养、跟踪培养、全程培养的干部素质培养党内法规制度体系

明确了好干部的标准之后，那么好干部如何成长起来？一要自身努力；二靠组织培养。好干部必须不断加强自身主观世界的改造，通过学习实践砥砺品格，时刻自重自警自省自励，努力做到"心不动于微利之诱，目不眩于五色之

---

① 《中国共产党章程》，《中国共产党重要党内法规学习汇编》，中国法制出版社 2019 年版，第 24 页。

② 《关于新形势下党内政治生活的若干准则》，《中国共产党重要党内法规学习汇编》，中国法制出版社 2019 年版，第 210 页。

③ 习近平：《在全国组织工作会议上的讲话》（2018 年 7 月 3 日），《十九大以来重要文献选编》（上），中央文献出版社 2019 年版，第 562、563、564、565、566 页。

惑"，清清白白为官。好干部还要靠组织培养，干部培养要久久为功。

一、做好源头培养，把好源头关

对于刚刚参加工作的干部要像树苗一样精心浇灌，通过理想信念宗旨教育加强党性修养，夯实从政之基，于源头处弄明白把握好"当干部为什么，在岗位上干什么"，①特别是要注重年轻干部培养，让他们多"墩墩苗"，要经过千锤百炼、艰苦锻炼才能在关键时刻经受住考验。对那些看得准、有潜力的干部，要有计划安排他们去经受锻炼。"这种锻炼不是做样子的，而是应该是多岗位、长时间的、没有预设晋升路线图的，是要让年轻干部在实践中'大事难事看担当，逆境顺境看襟度'，要形成一种风气，年轻干部都争先恐后到艰苦岗位、到基层去，并以此为荣。"②2018 年 6 月 29 日中共中央政治局召开会议，审议《关于适应新时代要求大力发现培养选拔优秀年轻干部的意见》，在其后的全国组织工作会议上，习近平总书记特别强调要做好年轻干部工作。优秀年轻干部必须是对党忠诚，坚定不移听党话、跟党走的干部。"我们挑选优秀年轻干部，千条万条，第一条就是看是否对党忠诚；我们培养年轻干部，千条万条，第一条就是教育他们对党忠诚，坚决防止政治上的两面人。这一点，从一开始就要把握好，确保选的苗子政治上过硬"。③政治上的忠诚不能停留在口号上，而是要看实践，拈轻怕重、报告个人事项打埋伏、八小时之外找不到人等都不能说是对党忠诚的。优秀年轻干部要有足够的本领来接班，要自觉地向实践学习，拜人民为师，既要意志坚定，也要勤勤恳恳，不能心猿意马。"优秀年轻干部要把当老实人、讲老实话、做老实事作为人生信条。"④

---

① 习近平：《在全国组织工作会议上的讲话》（2018 年 7 月 3 日），《十九大以来重要文献选编》（上），中央文献出版社 2019 年版，第 562 页。

② 习近平：《在全国组织工作会议上的讲话》（2013 年 6 月 28 日），《十八大以来重要文献选编》（上），中央文献出版社 2014 年版，第 348 页。

③ 习近平：《在全国组织工作会议上的讲话》（2018 年 7 月 3 日），《十九大以来重要文献选编》（上），中央文献出版社 2019 年版，第 569 页。

④ 同上书，第 570 页。

二、做好跟踪培养和全程培养，强化培养的动态性和全方位

干部培养不能一劳永逸，要及时掌握各级各类干部动态，有针对性地补短板、强弱项，既要注重干部素质的全领域培养，也要关注培养链条的全过程，纵横交错帮助干部一步步成长起来。对干部经常开展同志式的谈心谈话，既明确指出其缺点错误，又给予鞭策鼓励。《关于新形势下党内政治生活若干准则》规定，"坚持谈心谈话制度。党组织领导班子成员之间、班子成员和党员之间、党员和党员之间要开展经常性的谈心谈话，坦诚相见，交流思想，交换意见。领导干部要带头谈，也要接受党员、干部约谈"。①具体而言，要重点抓好三个方面的跟踪培养和全程培养：

一是不断筑牢信仰之基和从政之基。培养干部，必须以党性教育为核心，以道德建设为基础，加强宗旨教育和公仆意识教育。《干部教育培训条例》规定，"对党员干部，要加强党性教育，重点开展党章、党的宗旨、党规党纪、党的优良传统、党风廉政建设等教育培训"，②《中国共产党党校（行政学院）工作条例》规定，"党校（行政学院）是党领导的培养党的领导干部的学校"，"党校（行政学院）教学应当突出党的理论教育和党性教育的主业主课地位。市（地）级以上党校（行政学院）教学安排中，党的理论教育和党性教育课程的比重不低于总课时的70%。各级党校（行政学院）的主体班次都应当设置党性教育课程，党性教育课程的比重不低于总课时的20%，强化党章党规党纪教育，1个月以上的班次应当安排学员进行党性分析"。③习近平在"不忘初心、牢记使命"主题教育总结大会上指出，"一个人也好，一个政党也好，最难得

---

① 《关于新形势下党内政治生活的若干准则》，《中国共产党重要党内法规学习汇编》，中国法制出版社2019年版，第212页。

② 《干部教育培训工作条例》，《中国共产党重要党内法规学习汇编》，中国法制出版社2019年版，第263页。

③ 《中共中央印发〈中国共产党党校（行政学院）工作条例〉》，《人民日报》2019年11月4日。

的就是历经沧桑而初心不改、饱经风霜而本色依旧","党员、干部要经常重温党章,重温自己的入党誓言,重温革命烈士的家书。党章要放在床头,经常对照检查,看看自己做到了没有?看看自己有没有违背初心的行为?房间要经常打扫,镜子要经常擦拭。要教育引导各级党组织和广大党员、干部经常进行思想政治体检,同党中央要求'对标',拿党章党规'扫描',用人民群众新期待'透视',同先辈先烈、先进典型'对照'"。①

二是不断夯实廉政之基。组织上培养干部不容易,必须让他们始终有如履薄冰、如临深渊的警觉。"'权力导致腐败、绝对权力导致绝对腐败',如果权力没有约束,结果必然是这样。各级领导干部要牢记,任何人都没有法律之外的绝对权力,任何人行使权力都必须为人民服务,对人民负责并自觉接受人民监督"。②《关于新形势下党内政治生活若干准则》对党员干部始终保持清正廉政的政治本色提出明确要求,"各级领导干部是人民的公仆,没有搞特殊化的权利","全体党员、干部特别是高级干部必须拒腐蚀、永不沾,坚决同消极腐败现象做斗争,坚决抵制潜规则,自觉净化社交圈、生活圈、朋友圈,决不能把商品交换那一套搬到党内政治生活和工作中来"。③夯实廉政之基,既跟踪进行正向引导,又绝不姑息坚持有腐必惩。《中国共产党纪律处分条例》指出,"党员干部必须正确行使人民赋予的权力,清正廉洁,反对任何滥用职权、谋求私利的行为。利用职权或者职务上的影响为他人谋取利益,本人的配偶、子女及其配偶等亲属和其他特定关系人收受对方财物,情节较重的,给予警告或者严重警告处分;情节严重的,给予撤销党内职务、留党察看或者开除党籍处分"。④

---

① 习近平:《在"不忘初心、牢记使命"主题教育总结大会上的讲话》(2020年1月8日),《人民日报》2020年1月9日。

② 习近平:《依纪依法严惩腐败,着力解决群众反映强烈的突出问题》,《十八大以来重要文献选编》(上),中央文献出版社2014年版,第136页。

③ 《关于新形势下党内政治生活若干准则》,《中国共产党重要党内法规学习汇编》,中国法制出版社2019年版,第216页。

④ 《中国共产党纪律处分条例》,《中国共产党重要党内法规学习汇编》,中国法制出版社2019年版,第369—370页。

三是不断强化能力之基，要将知识结构改善和能力素质提升贯穿干部成长全过程。经济社会发展迈入高质量阶段，干部的能力素质要求更加专业化，必须聚焦党的十九大报告提出的"八种本领"，以"干什么、学什么""缺什么，补什么"的基本原则，对不同类别和不同领域的干部要针对性加强专业化能力培训，弥补知识弱项、能力短板、经验盲区，切实解决时代需要和干部能力之间存在的差距。《关于进一步激励广大干部新时代新担当新作为的意见》指出，要着力增强干部适应新时代发展要求的本领能力，强化能力培训和实践锻炼，提高专业思维和专业素养，培养专业精神和专业作风，注重在基层一线和苦难艰苦地区培养锻炼，让干部在实践中砥砺品质、增长才干。《干部教育培训工作条例》提出要以分类分级、全员培训为原则，"按照干部管理权限组织实施教育培训，把教育培训的普遍性要求于不同类别、不同层次、不同岗位干部的特殊需要结合起来，增强针对性，确保全覆盖"，干部教育培训也要注重"业务知识、科学人文素养等方面教育培训，全面提高干部素质和能力"，①通过有针对性的培训体系，帮助干部加快知识更新、优化知识结构、拓宽眼界视野。

第三节　建立以德为先、任人唯贤、人事相宜的选拔任用体系

选什么样的人、从哪里选、怎么把选出来的人用好是干部选拔任用的关键问题。选什么人，"自古昔以来，国之乱臣、家之败子，才有余而德不足，以至于颠覆者多矣"。②党的干部是党的事业的骨干，必须把政治标准放在第一位，"以德为先"，这里的"德"，第一位就是政治品德，政治上不合格的干部，职位越高、能力越强，对党的危害越大。要实现中华民族伟大复兴的历史使命，必须选拔牢固树立"四个意识"、坚定"四个自信"、做到"两个维护"的党员干部。"政治问题有的是灵魂深处的东西，特别是政治上的两面人，有很强的

---

① 《干部教育培训工作条例》，《中国共产党重要党内法规学习汇编》，中国法制出版社 2019 年版，第 263 页。

② 《资治通鉴》卷 1，中华书局 1950 年版，第 15 页。

隐蔽性"，"要透过现场看本质，既听其言、更观其行，既查其表、更析其里"。①突出政治标准可以说是贯穿于党的十八大以来出台的干部队伍建设党内法规的一条主线。《党政领导干部选拔任用工作条例》规定选拔任用党政领导干部的原则，第一位和第二位的分别是党管干部；德才兼备、以德为先、五湖四海、任人唯贤，要求选拔任用党政领导干部，必须把政治标准放在首位，在任职必须具备的基本条件中，摆在第一位的是就要求"牢固树立政治意识、大局意识、核心意识、看齐意识，坚决维护习近平总书记核心地位，坚决维护党中央权威和集中统一领导，自觉在思想上政治上行动上同党中央保持高度一致"②"破格提拔的特别优秀干部，应当政治过硬、德才兼备、群众公认度高"。③在干部考察中，首先要严把政治关，"突出政治标准，注重了解政治理论学习情况，深入考察政治忠诚、政治定力、政治担当、政治能力、政治自律等方面的情况"。④《中共中央关于加强党的政治建设的意见》指出，党员干部特别是领导干部必须要加强政治能力训练和政治实践历练，"切实提高把握方向、把握大势、把握全局的能力和辨别政治是非、保持政治定力、驾驭政治局面、防范政治风险的能力"。⑤党员干部在大是大非面前要敢于亮剑，做到"态度鲜明、立场坚定，始终在政治立场、政治方向、政治原则、政治道路上同以习近平同志为核心的党中央保持高度一致"。⑥此外，选人用人是政治生态的风向标，"注重选拔任用牢固树立'四个意识'、自觉坚定'四个自信'、坚决做到'两个维护'、全面贯彻执行党的理论和路线方针政策、忠诚干净担当的干部，对政治上不合格的干部实行'一票否决'，已经在领导岗位的坚决调整"。⑦《党政

---

① 习近平：《在全国组织工作会议上的讲话》（2018 年 7 月 3 日），《十九大以来重要文献选编》（上），中央文献出版社 2019 年版，第 565 页。

② 《党政领导干部选拔任用工作条例》，《中国共产党重要党内法规学习汇编》，中国法制出版社 2019 年版，第 238 页。

③ 同上书，第 240 页。

④ 同上书，第 245 页。

⑤⑥ 《中共中央关于加强党的政治建设的意见》，《中国共产党重要党内法规学习汇编》，中国法制出版社 2019 年版，第 319 页。

⑦ 同上书，第 322 页。

领导干部考核工作条例》对领导班子和领导干部的考核，放在第一位均是政治思想建设和干部的政治品质、道德品行，构建领导干部政治素质识别和评价机制，强化对干部政治忠诚等方面的深入考察考核，坚决把政治上的"两面人"挡在门外。《中国共产党纪律处分条例》规定，"党员领导干部在本人主政的地方或者分管的部门自行其是，搞山头主义，拒不执行党中央确定的大政方针，甚至背着党中央另搞一套的，给予撤销党内职务、留党察看或者开除党籍处分"，"对党不忠诚不老实，表里不一，阳奉阴违，欺上瞒下，搞两面派，做两面人"，①根据情节，给予警告至开除党籍的处分。

一、建立系统完善、科学规范、有效管用、简便易行的选人机制

在 2013 年的全国组织工作会议上，习近平总书记针对选人机制中出现的新情况、新问题作出明确说明，这是党的十八大以来完善选人党内法规制度体系的重要指导。

第一，要优化干部工作民主机制。民主推荐和民主测评是扩大干部工作民主的重要举措，过去一些单位在选人过程中过度依赖票数，唯票取人。民主是手段而非目的，要正确分析和使用票数，选人要在得票靠前的干部中选，但不要太在意靠前票数的排序，"如果得票情况和党组织平时掌握的干部德才和实绩情况相差悬殊，就一定要慎重对待，是投票环节出现了不正常情况，还是组织上平时掌握的情况失真，要深入进行考察、甄别，做出正确判断"。②而对于到一个地方不久、群众不太熟悉的干部，对敢于负责、敢抓敢管、得票可能不高的干部，组织部门要综合考虑。推荐票是选人的重要参考，而非唯一依据。必须把加强党的领导和充分发扬民主结合起来，发挥党组织的把关作用。"党

---

① 《中国共产党纪律处分条例》，《中国共产党重要党内法规学习汇编》，中国法制出版社 2019 年版，第 361 页。

② 习近平：《在全国组织工作会议上的讲话》（2013 年 6 月 28 日），《十八大以来重要文献选编》（上），中央文献出版社 2014 年版，第 346 页。

管干部嘛，都靠票来定，党管干部怎么落实呢？谁最了解干部的德才和实绩啊？那应该是领导班子、分管领导和组织部门，他们在推荐干部方面的权重应该适当增强。如果领导班子、分管领导和组织部门都说不出哪个干部强、哪个干部弱，那就是失职。"①新修订的《党政领导干部选拔任用工作条例》更深层次地体现了干部民主，不再仅仅依靠票数，而是丰富了个别谈话、实地调查、广泛听取各方面的意见等多种方式，体现在酝酿动议、考察预告、沟通协商、讨论决定、任前公示等多个环节。在"民主推荐"中，"选拔任用党政领导干部，应当经过民主推荐。民主推荐包括谈话调研推荐和会议推荐""进行谈话调研推荐，提前向谈话对象提供谈话提纲、换届政策说明、干部名册等相关材料，提出有关要求，提高谈话质量"；②在"考察"中，"确定考察对象，应当根据工作需要和干部德才条件，将民主推荐与日常了解、综合分析研判以及岗位匹配度等情况综合考虑，深入分析，比较择优，防止把推荐票等同于选举票，简单以推荐票取人"。③考察党政领导干部职务拟任人选，应当保证充足的考察时间，"采取个别谈话、发放征求意见表、民主测评、实地走访、查阅干部人事档案和工作资料等方法，广泛深入地了解情况，根据需要进行专项调查、延伸考察等，注意了解考察对象生活圈、社交圈情况"。④

第二，要拓宽选人视野。过去一段时间选拔干部，比较流行"竞争性选拔"，应该说这是拓宽选人用人视野的有力举措，但是出现了一些异化，比如，有的地方"凡提必竞"，竞争性选拔成了唯一方式，有的地方重知识轻能力，搞"一考定音"，而没有引导干部在实干、实绩上竞争。"干部工作公开，公开什么、在什么范围公开、用什么方式公开、公开到什么程度？需要认真研究、稳妥把握。"⑤

---

① 习近平：《在全国组织工作会议上的讲话》（2013 年 6 月 28 日），《十八大以来重要文献选编》（上），中央文献出版社 2014 年版，第 345 页。

② 《党政领导干部选拔任用工作条例》，《中国共产党重要党内法规学习汇编》，中国法制出版社 2019 年版，第 242 页。

③ 同上书，第 244 页。

④ 同上书，第 246 页。

⑤ 习近平：《在全国组织工作会议上的讲话》（2013 年 6 月 28 日），《十八大以来重要文献选编》（上），中央文献出版社 2014 年版，第 346 页。

干部工作关系党和国家事业发展，是一项严肃的工作，不能搞成"选秀"而滋生干部的浮躁情绪。《党政领导干部选拔任用工作条例》规定："研判和动议时，根据工作需要和实际情况，如确有必要，也可以把公开选拔、竞争上岗作为产生人选的一种方式。领导职位出现空缺且本地区本部门没有合适人选的，特别是需要补充紧缺专业人才或者配备结构需要干部的，可以通过公开选拔产生人选；领导职位出现空缺，本单位本系统符合资格条件人数较多且需要进一步比选择优的，可以通过竞争上岗产生人选。公开选拔、竞争上岗一般适用于副职领导岗位。公开选拔、竞争上岗应当结合岗位特点，坚持组织把关、突出政治素质、专业素养、工作实绩和一贯表现，防止简单以分数、票数取人"。①此外，"治天下者，用人非止一端，故取士不以一路"，要坚持五湖四海、广开进贤之路。《党政领导干部选拔任用工作条例》规定："党政领导干部可以从党政机关选拔任用，也可以从党政机关以外选拔任用，注意从企业、高等学校、科研院所等单位以及社会组织中发现选拔。地方党政领导班子成员应当注意从县（市、区、旗）、乡（镇、街道）党政领导职务的干部和国有企事业单位领导人员中选拔"。②

二、构建事业为上、以事择人、人岗相适的用人机制

人岗相适，就是回答怎么用人的问题。"骏马能历险、力田不如牛。坚车能载重，渡河不如舟"，必须构建事业为上、以事择人、人岗相适的用人机制。《党政领导干部选拔任用工作条例》规定，在干部考察中，要强化专业素养和工作实绩的考察。"为官择人者治、为人择官者乱"，用干部是为了干事业。《推进领导干部能上能下若干规定》（试行）重点是解决干部能下问题。强调坚持人岗相适、人尽其才，着力解决为官不为乱为等问题，最终形成能者上、庸者下、劣者汰的用人导向和从政环境。"对于不能有效履行职责、按要求完成

①② 《党政领导干部选拔任用工作条例》，《中国共产党重要党内法规学习汇编》，中国法制出版社 2019 年版，第 241 页。

工作任务，单位工作或者分管工作处于落后状态，或者出现较大失误的"被列入"不适宜担任现职干部应当进行调整"①的范畴。

要全方位做好选人用人工作，还必须针对性地解决一段时间内存在的"带病提拔、带病上岗"的问题，重点要把握好三关：

一是动议提名关。《党政领导干部选拔任用工作条例》新增"动议"一章，"组织（人事）部门综合有关方面建议和平时了解掌握的情况，对领导班子和领导干部进行动议分析，就选拔任用的职位、条件、范围、方式、程序和人选意向提出初步建议"，"对动议的人选严格把关，根据工作需要，可以提前核查有关事项"。②这是将过去的潜性环节显性化，对动议提名作出了原则性规定，很多地方在此基础上细化了谁来提名、怎么提名、提名责任的承担问题，"确保拟提拔任用干部的初步建议人选得到充分酝酿、不同意见得到认真考虑，防止带病干部成为提名人选"。③《关于防止干部"带病提拔"的意见》要求加大动议审查，要求规范动议主体权责和程序，以民主集中制的方式提出符合好干部标准的人选。"坚持先定规矩后议人选，按照以事择人、按岗选人的要求，对领导班子优化方向、拟选拔职位资格条件和人选产生范围等进行充分酝酿，在此基础上比选择优，研究意向性人选。"④只要是被纳入考虑范围的人选，都要提前审查政治表现、廉洁自律等各方面的情况，特别是对于不同意见是要重视，对有问题疑点核实后感觉不影响使用的，仍可以列为意向性人选。

二是考察考核关，主要是筛查剔除不合格人员的一关，是任用前的"体检"，防止有硬伤的人蒙混过关。"组织部门考察考核干部，应当有双向思维：

① 《推进领导干部能上能下若干规定》（试行），《中国共产党重要党内法规学习汇编》，中国法制出版社 2019 年版，第 293 页。

② 《党政领导干部选拔任用工作条例》，《中国共产党重要党内法规学习汇编》，中国法制出版社 2019 年版，第 241 页。

③ 刘云山：《坚持从严治吏，切实做到选好干部、用好干部、管好干部》，《十八大以来重要文献选编》（中），中央文献出版社 2016 年版，第 254 页。

④ 中共中央办公厅法规局编：《关于防止干部"带病提拔"的意见》，《中共中央党内法规和规范性文件汇编（1949 年 10 月—2016 年 12 月）》下册，法律出版社 2017 年版，第 998—999 页。

既考察这个干部有哪些优点、为什么可以在这个岗位用，又搞清楚这个干部存在什么问题，用了之后会有什么不良反应。"①《关于防止干部"带病提拔"的意见》强调，要强化任前把关，构建了非常完备的把关系统。把关原则：考察工作突出针对性，增强灵活性、提高有效性。把关人选：选优配强考察工作人员，明确考察谈话保密与承诺责任，营造讲真话的氛围。考察方式：根据考察对象的个人履历、家庭关系、社会背景等具体情况，抓住重要行为特征，有针对性地找知情人士谈话、适当拉开考察与会议讨论的时间间隔，采取民意调查、专项调查、延伸考察、实地走访、家访等方法深入考察、扩大公示内容、范围和延长公示时间。考察审核：干部档案"凡提必审"、个人有关事项报告"凡提必核"、纪检监察机关意见"凡提必听"、反映违规违纪问题线索具体、有可查性的信访举报"凡提必查"，同时前移审核关口，做到动议即审，该核早核。考察处理：对于发现有问题影响使用的，及时中止选拔任用程序；疑点没有排除、问题未查清的，不得提交会议讨论和任用，对一时存疑的干部，本着高度负责的态度，及时查清，作出结论，严肃处理诬陷行为。《干部人事档案工作条例》规定："干部人事档案反映干部个人政治品质、道德品行、思想认识、学习工作经历、专业素养、工作作风、工作实绩、廉洁自律、遵纪守法以及家庭状况、社会关系等情况的历史记录材料"，②是"教育培养、选拔任用、管理监督干部和评鉴人才的重要基础"，③"组织人事部门应当坚持'凡提必审'、'凡进必审'、干部管理权限发生变化的'凡转必审'，在干部动议、考察、任职前公示、录用、聘用、遴选、选调、交流，人才引进，军队转业（复员）安置，档案转递、接收等环节"，④要及时做好干部人事档案审核工作，但凡发现档案材料或者信息涉嫌造假的，组织人事部门等应当立即查核，未核准前，一律暂缓考察或者暂停任职、录用、聘用、调动等程序。

三是程序步骤关。"要按照干部管理权限，严格落实选拔任用的组织程序，

---

① 刘云山：《坚持从严治吏，切实做到选好干部、用好干部、管好干部》，《十八大以来重要文献选编》（中），中央文献出版社 2016 年版，第 254 页。

②③④ 《干部人事档案工作条例》，《人民日报》2018 年 11 月 29 日。

任何一个该有的环节都不能少，该由上级决定的事项决不能擅自作主，该按规矩办的不能搞例外，防止随意变通、程序空转。同时还要加强问责，倒逼各级党组织特别是主要负责同志履行好选人用人的把关责任"。①纪实制度是强化程序观念的重要保障，上海市在2011年就发布过《党政领导干部选拔任用工作纪实暂行办法》，要求各级组织（人事）部门按照干部管理权限，"对干部选拔任用工作过程及时进行记录，以进一步规范干部选拔任用工作"。②《党政领导干部选拔任用工作条例》要求"加强干部选拔任用工作全程监督，严格执行干部选拔任用全程纪实和任前事项报告、'一报告两评议'、专项检查、立项督查、'带病提拔'倒查制度"。③《关于防止干部"带病提拔"的意见》对于选人用人责任作了规定，各级党委（党组）负主体责任，党委（党组）书记是第一责任人，组织人事部门和纪检监察部门是直接责任和监督责任，党委（党组）在向上级党组织推荐报送拟提拔或进一步使用的人选时，对人选的廉洁自律情况提出结论性意见，实行党委（党组）书记、纪委书记（纪检组组长）在意见上签字制度。在此基础上，严格责任追究，根据选人工作程序，逐一检查动议、民主推荐、考察、讨论决定、任职等各个环节的主要工作和重要情况，甄别相关责任人的责任，如果出现领导不力、把关不严、考察不准、核查不认真甚至故意隐瞒等造成"带病提拔"的，必须追究责任，如果连续出现或者大规模出现，要追究党委（党组）主要负责人的责任。

由此可见，干部选拔任用为防止干部"带病提拔"已经形成完善的把关机制：第一，源头把关，对"三龄二历一身份"（年龄、工龄、党龄、学历、经历、身份）是否存疑、是否符合任职资格、领导干部亲属是否存在经商办企业等情况加强初核，从源头上防止"带病提拔"。第二，过程把关，对推荐考察、讨论决定、任职等重要环节的监督检查，严格落实"凡提四必"、干部选拔任

①　刘云山：《坚持从严治吏，切实做到选好干部、用好干部、管好干部》，《十八大以来重要文献选编》（中），中央文献出版社2016年版，第254、255页。

②　《上海：干部选拔任用全程如实记录》《公民导刊》2011年第10期。

③　《党政领导干部选拔任用工作条例》，《中国共产党重要党内法规学习汇编》，中国法制出版社2019年版，第257页。

用工作纪实等要求，推动形成流程清晰、程序规范、有序衔接的工作闭环。第三，结果把关，发挥"一报告两评议"等作用，加强对结果的分析研判和综合运用。第四，问责把关，针对选人用人失职失责行为坚决问责，不断释放失责必问、问责必严的强烈信号。

第四节 建立严管和激励并重的机制

党要管党，首先是管好干部。习近平总书记强调，"要把从严管理干部贯彻落实到干部队伍建设全过程。要坚持从严教育、从严管理、从严监督，让每一个干部都深刻懂得，当干部就必须付出更多辛劳、接受更严格的约束。没有这样的思想准备和觉悟，就不要进入干部队伍"。[1]近些年来干部管理中出现了一些问题，最主要的就是在从严上"认真"不够，而从严管理能不能落到实处，关键在于"领导机关和领导干部做出样子，下面就会跟着来、照着做"。[2]干部为事业着想，组织为干部着想。既要坚持从严管理干部，同时对干部要关心爱护，特别是对任务重、压力大、待遇低、出路窄的基层干部，"要把热情关心和严格要求结合起来"[3]，要对他们充分理解、充分信任，格外关心、格外爱护。

一、建立管思想、管工作、管作风、管纪律的从严管理体系

全面从严治党，关键在于从严治吏。为什么要管？因为从干部工作的链条

---

① 习近平：《在全国组织工作会议上的讲话》（2013 年 6 月 28 日），《十八大以来重要文献选编》（上），中央文献出版社 2014 年版，第 350 页。

② 同上书，第 351 页。

③ 同上书，第 352 页。

来看，选拔任用和日常监督相辅相成。好干部是选出来的，同时也是管出来的。"要在日常监督上下功夫，坚持抓早抓小、防微杜渐，发现苗头性、倾向性问题及时批评教育、经常敲响思想警钟，使咬耳扯袖、红脸出汗成为常态。"①

《中国共产党党内监督条例》明确党的领导机关和领导干部特别是主要领导干部是党内监督的重点对象，"党内监督没有禁区、没有例外。信任不能代替监督。各级党组织应当把信任激励同严格监督结合起来，促使党的领导干部做到有权必有责，有责要担当，用权受监督、失责必追究"，特别是强调要把纪律挺在前面，运用监督执纪"四种形态""经常开展批评和自我批评、约谈函询、让'红红脸、出出汗'成为常态；党纪轻处分、组织调整成为违纪处理的大多数；党纪重处分、重大职务调整的成为少数；严重违纪涉嫌违法立案审查的成为极少数"，②这一要求也被写入党的十九大审议通过的《中国共产党章程》。实现了严在"用"前和严在"用"后的辩证统一。管什么？要管思想、工作、作风、纪律，坚持严管就是厚爱。管思想，就是要坚持用习近平新时代中国特色社会主义思想武装头脑、推动工作，将思想管理与行为管理结合起来。这在《干部教育培训工作条例》《中国共产党党校（行政学院）工作条例》中均有体现，前已说明，不再赘述。《中国共产党党委（党组）理论学习中心组学习规则》要求，"学习以政治学习为根本，以深入学习中国特色社会主义理论体系为首要任务，以深入学习贯彻习近平总书记系列重要讲话精神为重点，以掌握和运用马克思主义立场、观点、方法为目的"。③管工作，就是要锻造干部的担当和实干，绝不可为官不为。通过《关于进一步激励广大干部新时代新担当新作为的意见》来实现正向激励，大力教育引导干部担当作为、干事

---

①　习近平：《在全国组织工作会议上的讲话》（2018 年 7 月 3 日），《十九大以来重要文献选编》（上），中央文献出版社 2019 年版，第 566 页。

②　《中国共产党党内监督条例》，《中国共产党重要党内法规学习汇编》，中国法制出版社 2019 年版，第 382 页。

③　《中国共产党党委（党组）理论学习中心组学习规则》，《中国共产党重要党内法规学习汇编》，中国法制出版社 2019 年版，第 307 页。

创业，鲜明树立重实干重实绩的用人导向，以科学的干部考核评价机制来发挥激励鞭策作用，强化考核结果的运用，"将其作为干部选拔任用、评先奖优、问责追责的重要依据，使政治坚定、奋发有为的干部得到褒奖和鼓励，使慢作为、不作为、乱作为的干部受到警醒和惩戒。加强考核结果反馈，引导干部发扬成绩、改进不足，更好忠于职守、担当奉献"，[1]切实为敢于担当的干部撑腰鼓劲，满怀热情关心关爱干部；也通过《推进领导干部能上能下若干规定》（试行）来形成能者上、庸者下、劣者汰的用人导向和从政环境，着力解决为官不正、为官不为、为官乱为的问题。管作风，要锻造干部为民意识。作风问题事关党的生死存亡，其本质是党性问题，作风是衡量干部党性的尺子，极易滋生腐败，作风建设永远在路上，以钉钉子精神一抓到底，锲而不舍、久久为功。管纪律，管思想、管工作、管作风能否到位，关键在于纪律建设能否首先到位。纪律建设是全面从严治党的治本之策，是党内治理的基本手段。怎么管？要"管好关键人、管到关键处、管住关键事、关在关键时，特别是要把一把手管住管好"。[2]

二、建立崇尚实干、勇于担当、加油鼓劲的正向激励体系

"干部干部，要干字当头。这既是职责要求，也是从政本分"，[3]而"勇于担当"是好干部的落脚点和检验环节。要构建崇尚实干、勇于担当、加油鼓劲的正向激励体系。

第一，让有为者受重用。选人用人是风向标，《关于进一步激励广大干部新时代新担当新作为的意见》指出要鲜明树立重实干重实绩的用人导向，"坚持有为才有位，突出实践实干实效，让那些想干事、能干事、干成事的干部有

---

① 《关于进一步激励广大干部新时代新担当新作为的意见》，《中国共产党重要党内法规学习汇编》，中国法制出版社 2019 年版，第 343 页。

② 习近平：《在全国组织工作会议上的讲话》（2018 年 7 月 3 日），《十九大以来重要文献选编》（上），中央文献出版社 2019 年版，第 565 页。

③ 同上书，第 566 页。

机会有舞台"，①大力选拔敢于负责、勇于担当、善于作为、实绩突出的干部，引导干部在其位、谋其政、干其事、求实效，努力做无愧于时代、人民、历史的好干部。上海市制定《关于进一步激励广大干部新时代新担当新作为的实施意见》指出，着力选用敢担当、善突破、能成事的干部，"既看日常工作中的担当，又看大事要事难事中的表现，及时发现、合理使用在加快建设'五个中心'、全力打响'四大品牌'等改革开放实践中大胆改、大胆闯、大胆试的干部，在执行急难险重任务、面对困难矛盾时敢啃硬骨头、敢于动真碰硬的干部"。②"坚持有为才有位，突出实践实干实效，让那些想干事、能干事、干成事的干部有机会有舞台，形成精兵强将各尽其责、各履其职、各展其长的生动局面。特别优秀的，可以依据有关规定破格提拔使用；任职资格条件尚不具备的，可以试行职务与职级适当分离，先任职，条件成熟后再晋级。继续在全市统筹使用部分局级非领导职数，专项用于基层一线和艰苦岗位，形成制度性安排"。③

第二，让实干者受激励。空谈误国，实干兴邦。要提倡实干，就必须解决干与不干、干多干少、干好干坏一个样的问题，必须让实干者有保障受激励。党的十八大以来，对干部，党始终坚持严格管理和关心信任相统一。"政治上激励、工作上支持、待遇上保障、心理上关怀，增强干部的荣誉感、归属感、获得感"，④不断地健全干部待遇激励保障制度体系，"完善机关事业单位基本工资标准调整机制，实施地区附加津贴制度"，"健全党和国家功勋荣誉表彰制度，做好平时激励、专项表彰奖励工作，落实体检、休假等制度，关注心理健康，丰富文体生活，保证正常福利，保障合法权益"，⑤特别是对于基层和战斗在脱贫攻坚第一线的干部，在政策、待遇等方面倾斜，让他们更好地履职尽

---

① 《关于进一步激励广大干部新时代新担当新作为的意见》，《中国共产党重要党内法规学习汇编》，中国法制出版社 2019 年版，第 342 页。

②③ 《关于进一步激励广大干部新时代新担当新作为的实施意见》，《解放日报》2018 年 7 月 16 日。

④ 《关于进一步激励广大干部新时代新担当新作为的意见》，《中国共产党重要党内法规学习汇编》，中国法制出版社 2019 年版，第 344 页。

⑤ 同上书，第 345 页。

责。针对不同岗位的实干者，均给予激励保障。如针对公务员，制定了《公务员职务与职级并行规定》，建立职级晋升空间，促进公务员立足本职工作，激励公务员干事创业、担当作为。只要是政治素质好、具备职位要求的工作能力和专业知识，忠于职守，勤勉尽责，勇于担当，工作实绩好，群众公认度高，作风品行好，满足一定的年限要求就应当在职级职数内逐级晋升。制定《聘任制公务员管理规定》（试行），"对在专业性较强的职位上表现突出、作出显著成绩和贡献、工作长期需要的聘任制公务员，聘期满五年，年度考核结果均为称职以上或者聘期考核结果为优秀的，经省级以上公务员主管部门批准，可以转为委任制公务员"，①聘任制公务员按照国家规定和聘任协议享受住房补贴、医疗补助、参加基本养老保险和职业年金、基本医疗、工伤、失业、生育保险，工资福利所需经费通过政府预算安排。如针对事业工作人员，制定《事业单位工作人员奖励规定》，对于政治标准合格的事业单位工作人员，在执行党和国家重大战略部署、重要任务，承担重要专项等工作中表现突出的，热爱公共服务事业成绩显著的，长期服务基层表现突出的等情形可以给予奖励，坚持精神奖励和物质奖励相结合，以精神奖励为主，坚持定期奖励与及时奖励相结合，以定期奖励为主，对于获得奖励的事业单位工作人员和集体，可以结合实际以内部通报表扬、评优评先等形式进行褒奖，并在工作上、生活上给予关心关怀。上海市《关于进一步激励广大干部新时代新担当新作为的实施意见》指出要加强全方位激励，增强干部荣誉感归属感获得感。发挥考核评价"指挥棒"作用，"突出对中央和市委、市政府决策部署贯彻执行情况的考核，把市委、市政府有关重大任务完成情况纳入年度（绩效）考核重点内容，作为评先评优、考核奖励的重要依据之一"，"对连续三年获得考核优秀等次的干部，在职务提拔和职级晋升时优先考虑"，②加大表彰激励力度，组织开展"新时代新担当新作为"系列评选活动、设立"改革创新奖"、将评选表彰和干部培养选拔挂钩、完善国有

① 《中办国办印发〈聘任制公务员管理规定（试行）〉》，《人民日报》2017年9月30日。

② 《关于进一步激励广大干部新时代新担当新作为的实施意见》，《解放日报》2018年7月16日。

企业薪酬体系，探索引入任期激励、股权激励等中长期激励方式等。

第三，让担当者受保护。当今世界正处于百年未有之大变局，前进道路上还有许多的风险和考验，需要攻坚克难、勇于担当的干部。"走前人没有走过的路、做前人没有做过的事，难免会出现瑕疵和失误"，"当干部敢抓敢管、敢闯敢试而遭遇挫折、受到非议时"①，组织上必须为他们加油鼓劲、撑腰壮胆。《关于进一步激励广大干部新时代新担当新作为的意见》明确要建立容错纠错机制，宽容干部在改革创新中的失误错误，"各级党委（党组）及纪检监察机关、组织部门等相关职能部门，要妥善把握事业为上、实事求是、依纪依法、容纠并举等原则，结合动机态度、客观条件、程序方法、性质程度、后果影响以及挽回损失等情况，对干部的失误错误进行综合分析，对该容的大胆容错，不该容的坚决不容。对给予容错的干部，考察考核要客观评价，选拔任用要公正合理"。②上海市《关于进一步激励广大干部新时代新担当新作为的实施意见》建立了完善的健全容错纠错机制。一是明确容错条件情形。在"三个区分开来"的基础上强调，"对干部在贯彻落实中央和上海市委、市政府决策部署，建设'五个中心'、打响'四大品牌'、推动高质量发展、创造高品质生活以及执行急难险重任务、化解风险矛盾过程中改革创新、先行先试、担当尽责，因政策界限不明确、客观形势变化等原因，未实现预期效果、产生失误错误或引起负面影响的，可以予以容错"。③二是规范容错实施程序。由各级党委根据干部管理权限负责容错工作，纪检监察部门、组织人事部门等容错实施职能部门以事业为上、实事求是、依纪依法、容纠并举为基本原则，"在启动问责程序或责任调查过程中，同步考虑干部是否符合容错的条件和情形，干部本人也可以向容错实施职能部门提出容错申请"，④若启动容错程序，就要客观公正地开

---

① 习近平：《在全国组织工作会议上的讲话》（2018 年 7 月 3 日），《十九大以来重要文献选编》（上），中央文献出版社 2019 年版，第 564 页。

② 《关于进一步激励广大干部新时代新担当新作为的意见》，《中国共产党重要党内法规学习汇编》，中国法制出版社 2019 年版，第 344 页。

③④ 《关于进一步激励广大干部新时代新担当新作为的实施意见》，《解放日报》2018 年 7 月 16 日。

展调查核实，"认真听取有关单位和个人的意见，查清事实、精准认定、厘清责任，对于重大事项必要时可以邀请群众代表、服务对象等参与调查或组织相关部门、第三方开展评估。容错实施职能部门要结合动机态度、客观条件、程序方法、性质程度、后果影响及挽回损失等情况进行综合分析，对该容的大胆容错、不该容的坚决不容，提出初步认定建议，提交同级党委（党组）研究决定，形成容错认定结果并向上一级纪检监察机关、组织人事部门报告"，①结果要以适当方式及时反馈干部本人及相关党组织。认定容错的，应当在一定范围内公开；不予容错的，也允许干部本人提出申诉。三是，运用容错结果。分以下几种具体情况：予以免责的，在平时考核、年度（绩效）考核、目标责任考核、任期考核等各类考核，干部提拔任用、职级职称晋升、评先评优、表彰奖励，党代表大会代表、人大代表、政协委员和后备干部资格等方面要客观评价，公正合理对待。对予以从轻、减轻处理的干部，"按照相关规定执行。有影响期的，影响期届满后，综合工作需要、干部德才素质和现实表现，按照有关规定及时合理予以使用"。②

第四，坚持容纠并举。"坚持有错必纠、有过必改，对苗头性、倾向性问题，早发现早纠正；对失误错误造成损失或不良影响的，及时采取补救措施消除影响、挽回损失，帮助干部认真分析查找原因、深刻吸取教训、制定改进措施，切实加以纠正。督促有关单位完善制度机制，防止类似失误错误再次发生。加强对相关干部的跟踪了解和后续管理，支持和鼓励干部调整心态、积极履职"。③

第五，完善澄清保护机制，为担当者担当。"对干部有关问题的反映，本着高度负责的态度，及时查清事实、澄清是非、作出结论，不放过有问题的干部，也不耽误没有问题的干部。严肃查处诬告陷害行为，对造谣中伤、散布谣言、恶意炒作、干扰改革创新造成恶劣影响的，严肃依纪依法追究责任。对受到诬告或失实举报的干部，通过适当方式及时为其澄清正名、消除顾虑，引导干部专心致志为党和人民干事创业、建功立业"。④

①②③④ 《关于进一步激励广大干部新时代新担当新作为的实施意见》，《解放日报》2018 年 7 月 16 日。

第十章　新时代以严肃责任制打造党内法规制度建设的闭环系统

党的建设是一项系统工程，既要把握根本、抓住关键、营造健康环境，还必须落实责任制，打造党内法规制度建设的闭环系统。习近平总书记指出，"不明确责任，不落实责任，不追究责任，从严治党是做不到的"。①

第一节　构建责任制-监督制-问责制三联动的制度保障机制

党的十八大以来，围绕着明确责任、落实责任、追究责任，构建了责任制-监督制-问责制三联动的制度保障机制。

一、明确有权必有责，权责统一的制度规定

中国共产党作为马克思主义执政党，要担当起该担当的责任，这里的责任覆盖所有权力对应的责任。党的十八大以来，在党执政的各个领域，均构筑起责任屏障。如 2015 年印发的《党员领导干部生态环境损害责任追究办法》《党委（党组）意识形态工作责任制实施办法》《党委（党组）网络安全工作责任制实施办法》《党委（党组）网络意识形态工作责任制实施细则》，2016 年印发的《信访工作责任制实施办法》《脱贫攻坚责任制实施办法》《党政主要负责人履行推进法治建设第一责任人职责规定》。2018 年印发的《地方党政干部安全

---

① 习近平：《在党的群众路线教育实践活动总结大会上的讲话》（2014 年 10 月 8 日），《十八大以来重要文献选编》（中），中央文献出版社 2016 年版，第 93 页。

生产责任制规定》等。围绕党建工作责任，《中国共产党章程》规定要强化管党治党的主体责任和监督责任。《中国共产问责条例》围绕各级党组织、党员领导干部负责守责尽责，规定党委（党组）应当履行全面从严治党主体责任，纪委履行专门监督责任、党的工作机关依据职能履行监督职责，党组织领导班子在职责范围内负有全面领导责任，领导班子主要负责人和直接主管的班子成员在职责范围内承担主要领导责任，参与决策和工作的班子成员在职责范围内承担重要领导责任。为了提高党内法规执行力，推动党内法规全面深入实施特别制定《中国共产党党内法规执行责任制规定》（试行）。各个地区和领域围绕怎样落实责任展开了积极探索。如，上海提出全面从严治党"四责协同"机制，形成党委主体责任、纪委监督责任、党委书记第一责任和班子成员"一岗双责"的横向协同协作机制。围绕中央企业党建工作，出台《中央企业党建工作责任制实施办法》，这是第一部关于中央企业党建工作的党内法规。

二、明确用权受监督，失责必问责的制度规定

监督是责任落地的保障，如前所述，党的十八大以来，逐步建立健全"党中央统一领导、党委（党组）全面监督、纪律检查机关专责监督、党的工作部门职能监督、党的基层组织日常监督、党员民主监督"的闭环党内监督体系，围绕具体的责任落实，出台《党政主要领导干部和国有企业领导人员经济责任审计规定实施细则》《领导干部干预司法活动、插手具体案件处理的纪律、通报和责任追究规定》《干部选拔任用工作监督检查和责任追究办法》等党内法规制度。

问责是利器，无论什么样的责任，都必须通过问责来实现，坚持有责必问，问责必严。《中国共产党问责条例》对于"问谁责、谁来问、问什么、怎么问"都做了明确规定，切实解决责任不落地的问题，是确保党的自身建设从"宽松软"到"严紧硬"的关键一环。

第二节　党内法规对领导组织、监督组织和管理组织责任规范

党内各级各类组织按其功能划分大体可以分为三类：领导组织、监督组织和管理组织。完善党内组织法规体系建设，重点是"规范党的各级各类组织的产生和职责，夯实管党治党、治国理政的组织制度基础"。①党的十八以来党内出台了众多党内法规来明确领导、监督及管理这三类组织的产生程序和职责划分，为推进国家治理体系及治理能力现代化奠定了坚实的基础。

一、党内法规对领导组织责任行为的规范

（一）党内法规对党委主体责任行为的规范

党委即党的委员会，党章明确规定党委会由党的各级代表大会选举产生并对其负责，党委是党的各级代表大会的执行机构及决策机构。党委会按照纵向组织权力关系可以分为中央委员会和地方委员会两种。中央委员会包括中央全会、中央政治局、中央政治局常委会。地方委员会有地方委员会全体会议及常委会两个层级，即"省、自治区、直辖市，设区的市和自治州，县（旗）、自治县、不设区的市和市辖区委员会及其常务委员会"。②党委会权力特征呈现出"大权独揽，小权分散。党委决定，各方去办。"③可见党委既是党代会的执行机关又是决策机关。

1. 党委领导核心地位的行为要求

"核心"在汉语中是中心、主要部分的意思。从组织关系及权力作用空间

---

① 《中共中央印发〈关于加强党内法规制度建设的意见〉》，《人民日报》2017 年 6 月 26 日。

② 《中国共产党地方委员会工作条例》（试行），《人民日报》2016 年 1 月 5 日。

③ 《毛泽东文集》第 7 卷，人民出版社 1999 年版，第 355 页。

上看，党委的领导核心主要有两个层面：

第一，党委在同级各组织处于领导核心地位。此时按照组织性质可以分为两种情况：其一，党委在同级各党组织中处于领导核心地位；其二，党委在同级非党组织中处于领导核心地位。第一种情况主要由于党委在同级各党组织中是决策机关。第二种情况是基于中国共产党的执政地位所具有的巨大政治能量，以及中国共产党的"嵌入"式整合。此时，按照政党组织性质，可以分为国家机关党委、国有企业党委及群团组织中的党组织等。在党委与相关国家机构及人民团体的关系中，党要"加强对人大、政府、政协、司法机关、有关人民团体中统一战线工作的领导"，①为完善党内法规体系的配套法规建设，保障党内法规体系的协同性，2015 年 12 月 25 日起施行的《中国共产党地方委员会工作条例》也进行相关性规定。国有企业中党委发挥着领导核心作用，习近平总书记在全国国有企业党建工作会议上强调"发挥企业党组织的领导核心和政治核心作用，保证党和国家方针政策、重大部署在国有企业贯彻执行"，其实现方式是将"企业党组织内嵌到公司治理结构之中，明确和落实党组织在公司法人治理结构中的法定地位，做到组织落实、干部到位、职责明确、监督严格"。②党组织内嵌于"公司的治理机构"③中，将改变公司的治理结构，并赋予领导核心新的内涵。这种公司治理结构的改变是"通过国有企业章程的修改，明确和落实党组织在国有企业法人治理结构中的法定地位。具体而言就是在公司章程中增加党委会这一机构，形成'四会一层'的现代国有企业治理结构，明确党委在经营管理决策、执行、监督各环节的权

---

① 《中国共产党统一战线工作条例》（试行），《人民日报》2015 年 9 月 23 日。
② 习近平：《坚持党对国有企业的领导不动摇》，《人民日报》2016 年 10 月 12 日。
③ 马连福、王佳宁：《党组织嵌入国有企业治理结构的三重考量》，《改革》2017 年第 3 期。马连福认为所谓党组织内嵌于公司治理机构模式，是指在"三会一层"（股东会、董事会、监事会、管理层）公司治理结构不变的情况下，按照"双向进入、交叉任职"的领导体制，依照公司治理程序，把党的领导融入董事会、监事会、经理层环节，实行"一身二责、双肩挑"的治理机制。董事长担任党委书记，总经理、监事会主席担任党委副书记。这类模式旨在实现党的领导和现代公司治理机制的有机融合，发挥党的领导核心作用。

责和工作方式"。①为了进一步加强党对国有企业的领导，保障中国特色社会主义的重要物质基础和政治基础，巩固党执政兴国的重要支柱和依靠力量，党组织必须"在同级各种组织中发挥领导核心作用"。②

第二，从权力的作用空间上讲，党委在其权力作用空间范围内的各领域中发挥着领导核心的作用。如《中国共产党地方委员会工作条例》强调地方党委"在本地区发挥总揽全局、协调各方的领导核心作用，按照协调推进'四个全面'战略布局，对本地区经济建设、政治建设、文化建设、社会建设、生态文明建设实行全面领导，对本地区党的建设全面负责"。③党委"领导核心"地位必然使其在管党治党中承担着"主体责任"，这体现了"权责统一"的基本原则。

2. 党委承担主体责任的行为要求

主体责任是相对于党内各行为主体而言，因其在组织体系中所扮演的角色及职守而必须承担的主要责任。如纪检机关要"加强对监督执纪工作的领导，切实履行自身建设主体责任，严格教育、管理、监督，使纪检监察干部成为严守纪律、改进作风、拒腐防变的表率"。④在党建国家、政党国家⑤及党管干部的三重因素作用下，中国的反腐败体系建设必然是"以政党为领导的，并以政党为行动中心展开的"。⑥党委在同级党组织中的领导核心地位，其从"全面领导责任"到"主体责任"的转变，意味着党委在党风廉政建设

---

① 马连福、王佳宁：《党组织嵌入国有企业治理结构的三重考量》，《改革》2017 年第 3 期。四会一层：党委会、股东会、董事会、监事会、管理层。

② 《中国共产党章程》，人民出版社 2017 年版，第 22 页。

③ 《中国共产党地方委员会工作条例》，《人民日报》2016 年 1 月 5 日。

④ 《中共中央办公厅印发〈中国共产党纪律检查机关监督执纪工作规则〉》，载中共中央纪律检查委员会网站，http://www.ccdi.gov.cn/toutiao/201901/t20190106_186371.html，2019-01-06。

⑤ 任剑涛：《从政党国家到民族国家：政党改革与中国政治现代化》，《江苏行政学院学报》2013 年第 3 期。任剑涛认为"政党国家"或"党化国家"是一种由政党作为民族的"代表"来建构并统治国家的国家形态。

⑥ 林尚立：《以政党为中心：中国反腐败体系的建构及其基本框架》，《中共中央党校学报》2009 年第 4 期。

中扮演"不仅是领导者而且必须是执行者和推动者"。①故也有学者认为"主体责任"意味着"党委是责任的承担者、履行者、主抓者，是责任追究的主要对象"。②

作为责任的执行者，党委主体责任是亲为先行、以上率下。在坚持"权责统一"原则下，党委作为"领导核心"必须承担与之对应的管党治党的"主体责任"。党委主体责任表现在"坚持贯彻民主集中制原则，严肃党内政治生活"，③在党风廉政建设及反腐败斗争上亲为先行、以上率下。2017 年 4 月制定的《中国共产党工作机关条例（试行）》第二十二条规定"党的工作机关领导班子应当认真履行全面从严治党主体责任，落实党风廉政建设责任制，模范执行廉洁自律各项规定，坚决维护党的纪律，推动形成风清气正、干事创业的良好环境"。④明确党委主体责任是推进全面从严治党的基本保障，是构建党内监督体系的重要环节。2016 年 10 月修订的《中国共产党党内监督条例》明确"党委（党组）在党内监督中负主体责任"。⑤

作为责任监督者，党委担负着管党治党全面监督责任，包括职责监督、人事监督、巡视巡察监督等。作为责任监督者，党委的责任形态是一个责任联合体，包括"书记是第一责任人，党委常委会委员（党组成员）和党委委员在职责范围内履行监督职责"。⑥在职责上，党委必须"强化管党治党主体责任和监督责任，加强对党的领导机关和党员领导干部特别是主要领导干部的监督，不断完善党内监督体系"。⑦在人事上，党委须落实"党管干部""党管人才"原则，加强党委在选人用人上的监督。在巡视监督上，党委在巡视工作上承担主体责任既是巡视工作得以顺利开展的保障，又是巡视工作的重要内容。一方面，党委对

---

① 王玲：《"党委主体责任"浅议》，《前线》2015 年第 2 期。

② 谢海军：《新时期党风廉政建设主体责任制问题研究》，郑州大学 2016 年硕士学位论文。

③ 《中国共产党党务公开条例（试行）》，《人民日报》2017 年 12 月 26 日。

④ 《中共中央印发〈中国共产党工作机关条例（试行）〉》，《人民日报》2017 年 4 月 13 日。

⑤⑥ 《中国共产党党内监督条例》，《中国共产党重要党内法规学习汇编》，中国法制出版社 2019 年版，第 385 页。

⑦ 《中国共产党章程》，《人民日报》2017 年 10 月 29 日。

"开展巡视巡察工作的党组织承担巡视巡察工作的主体责任"①；另一方面，党委的主体责任也是巡视的重要内容，如"巡视组对巡视对象执行《中国共产党章程》和其他党内法规，遵守党的纪律，落实全面从严治党主体责任和监督责任等情况进行监督"。②

作为被监督者，对党委履行主体责任与否的监督主要来自上级党委及同级纪委的监督。上级党委对下级党委的监督形式主要有报告及述职制度。2017年《中国共产党党委（党组）理论学习中心组学习规则》第十三条规定："党委（党组）理论学习中心组每年向上级党委宣传部、组织部报送中心组学习情况；各级机关、企事业单位党组织理论学习中心组每年向有关党的机关工作委员会报送中心组学习情况"。"党的地方委员会必须认真履行全面从严治党主体责任，书记必须履行抓党建第一责任人职责。常委会应当定期研究党建工作，每年至少向全会和上一级党委专题报告一次抓党建工作情况"。③党委同级监督主要是来自同级纪委及党委委员之间的监督。党的十八大以来中国共产党通过不断推进纪委领导结构的垂直化来强化纪委在监督执纪问责中的独立性、权威性。此外，纪委的垂直领导结构强调在特定事项以上级纪委为主。所以纪委的垂直领导是一种有限度领导。《中国共产党党内监督条例》规定："落实纪律检查工作双重领导体制，执纪审查工作以上级纪委领导为主，线索处置和执纪审查情况在向同级党委报告的同时向上级纪委报告，各级纪委书记、副书记的提名和考察以上级纪委会同组织部门为主"。④在党委委员的监督上强调"领导班子成员发现班子主要负责人存在问题，应当及时向其提出，必要时可以直接向上级党组织报告"。⑤

---

① 《中国共产党巡视工作条例》，《中国共产党重要党内法规学习汇编》，中国法制出版社2019年版，第393页。

② 同上书，第396页。

③ 《中国共产党地方委员会工作条例》，《人民日报》2016年1月5日。

④ 《中国共产党党内监督条例》，《中国共产党重要党内法规学习汇编》，中国法制出版社2019年版，第388页。

⑤ 同上书，第385—386页。

3. 党委问责机制的规范

明确党委的主体责任是规范党委问责机制的前提条件。在党风廉政建设和反腐败斗争上"要落实党委的主体责任和纪委的监督责任，强化责任追究"。①党委的主体责任是其内部各责任主体职能责任的集合，主要包括"党委领导班子的集体责任、党委主要负责人的第一责任、班子分管领导的领导责任"。②

明确党委管党治党的主体责任，关键在于明晰责任后果。2018 年修订的《中国共产党纪律处分条例》明确规定党委失责的行为后果，对党组织"不履行全面从严治党主体责任、监督责任或者履行全面从严治党主体责任、监督责任不力，给党组织造成严重损害或者严重不良影响的，对直接责任者和领导责任者，给予警告或者严重警告处分；情节严重的，给予撤销党内职务或者留党察看处分"。③2019 年修订《党政领导干部选拔任用工作条例》第三十五条规定，"选拔任用党政领导干部，应当按照干部管理权限由党委（党组）集体讨论，或决定提出推荐、提名的意见"。④

规范责任主体，责任到人及终身问责制。党委作为党内集体决策机构，厘清党委的集体责任与委员个体责任边界是对党委承担主体责任与否进行有效监督的关键。2009 年印发的《关于实行党政领导干部问责的暂行规定》在问责上有两个突出问题：其一，将行政问责与党内问责混同；其二，强调个体问责而忽视对党委集体问责，而且个体问责重点是对"一把手"的问责，"这种现象实际上体现为党委集体领导制和行政首长负责制之间的内在张力"，⑤即追责很难落实到党委集体及其他相关的委员。针对行政问责与党内问责混同的问题，

---

① 《习近平在十八届中央纪委第三次全会上的讲话》，《新华日报》2014 年 1 月 15 日。

② 杨群红：《落实党风廉政建设主体责任应把握的六个着力点》，《领导科学》2015 年第 5 期。

③ 《中国共产党纪律处分条例》，《中国共产党重要党内法规学习汇编》，中国法制出版社 2019 年版，第 365 页。

④ 《党政领导干部选拔任用工作条例》，《中国共产党重要党内法规学习汇编》，中国法制出版社 2019 年版，第 249 页。

⑤ 谷志军、陈科霖：《当代中国决策问责的内在逻辑及优化策略》，《政治学研究》2017 年第 3 期。

2019 年 9 月施行的《中国共产党问责条例》通过明确追责范围来实现党内问责与行政问责的分开，党内问责是"追究在党的建设和党的事业中失职失责党组织和党的领导干部的主体责任、监督责任和领导责任"。①

厘清党委集体责任与委员个体责任边界，实现责任到人。《中国共产党问责条例》强调"党组织领导班子在职责范围内负有全面领导责任，领导班子主要负责人和直接主管的班子成员承担主要领导责任，参与决策和工作的班子其他成员承担重要领导责任"。②党委作为一个领导集体，要"坚决反对和防止以党委集体决策名义集体违规"。③可见党委的问责不仅体现在集体层面，还必须落实到个体委员层面。当党委主体责任分解到个体委员时又可分为确定责任人和不确定责任人。确定责任人主要有党委书记承当党内监督的第一责任人及党委主要负责人的第一责任人，体现了"权责统一"的基本原则。如"党委（党组）在党内监督中负主体责任，书记是第一责任人"。④又如"被巡视党组织主要负责人为落实整改工作的第一责任人。"⑤确定责任人主要表现在决策追责上，而规范党委决策会议记录制度成为追责的关键。如建立"领导干部插手干预重大事项记录制度，发现利用职务便利违规干预干部选拔任用、工程建设、执纪执法、司法活动等问题，应当及时向上级党组织报告"。⑥此外，2016 年 11 月中组部印发《党委（党组）讨论决定干部任免事项守则》中也明确规定，与会成员应当逐一发表同意、不同意或缓议等明确意见，党委（党组）主要负责人

①　《中国共产党问责条例》，《中国共产党重要党内法规学习汇编》，中国法制出版社 2019 年版，第 402 页。

②　同上书，第 402—403 页。

③　《关于新形势下党内政治生活的若干准则》，《中国共产党重要党内法规学习汇编》，中国法制出版社 2019 年版，第 207 页。

④　《中国共产党党内监督条例》，《中国共产党重要党内法规学习汇编》，中国法制出版社 2019 年版，第 385 页。

⑤　《中国共产党巡视工作条例》，《中国共产党重要党内法规学习汇编》，中国法制出版社 2019 年版，第 399 页。

⑥　《中国共产党党内监督条例》，《中国共产党重要党内法规学习汇编》，中国法制出版社 2019 年版，第 387 页。

应最后表态。意见分歧较大时，暂缓进行表决。会议讨论决定情况由专人如实记录，决定任免事项应当编发纪要，并按规定存档。

（二）党内法规对党组主体责任行为的规范

党章规定"在中央和地方国家机关、人民团体、经济组织、文化组织和其他非党组织的领导机关中，可以成立党组。党组发挥领导核心作用"。①党组是中国共产党嵌入非党组织的领导机构，是中国共产党领导非党组织的重要组织基础及实现方式。组织间的互动是建立在"关系伙伴必须为组织间关系网络带来有价值的资源"②基础之上。党组通过"双重嵌套"③的方式使中国共产党获得自身组织体系无法提供的异质资源与能力，以此不断厚植自身的执政基础，提升自身的执政能力。如政府机构中的党组是为实现"党的组织系统和政权系统两者之间的权力、能量、信息的交换，拓展了执政党的活动空间，提高了执政党控制和影响政权系统的有效性"。④

1. 领导结构的调整

党组对非党组织的领导是一种"嵌入式领导"⑤，即在尊重非党组织内部治

---

① 《中国共产党章程》，人民出版社 2017 年版，第 59 页。

② 罗珉：《组织间关系理论最新研究视角探析》，《外国经济与管理》2007 年第 1 期。

③ 双重嵌套：中国共产党通过设置党组在非党组织的"组织嵌入"实现"一次整合"，又通过党组"管理本单位党员、干部""发挥本单位领导核心作用"和"团结非党人士与群众"等途径，实现党组在所在单位的"二次整合"，形成了以党组为中轴的"双重嵌套"的政治整合结构。另外还有学者认为"双重嵌套"即通过党组设立，完成组织嵌入和人事嵌入的"一次整合"；又通过党组在党外组织中进行政治的、利益的和文化的三种面向整合而实现"二次整合"，形成一种"双重嵌套"的社会整合结构。载丁远朋：《嵌入式整合：中共党组整合功能的逻辑探究》，《中共天津市委党校学报》2017 年第 3 期；吴晓林、郭慧玲：《党组政治研究："双重嵌套"的政治整合结构》，《探索》2016 年第 3 期。

④ 张俊杰：《中国共产党执政体系中的党组制度分析》，《安徽工业大学学报》（社会科学版）2010 年第 7 期。

⑤ 胡德平：《中国共产党党组政治研究》，复旦大学 2014 年博士学位论文。胡德平认为"嵌入式领导"最为显著的特点就是嵌入非党组织的领导机关，而不是整个非党组织，避免了"干预式领导"，其实质是通过嵌入非党组织的领导机关构建起非党组织与党组织之间的关联机制，它的领导逻辑是：党组织领导党组，党组统一党员负责人意志与行动，党员负责人影响非党员负责人，形成非党组织的共同领导意志和行动。

理结构基础上，以非党组织领导机关中的党员为媒介，构建起党组织与非党组织之间的互动、责任传递、领导关系的实现。其特点集中表现在以下几个方面：

第一，以尊重非党组织自身运行逻辑为基础的领导。在 2019 年 4 月印发的《中国共产党党组工作条例》第十六条规定党组在本单位"全面履行领导责任，加强对本单位业务工作和党的建设的领导，推动党的主张和重大决策转化为法律法规、政策政令和社会共识，确保党的理论和路线方针政策的贯彻落实"。[①]因为"有效的社会整合，不是通过执政党权力的无限扩张来完成的，相反，是通过合理范围内的公共权力运作、社会自治的有效展开以及两者的相互配合与合作来实现的"。[②]

第二，加强党组对非党组织的领导权威。《中国共产党党组工作条例（试行）》规定，党组有权"讨论和决定"本单位的有关重大事项，尤其是非党组织中的"重大决策、重要人事任免、重大项目安排、大额资金使用等事项"[③]；并且在 2019 年修订的《中国共产党党组工作条例》更是进一步突出，党组可就本单位"制定拟订法律法规规章和重要规范性文件中的重大事项"以及"业务工作发展战略、重大部署和重大事项"。[④]可见党组对非党组织领导的实现方式主要有两种：其一，以非党组织领导机关中的党员为主，影响非党组中的主要负责人，在形成共同意志的基础上通过非党组织的决策机制使其变成非党组织集体行动的目标及规范。其二，以党内法规的形式赋予党组在特定事项上的领导权，不断加强党组的领导核心地位。

第三，党组通过对非党组织中领导机关的有效整合来巩固领导核心地位。《中国共产党党组工作条例》第十四条规定："党组书记一般由本单位领导班子主要负责人担任，主要负责人不是中共党员或者由上级领导兼任以及因其他情况不宜担任党组书记的，党组书记、主要负责人可以分设。党组其他成员一般由本单位领导班子成员中的党员干部、派驻本单位的纪检监察组组长担任，必

---

①③④　《中国共产党党组工作条例》，《中国共产党重要党内法规学习汇编》，中国法制出版社 2019 年版，第 98 页。

②　王邦佐：《执政党与社会整合》，上海人民出版社 2007 年版，第 135 页。

要时也可以由本单位重要职能部门或者下属单位党员主要负责人担任"。①如在设有董事会的国有企业党组书记由董事长担任；无董事会的党组书记由总经理担任；党组其他成员可根据需要由"进入董事会、监事会、经理层的党员领导人员和纪检监察组组长"②担任。

综合以上论述可以得出，党组主要职能的实现是通过非党组织中的主要领导者及领导机构将党的权威具体化，以此实现党对非党组织的有效领导。这一领导方式"必然会形成由精英与权力而型构的、旨在保证和发挥党对非党组织的领导核心作用，以主导政治价值分配的政治形态"。③

2. 责任传递链条的优化

党组的互动关系结构分为两个维度：第一，党组织与非党组织之间；第二，党组上下级之间。党组"作为中共母系统、母组织中的子系统、子组织，党组的运转与党的其他子组织的运转应遵循相对一致的逻辑，避免各行其是，产生摩擦甚至对抗"。④所以党组制度化建设的关键是确保上级党组织对党组、上级党组对下级党组织"领导"与"指导"遵从统一逻辑，实现责任有效传递。党组主要分为一般性党组和特殊性党组，特殊性党组包括党组性质党委、机关党组及分党组。党组性质党委即《中国共产党章程》规定的"对下属单位实行集中统一领导的国家工作部门可以建立党委"，⑤具体而言是指"党在对下属单位实行集中统一领导的国家工作部门和有关单位的领导机关中设立的领导机构，在本单位、本系统发挥领导作用"。⑥机关党组指在县及以上人大常委会、政府、政协设立的党组。分党组是指在设有党组的下级单位，因工作需要再设有分党组，并且设有分党组的非党组织相对固定。2019 年 4 月修订《中国共产

---

① ② 《中国共产党党组工作条例》，《中国共产党重要党内法规学习汇编》，中国法制出版社 2019 年版，第 97 页。

③ 胡德平：《中国共产党党组政治研究》，复旦大学 2014 年博士学位论文。

④ 余礼信：《让党组运转：对国家治理中党政分开的新探索》，《领导科学》2016 年第 5 期。

⑤ 《中国共产党章程》，人民出版社 2017 年版，第 59 页。

⑥ 《中国共产党党组工作条例》，《中国共产党重要党内法规学习汇编》，中国法制出版社 2019 年版，第 98 页。

党党组工作条例》第十一条对其领导的非党组织进行明确限定。理顺各党组的领导关系是保证党组有效领导的前提，而其关键在于明确各自批准设立的党组织；明确各自所嵌入的非党组织性质；以制度化形式规范党组责任链条不断向下延伸。

首先，党组的领导关系是建立在"批准"其成立的关系上。《中国共产党章程》第四十九条规定"党组必须服从批准它成立的党组织领导"，①可见党组领导关系的建立是基于"批准"及"服从"的基础上。党的十八大以来，批准党组成立的主体呈多元化发展，通过 2015 年制定的《中国共产党党组工作条例（试行）》相比，2019 年 4 月修订的《中国共产党党组工作条例》规定，批准党组成立的主体不仅局限于"党的中央委员会或者本级党的地方委员会"，②而是宽泛的强调"应当由党中央或者本级地方党委审批。有关管委会的工作部门设立党组，由本级党委授权管委会党工委审批"。③党组织对党组领导关系的建立是以"批准"其成立为条件，党的十八大以来，虽然批准党组成立的主体呈多元化趋势，但是就各自领导关系而言则还是相对明确且单一。另外，就分党组而言，不仅需要接受批准其成立的党组织的领导，分党组还"应当接受上级单位党组的领导，上级单位设立机关党组的，还应当接受机关党组的指导"。④党组的日常管理主要由党委各职能部门分工管理，其中"党委组织部门负责党组设立审核、日常管理等方面的具体工作，纪检监察机关、党的机关工委和其他工作机关根据职责做好相关工作"。⑤

其次，明确各党组"嵌入"的非党组织。机关党组与党组性质的党委都是以特定非党组织为嵌入对象，其中机关党组主要指"县级以上人大常委会机关、政府机关、政协机关"设立的党组。党组性质的党委主要有四种情况：

① 《中国共产党章程》，人民出版社 2017 年版，第 59 页。

② 《中国共产党党组工作条例》，《中国共产党重要党内法规学习汇编》，中国法制出版社 2019 年版，第 98 页。

③ 同上书，第 97 页。

④ 同上书，第 101 页。

⑤ 同上书，第 95 页。

"（一）对下属单位实行集中统一领导的国家工作部门；（二）根据中央授权对有关单位实行集中统一领导的国家工作部门；（三）政治要求高、工作性质特殊、系统规模大的国家工作部门；（四）对下级单位实行垂直管理的国家工作部门；（五）金融监管机构；（六）中管金融企业。"①除了上述两种之外，党组还包括人民团体、文化组织等非党组织中的党组。

最后，规范党组领导责任关系链条。人大常委会、政府、政协中的机关党组除了接受批准其成立的党组织领导外，还应分别接受本级党组的领导。但是这样也容易引起党组织内部权力关系结构的分散，尤其是机关党组双重领导机制下，对何者为主，何者为辅缺乏明确规定。一般情况下党组性质党委的领导幅度大于其他类型党组，因为一般党组不设有自己的工作部门，且一般党组领导的基层党组织也主要是本单位的群团组织、本机关及直属单位党组织。党组性质党委不仅拥有党组全部领导权限，且可根据需要设立工作机构。在领导层级上，2015 年通过《中国共产党党组工作条例（试行）》第十三条规定，党组与本机关及直属单位党组织是"指导"关系，新修订的十九大党章第四十九条将这种"指导"关系，修改为"领导"关系，从而进一步延伸了党组的领导层级。另外，在实行垂直领导或者实行双重领导并以上级领导为主的党组，可以领导本系统下属单位的分党组，而党组性质的党委则除了党组规定的领导层级外"还领导或者指导本系统党组织的工作，讨论和决定下属单位工作规划部署、机构设置、干部队伍管理、党的建设等重要事项。"②可见十八大以来党组的纵向领导责任关系链条呈现出不断向下延伸的趋势。

3. 完善责任传递保障机制

党组的组织及领导结构是相对扁平化的，这也是党组在政治发展中得以存续及功能发挥的重要保证。因为"扁平化组织因为减少了组织的中间环节从而

---

① 《中国共产党党组工作条例》，《中国共产党重要党内法规学习汇编》，中国法制出版社 2019 年版，第 104 页。

② 同上书，第 105 页。

变得更加灵活和具有环境适应性，因而比垂直金字塔组织更加有效"。①所以推动党组的组织及领导结构扁平化是十八大以来党组体制改革的重要方向，具体表现在以下三个方面：

其一，控制党组规模，保证党组工作的灵活性及适应性。十八大以前党组"党委化"发展趋势明显，党组党委化表现为"在政治实践过程中，党组和党委的形态边界、权力边界和功能边界又呈现出一定的'模糊性'，具有同质化倾向"。②党组党委化的结果是党组整合、领导非党组织的能力下降，因而去党委化成为十八大以来党组制度建设的重点。去党委化关键是要"合理确定和界分党组与党委的形态边界，保证党组与党委在党的组织体系中的组织形态差异性、权力运行差异性和基本功能差异性，从而避免党的组织过密化与功能内卷化趋向"。③去党委化的方式包括控制党组规模及实现党组制度化运行。控制党组规模是减少其管理幅度及管理层级，保证信息传递有效性的重要举措，进而提升党组整合非党组织的能力。《中国共产党党组工作条例（试行）》规定党组规模一般为"3 至 7 人。副省部级以上单位、中管企业党组成员一般不超过 9 人"④。党组运作制度化强调在尊重非党组织自身运作逻辑的基础上，党组嵌入非党组织的领导机构将党的要求通过合理、合法、合规的方式转化为非党组织集体行动的目标、规则规范。党组制度化建设过程中"既要体现和巩固党的领导，又要符合法律的明确规定，只有两者间形成良性的互动才能保证组织建设的有效性"。⑤

其二，提高党组成员的"素质"。实行扁平化管理的组织要求管理者具有较高的素质，包括由管理者组织成"知识团队的自我管理，不断释放整体知识能量"，⑥

---

① 彭学兵：《扁平化组织及其效率研究》，《浙江理工大学学报》2006 年第 2 期。

② 杜楠：《角色与功能：全面从严治党中的党组》，《桂海论丛》2016 年第 5 期。

③ 胡德平：《中国共产党党组政治研究》，复旦大学 2014 年博士学位论文。

④ 《中国共产党党组工作条例》，《中国共产党重要党内法规学习汇编》，中国法制出版社 2019 年版，第 98 页。

⑤ 罗峰：《政权系统中党的组织建设：历程、特征及其有效性分析》，《政治学研究》2009 年第 4 期。

⑥ 王蔷、任庆涛：《扁平化组织的组织模式架构》，《经济管理》2004 年第 5 期。

以及管理者的信息处理能力。对于党组而言，提高党组成员的"素质"更多的是指提高党组成员对中国共产党政治纪律与政治规矩的遵守，这是作为党的干部应有的责任与担当。因为政治纪律与政治规矩一方面可以帮助党员干部提升政治、道德行为信任，从而部分简化信息处理程序，提高信息处理效率；另一方面是可以强化党员干部的政治责任意识。

其三，提高党组信息流通的真实性。十八大以来提高党组信息流通真实性的主要举措有：第一，实行多样化的党组请示及报告制度。党组向批准其设立的党组织报告主要分为每年至少一次全面报告、重大问题的及时报告以及执行上级党组织重要指示和决定的专题报告。此外在"县级以上人大常委会党组、政府党组、政协党组、法院党组、检察院党组应当按照规定，向本级党委请示报告工作"。①第二，建立完善的责任追究制度。如党组书记的述职制度、对党组成员实行终身问责及党纪政纪责任追究。第三，建立党组信息公开制度，按照规定进行党务公开。第四，创新党组巡视制度。党组巡视制度重点在于通过强化上级党组对下级党组织或党组的监督，以保证党组责任传递的有效性、真实性，尤其是在领导幅度与领导层级都相对较多的国家部门党委及实行垂直管理或者实行双重领导单位的党组。

二、党内法规对监督组织责任行为的规范

（一）党内法规对纪委监督责任行为的规范

腐败的产生更多的是因为权力监管缺位造成非正式制度对正式制度的"扭曲，更改，并最终取而代之"，②可见对权威的约束及约束的可信、可预期是监督权作用发挥的重要前提。党的十九大党章明确提出"党的各级纪律检查委员会的职责是监督、执纪、问责"，③从而改变纪委"以往'全程参与'的逻辑上

---

① 《中国共产党党组工作条例》，《中国共产党重要党内法规学习汇编》，中国法制出版社2019年版，第102页。

② 公婷、周娜：《腐败的非制度根源》，《文化纵横》2013年第3期。

③ 《中国共产党章程》，人民出版社2017年版，第56—57页。

实现了以'瘦身'促'强身'，并在'裁判员'、'运动员'和'监督员'几种角色中明晰自我角色"。①纪委是党内监督的专门机关，且纪委在"监督执纪工作实行分级负责制"，②纪委监督、执纪、问责的对象主要是同级的各党组织及党员干部。党的十八大以来在增强纪委监督权的权威性、独立性，监督执纪常态化，问责系统化上取得巨大进步。

1. 监督权的独立性与权威性构建

党的十八大以来对纪委"党内监督专责机关"的组织角色进行不断规范。首先，纪委监督的对象不仅有党员领导干部，还增加了对党组织的监督。因为党内出现的区域性腐败、结构性腐败及坍塌式腐败等已经不是单个党员领导干部的问题，更深层次的是权力结构上的问题，所以对单个党员干部的监督已经无法有效解决党内的有关腐败问题，因而必须从权力结构上加以改进。

党的十八大以前，纪委监督权的独立性及权威性相对不足，其原因在于以下三点：第一，监督权的性质所决定。同党委或职能部门的执行权相比，纪委监督权是一种"非生产性的纠错权力"，即"监督不是生产什么事物的工作，而是预防和纠正错误事物而进行的工作"。③因而纪委无法通过控制及分配资源来获取权威性与独立性。第二，纪委的监督对象以同级党组织及党员干部为主。在具有科

---

① 罗文剑、吴曼曼：《党风廉政建设党委主体责任和纪委监督责任探析》，《长白学刊》2017年第1期。

② 《中办印发〈中国共产党纪律检查机关监督执纪工作规则〉》，《人民日报》2019年1月7日。监督执纪工作实行分级负责制：（一）中央纪委国家监委负责监督检查和审查调查中央委员、候补中央委员，中央纪委委员，中央管理的领导干部，党中央工作部门、党中央批准设立的党组（党委），各省、自治区、直辖市党委、纪委等党组织的涉嫌违纪或者职务违法、职务犯罪问题。（二）地方各级纪委监委负责监督检查和审查调查同级党委委员、候补委员，同级纪委委员，同级党委管理的党员、干部以及监察对象，同级党委工作部门、党委批准设立的党组（党委），下一级党委、纪委等党组织的涉嫌违纪或者职务违法、职务犯罪问题。（三）基层纪委负责监督检查和审查同级党委管理的党员，同级党委下属的各级党组织的涉嫌违纪问题；未设立纪律检查委员会的党的基层委员会，由该委员会负责监督执纪工作。地方各级纪委监委依照规定加强对同级党委履行职责、行使权力情况的监督。

③ 崔会敏、毋加加：《纪委履行监督责任的挑战与对策分析》，《唯实》2015年第8期。

层性质的组织结构中，权力分布呈倒金字塔状，因而纪委也很难从组织层级机构中获取权威。第三，在"双重领导"体制下，纪委几乎成为同级党委领导下的一个职能部门，造成纪委对同级各党组织（包括同级党委）、党员干部监督的可信与可预期无法得到保证。党的十八大以来在坚持纪委"双重领导"结构基础上通过强化纪委垂直领导结构来增强党内监督权的独立性与权威性。

党的十八大以来加强纪委垂直领导主要表现在三个方面：首先，纪委在特定职能履行上以上级纪委领导为主。如纪委在重要人事、腐败案件的查办、执纪审查等事项上以上级纪委领导为主。上级纪委对下级纪委领导的强化具体表现为"查办腐败案件以上级纪委领导为主，线索处置和案件查办在向同级党委报告的同时必须向上级纪委报告"。①其次，强化上级纪委对下级纪委人事权的领导，"各级纪委书记、副书记的提名和考察以上级纪委会同组织部门为主。"②最后，强化上级纪委在监督执纪过程中的领导。纪委"执纪审查工作以上级纪委领导为主"。③（见图10-1）纪委"双向报告"环节中，当需要立案审查的对象不是同级党委常委时，纪委可以直接决定，当需要立案审查的对象是同级党委常委时，则主要以上级纪委二核后交由同级党委批准。

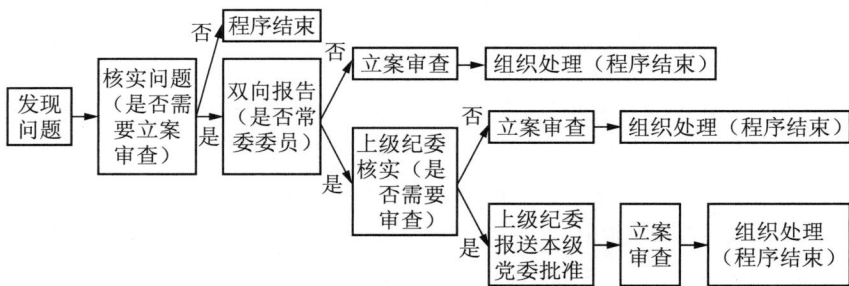

图 10-1　纪委监督程序性规范图

资料来源：根据十九大党章第四十六条绘制。

①②　《中共中央关于全面深化改革若干重大问题的决定》（2013年11月12日中国共产党第十八届中央委员会第三次全体会议通过），《人民日报》2013年11月16日。

③　《中国共产党党内监督条例》，《中国共产党重要党内法规学习汇编》，中国法制出版社2019年版，第388页。

民主集中制下纪委的"垂直化领导"依然体现着灵活性，因为"下级纪委接受'上级'纪委的领导，而不仅仅是'上一级'纪委的领导"。①这意味着上级纪委可以跨层级领导下级纪委，如县级纪委既要接受市级纪委的领导，也要接受省级纪委的领导。如纪委书记"空降"、异地调任、上级纪委选派等现象，它反映了纪委书记的任免权限逐渐向上级党组织转移，其目的在于防止纪委书记被当地官员和精英裹胁与俘获。这不仅极大提升纪委的反腐能力，还是强化纪委监督权的独立性与权威性的重要举措。针对该问题纪委书记的产生方式及廉洁程度也是影响反腐绩效的重要变量。如有学者研究发现"纪委书记的异地交流能够提高反腐力度，但这种影响主要来自中央'空降'的纪委书记，而其他省份平行调动的纪委书记却对反腐力度没有显著影响"。②

2. 监督执纪"四种形态"常态化

强化执纪、问责和监督是依规治党的关键所在。既注重完善党内执纪、问责、权力监督和制约机制，发挥党内监督机关的职责，又要运用好民众、媒体、舆论监督的党外监督，形成对政党内外监督的良性互动，让权力在阳光下运行，对违规、违纪、腐败行为"零容忍"，提高党规的执行力。2002年11月，党的十六大党章对纪委的主要任务作了调整，增加了"协助党的委员会加强党风建设和组织协调反腐败工作"，③在得到党内根本大法党章的法理基础后，纪委的反腐败职能得到进一步扩张。纪委"反腐败是针对特定的时代环境而作出的功能性回应，其中最直接的动力是几代党的领导人对腐败的深刻担忧和依靠党内机构治理腐败的持续重视。"④但是不可否认纪委反腐职能的增加也引发了不少问题：其一，对于纪委而言，精力的分散使其执纪功能逐渐淡化、边缘

①　王希鹏：《改革党的纪律检查体制的几个关键问题》，《理论视野》2014年第8期。

②　徐雷、李健、赵丰义：《纪委的独立性与廉洁性影响了反腐力度吗》，《上海财经大学学报》2018年第1期。

③　本书编写组：《中国共产党章程汇编——从一大到十七大》，中共党史出版社2007年版，第204页。

④　龙太江、陈伟波：《执纪与反腐：纪检机关两大职能的张力与协调》，《湖南社会科学》2017年第1期。

化，并且纪委干部容易在观念上把反腐败工作与履行党纪监督画上等号，并且以查办大案要案为其职能定位。其二，对于党员干部而言，法律的底线要求等同于党员干部的底线要求，造成干部队伍要么是党的"好干部"，要么是"阶下囚"的极端现象。这不仅有悖于党纪监督"惩前毖后、治病救人"的原则，还与中国共产党"先锋队"的政党性质背道而驰，侵蚀党的合法性基础。其三，反腐作为国家法律的规范领域，纪委的反腐功能容易造成以纪代法，侵害国家法律的权威性。因而在十九大修改的党章第四十六条明确增加纪委是"党内监督专责机关"，其职责是"监督、执纪、问责"。

监督执纪"四种形态"①常态化发展是纪委"三转"的重要内容，其中转职能强调纪委从反腐败转到抓纪律上来，也是规避腐败"破窗效应"的重要举措。监督执纪的"四种形态"是对五种纪律处分方式的一种补充，一方面重点强调在执纪过程中要兼顾事实，做到有"法"有"度"，体现为这"四种形态"在"党员的数量和规模，存在着依次递减的逻辑关系"且"党员和党员领导干部的级别存在着层层递进的逻辑关系"；②另一方面，第一种形态的常态化在党组织及党员违纪之前起到了安全阀的作用。十八大以来的反腐败经验充分证明任何党员的腐败都是"先从出现违纪苗头到逐步越过纪律底线，之后又从一般违纪发展到严重违纪，最后量变引起质变，演变为涉嫌违法犯罪"。③所以，监督执纪"四种形态"常态化发展实现了监督执纪工作"惩前毖后"与"治病救人"双重原则的平衡。

3. 责任划分与责任追究相统一

党的十二大党章强调"党组织如果在维护党的纪律方面失职，必须受到追

---

① 监督执纪"四种形态"：批评和自我批评要经常开展，让咬耳扯袖、红脸出汗成为常态；党纪轻处分和组织处理要成为大多数；对严重违纪的重处分、作出重大职务调整应当是少数；而严重违纪涉嫌违法立案审查的只能是极少数。

② 周淑真：《监督执纪"四种形态"的制与度》，《中国党政干部论坛》2016 年第 1 期。

③ 中央纪委案件审理室：《准确理解和把握监督执纪"四种形态"》，《中国纪检监察》2015 年第 24 期。

究",①但是由于问责制度长期以来只是散见于各种党内法规及规范性文件之中，以致"安全事故等行政问责多、抓管党治党不力问责少，问责规定零散、内容不聚焦"等问题突出。

严格区分党内问责与行政问责。自党的十二大以来党内问责制度只是散见于2010年印发的《关于实行党风廉政建设责任制的规定》、2009年的《关于实行党政领导干部问责的暂行规定》及2010年的《党政领导干部选拔任用工作责任追究办法（试行）》等党内法规之中。通过三部关于党内问责机制的党内法规进行比较（见表10-1），可以发现以下几个显著问题：首先，行政问责与党内问责混乱，主要表现在制定的法理依据、问责主体、问责对象、问责方式。其次，党内问责碎片化问题显著，主要表现为同一问题重复规定，如三部党内法规对干部选拔问题都有所规定，结果可能是重复问责与问责缺失并存。最后，忽视对党组织的问责。党的十八大以来纪委的职责聚焦于监督、执纪、问责，且建立相对完备的纪委问责机制。习近平强调建立健全问责机制重点是实现"问责的内容、对象、事项、主体、程序、方式都要制度化、程序化"。②

表 10-1　三部党内法规中党内问责机制比较

比较维度	《关于实行党风廉政建设责任制的规定》	《关于实行党政领导干部问责的暂行规定》	《党政领导干部选拔任用工作责任追究办法（试行）》
依据	宪法、党章	党章及党内条例、监察法、公务员法	党内条例、公务员法
主体	坚持党委统一领导，党政齐抓共管，纪委组织协调，部门各负其责，依靠群众的支持和参与	纪检监察机关、组织人事部门按照管理权限履行本规定中的有关职责	党委（党组）及纪检监察机关、组织人事部门
对象	党的机关、人大机关、行政机关、政协机关、审判机关、检察机关的领导班子、领导干部	县级以上地方各级党政工作部门及其内设机构成员	党委（党组）主要领导干部或者有关领导干部

方式	予批评教育或者责令作出检查、通报批评、调整处理；党纪处分；或者职务、责令辞职、免职和降职；移送司法	责令公开道歉、停职检查、引咎辞职、责令辞职、免职	批评教育或者责令作出书面检查；组织处理（调离岗位、引咎辞职、责令辞职、免职、降职）
内容	干部选拔任用工作	干部选拔任用工作	干部选拔任用工作

注：材料主要来源于《关于实行党风廉政建设责任制的规定》《关于实行党政领导干部问责的暂行规定》《党政领导干部选拔任用工作责任追究办法（试行）》。

党的十八大以来不仅加强了纪委对领导干部的问责，还加强了对党组织的问责。在民主集中制的组织原则下，"集体决策"是党的主要决策形式。因而"如何解决集体决策中的责任认定与责任追究问题就成为我国集体决策体制的一大难点"，①将党组织纳入问责对象有助于实现对"集体决策"的有效问责。在科层制的组织结构中，如果组织的"横向、纵向两个维度上权责配置不合理，'条块矛盾'突出"，②其结果是直接影响问责制度的深入推进。故而明确的责任划分是有效问责的前提。

2019 年 8 月印发的《中国共产党问责条例》明确提出党内问责的主要内容包括"主体责任、监督责任和领导责任"，③其中主体责任及监督责任此前已经论述过，在这里就不作赘述，"领导责任"的问责一方面包含对领导班子主要负责人和直接主管的班子成员的"主要领导责任"。另一方面是对参与决策和工作的班子其他成员的"重要领导责任"问责。党的十八大以来，主要通过"完善领导班子议事制度，对集体讨论事项，每个班子成员必须亮明态度并记录在案"，完善"部选拔任用问责制度，做到谁提名谁负责，谁考察谁负责，谁主持会议讨论决定谁负责"以及"建立领导干部插手重大事项记录制度，对违规过问下级有关事项如实登记"④等途径明确集体决策过程中的责任承担。此

---

① 陈国权、谷志军：《非竞选政治中的决策问责：意义、困境与对策》，《经济社会体制比较》2014 年第 2 期。

② 张贤明：《当代中国问责制度建设及实践的问题与对策》，《政治学研究》2012 年第 1 期。

③ 《中国共产党问责条例》，《中国共产党重要党内法规学习汇编》，中国法制出版社 2019 年版，第 402 页。

④ 习近平：《在第十八届中央纪律检查委员会第六次全体会议上的讲话》，《人民日报》2016 年 5 月 3 日。

外，《中国共产党问责条例》第七条从十一个方面就有关事项的问责也作具体化规定。

在问责方式上，党组织的问责主要有检查、通报、改组；领导干部的问责包括通报、诫勉、组织调整或者组织处理、纪律处分。通过党内问责方式与党纪处分方式的比较可以发现，两者虽然在惩罚力度上总体遵从纪律处分高于党内问责，但实际效用上"组织调整或者组织处理"是否真的低于"警告"处分，仍有待商榷。另外，终身问责制增加了党组织及党员干部在选择或推卸责任行为时的成本预期，也在某种程度可以帮助遏制机会主义的滋生。

虽然党内问责与党纪处分以明确的"惩罚性"措施为违纪行为建立明确预期，以此来实现对组织及个体行为的规制，但是党内问责与纪律处分的内在构成机理却各有不同。纪律处分是基于"义务-权利"的逻辑，即党员及党组织享受其身份所赋予的权利，就必须履行身份所附加的义务；而党内问责则是基于"权力-责任"的逻辑，即党员及党组织因拥有组织所赋予的权力而必须承担权力所附加的义务。这就决定了两种处分方式所适用的对象必然有所差异，党内问责主要针对的是党组织及党的干部，而党纪处分适用于党组织及全体党员，因而党纪处分所适用的对象要宽于党内问责。此外，在执行程序上亦有差别，"党内问责的程序按照调查取证、提出问责建议、作出问责决定等链条进行，而纪律处分一般由党的纪检监察部门直接作出处分决定"。[1]

（二）党内法规对巡视监督责任行为的规范

党内巡视制度指"党的中央和省、自治区、直辖市委员会实行巡视制度，建立专职巡视机构，在一届任期内对所管理的地方、部门、企事业单位党组织全面巡视"。[2]党的十八大以来，党内巡视制度的发展以"政治巡视"提出为界，主要经历了两个阶段的发展：第一阶段从 2012 年到 2016 年底；第二阶段 2016 年 1 月至今。从"反腐利器"到"政治巡视"，反映的不仅是巡视监督在组织

---

① 谷志军：《党内问责制：历史、构成及其发展》，《社会主义研究》2017 年第 1 期。

② 《中国共产党巡视工作条例》，《中国共产党重要党内法规学习汇编》，中国法制出版社 2019 年版，第 393 页。

结构与功能的调适，还是对推进巡视制度向纵深发展的新认识，是"坚持党中央权威和集中统一领导"①的保障机制。巡察是巡视工作推向基层的表现，两者除级别上的差异外，在运作逻辑上基本一致，故在本部分中主要以巡视监督为分析对象。

1. 巡视监督的权威性构建

党的十八大报告指出"健全纪检监察体制，完善派驻机构统一管理，更好发挥巡视制度监督作用"。②党内巡视制度作为一种自上而下的监督形式，"是党内监督战略性制度安排"。③强化巡视巡察的权威性与独立性，规避因委托–代理关系链条过长而造成的信息不对称及"逆向选择"④是其作用发挥的基础。

强化巡视监督的垂直领导结构，增强巡视权威性与独立性。十八大以来，党内巡视制度在实行分级管理基础上，强化巡视监督的垂直化领导，以此来增强党内巡视监督的独立性及权威性。如图 10-2 与图 10-3，通过对 2009 年和 2015 年两部《中国共产党巡视工作条例》中关于巡视工作领导结构规定的比较，我们可以直观地发现中央与省级巡视工作领导小组实现了双重领导关系的构建。在 2015 年印发的《中国共产党巡视工作条例》第五条增加的内容中规定"中央巡视工作领导小组应当加强对省、自治区、直辖市巡视工作的领导"。⑤并一直沿用到 2017 年重新修订《中国共产党巡视工作条例》中，对于中央巡视工作领导小组而言，虽然双重领导结构可以有效地实现巡视监督权威性构建，但是这种双重领导结构缺乏先后之别、主次之分。

---

① 本书编写组：《党的十九大报告辅导读本》，人民出版社 2017 年版，第 429 页。

② 《十八大以来重要文献选编》（上），中央文献出版社 2014 年版，第 43 页。

③ 王岐山：《巡视是党内监督战略性制度安排，彰显中国特色社会主义民主监督优势》，《人民日报》2017 年 7 月 17 日。

④ 丁煌、李晓飞：《逆向选择、利益博弈与政策执行阻滞》，《北京航空航天大学学报》（社会科学版）2010 年第 1 期。

逆向选择：其一般意义通常是指在信息不对称状态下，接受合约的一方（代理人）一般拥有"私人信息"并且利用另一方（委托人）信息缺乏的特点而使对方不利，从而使博弈或交易的过程偏离信息缺乏者的意愿，最终导致"劣质产品驱逐优质产品"的现象。

⑤ 《中国共产党巡视工作条例》，《人民日报》2015 年 8 月 14 日。

图 10-2　十八大之前巡视工作领导结构图

资料来源：根据 2009 年《中国共产党巡视工作条例》绘制。

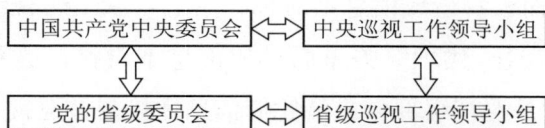

图 10-3　十八大之后巡视工作领导结构图

资料来源：根据 2015 年《中国共产党巡视工作条例》绘制。

2016 年修订的《中国共产党党内监督条例》第二十六条第二款中明确规定"落实纪律检查工作双重领导体制，执纪审查工作以上级纪委领导为主，线索处置和执纪审查情况在向同级党委报告的同时向上级纪委报告，各级纪委书记、副书记的提名和考察以上级纪委会同组织部门为主"。[1]2017 年修订的《中国共产党巡视工作条例》更是明确提出"巡视工作领导小组组长由同级党的纪律检查委员会书记担任，副组长一般由同级党委组织部部长担任"。[2]纪委在监督、执纪、问责、人事上的独立性与权威性无形中也加强了巡视领导小组的独立性与权威性。

巡视监督的独立性还表现在巡视组与被巡视党组织的关系上。2009 年制定的《中国共产党巡视工作条例（试行）》第十九条规定"巡视工作应当依靠被巡视地区、单位的党组织开展"。2015 年修订的《中国共产党巡视工作条例》将该条款删除，并且在第二十二条中强调"巡视组对反映被巡视党组织领导班子及其成员的重要问题和线索，可以进行深入了解"，[3]并沿用至 2017 年修订的

---

① 《中国共产党党内监督条例》，《中国共产党重要党内法规学习汇编》，中国法制出版社 2019 年版，第 388 页。

② 《中国共产党巡视工作条例》，《中国共产党重要党内法规学习汇编》，中国法制出版社 2019 年版，第 393—394 页。

③ 《中国共产党巡视工作条例》，《人民日报》2015 年 8 月 14 日。

《中国共产党巡视工作条例》之中，从而赋予巡视组在巡视过程中更多的自主性与独立性。

2. 构建灵活的权力结构与扩大信息供给方式相结合

信息不对称是党内巡视过程面临的重要问题，主要表现两个方面：其一，党内巡视是自上而下的监督形式，在具有科层性质的组织体系中监督者与被监督者之间因跨级别而极易造成信息不对称；其二，派出巡视组的党组织与巡视组之间也可能因"委托-代理"关系而造成信息不对称，巡视组产生"逆向选择"①现象，其表现是巡视组部分成员凭借信息优势与被巡视一方达成"权力寻租"②关系。

稳定的权力关系结构是产生权力寻租的重要原因，因而建立灵活的党内巡视权力关系结构是破除巡视过程中权力寻租现象的重要突破口。首先，除了坚持传统的公务回避、任职回避和地域回避及轮岗制度等制度外，十八大以来党内巡视工作还建立了"三个不固定"③、"一次一授权"、机动式巡视等灵活的权力结构。其次，通过提高党内巡视的突然性、秘密性来减少权力寻租的机会。2015年修改的《中国共产党巡视工作条例》中删除了2009年版本中的"巡视工作领导小组办公室应当提前十个工作日将巡视工作安排书面通知被巡视地区、单位，并协调安排巡视组进驻有关事宜"。④巡视工作开展前巡视组向被巡视党组织的通报内容也从"巡视工作的计划安排和要求"变成"巡视任务"

---

① 逆向选择，是信息不对称带来的另一个问题。指市场的某一方如果能够利用多于另一方的信息使自己受益而使另一方受损，倾向于与对方签订协议进行交易。本文指的是巡视组、巡视成员在信息不对称情况下，在被巡视党组的诱利下背离巡视目标，与被巡视党组织或个人之间达成某种庇护的"协议"或作出袒护性行为。

② 赵铁：《权力寻租治理的政治学分析》，《经济与社会发展》2005年第11期。"权力寻租"：指政府的各级官员或企业的高层领导利用手中的权力，避开各种控制、法规、审查，以权力来换取个人及小团体的利益，从而达到寻求或维护既得利益的一种活动。因此，"权力寻租"实际上就是政治生活中的"钱权交易"。

③ "三个不固定"：一是巡视组组长不固定；二是巡视的地区和单位不固定；三是巡视组与巡视对象的关系不固定。

④ 《中国共产党巡视工作条例（试行）》，《人民日报》2009年7月13日。

等。最后，优化巡视信息的沟通机制。巡视过程中的信息沟通除一般的请示、报告制度外，在"特殊情况下，中央巡视组可以直接向中央巡视工作领导小组组长报告，省、自治区、直辖市党委巡视组可以直接向省、自治区、直辖市党委书记报告"。①这种"一对一"的沟通不仅是相互信任的表现，同时也是巩固信任的重要机制，在相互信任关系下的沟通可以极大地提高信息的真实性。

扩大信息来源成为十八大以来解决因跨级别巡视引发的信息不对称问题的重要举措。对比 2009 年、2015 年及 2017 年《中国共产党巡视工作条例》会发现：拓宽巡视组的信息来源是条例两次修改的重要内容，2015 年的尤为突出。首先，信息收集方式更加多元化。2009 年《中国共产党巡视工作条例》列出九种收集信息的方法，2015 年党内巡视条例增加至十三种。其次，信息获取渠道更具开放性。如受理来信、来电、来访的主体下沉到"下一级党组织领导班子主要负责人"，并且对被巡视地区、单位的下沉调查范围也从本"单位或者部门"扩展到"属地方、单位或者部门"。在信息获取方式上也不局限于走访、民主测评、问卷调查。最后，提升信息处理、加工能力。2015 年《中国共产党巡视工作条例》第二十三条新增的内容中强调"对党风廉政建设等方面存在的普遍性、倾向性问题和其他重大问题，应当形成专题报告，分析原因，提出建议"。②此外还要求"开展专项检查""专项巡视"及对巡视发现的问题和线索进行分类处理。通过对巡视信息的加工、处理来分析党员干部腐败、作风问题的规律性，实现巡视工作经验的有效累积。

3. 以政治巡视强化组织权威

2015 年 10 月 23 日，中央巡视工作动员部署会议上首次提出"政治巡视"并且指出"巡视是对党组织和党员领导干部的巡视，是政治巡视不是业务巡视"③，

---

① 《中国共产党巡视工作条例》，《中国共产党重要党内法规学习汇编》，中国法制出版社 2019 年版，第 397—398 页。

② 《中国共产党巡视工作条例》，《人民日报》2015 年 8 月 14 日。

③ 王岐山：《在中央巡视工作动员部署会议上强调：聚焦全面从严治党 用好制度利器 把巡视监督做深做细做实》，人民网，http://politics.people.com.cn/n/2015/1023/c1024-27734195.html，2015-10-23。

重点是对贯彻党的路线方针政策情况的监督，以强化党的领导为根本目的。2015 年初中央第一轮巡视就提出巡视不仅要"发现违纪违法线索"，更要落实"两个责任"及严明党的政治纪律、政治规矩。为更好地理解"政治巡视"的内涵，统计了 2018 年 1 月 1 日至 2018 年 10 月 31 日党中央对 15 名中管干部就违反政治纪律及政治规矩的表述语词。（见表 10-2）

表 10-2 违反"政治纪律政治规矩"的行为表述语词统计表

时　间	姓　名	政治纪律
2018-10-19	白向群	对抗组织审查，搞迷信活动
2018-10-19	艾文礼	无
2018-10-15	赖小民	违背中央金融工作方针政策，盲目扩张、无序经营导致公司严重偏离主责主业，不履行全面从严治党主体责任，造成恶劣政治影响；搞政治投机，为个人职务升迁拉关系，搞美化宣传个人，捞取政治资本，参加迷信活动，对抗组织审查
2018-09-20	张少春	违规打探有关案情，对抗组织审查
2018-09-20	王晓光	政治信仰缺失，热衷于阅看有严重政治问题的境外书刊，拉票助选，封官许愿，不遵守外事工作纪律并造成恶劣影响，对抗组织审查
2018-08-07	陈质枫	无
2018-04-26	王晓琳	违规打探巡视信息
2018-04-26	李贻煌	丧失理想信念和党性原则，搞"小圈子"，扭曲选人用人政治导向。破坏所任职的国有企业政治生态
2018-03-31	冯新柱	毫无"四个意识"，对党中央关于脱贫攻坚重大决策部署落实不力、消极应付，且利用分管扶贫工作职权谋取私利，与相关人员订立攻守同盟，对抗组织审查
2018-02-24	杨　晶	长期与不法企业主、不法社会人员不当交往
2018-02-13	鲁　炜	阳奉阴违、欺骗中央，目无规矩、肆意妄为，妄议中央，干扰中央巡视，野心膨胀，公器私用，不择手段为个人造势，品行恶劣、匿名诬告他人，拉帮结派、搞"小圈子"
2018-02-13	季缃绮	转移涉案款物，对抗组织审查
2018-02-12	刘　君	对抗组织审查
2018-02-09	张杰辉	毫无党员意识，长期搞迷信活动
2018-02-05	刘　强	为提任副省级领导干部，利用职权搞有组织的拉票贿选活动，对抗组织审查，搞迷信活动

资料来源：中纪委网站 2018 年 1 月 1 日至 2018 年 10 月 31 日处分的中管干部中对违反"政治纪律政治规矩"的表述。

上述案例中对政治纪律政治规矩的描述主要有五个方面：其一，坚守马克思主义基本立场。案例中被处分的部分中管干部完全放弃马克思主义无神论的基本立场，大搞"迷信活动"。其二，对党忠诚，能以党中央为参照实现思想、行动、结构的统一。2017 年《中国共产党巡视工作条例》第十一条增加党员"对党忠诚"的要求，在"理想信念坚定，在思想上政治上行动上同党中央保持高度一"，对党不忠的具体表现有"对抗组织调查"，对中央阳奉阴违、欺骗中央以及中央与地方层面的不合作行为。有学者认为党内巡视制度与传统巡视制度具有"结构契合性"，①所以党内巡视不仅是中国共产党进行内部净化的途径，更"是单一制国家结构形式疏通中央与地方关系的一种政治整合"。②其三，严禁拉帮结派、搞"小圈子"活动。2017 年《中国共产党巡视工作条例》规定违反党的政治纪律及政治规矩中就有"违背党的路线方针政策的言行，有令不行、有禁不止，阳奉阴违、结党营私、团团伙伙、拉帮结派，以及落实意识形态工作责任制不到位等问题"。③其四，遵守党的选举制度。其五，严守党的秘密。2018 年《中国共产党纪律处分条例》第一百二十八条就泄露、扩散或者打探、窃取巡视巡察中"尚未公开事项或者其他应当保密的内容"的执纪情况进行细致规定。由此可见，政治巡视的重大判断不是巡视对象的变化，也不是巡视方式的转变，而是党内巡视内容的调整，更是巡视工作向纵深发展的现实要求。

三、党内法规对管理组织的规范

党内管理组织主要指基层党组织，基层党组织即"根据工作需要和党员人数，经上级党组织批准，分别设立党的基层委员会、总支部委员会、支部委员会"。④直接选举是基层党组织重要运作规则。基层党组织面向内部的功能包括

---

① 苗永泉、方雷：《党内巡视制度对传统制度资源的创造性转化》，《理论探讨》2016 年第 3 期。

② 彭前生：《中国共产党巡视制度的政治诠释》，《学术探索》2015 年第 5 期。

③ 《中国共产党巡视工作条例》，《中国共产党重要党内法规学习汇编》，中国法制出版社 2019 年版，第 396 页。

④ 《中国共产党章程》，人民出版社 2017 年版，第 43 页。

教育、管理、监督和服务党员。在党员干部的管理过程中，"制度化与伦理化的政治沟通体系"①是克服个体、组织两重分化、实现政党治理现代化的重要途径。政治社会化②是基层党组织基本功能，党的十八大以来基层党组织建设突出分类管理，以提升基层党组织组织力为重点，聚焦于政治功能发挥。

（一）分类管理与基础组织相统一

党的基层组织分类标准主要有三种：第一，按照基层党组织所处环境的差异进行分类，主要包含社区、机关、学校、企业、社会组织及解放军连队等基层党组织。第二，按照基层党组织的组织建制进行分类，包含基层党委、党总支及党支部等基本形式。第三，包括流动党支部、联合党支部等其他特殊类型的基层党组织。党的十八大以来基层党组织建设的重要趋势在于实现分类管理与基础组织相统一。

尊重社会基本结构，丰富、规范基层党组织形式。十六大党章首次将"两新"组织归入基层党建工作范畴，其职能是"贯彻党的方针政策，引导和监督企业遵守国家的法律法规，领导工会、共青团等群众组织，团结凝聚职工群众，维护各方的合法权益，促进企业健康发展"。③此后，非公有制经济组织党建工作得到快速发展，区域化党建是实现党对非公有制经济组织工作及组织全覆盖的重要方式。党的十七大党章统一将"社会团体、社会中介组织"统称为"社会组织"并且一直沿用至今。随着社会组织数量不断增加，社会组织中党

---

① 丁长艳：《政党治理现代化与执政党软实力的转型与适应》，《领导科学》2014年第23期。

② 政治社会化：是社会个体在社会政治互动中接受社会政治文化教化，学习政治知识、掌握政治技能、内化政治规范、形成政治态度、完善政治人格的辩证过程；是社会政治体系的自我延续机制和功能运行机制。吴春梅、郝苏君、徐勇特别强调政治社会化是"主流意识形态认同发生的具体过程，主流意识形态认同是结果政治社会化过程。它的直接目标是强化包含主流意识形态认同的政治认同且通过政治合法性间接作用于主流意识形态认同，因而有助于增强政治合法性程度。"载李元书：《政治社会化：含义、特征、功能》，《政治学研究》1998年第2期。吴春梅、郝苏君、徐勇：《政治社会化路径下农民工主流意识形态认同的实证分析》，《政治学研究》2014年第2期。

③ 本书编写组：《中国共产党第十六次全国代表大会文件汇编》，人民出版社2002年版，第57—90页。

的基层组织数量也在不断增加，其职能定位是十八大以来基层党建重要内容。党的十九大党章明确规定社会组织中党组织的功能是"宣传和执行党的路线、方针、政策，领导工会、共青团等群团组织，教育管理党员，引领服务群众，推动事业发展"。①农村基层党组织在本社区治理中处于领导核心地位，新修订的《中国共产党农村基层组织工作条例》新增"乡村治理"和"领导保障"两章用以明确农村基层党组织的职能及加强党对农村工作的领导。另外，同城市社区党组织相比，农村党组织还承担了经济建设职能。此外，《中央党内法规制定工作第二个五年规划（2018—2022 年）》明确提出要针对国有企业、党和国家机关及普通高校的基层党组织，制定以"条例"为主的党内法规对各类型基层党组织建设加以规范。

限制支部规模，保障支部功能发挥的"直接性"。初级社会群体②是党支部的基本社会形态，面对面的交流成为党员之间最直接、有效的信息传播方式，对党员的政治情感及政治态度③也最具塑造力，是政党对党员进行价值输入的有效方式，是党员干部党性锤炼的基础性组织。随着基层党组织党员结构复杂及规模扩大，部分基层党组织逐渐从初级群体演变为次级群体，规模较大的党委、党总支建制的基层党组织无法有效地对党员进行教育、管理、监督。因而

---

① 《中国共产党章程》，人民出版社 2017 年版，第 47 页。

② "初级社会群体"这个概念是 20 世纪初由美国社会学家 C. H. 库利（Charles Horton Cooley）提出的。他在 1909 年出版的《社会组织》（Social Organization）强调"初级群体——它在构成一个人的社会本性方面是面对面的、亲近的和重要的。他称之为'首属的'，因为它在个性社会化方面的重要意义，也是因为诸如父母亲、兄弟姐妹、同事和教师等首属团体是最早进入一个人的一生之中的。"

③ 徐建康、李青凤认为政治情感"是指政治主体在政治生活中对政治体系、政治活动、政治事件和政治人物等方面所产生的内心体验和感受，是对于各种政治客体的好恶之感、美丑之感、亲疏之感、信疑之感等等的心理反应"。

李明等人认为"政治态度是行为人基于对政治系统主观要求与现实之间满意度差异而表现出的对政治系统的态度，或者由之派生出的参与政治系统的行为准则。"徐建康、李青凤：《论党的执政理念的政治情感基础》，《理论探索》2007 年第 3 期；李明、潘春阳、苏晓馨：《市场演进、职业分层与居民政治态度———一项基于劳动力市场分割的实证研究》，《管理世界》2010 年第 2 期。

党的十八大以来有关支部建设的重要思想即突出"直接性"。2016 年 11 月制定的《关于新形势下党内政治生活的若干准则》强调支部是党"直接"教育党员、管理党员的组织基础。党的十九大党章更是进一步明确提出支部是"党的基础组织",其职能是"直接教育党员、管理党员、监督党员和组织群众、宣传群众、凝聚群众、服务群众"。①"直接性"不仅是支部作为党的基础组织区别于其他基层党组织的关键,同时"直接性"还是支部作用得以发挥的前提。《中国共产党支部工作条例(试行)》在第四、第五条明确规定"党支部党员人数一般不超过 50 人"且"联合党支部覆盖单位一般不超过 5 个",②对支部人员规模及联合单位数量的限制,目的在于保持党支部的初级社会群体形态和内部相对单一的关系结构。

党支部遵照便于活动原则,在兼顾支部人数规模、人员分布、人员结构的基础上可划分为不同的党小组。党小组的职能主要有三个方面:其一,对党员进行常态化、直接的教育。2016 年《关于新形势下党内政治生活的若干准则》明确规定"领导干部要以普通党员身份参加所在党支部或党小组的组织生活,坚持党员领导干部讲党课制度",③并且在内容上强调"政治学习和教育,突出党性锻炼"。④其二,对发展党员工作各环节进行监督。2014 年《中国共产党发展党员工作细则》明确规定在积极分子转为发展对象及预备党员转正的相关手续中,党小组扮演着重要的监督、审核职能;另外,党小组对编入本小组的预备党员、党员进行教育与日常监督。其三,党小组是党组织生活开展的重要组织依托。党小组会议是"三会一课"的重要组成部分,"党员领导干部应当带头参加所在党支部或者党小组组织生活"。⑤并且党员规模较大的支部,"个人自评和党员互评"可以党小组会议的形式进行。

---

① 《中国共产党章程》,《人民日报》2017 年 10 月 29 日。

② 《中国共产党支部工作条例(试行)》,《中国共产党重要党内法规学习汇编》,中国法制出版社 2019 年版,第 33 页。

③④ 《关于新形势下党内政治生活的若干准则》,《人民日报》2016 年 11 月 3 日。

⑤ 《中国共产党支部工作条例(试行)》,《中国共产党重要党内法规学习汇编》,中国法制出版社 2019 年版,第 38 页。

（二）以提升组织力为重点突出政治功能

党的十九大报告提出基层党组织建设"要以提升组织力为重点，突出政治功能"。①组织力因对"组织"一词的理解不同其内涵也各有不同。第一，将"组织"看作动词时，组织力即组织运用自身的组织结构，整合及运用各种组织资源的能力，其目标是实现集体行为能力超过单一个体行为能力的简单相加。第二，将"组织"看作名词时，组织力即组织凭借其持久性、可靠性、责任能力而对组织成员及社会成员所产生的影响力。基层党组织的组织力主要是基层党组织利用其自身的组织结构，整合组织内外资源以提升组织内部凝聚力、行动力，并通过组织行动不断加强基层党组织对社会的影响力、动员力及领导力。此时，基层党组织的组织力对内表现为教育、管理、监督党员的能力，重点是"解决软弱涣散问题"；②对外是组织、宣传、凝聚、服务群众的能力。

基层党组织政治功能的发挥，一定程度上以其职能实现为基础。有学者认为"党的基层组织政治功能是党的政治功能在基层的实践形态，党的基层组织不仅具有党组织的基本政治功能，还因其在党组织中的特殊位置和特殊任务而具有特殊的政治功能"，③具体包含有政治组织、政治传导、政治领导、政治服务、政治监督五个方面。④此外，还有学者从基层党组织的职能出发，认为基层党组织的政治功能主要是五个方面的职能履行：党的主张的宣传者、党的决定的贯彻者、基层治理的领导者、团结群众的动员者、改革发展的推动者。⑤还有学者认为政党、国家、社会三者结构关系出发，认为基层党组织政治功能主要

---

① 习近平：《决胜全面建成小康社会　夺取新时代中国特色社会主义伟大胜利——在中国共产党第十九次全国代表大会上的大报告》，人民出版社 2017 年版，第 65 页。

② 《中共中央关于加强党的政治建设的意见》，《人民日报》2019 年 2 月 28 日。

③ 代正光：《基层党组织的政治功能：模式、误区、路径》，《重庆邮电大学学报》（社会科学版）2016 年第 6 期。

④ 司海燕：《从"五个维度入手"，强化基层党组织的政治功能》，《党的生活》2018 年第 8 期。

⑤ 宋庆森：《突出基层党组织的政治功能》，《学习时报》2017 年 12 月 25 日。

有三个面向：管理、服务、治理，且分别表现为"吸纳党员与对党员进行教育管理的基本功能，也要充分发挥基层党组织密切联系群众之社会功能，还要充分发挥基层党组织在基层治理中的领导作用"。①可见基层党组织建设中"提升组织力"与"突出政治功能"是不同层面的同一过程；前者是基础，后者是方向与目的，并且两者是一种相互促进的关系。因而基层党组织建设中"提升组织力"与"突出政治功能"是同一过程的两个方面。

党的十八大以来，基层党组织通过强化自我建设，提升基层党组织的组织力来不断提升基层党组织履行政治功能的能力。具体做法主要表现在以下三个方面：

首先，推进基层党员教育的常态化、制度化。党的十九大党章就党和国家机关的基层党组织功能新添"教育、管理"职能，体现了党对基层党组织功能建设规律的新认识。基层党组织教育制度化包括以"三会一课"为主要形式，以"两学一做"为主要内容。具体学习形式还有每月一次的主题团日活动、党委（党组）书记每年给基层党员至少讲一次党课、支部每年组织生活会及民主评议至少各一次、支部每年谈心谈话不少于一次。②其次，在基层党员管理上强调党务公开。2017 年 12 月 20 日起施行的《中国共产党党务公开条例（试行）》第十一条要求基层党组织就组织决策部署、工作规划与落实、学习情况、基层民主情况、作风问题及政治责任等方面进行公开。③此外，为保证基层党务公开的效果，公开形式可以通过各单位的"载体和平台实现资源共享"，对"有条件的党的组织可以建立统一的党务信息公开平台"。④最后，基层党组织的监督主要是"日常监督"，是党内"闭环"监督体系的重要组成部分。基

---

① 刘红凛：《管理、服务与治理功能的政治衡平——从历史变迁看新时代基层党组织功能的新定位新要求》，《治理研究》2018 年第 1 期。

② 《中国共产党支部工作条例（试行）》，《中国共产党重要党内法规学习汇编》，中国法制出版社 2019 年版，第 38—39 页。

③ 《中国共产党党务公开条例（试行）》，《中国共产党重要党内法规学习汇编》，中国法制出版社 2019 年版，第 232 页。

④ 同上书，第 234 页。

层党组织的监督职能主要两有个层面：其一，作为对党员日常监督的主体。在民主集中制指导下，基层党组织对监督结果处理主要有及时处理及向上级组织汇报两种，基层党组织如"发现党员、干部违反纪律问题及时教育或者处理，问题严重的应当向上级党组织报告"。①党支部建设的重点是"充分发挥支部在教育管理监督党员方面的主体作用，树立'党的一切工作到支部'的导向"。②组织生活是基层党组织对党员进行监督的重要方式，监督的内容主要是党员义务的履行及权利的保护。党支部或党小组在发展党员时发挥着重要监督作用。入党积极分子名单的确定"由支部委员会（不设支部委员会的由支部大会）研究决定，并报上级党委备案"。在审核发展对象时"由支部委员会提交支部大会讨论。召开讨论接收预备党员的支部大会，有表决权的到会人数必须超过应到会有表决权人数的半数"。③其二，作为监督党纪执行的主体。在"党纪处分决定作出后，应当在一个月内向受处分党员所在党的基层组织中的全体党员及其本人宣布，并按照干部管理权限和组织关系将处分决定材料归入受处分者档案"。④

（三）基层党组织的三种监督模式

基层党组织功能得以实现是建立在对其有效监督的基础上。基层党组织的监督主体主要分为三种：一是上级党组织的监督；二是党员的监督；三是人民群众的监督。不同的监督主体其监督形式也会有所差异。

基层党建责任纳入绩效考核范畴，增强上级党组织对基层党组织监督的主动性。在民主集中制基本原则指导下，上级组织的压力传导是推动下级组织运作的重要动力，其中上级组织对下级组织的绩效考核是推动下级组织运转的重

---

①　《中国共产党党内监督条例》，《中国共产党重要党内法规学习汇编》，中国法制出版社2019年版，第390页。

②　何克祥：《关于十八大以来加强和规范党内组织生活的一项实证调查与思考》，《探索》2018年第2期。

③　《中国共产党发展党员工作细则》，《人民日报》2014年6月11日。

④　《中国共产党纪律处分条例》，《中国共产党重要党内法规学习汇编》，中国法制出版社2019年版，第359页。

要动力。正是基于对党组织运作规律的认识，党的十八大以来将不断推进基层党建责任纳入绩效考核范畴，以此增强上级党组织对下级党组织监督的主动性，具体包括"村、社区党支部工作纳入县级党委巡察监督工作内容"①、支部党建纳入各级党委书记述职考核范畴、针对党建责任落实不到位党员干部及党组织严肃问责。

优化党员对基层党组织的常态化监督机制。基层党组织与党员的关系不仅是领导与被领导的关系，同时还是双向的监督与被监督的关系。因而强化党员对基层党组织的监督，是规范基层党组织行为的重要举措。民主评议及组织生活不仅是基层党组织监督的党员的重要形式，同时也是党员监督基层党组织的重要机制。

深入推进党务公开，克服因信息不对称造成群众对基层党组织监督困境。《中国共产党党务公开条例（试行）》第十一条对基层党组织公开的内容进行明确规定，为群众监督奠定了信息基础。不同领域基层党组织的监督形式既有共性也有差异性。如"利用互联网技术和信息化手段"②来强化群众对基层党组织进行监督已然成为一种趋势，而在社区、村支部中还可以利用巡察制度来实现党员群众对基层党组织的监督。

第三节　容错纠错机制：让干部担当作为有依靠

容错纠错机制建设是持续推动国家治理体系及治理能力现代化过程中的时代要求，具体表现在以下三个方面：一是中国特色的政党制度要求治国必先治党，治党务必从严。党的十八大以来，党中央不断推动全面从严治党向纵深发

---

① 《中国共产党支部工作条例（试行）》，《中国共产党重要党内法规学习汇编》，中国法制出版社 2019 年版，第 43 页。

② 《中国共产党党内监督条例》，《中国共产党重要党内法规学习汇编》，中国法制出版社 2019 年版，第 391 页。

展，需要干部敢担当，敢作为。二是中国的改革进入深水区，改革开放以来积累的经验很难适应新时代改革发展的需要，"本领恐慌"问题表现为部分干部不会作为。三是"本领恐慌"问题造成干部在推动改革过程中"探索性失误"①频发，"不作为"成为部分"干部行为策略"。②容错纠错机制成为改变干部"为官不为"现象、"进一步激励广大干部新时代新担当新作为"③的制度性保障。容错纠错机制建设的重点是明确"容哪些错、怎样容错、如何纠错"④三方面内容。党的十八大以来，党中央及各地方在以上三个问题的探索上取得了突出成绩。

一、容错范围界定的三种方法

容错纠错机制的建立，首要问题在于回答"容哪些错"的问题，党的十八大以来，党中央及各地方对该问题主要从三个方面进行了规范及限定：

一是明确行为向度的结构位置。2018 年 5 月印发《关于进一步激励广大干部新时代新担当新作为的意见》明确提出要"确保容错在纪律红线、法律底线内进行"。⑤可见，虽然容错纠错里的"错"是一种否定性后果，但这是一种有限度的"错"，它"并非指行为本身违法违纪，而是指干部在改革创新、干事创业中由于主观上的过失导致工作不能达到预期甚至造成一定损失"。⑥这种错在行为向度结构上处于"党员底线要求"以下，"纪律处分"以上区域，这是"容错"机制建设的基本前提条件（见图 10-4）。作为界定"容错"的标准，它

---

① 吕红娟：《各地怎样构建容错纠错机制》，《中国党政干部论坛》2016 年第 8 期，第 36 页。

②④ 万庄：《关于完善干部激励约束和容错纠错机制的几点探讨》，《中国行政管理》2018 年第 10 期，第 87 页。

③ 《中办印发〈关于进一步激励广大干部新时代新担当新作为的意见〉》，《当代兵团》2018 年第 11 期，第 6 页。

⑤ 同上书，第 7 页。

⑥ 赵迎辉：《建立干部容错纠错机制需把握的几个问题》，《学习时报》2018 年 6 月 25 日，第 5 版。

既包括宏观结构上的区分，也需要更加微观、具体的标准为依据。

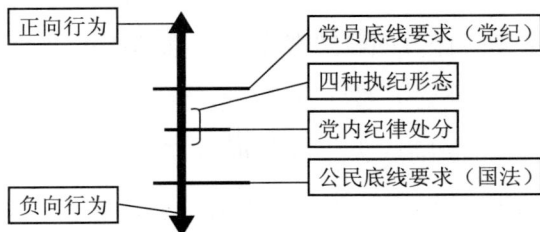

图 10-4　容错纠错限度行为模式结构

二是对具体错误行为进行综合分析。2016 年 1 月 18 日，习近平在省部级主要领导干部学习贯彻党的十八届五中全会精神专题研讨班上发表讲话时强调，为扭转"为官不为"现象而提出"三个区分"，即"要把干部在推进改革中因缺乏经验、先行先试出现的失误和错误，同明知故犯的违纪违法行为区分开来；把上级尚无明确限制的探索性试验中的失误和错误，同上级明令禁止后依然我行我素的违纪违法行为区分开来；把为推动发展的无意过失，同为谋取私利的违纪违法行为区分开来"。①此外，部分学者还结合各地方在容错纠错机制建设探索中的经验提出相对微观、具体的"三看"②、"五看"③界定法。2018

---

①　《习近平在省部级主要领导干部学习贯彻党的十八届五中全会精神专题研讨班上的讲话》，《人民日报》2016 年 5 月 10 日，第 2 版。

②　杜黎明：《容错的正面清单与纠错的对策清单》，《人民论坛》2017 年第 26 期，第 40 页。

"三看"：一要看行为动机，严格区分为公的无意过失和为己的谋取私利；二要看行为过程，严格区分敢想敢干与胡干蛮干，谨慎前行和固步自封；三要看致错原因，严格区分客观条件不具备导致的过错和主观故意的违纪违法导致的损失。

③　李蕊：《容错机制的建构及完善——基于政策文本的分析》，《社会主义研究》2017 年第 2 期，第 92 页。

"五看"：看动机，可容为公为民之误，不容损公肥私之错；看缘由，可容尽职尽责的不可抗力之误，不容失职渎职的主观故意或懈怠之错；看程度，可容无明令禁止（包括法律法规、上级政策精神等）、担当作为的失误错误，不容明知故犯、胡乱作为的违纪违法；看程序，可容依照法定程序、阳光决策之误，不容独断专行、草率决策之错；看后果，可容负面影响较小且及时主动纠错之误，不容社会影响恶劣之重大失误等。

年 5 月，中共中央办公厅印发《关于进一步激励广大干部新时代新担当新作为的意见》，《意见》强调界定"容错"范围要从"动机态度、客观条件、程序方法、性质程度、后果影响以及挽回损失等情况"①进行综合分析。

　　三是建立容错清单。党的十八大以来，各地在建立容错清单上的探索主要包含三种形式：第一是对容错事项进行罗列。如黑龙江省委办公厅印发《关于进一步激励广大干部新时代新担当新作为的实施意见》列出了六种容错情形②，还有湖北省也以"清单"的方式对容错范围进行界定。第二是明确规定不予容错的内容。如新疆自治区就规定了"四种"③不予容错免责的情形，以此来界定"容错"机制的限度。第三，构建容错及不予容错"双向"清单。如 2018 年 8 月，中共江西省委印发《关于进一步激励广大干部新时代新担当新作为的实施意见》就列出了六种容错情形和条件，同时还明确规定了九种"不予容错免责"的情形。④

---

　　①　《中办印发〈关于进一步激励广大干部新时代新担当新作为的意见〉》，《当代兵团》2018年第 11 期，第 7 页。

　　②　中共黑龙江省委办公厅：《关于进一步激励广大干部新时代新担当新作为的实施意见》，《党的生活》（黑龙江）2018 年第 7 期，第 9 页。

　　六种情形：属于大胆探索、先行先试，没有明令禁止的；经过民主决策程序，不是个人独断专行的；处置突发事件临时决断，总体效果好的；出于担当尽责，没有为个人、他人或单位谋取私利的；由于不可抗力或难以预见因素，不是主观故意的；积极主动挽回损失、消除不良影响或有效阻止危害结果发生的。

　　③　《中共新疆维吾尔自治区委员会贯彻落实〈关于进一步激励广大干部新时代新担当新作为的意见〉的实施意见》，《当代兵团》2018 年第 12 期，第 7 页。

　　四种情形：对贯彻落实党中央决策部署打折扣、做选择、搞变通甚至有令不行、有禁不止的情形；对散布"双泛"错误思想、宗教极端思想的情形；对贯彻自治区党委落实总目标的组合拳措施阳奉阴违、敷衍了事、工作棚架的情形；对在反分裂斗争等大是大非问题上不讲党性原则，"吃着共产党的饭、砸着共产党的锅"，搞"两面派"、做"两面人"的情形等。

　　④　中共江西省委办公厅：《关于进一步激励广大干部新时代新担当新作为的实施意见》，《江西日报》2018 年 8 月 21 日，第 A04 版。

　　六种情形：符合党中央和省委决策部署精神，有利于改革创新和发展大局的；党章党规、法律法规没有明令禁止，大胆探索、先行先试的；出于公心、担当尽责，没有为个人、亲属、他人或单位谋取不正当利益的；由于不可抗力、难以预见等因素，不是主观故意的；在不违反党纪党规、法律法规的前提下，贯彻执行民主集中制，经过民主决策、集体决策程序，或特殊情况下临机决断、事后及时履行报告程序的；积极主动挽回损失、消除不良影响或者有效阻止危害结果发生的。

二、容错实现：执纪问责处罚的制度弹性

容错机制针对的是党员干部负向的，且造成某种否定性后果行为方式的从轻处理机制。因而容错机制的制度呈现主要围绕现行《中国共产党纪律处分条例》第十七条及《中国共产党问责条例》第十八条的"从轻"原则进行构建。如黑龙江省"按照'谁问责、谁负责'的原则，纪委监委、组织部门以及其他具有问责职能的部门，根据职能职责，在启动问责程序的同时，一并开展容错免责调查核实"。①甘肃省临夏州规定"受理机关或部门要按照规定程序作出明确认定结论，属于免责的，应在一定范围内公开；属于从轻、减轻处理的，应在处理意见中明确表述"。②江西省通过在纠错机制上"对有轻微违规违纪行为，不构成党纪政务处分"范围内，对干部进行"提醒、函询和诫勉等方式，告知应该注意的事项和问题"，③及时挽回损失。当然，部分地区在容错机制建设上仍处于缺失状态。此外，也有学者在总结各地实践探索后提出，容错的程序"基本上都包括申请、核实、认定和反馈"。④

综上各地在容错机制的探索路径表明，容错机制的本质是"宽容干部在工作中特别是改革创新中的失误"，⑤并对属于容错范畴内的"探索性失误"按照纪律处分及问责处分中的"从轻原则"来激励干部积极担当作为。

---

① 《关于进一步激励广大干部新时代新担当新作为的实施意见》，《党的生活》（黑龙江）2018 年第 7 期，第 9 页。

② 《临夏州关于进一步激励广大干部新时代新担当新作为的实施办法》，《民族日报》2019 年1 月 23 日，第 1 版。

③ 中共江西省委办公厅：《关于进一步激励广大干部新时代新担当新作为的实施意见》，《江西日报》2018 年 8 月 21 日，第 A4 版。

④ 李蕊：《容错机制的建构及完善——基于政策文本的分析》，《社会主义研究》2017 年第 2期，第 92—93 页。

⑤ 《关于新形势下党内政治生活的若干准则》，《人民日报》2016 年 11 月 3 日，第 5 版。

三、纠错机制：多种制度复合效益

容错机制与纠错机制在激励干部担当作为上互为表里，"容错重在科学地认识问题，纠错重在科学地解决问题"。①但是，同容错机制相比，各地在纠错机制的探索性构建上，并没有像容错机制那样具有稳定的制度基础，更多的是多种制度结果的复合效益。故而，党的十八大以来各地在"容错""纠错"机制探索上不可避免存在"'容错'与'纠错'的不平衡"②的问题，只有少量地区对纠错机制进行明确说明。但是，从各地探索的实际情况来看，党的十八大以来纠错机制建设依旧在两个方面建设取得可喜成绩：

一是以组织职能为核心构建地方性纠错机制。中共中央办公厅印发《关于进一步激励广大干部新时代新担当新作为的意见》中强调，要"严肃查处诬告陷害行为，及时为受到不实反映的干部澄清正名、消除顾虑"。③因而各级党委、纪委及组织部门成为各地方构建纠错机制的主要行动主体。如中共湖北省委规定"各级党委（党组）及纪检监察机关、组织部门等相关职能部门要探索建立分析研判机制"。④在监委与纪委实行一套班子、两块牌子的组织设置上，"国家监察委员会在法律性质认定与职能界定上可以与容错纠错机制的法律监督无缝对接"。⑤

二是以多种党内制度为基础构建纠错机制。河南省委在《关于进一步激励广大干部新时代新担当新作为推动中原更加出彩的实施意见》中提出，要"及时纠错，综合运用巡视巡察、平时考核、年度考核、审计、专项督查、举报核查等结果，采取情况反馈、工作建议、提醒约谈、督办整改等多种方式，对苗

---

① 叶中华：《容错纠错机制的运行机理》，《人民论坛》2017 年第 26 期，第 42 页。

② 王炳权：《各地容错纠错机制的优点与不足》，《人民论坛》2017 年第 26 期，第 46 页。

③ 《中办印发〈关于进一步激励广大干部新时代新担当新作为的意见〉》，《当代兵团》2018 年第 11 期，第 7 页。

④ 中共湖北省委办公厅：《关于进一步激励广大干部新时代新担当新作为的实施意见》，《湖北日报》2018 年 8 月 15 日，第 1 版。

⑤ 胡杰：《容错纠错机制的法理意蕴》，《法学》2017 年第 3 期，第 171 页。

头性倾向性问题早发现、早提醒、早纠正；对已发生的失误错误及时采取补救措施，尽可能减少不良影响或损失"。①黑龙江省在纠错机制上强调"对苗头性、倾向性问题早发现早纠正，对失误错误及时采取补救措施，形成防错、容错、纠错的完整链条"。②此外，将党的纪律挺在前面，推动监督执纪"四种形态"常态化也是构建纠错机制的重要实现路径。

容错纠错制度建设的快速发展是党中央对新时代干部队伍建设规律认识的结果。2013年11月，党的十八届三中全会《关于全面深化改革若干重大问题的决定》，强调要"鼓励地方、基层和群众大胆探索，加强重大改革试点工作，及时总结经验，宽容改革失误"。③这里首次提到"宽容改革失误"，随后2015年10月13日，习近平主持召开中央全面深化改革领导小组第十七次会议讲话中提出，基层改革创新，既鼓励创新、表扬先进，"也允许试错、宽容失败"。2016年3月5日，李克强在十二届全国人大四次会议上所作的政府工作报告中第一次提出要健全"容错纠错机制"。中央层面对容错纠错机制的认识"由最初提出'宽容改革失误'到倡导建立'容错机制'，再到要求完善'容错纠错机制'"。④可见，中央层面对容错纠错机制认识在不断深化，这是推动地方层面积极探索、构建相关制度性文件的最直接动力。

第四节　激励与惩罚：党内行为规范的双重机制

中国共产党党内激励机制由两大"制度系统"构成，一是"正向激励制度

---

① 《中共河南省委办公厅关于进一步激励广大干部新时代新担当新作为推动中原更加出彩的实施意见》，《河南日报》2019年2月27日，第8版。

② 《关于进一步激励广大干部新时代新担当新作为的实施意见》，《党的生活（黑龙江）》2018年第7期，第9页。

③ 《中共中央关于全面深化改革若干重大问题的决定》，《中国共产党新闻网》2013年11月15日，见 http://cpc.people.com.cn/n/2013/1115/c64094-23559163.html。

④ 李蕊：《容错机制的建构及完善——基于政策文本的分析》，《社会主义研究》2017年第2期。

系统"，二是"负向激励制度系统"。①惩罚与激励是组织规范内部各主体行为的重要机制。政党是组织的具体形态，构建内部的激励与惩罚机制是政党规避集体行动困境的重要路径，惩罚与激励主要通过构建稳定的行为模式与行为预期关系，进而起到规范党内各主体行为，提升集体行动能力的效应。党的十八大以来，在全面从严治党背景下，中国共产党对激励与惩罚这一双重党内规范机制进行了完善。

一、激励：促进正向行为的再生产

党内激励制度一定程度上就是党组织为实现其倡导行为的再生产，通过授予勋章、荣誉称号、表彰以及颁发纪念章等形式，对做出正向行为的党组织、党员进行褒奖，从而建立起稳定的行为模式与行为预期的关系结构。十八大以来，党中央高度重视功勋荣誉表彰制度的构建与完善，并逐步建立起"1＋1＋3"的党和国家功勋荣誉表彰制度体系，即党中央制定一个指导性文件②，全国人大常委会制定一部法律③，有关部门分别制定党内、国家、军队三类功勋荣誉表彰条例④。这里主要就十八大以来党内功勋荣誉表彰制度体系的发展作一个归纳性总结和梳理。2015 年 12 月 14 日，中共中央政治局召开会议审议通过《关于建立健全党和国家功勋荣誉表彰制度的意见》，《意见》明确提出党内功勋荣誉表彰制度由勋章、荣誉称号、表彰奖励组成。2017 年 7 月印发的《中国

---

① 温敬元：《党内激励机制：内涵、价值与构建原则》，《科学社会主义》2010 年第 6 期。

② 即 2015 年 12 月 25 日，中共中央印发了《关于建立健全党和国家功勋荣誉表彰制度的意见》。

③ 即 2015 年 12 月 27 日，十二届全国人大常委会第十八次会议表决通过《中华人民共和国国家勋章和国家荣誉称号法》。

④ 2016 年 4 月，党中央决定成立党和国家功勋荣誉表彰工作委员会，负责统筹协调党和国家功勋荣誉表彰工作。并制定了《中国共产党党内功勋荣誉表彰条例》《国家功勋荣誉表彰条例》《军队功勋荣誉表彰条例》《"共和国勋章"和国家荣誉称号授予办法》《"七一勋章"授予办法》《"八一勋章"授予办法》《"友谊勋章"授予办法》等相关正式性国家法律及党内法规。

共产党党内功勋荣誉表彰条例》主体部分也是按照这一结构进行细化。

（一）激励是以正向行为做前提

党组织及党员的正向的行为是获得组织激励的充分必要条件。2015 年 12 月，党和国家功勋荣誉表彰工作委员会组织成立，并在 2017 年 7 月制定《中国共产党党内功勋荣誉表彰条例》，该《条例》规定了对正向行为褒奖的四种形式：授予勋章、荣誉称号、表彰以及颁发纪念章。

党组织对组织及个体党员授予勋章的方式主要分为两种：评授和普授。评授指党组织及党员在其行为符合评选设定的条件时授予，一般在中国共产党成立"逢五、逢十"周年时进行；普授主要围绕特定事项为基础，并根据特定历史时期的任务、特点来确定授予的基本条件。在这两种方式中，前者主要围绕符合条件的程度进行评选，后者则是围绕完成事项的完美程度进行确定。虽然是两种授予方式，但是其行为基础则是相似的，如《中国共产党党内功勋荣誉表彰条例》第五条规定，"七一勋章"是"授予在中国特色社会主义伟大事业和党的建设新的伟大工程中作出杰出贡献、创造宝贵精神财富的党员。勋章授予对象应当在全党全社会具有重大影响、受到高度赞誉"。第十条规定荣誉称号的授予对象主要针对"在中国特色社会主义伟大事业和党的建设新的伟大工程中作出突出贡献、具有崇高精神风范，以及在抢险救灾、处置突发事件或者完成重大专项任务等工作中表现特别突出、事迹特别感人的党员和党组织"。

如果说授予勋章及荣誉称号的激励方式是以宽泛意义上的正向行为作基础，那么表彰激励方式则是以对象角色扮演的"权责"关系为根据。有学者认为中国共产党的"激励与约束"机制是围绕"党员主体权责"，通过"道德和制度"[①]双向维度加以实现的。这一观点与《中国共产党党内功勋荣誉表彰条例》第十六条对表彰事项的规定有共通之处。但是，围绕"权责"关系来确定表彰对象除了以个体形态出现的党员、干部外，还包括以组织形态出现的各级党组织。

---

① 吴萍：《论党内民主建设中主体权责的激励与约束》，《福建师范大学学报》（哲学社会科学版）2013 年第 4 期，第 2—3 页。

（二）构筑党内褒奖机制全覆盖

十八大以来，党中央为最大限度地调动党内各行为主体的积极性，激发党内生机与活力，着重从三个方面力求实现党内功勋荣誉表彰的全覆盖。

第一，规范从中央到基层的功勋荣誉表彰行为。在《中国共产党党内功勋荣誉表彰条例》规定的四种激励形式中，授予勋章和荣誉称号主要由党中央授予，表彰及颁发纪念章其授予主体则包括从中央到基层各级党组织。此外，加强对党内一线工作的激励成为党的十八大以来的鲜明导向。《条例》第十六条规定："重点表彰基层和生产、工作一线的党员"，"重点表彰基层党务工作者"，"重点表彰基层党组织，可以表彰党委派出的代表机关"。

第二，褒奖频率从中央到基层依次递增。《条例》第十七条规定："党中央集中表彰，一般每五年一次。省、自治区、直辖市党委，党中央派出的代表机关，国家工作部门党委集中表彰，一般每五年一至二次。省级以下地方各级党委及其派出的代表机关、国家工作部门党委集中表彰，一般每五年二至三次"。此外，基层党组织的表彰频率则更加灵活，即由上级党组织作出规定即可。褒奖频率从中央到基层依次递增主要有两方面考量：减少褒奖成本；提升褒奖效益。在科层结构相对明显的中国共产党组织体系中，组织活动开展成本与组织层级一般呈正相关关系，因而对高层级的褒奖行动进行必要控制既能起到激励效应，又能减少组织成本。提升较低层级褒奖频率，不仅能减少组织成本，还能最大程度激发党内各行为主体的积极性。

第三，开展多样化的褒奖形式。十八大以来基本实现"定期表彰和不定期相结合，利用集中表彰和分散表彰相结合，中央表彰与基层奖励相结合"。[①]首先，在《条例》规定的四类褒奖形式中，虽然"七一勋章"每五年授予一次，但是"有需要时可以及时授予"。荣誉称号则采取不定期授予的方式。其次，表彰活动即可采取集中性表彰也可开展及时性表彰。最后，十八大以来也在不断加强党内选择性激励的力度。曼瑟尔·奥尔森在《集体行动的逻辑》一书中

[①]　韩喜平、巩瑞波：《边界与效度：政党内部激励活动的原则论析——以中国共产党党内表彰活动为例》，《中共中央党校学报》2017 年第 4 期。

强调，规避集体行动中"搭便车"困境的重要举措即实行有效的选择性激励，而"党内关怀"①制度是党内选择性激励的重要举措。2019 年 2 月，中共中央办公厅印发《中国共产党党内关怀帮扶办法》为党内"选择性激励"提供了正式制度依据。

（三）以提升连带性激励为保障

在市场化、世俗化的社会大背景下，党员与党组织间在权力关系、利益关系、权威关系上都发生了巨大变化，党组织支配党员所借用的中间机制减少，尤其是对"非公党员和社区退休党员来说，权力的强制性作用已经不复存在，利益上的关联也十分脆弱，于是精神上的激励就成为激励党员的主要方式"。②十八大以前党内激励存在一些"不能根据不同党员的实际需要有针对性地选择激励措施，不能很好地把精神激励与物质激励相结合，不能把政治激励与物质激励相配合"③等问题，且一定程度上"精神激励更多的是党内激励机制的自我修复，而现实利益激励更多体现的是党的激励机制的创新。二者相互配合构成党内激励的动力机制"。④按照马斯洛需求理论，精神需求是以满足物质需求为前提条件的，故而有学者认为中国共产党的激励机制应"从满足党内激励客体的需求出发，积极主动地选择党内激励途径"。⑤从现有的党内激励机制而言，中国共产党的激励体系主要是以荣誉性激励为基础，以物质性保障及心理性关怀为连带性激励而构建起来的。十八大以来，党中央主要通过不断提升党内激励的连带效应来实现荣誉、物质及心理激励的平衡。

荣誉性褒奖与物质性保障相统一。《中国共产党党内功勋荣誉表彰条例》第二十四条规定"'七一勋章'、荣誉称号获得者及其功绩载入党、国家、军队

---

①　罗峰：《政党权威中的"内整合"与"选择性激励"：集体行动的分析视角》，《政治与法律》2009 年第 12 期。

②　龚少情、周一平：《集体行动的逻辑与转型时期政党组织行为的激励》，《社会科学论坛》2012 年第 1 期。

③　李森林：《建立健全党内激励关怀帮扶机制的路径》，《领导科学》2009 年第 24 期。

④　袁峰：《自主性与适应性视角下的政党自我提高能力分析》，《理论探讨》2015 年第 2 期。

⑤　温敬元：《党内激励机制：内涵、价值与构建原则》，《科学社会主义》2010 年第 6 期。

功勋簿。'七一勋章'、荣誉称号获得者可以受邀参加党和国家庆典和其他重大活动，列席党的重要会议。党中央在中国共产党成立纪念日或者其他重要节日对'七一勋章'、荣誉称号获得者进行慰问，也可以委托中央组织部或者有关党组织进行慰问。'七一勋章'、荣誉称号获得者的其他待遇，按照有关规定执行"。第二十五条对党组织表彰对象的物质激励也作了大体相同的规定。此外，《中国共产党党内关怀帮扶办法》第十二条对因公殉职、牺牲及伤残党员的家庭、子女、父母的经济、生活上给予相应的帮扶。由此可见，中国共产党的物质性激励，在一定程度上是以荣誉性褒奖为前提条件，物质性激励是荣誉性褒奖的连带性激励。

荣誉性褒奖与心理性关怀相统一。中国共产党的心理性关怀很大一部分也是以荣誉性褒奖为前提。《帮扶办法》第六条规定"党员入党纪念日，党支部或者党小组可以采取有意义的方式，为党员过'政治生日'"。第七条又规定对"获得功勋荣誉表彰时，党组织应当派人与其谈心谈话，给予鼓励鞭策"。此外，还需"建立健全党员领导干部直接联系党员制度，党员领导干部应当积极接受党员约谈"。党中央正是通过"党内激励、关怀、帮扶"来弥补党员原子化倾向所造成的"心理失衡和情感失落"，①以此提升党员的组织认同和身份认同。

二、惩罚：行为主体底线的体系化

党内惩罚主要通过建立正式的负向行为模式与行为预期的稳定关系结构来规避党内集体行动困境，并"运用批评、处分、降职或免职等手段"②对党内各行为主体进行规制，惩罚机制是激励机制的有益补充，党的纪律是惩罚性机制的重要表现。党内惩罚的特点主要包括"强制性，即铁的纪律；自觉性，即自

① 张书林：《部分党员原子化倾向：肇因、危害与治理》，《探索》2012 年第 2 期。
② 温敬元：《党内激励机制：内涵、价值与构建原则》，《科学社会主义》2010 年第 6 期。

愿遵守党的纪律；一致性，即平等的纪律"。①还有学者通过对辞源的考察认为党内纪律主要有"惩戒性、确定性、统一性、强制性"②等特点。十八大以来党中央从宏观结构到微观情形对党内惩罚性制度体系进行了调试。

（一）纪法分开：实现把党的纪律挺在前面

有组织就必然有规制，党内纪律就是政党的规制体系。国家在某种程度上也是一种组织，法律则是国家的规制体系。国家法律则是对全体公民行为的一种规范，而党内纪律则是政党"对组织内成员的行动空间和行为边界作出合理化、合法化的限定，确保政党控制力聚焦而不致分散、瓦解"。③虽然中国共产党是中国唯一合法的执政党，但党也"必须在宪法和法律的范围内活动"。④此外，中国共产党作为"先锋队"政党，"在党群关系上主张党员身份的先锋化，坚持党员既要严格区分于无产阶级群众，又要保持与无产阶级群众的密切联系"。⑤因而，实现党纪与国法的分开是"先锋队"型政党的本质要求。

在党内法规体系中，惩罚性制度较为集中的为《中国共产党纪律处分条例》和《中国共产党问责条例》中的有关规定，十八大以来党中央曾先后两次对这两部党内法规进行修订。2015 年修订《中国共产党纪律处分条例》的重要原因在于解决"纪法不分"问题，而此前"近半数条款与刑法等国家法律规定重复，将适用于全体公民的法律规范作为党组织和党员的纪律标准"。⑥当党员的底线要求与公民的底线要求相重合时，一方面"先锋队"型政党的党员也就无法从行为方式上与普通公民进行区分；另一方面行为方式的差异化是形成角色和身份认同的前提条件，因而纪法分开的另一目的是帮助党员构建自我角色

---

① 于德林：《试论无产阶级政党纪律的特点》，《理论探讨》1986 年第 1 期。

② 陈毓江：《浅论纪律的沿革和特征》，《社会科学战线》2010 年第 3 期。

③ 刘明：《纪律建构与政党现代化》，《中共山西省委党校学报》2017 年第 4 期。

④ 《中国共产党章程》（十九大通过），人民出版社 2017 年版。

⑤ 陈明明、程文侠：《先锋队政党的构建：从意识形态到组织形态——关于列宁建党学说的一个讨论》，《江苏社会科学》2018 年第 4 期。

⑥ 《中央纪委有关负责同志就颁布新修订的〈中国共产党廉洁自律准则〉〈中国共产党纪律处分条例〉答记者问》，《人民日报》2015 年 10 月 26 日，第 6 版。

及身份的认同行为模式基础。纪法分开是前提，党内惩罚性制度体系的"后续目标主要是做好党纪国法内容与过程的衔接配套"。①这主要包含两方面问题：一是程序，二是内容。在程序上，中国共产党主要通过执纪程序前置来解决，即"按照党纪、国法的时序，首先接受组织调查、受到党纪的惩处，被开除出党后更是理应受到国家法律的制裁。"②在内容上，"留置"取代"双规"则是其典型代表。

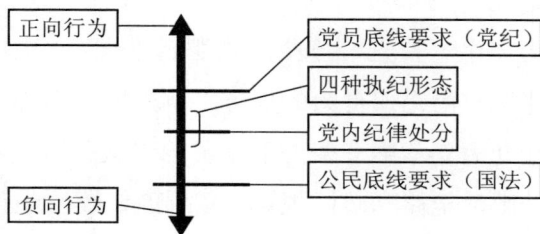

图 10-5　行为模式与党内约束机制机构

（二）底线行为：构建"三维六向"约束体系

无论是党内激励机制还是党内惩罚机制，其根本目都是督促党内各行为主体做出符合组织期望的行为，组织对各行为主体的期望则因其角色扮演差异而各有不同。作为党内主要行为主体，无论是以个体形态出现的党员和干部，还是以集体形态出现的各级各类党组织都会享受相应的"权利"、履行一定的"义务"以及承担特定的"职责"。因而党的十八大以来，党中央着重围绕党内各行为主体的"义务"、"权利"及"职责"构建起包括政治纪律、组织纪律、廉洁纪律、群众纪律、工作纪律、生活纪律在内的"三维六向"约束体系。

《中国共产党纪律处分条例》和《中国共产党问责条例》作为惩罚性党内法规制度体系的集中展现，为党内各行为主体的行为画出了明确的"底线"要求。2019 年 9 月印发的《中国共产党问责条例》明确规定党的问责主要是指

---

① 刘卫东、王建华：《党的纪律建设的制度创新经验——基于四版〈中国共产党纪律处分条例〉的制定与完善》，《理论探索》2019 年第 4 期。

② 周淑真、袁野：《论国家法律与党纪党规关系之协调——以当代德国为例》，《中共中央党校学报》2015 年第 3 期。

"追究在党的建设、党的事业中失职失责党组织和党的领导干部的主体责任、监督责任、领导责任"。①从该定义可知：一是问责的对象是党组织和干部；二是问责的基础是"职责权限"。②故而党的问责是以"职责"为基础而构建起来的制度体系。

无论是2015年还是2018年《中国共产党纪律处分条例》，其分则中对六类纪律的行文模式基本是"违纪行为+处分形式"或"处分形式+违纪行为"。分则所展现的全部违纪行为都可归入"权利"、"义务"或"职责"范畴之中，但是其组合形式较为复杂。首先，按照形式逻辑推理，《中国共产党纪律处分条例》第六章"对违反政治纪律行为的处分"所列的所有违纪行为都属于"政治纪律"范畴，且十九大党章第三条关于党员的"义务"规定中也强调党员遵守纪律"首先是党的政治纪律和政治规矩"。③故而，政治纪律是以确保党员承担"义务"为落脚点。其次，同一违纪行为类型也可能对应不同的底线行为基础。如《中国共产党纪律处分条例》第七章是"对违反组织纪律行为的处分"的规定，其中第七十条至第七十二条对应的是"义务"中的"民主集中制"，第七十三条对应的是"义务"维度中的"对党忠诚老实"；④而第七十五条对应的则是党员"权利"中的"表决权、选举权"及"被选举权"。⑤最后，可能同一违纪行为包含两种及以上的底线行为基础。如《中国共产党纪律处分条例》第一百二十五条关于"应当报告的事项不报告或者不如实报告，造成严重损害或者严重不良影响"的违反"工作纪律"行为中，既包括"职责"中的报告范围，又包括"义务"中的"对党忠诚"。

（三）处罚方式：层次性与严重性互为补充

《中国共产党纪律处分条例》第八条规定，对党员违纪行为的处分方式包括"（一）警告；（二）严重警告；（三）撤销党内职务；（四）留党察看；（五）开

---

① 《中国共产党问责条例》（第四条），《人民日报》2019年9月5日，第3版。

② 《中国共产党问责条例》（第四条），《人民日报》2016年7月18日，第4版。

③④ 《中国共产党章程》（十九大通过），人民出版社2017年版，第25页。

⑤ 同上书，第27页。

除党籍"。①这五种处分方式对应的行为后果严重性呈依次递增,为了更好地遵从这一原则,2015 年《中国共产党纪律处分条例》第九条对"警告"和"严重警告"进行了明确区分,②并沿用至 2018 年版。通过对 2018 年《中国共产党纪律处分条例》分则中六种违纪类型与各自对应的五种纪律处分方式进行词频检索可以得出表 10-3。虽然该条例分则部分行文模式是以"违纪行为+处分形式"或"处分形式+违纪行为"的方式罗列,很难穷尽六类违纪行为,但是通过对比表中数据的比较,依旧能够发现违纪行为类型与处分方式间的关系结构呈现出——层次性与严重性互为补充的关系。

表 10-3　2018 年《中国共产党纪律处分条例》中六种违纪类型各自对应处分方式词频

处分方式 ＼ 违纪类型	政治纪律	组织纪律	廉洁纪律	群众纪律	工作纪律	生活纪律
警告	21	14	28	8	14	5
严重警告	25	16	27	7	14	4
撤销党内职务	25	18	21	8	14	4
留党察看	32	18	21	8	9	2
开除党籍	39	7	16	6	8	2

首先,如表 10-3 所示,每一类违纪行为都包含了从"警告"到"开除党籍"所有的处分方式,这意味着根据违纪行为的危害性及性质,任何一类的违纪行为都可能受到最严重的纪律处分。此外,监督执纪"四种形态"常态化"体现了管党治党横到边、纵到底的工作要求",③一定程度上实现了从纪律标准到纪律处分之间的有效衔接,"杜绝'破窗效应'"。④其次,除政治纪律外,其

---

① 《中国共产党纪律处分条例》(第八条),《人民日报》2018 年 8 月 27 日,第 3 版。

② 2003 年《中国共产党纪律处分条例》第十二条规定"党员受到警告或者严重警告处分,一年内不得在党内提升职务和向党外组织推荐担任高于其原任职务的党外职务。"

2015 年《中国共产党纪律处分条例》第九条规定"党员受到警告处分一年内、受到严重警告处分一年半内,不得在党内提升职务和向党外组织推荐担任高于其原任职务的党外职务。"

③ 庄德水:《论新时期政党纪律治理机制创新——监督执纪"四种形态"的纪律治理意义和价值探讨》,《广州大学学报》(社会科学版)2017 年第 6 期,第 9 页。

④ 《党政机关厉行节约反对浪费条例》,《人民日报》2013 年 11 月 26 日,第 8 版。

余各违纪行为对应的处分方式从"警告"到"开除党籍"总体呈递减趋势，这从侧面反映了监督执纪"四种形态"，常态化的制度性安排，它是"有助于破解党员'要么是好同志，要么是阶下囚'的怪圈"。①第三，在违反政治纪律的处分中，从"警告"到"开除党籍"总体呈现递增态势，这从党内处分形式上充分展现了"政治纪律"在所有党的纪律中"是最重要、最根本、最关键的纪律，遵守党的政治纪律是遵守党的全部纪律的重要基础"。②最后，性质恶劣的违纪行为一般在执纪中遵循从重原则。如表10-3所示，在组织纪律一栏中，"严重警告"的数据大于"警告"，"撤销党内职务"也大于"严重警告"；在群众纪律一栏中"撤销党内职务"的数据也大于"严重警告"。造成这些数据差对应的具体违纪行为分别为2018年《中国共产党纪律处分条例》第七十三条、第七十八条、第八十一条、第一百一十五条。③综合这些违纪行为发现，性质恶劣的违纪行为一般在执纪中遵循从重原则。

---

① 汲传排、叶再春：《全面从严治党必须把纪律挺在前面》，《前线》2015年第11期，第42页。

② 《十八大以来重要文献选编》（上），中央文献出版社2014年版，第131—132页。

③ 《中国共产党纪律处分条例》，《人民日报》2018年8月27日，第3版。

第七十三条：篡改、伪造个人档案资料的，给予严重警告处分；情节严重的，给予撤销党内职务或者留党察看处分。隐瞒入党前严重错误的，一般应当予以除名；对入党后表现尚好的，给予严重警告、撤销党内职务或者留党察看处分。

第七十八条：以强迫、威胁、欺骗、拉拢等手段，妨害党员自主行使表决权、选举权和被选举权的，给予撤销党内职务、留党察看或者开除党籍处分。

第八十一条：违反有关规定取得外国国籍或者获取国（境）外永久居留资格、长期居留许可的，给予撤销党内职务、留党察看或者开除党籍处分。

第一百一十五条：利用宗族或者黑恶势力等欺压群众，或者纵容涉黑涉恶活动、为黑恶势力充当"保护伞"的，给予撤销党内职务或者留党察看处分；情节严重的，给予开除党籍处分。

第十一章 新时代党内考核制度的完善优化

中国党政领导干部的人事制度是以"党管干部"为基本原则设置并运行。故而中国共产党的考核制度的考核对象不仅涉及党内，同样也包括各级各类国家机关，按考核对象主体形态差异可将其分为两种：一是以组织形态出现的各类党政机关；二是以个体形态出现的单个人，且单个人又可根据身份差异分为党员干部和普通党员。党的十八大是党内法规体系建设的关键转折点，就中国共产党考核制度体系建设而言，可按照考核主体、对象、内容、方式、程序、结果运用、等次确定以及各要素间相互关系，对十八大前后中国共产党考核制度进行比较分析，可以得出中国共产党考核制度在系统性、适应性、灵活性上都得到全面提升。

党内法规关于考核制度体系的呈现主要有两个特点：一类是以领导班子和领导干部为考核对象的成文制度形式。十八大前后都曾印发关于考核制度的专门性党内法规，如 1998 年《党政领导干部考核工作暂行规定》，2009 年《党政工作部门领导班子和领导干部综合考核评价办法（试行）》和《党政领导班子和领导干部年度考核办法（试行）》等相关党内法规。党的十八大以后更是对此前的考核制度进行整合、补充，于 2019 年印发《党政领导干部考核工作条例》。另一类是对以普通党员为考核对象的成文制度形式，相较于对领导班子和领导干部的考核而言，对普通党员的考核制度则相对零碎，散见于党员发展、支部工作、党内政治生活等相关党内法规之中。下面将通过对十八大前后党内法规关于两类考核对象进行的比较分析，借以展现十八大以来党内监督保障性党内法规体系中关于考核制度建设的基本逻辑。

第一节 建立日常考核、分类考核、近距离考核的知事识人体系

"治本在得人，得人在审举，审举在核真"，好干部培养起来之后关键在于用，用一贤人则群贤毕至，所以"选用"很关键，但如何用对人？"用人得当，首先要知人。知人不深、识人不准，往往会出现用人不当、用人失误"，[①]一段时期内出现的带病提拔、带病上岗，都是与识人不准有直接关系。在考核工作中，一些地方出现了突击考核现象，即不提拔不考核、不换届不考核、不到年底不考核的现象，对干部的日常表现了解不够；一些地方考核方式简单化，重点不突出，针对性不强，搞"一锅煮"，出现"不知人之短，不知人之长，不知人长中之短，不知人短中之长，则不可以用人，不可以教人"。必须通过改进考核方法，既要看发展还要看基础，既要看显绩，还要看潜绩，把民生保障、生态效益等纳入考核，不再以 GDP 论英雄，避免出现一些领导干部拍脑袋蛮干、拍屁股走人的现象。要建立日常考核、分类考核、近距离考核的知事识人体系，以实现精准选人用人。

一、注重日常考核，实现干部考核的经常化、制度化和全覆盖

《党政领导干部考核工作条例》将平时考核单独设置一章，是为了实现对领导班子日常运行情况和领导干部一贯表现而进行的经常性考核，及时肯定鼓励、提醒纠偏。对于领导干部的考核，注重看一贯表现，"重点了解政治态度、担当精神、工作思路、工作进展，特别是对待是与非、公与私、真与假、实与虚的表现等情况"。领导班子和领导干部的平常考核的实现途径主要有以下几

---

① 习近平：《在全国组织工作会议上的讲话》（2013 年 6 月 28 日），《十八大以来重要文献选编》（上），中央文献出版社 2014 年版，第 340 页。

个方面："（一）列席领导班子民主生活会、理论学习中心组学习、重要工作会议，参加重要工作活动等；（二）与干部本人或者知情人谈心谈话，到所在单位听取干部群众意见；（三）开展调研走访、专题调查、现场观摩等；（四）结合党内集中学习教育、纪委监委日常监督、巡视巡察、工作督查、干部培训等进行深入了解；（五）其他适当方法"。①要将平时考核相关档案整理归档，作为了解评价领导班子日常运行情况和领导干部一贯表现的重要依据。《关于防止干部"带病提拔"的意见》对实现途径作了进一步的细化，"要深化日常了解，坚持经常性、近距离、有原则地广泛接触干部，深入了解干部的日常品行和表现，多渠道、多层次、多侧面识别干部"，"改进谈话方法，提高谈话质量，观察干部的见识见解、禀性情怀、境界格局、道德品质和综合素质"。②在日常考核中，还要完善日常联系通报机制，组织人事部门要及时收集纪检监察、审计、信访、巡视、督导、网络舆情所反映的干部情况，建立干部监督信息档案。2019 年 10 月 26 日，中共中央组织部制定的《公务员平时考核办法（试行）》对外发布，专门针对非领导成员公务员日常工作和一贯表现进行了解、核实和评价。一般按照个人小结、审核评鉴、结果反馈三个程序，"审核评鉴应当结合日常了解、群众评价以及服务对象意见等情况，吸收运用绩效管理等成果，根据需要听取纪检监察机关意见，注重看公务员担当作为表现情况，综合研判，实事求是确定考核结果，防止简单依据个人小结对公务员作出评价。对直接面向群众的窗口单位和服务部门的公务员，可以在一定范围内开展服务对象评议"。③

日常考核不仅包括平常考核，还要进行专项考核，"既把功夫下在平时，全方位、多渠道了解干部，又注重了解干部在完成急难险重任务、处理复杂问

---

① 《党政领导干部考核工作条例》，《中国共产党重要党内法规学习汇编》，中国法制出版社2019 年版，第 413 页。

② 中共中央办公厅法规局编：《关于防止干部"带病提拔"的意见》，《中央党内法规和规范性文件汇编（1949 年 10 月—2016 年 12 月）》下册，法律出版社 2017 年版，第 998 页。

③ 《公务员平时考核办法（试行）》，国家公务员局网站，http://www.scs.gov.cn/zcfg/202001/t20200108_16201.html，2020-01-08。

题、应对重大考验中的表现"。①《党政领导干部考核工作条例》同时规定，要对"领导班子和领导干部在完成专项工作、承担急难险重任务、应对和处置重大突发事件中的工作态度、担当精神、作用发挥、实际成效等情况进行针对性考核"。②

二、注重分类考核，注重差异，提升干部考核的精准性和有效性

《党政领导干部考核工作条例》规定了领导干部的考核内容，主要在德、能、勤、绩、廉等方面，但同时明确要"坚持从实际出发，实行分级分类考核。考核内容应当体现不同区域、不同部门、不同类型、不同层次领导班子和领导干部特点"，"根据不同岗位职责要求，明确领导班子和领导干部不担当不作为的具体情形和评价标准，推动工作落实和担当尽责"。③由此可见，对领导干部实行分类考核，一方面，要"对资源禀赋、基础水平、发展阶段、主体功能区定位不同的地区在考核内容上要区别对待"；④另一方面，则是对不同主要领导干部和班子成员的考核要求需有所区别，绝对不能上下一般粗，左右一个样。如《党政领导干部考核工作条例》规定，"根据平时掌握情况，对表现突出或者问题反映较多的领导班子和领导干部，可以进行专项考核"。如，中共中央办公厅、国务院办公厅印发《专业技术类公务员管理规定（试行）》和《行政执法类公务员管理规定（试行）》，对公务员实行分类管理。通过分类管理，有利于解决专业技术类公务员"引不进、留不住、干不好"，行政执法类公务员基层机关压职压级等突出问题，调动公务员干事创业的积极性。如，为

① 习近平：《在全国组织工作会议上的讲话》（2018 年 7 月 3 日），《十九大以来重要文献选编》（上），中央文献出版社 2019 年版，第 563 页。

② 《党政领导干部考核工作条例》，《中国共产党重要党内法规学习汇编》，中国法制出版社 2019 年版，第 416 页。

③ 同上书，第 413 页。

④ 习近平：《在全国组织工作会议上的讲话》（2018 年 7 月 3 日），《十九大以来重要文献选编》（上），中央文献出版社 2019 年版，第 563 页。

了更好地实现对中央企业领导人员的考核，出台《中央企业负责人经营业绩考核办法》。2018 年 5 月 11 日，中央全面深化改革委员会第二次会议审议通过《中央企业领导人员管理规定》，以打造对党忠诚、勇于创新、治企有方、兴企有为、清正廉洁的高素质专业化中央企业领导人员队伍，激发和保护企业家精神，更好发挥企业家作用。

三、注重近距离考核，重视干部考核的具体性和有效性

"要近距离接触干部，观察干部对重大问题的思考，看其见识见解；观察干部对群众的感情，看其品质情怀；观察干部对待名利的态度，看其境界格局；观察干部处理复杂问题的过程和结果，看其能力水平""既要在'大事'上看德，又要在'小节'上查人"。①《党政领导干部考核工作条例》规定，在考核中要"注重了解人民群众对经济社会发展的真实感受和评价"，在年度考核的民主测评中，对参加测评的人员范围，"按照知情度、关联度、代表性原则，结合实际确定"，考核工作的组织实施应当严肃认真，"多到基层干部群众中、多在乡语口碑中听取意见、了解情况，坚持在现场看、见具体事，多渠道、多层次、多侧面了解核实领导班子和领导干部的现实表现"。②

第二节　完善领导干部流动、考核管理的党内法规制度

组织身份是组织成员对"作为组织，我们是谁"的定义，它是组织群体核心、独特且相对持久的本质特征；组织认同是组织成员用组织身份定义其自

---

① 习近平：《在全国组织工作会议上的讲话》（2013 年 6 月 28 日），《十八大以来重要文献选编》（上），中央文献出版社 2014 年版，第 343 页。

② 《党政领导干部考核工作条例》，《中国共产党重要党内法规学习汇编》，中国法制出版社 2019 年版，第 415、417、422 页。

我，往往还包含着组织成员对其组织的积极评价和情感依恋。①在中国共产党这一庞大且等级森严的组织结构体系中，干部群体成为组织体系中最为关键的群体。此外，保障干部身份在纵向组织结构中的顺畅流动成为党规范干部群体行为的重要举措。党的十八大以来，党中央通过完善领导干部流动、考核管理的党内法规制度来加强对干部群体行为的规范。

一、党内法规对干部交流、激励机制的新规范

中国语境下，干部是"不同于工人、农民以及其他体力劳动者，被列入干部编制、从国家领取工资并享受干部待遇，在一切党政机关、企事业单位以及群众团体中，依法从事公务活动的党和国家公职人员"。②十八大以来，党管干部制度得到不断完善，随着全面从严治党向纵深发展和推进国家治理体系及治理能力现代化的现实需要，党对干部的行为要求及考核标准也在不断调整、完善；党对干部要求的改变必然需要通过干部选拔任用程序的调整加以实现；在具有科层性质的组织体系中，公平的晋升机制始终是激发干部积极作为最重要的动力。

干部流动机制对责任感的培养与强化。在中国共产党这一超大组织中，党内身份制度是维系组织有效运作的重要依托，公平的干部流通机制是激发干部积极作为的重要基础，是培育与强化干部责任感的重要机制。在应然层面，干部身份附着政治正确、政治信任及德与才的认证，因而干部身份的维系及提升也带有激励、肯定、支持的意味，因而干部晋升必然具有培育与强化责任感的作用，该作用的发挥以公平的干部流通机制为前提。2015年《中国共产党廉洁自律准则》成为第一部正面倡导的党内法规，且干部提出了明确的廉洁自律规

---

① 孙敏：《信息不对称下的有效员工激励约束机制：组织身份认同》，《中央财经大学学报》2015年第5期。

② 王海峰：《干部国家与中国建设：一个新的分析概念和框架》，《上海行政学院学报》2012年第4期。

范。这不仅是对干部提出的高线要求，更是强化干部身份所附着的道德性、人格的完整性的基本要求。2016 年《关于新形势下党内政治生活的若干准则》更是将党员干部身份所附着的政治正确、道德性、人格的完整性体现在党内政治生活的方方面面。如在政治正确上强调"必须坚持党员个人服从党的组织，少数服从多数，下级组织服从上级组织，全党各个组织和全体党员服从党的全国代表大会和中央委员会，核心是全党各个组织和全体党员服从党的全国代表大会和中央委员会"。①干部能否晋升关键在于其能否在"思想上、政治上、行动上同党中央保持高度一致"，②这也是干部政治正确的重要衡量标准。2018 年《关于进一步激励广大干部新时代新担当新作为的意见》通过对干部教育引导，不断提升干部政治能力；树立晋升标准，发挥考核评价的激励作用；为干部责任担当提供基本保障，并建立激励机制和容错纠错机制等来强化干部的责任担当。

干部要求的调适与干部流动程序的完善。党的十八大以来，随着党情、国情的变化，党对干部队伍的要求也在不断进行调试。这一方面是构建符合现实环境需要的干部队伍；另一方面是将内涵于干部身份中的政治正确、政治信任及人格完整转化为社会信任，以此夯实党的执政基础。第一，干部队伍建设更加凸显政治、道德要求。通过对《党政领导干部选拔任用工作条例》的比较分析可以发现干部队伍建设的两个明显趋势：一是在干部队伍梯队建设逐渐成熟后，干部队伍中的"四化"（革命化、年轻化、知识化、专业化）不再是干部队伍建设的核心。二是政治、道德要求更加凸显。干部要"思想上、政治上、行动上同党中央保持高度一致"，③"坚决维护习近平总书记核心地位，坚决维护党中央权威和集中统一领导"，④"政治标准"是干部选拔任用的首位，在"才"与"德"上强调要"德才兼备、以德为先"，⑤并且干部要"廉洁从政、廉洁用

---

① 《关于新形势下党内政治生活的若干准则》，《人民日报》2016 年 11 月 3 日。

②④ 《党政领导干部选拔任用工作条例》，《人民日报》2019 年 3 月 18 日。

③⑤ 《党政领导干部选拔任用工作条例》，《人民日报》2014 年 1 月 16 日。

权、廉洁修身、廉洁齐家"。①第二，全面拓宽干部选拔范围。在干部选任上突出"五湖四海"原则，具体而言是从年龄、性别、族群、级别、单位等方面全面拓宽干部选任范围。在年龄结构上要"注重发现和培养选拔优秀年轻干部，用好各年龄段干部"；在性别及族群上要"统筹做好培养选拔女干部、少数民族干部和党外干部工作"；在级别上不仅要注重"基层导向"，还应辅之以"实践导向"并"大力选拔敢于负责、勇于担当、善于作为、实绩突出的干部",②并且明确"越级提拔"的"三个条件、三种情形"③；在单位上突破同一系统局限，注重从企业、高校、科研院所等党政系统以外单位选人干部。第三，延长考察链条、拓展考察内容、推动民主考察。在干部选拔任用程序上，2014 年《党政领导干部选拔任用工作条例》在"民主推荐"之前增加了"动议"环节，将旧版"酝酿"一章合并到"讨论决定"环节之中。2019 年《党政领导干部选拔任用工作条例》则又在动议之前增加"分析研判"一环，分析研判环节主要由组织、人事部门承担，对干部的分析重在平时，突出"全方位、多角度、零距离"④，基本形成"分析研判和动议、民主推荐、考察、讨论决定、任职"的干部选拔任职程序。在考察内容上，着重从政治、品行、能力、作风、廉洁等几个方面进行全方位考察，重点加强复合型干部队伍建设，并且特别强调干部的事业心以及人与职位、人与具体事务的相适应。党委不仅全程参与及监督干部选拔任用的各环节，且对党委在每一环节的角色扮演进行细致规定。干部选任民主考察指在各环节中充分尊重党内党外、系统内外、上下级有关人事的意见。如在考察环节可根据需要听取干部所在单位组织人事部门、巡视巡察机构、纪检监察机关、审计机构等其他相关部门意见,⑤并且根据不同意见"进行比较、相互印证"，以求"全面准确地对考察对象作出评价"。

　　干部流动机制的沟通与激励效应。党的干部是党内身份制度的重要组成部

①②④⑤ 　《党政领导干部选拔任用工作条例》,《人民日报》2019 年 3 月 18 日。

　　③ 　同上。三种条件：在关键时刻或者承担急难险重任务中经受住考验、表现突出、作出重大贡献；在条件艰苦、环境复杂、基础差的地区或者单位工作实绩突出；在其他岗位上尽职尽责，工作实绩特别显著。三种情形：领导班子结构需要或者领导职位有特殊要求的；专业性较强的岗位或者重要专项工作急需的；艰苦边远地区、贫困地区急需引进的。

分，作用是将一般党员与干部进行区分，并且公平的干部流通机制可以起到强化党内沟通、形成激励的作用。干部群体中职能身份及层级身份的流动是干部选任制度的核心，干部身份是提高党内沟通效率、激励合作的重要机制。作为沟通机制与激励机制的干部身份制度，其作用前提是保证干部身份在层级流动中遵循等级越高其个人才能越大、道德水平越高的基本规则。干部职能身份的重要性不仅与工作本身的重要性有关，还与工作的难度系数有关。党内干部选拔任用过程中的失真失实、"带病提拔""带病上岗"等问题是党内身份晋升制度的病态表现，严重削弱干部身份对党员行为的正向引导作用，易造成人民群众对干部群体认知出现偏差。此外，还严重限制人才流动、背离干部晋升的公平原则。十八大以来党中央不断完善干部选拔任用制度，其重点是保证干部身份"名副其实"，激发干部身份制度所内涵的沟通及激励作用。民主集中制是中国共产党的基本组织原则，具体表现为"党员个人服从党的组织，少数服从多数，下级组织服从上级组织，全党各个组织和全体党员服从党的全国代表大会和中央委员会"。①在这一原则指导下，组织体系内部的沟通遵从层级身份优先原则。因党内的头衔、职位可以简化信息处理程序，提高沟通的效益，尤其是在危急时刻或重要事务需要处理时，其沟通效益尤为突出，这也是众多大型组织以正式制度的形式明确各身份职能边界的重要原因。虽然干部身份及附带的权威是党组织所赋予，但是要实现组织沟通的长期高效，拥有一套能够保证干部"名副其实"的晋升制度是维系干部身份沟通效益的基础和保障，也是激励干部积极作为的关键性制度安排。在党内沟通中"对于提供沟通的权威性初步证据来说，职能性身份制度为我们提供了极大的便利，以至于我们在日常工作和所有组织活动中，几乎完全是依靠职能性身份制度来判断沟通的权威性"。②在中国共产党这一超大组织的内部沟通中，干部的职能身份及层级身份起到重要作用，但是我们也发现职能性权威并没有占据支配地位，因为很大程

---

① 《中国共产党章程》，《人民日报》2017 年 10 月 29 日。

② ［美］切斯特·巴纳德：《组织与管理》，詹正茂译，机械工业出版社 2016 年版，第182 页。

度上职能性权威从属于层级性权威。无论是干部的职能性权威抑或层级性权威，建立规范、公平的党内身份制度以保证干部"名副其实"是实现党内沟通、激励长期有效的基础。

二、新时代对党政领导班子和干部考核的新要求

以组织形态出现的领导班子和以个体形态出现的领导干部在职责权限上都有很大的差异。党的十八大以来，党中央结合新时代的新要求对党政领导班子和领导干部的考核内容进行了修改、补充，具体表现在以下三个方面：

一是在政治思想上将"两个维护"、增强"四个意识"、做到"四个服从"等新的理论成果纳入考核范畴。在领导能力上突出强调"依法执政本领""群众工作本领""驾驭风险本领"。[1]

二是在注重工作实绩基础上，突出强调对干部政绩观的考核。2013 年中组部下发《关于改进地方党政领导班子和领导干部政绩考核工作的通知》，从八个方面[2]"促进各级领导干部树立正确的政绩观"[3]"推动解决发展中的突出矛盾和问题""完善干部考核评价机制"。[4]《通知》旨在帮助领导班子和领导干部扭转以 GDP 为中心的考核导向。[5]

三是更加突出"德才兼备，以德为先"原则。中国共产党干部选拔任用过

---

[1] 《党政领导干部考核工作条例》，《人民日报》2019 年 4 月 22 日。

[2] 考核工作八方面转变：政绩考核要突出科学发展导向；完善政绩考核评价指标；对限制开发区域不再考核地区生产总值；加强对政府债务状况的考核；加强对政绩的综合分析；选人用人不能简单以地区生产总值及增长率论英雄；实行责任追究；规范和简化各类工作考核。载中共中央组织部：《关于改进地方党政领导班子和领导干部政绩考核工作的通知》，《人民日报》2013 年 12 月 10 日。

[3][5] 中共中央组织部：《关于改进地方党政领导班子和领导干部政绩考核工作的通知》，《人民日报》2013 年 12 月 10 日。

[4] 《中央组织部负责人就印发〈关于改进地方党政领导班子和领导干部政绩考核工作的通知〉答记者问》，中国共产党新闻网，http://renshi.people.com.cn/n/2013/1210/c139617-23801847.html，2013-12-10。

程总体呈现出"政治精英的选拔标准与选拔机制体现出阶段性转换的特征，但这种变化更多地体现出来的是一种交替和重叠、变革与恒定的辩证统一"。①在革命、建设和改革开放各个时期中国共产党对领导干部的要求都将"德才兼备的思想是贯穿其中、至今不变的一条主线"。②胡锦涛进一步提出"德才兼备，以德为先"原则。2013 年 6 月，习近平在全国组织工作会议上首次提出好干部的五条标准，即信念坚定、为民服务、勤政务实、敢于担当、清正廉洁。2015 年《中国共产党廉洁自律准则》作为党执政以来第一部坚持正面倡导、面向全体党员的规范全党廉洁自律工作的重要基础性法规，对领导干部进一步提出"廉洁从政""廉洁用权""廉洁修身""廉洁齐家"③的要求，以实现重申党的理想信念宗旨、优良传统作风，重在立德的目标。2019 年《党政领导干部考核工作条例》对领导干部的考核内容进一步概括为"德、能、勤、绩、廉"，可见是否具有"德"行是党政领导干部选拔任用及考核的首要因素。

三、考核方式、程序、等次确定及结果运用的全面优化

党的十八大以来党委（党组）及其组织（人事）部门按照干部管理权限对党政领导班子和领导干部考核制度进行完善。从相关的党内法规内容结构而言，2019 年《党政领导干部考核工作条例》同 1998 年《党政领导干部考核工作暂行规定》相比，删去"考核程序"一章，并且按照考核方式分列出四章，其作用在于统筹考核对象主体形态差异、考核内容、考核方式以及考核程序等因素对考核结果的影响。具体优化主要表现在以下几个方面：

第一，考核方式更加科学全面。1998 年《党政领导干部考核工作暂行规定》第五条规定，对党政领导班子和领导干部的考核方式分为三种，即"平时

---

① 刘帮成、陈家喜：《专栏导语：理解新时代"好干部"的工作行为、动机与选拔标准》，《公共行政评论》2019 年第 6 期。

② 孙明增：《中国共产党好干部标准的发展进程》，《探求》2018 年第 4 期。

③ 《中国共产党廉洁自律准则》，《人民日报》2015 年 10 月 22 日。

考核、任职前考核、定期考核"。2019 年《党政领导干部考核工作条例》第二条明确规定，对党政领导班子和领导干部的"考核方式主要包括平时考核、年度考核、专项考核、任期考核"。①根据考核对象主体形态与考核方式构建一个二维表格。（见表 11-1）考核方式的变化反映了以下几点考量：其一，考核的时间更加精确化，就考核的时间限度而言，"年度考核"和"任期考核"比"定期考核"和"任职前考核"更加精确。其二，"任期考核"相较于"任职前考核"，前者既能满足后者功能的需要，同时还能更好地实现责任追究。其三，添加了更具灵活性的"专项考核"，该考核方式既可以围绕特定主体进行专项考核，亦可围绕特定事项进行专项考核，还可围绕特定主体的特定事项进行专项考核。2016 年 2 月，中共中央办公厅、国务院办公厅联合印发《省级党委和政府扶贫开发工作成效考核办法》，值得注意的是《考核办法》是以对特定主体的特定事项进行的考核，因而考核主体由"国务院扶贫办、中央组织部牵头，会同国务院扶贫开发领导小组成员单位组织实施"。②2016 年 12 月印发的《生态文明建设目标评价考核办法》则主要是以特定事项为考核对象，对相关党政工作部门及领导进行考核。可见专项考核方式更能适应当前复杂环境下对党政领导班子和领导干部考核的现实需要，尤其是对跨"条块"间合作事项的考核。当然，跨"条块"的专项考核也不可避免带来考核过程中协调成本的上升。

表 11-1　党政领导班子和领导干部考核方式

考核方式 考核对象	平时考核	年度考核	专项考核	任期考核
领导班子	领导班子 平时考核	领导班子 年度考核	领导班子 专项考核	领导班子 任期考核
党政干部	党政干部 平时考核	党政干部 年度考核	党政干部 专项考核	党政干部 任期考核

资料来源：根据 2019 年《党政领导干部考核工作条例》制作而成。

---

① 《党政领导干部考核工作条例》，《人民日报》2019 年 4 月 22 日。

② 《省级党委和政府扶贫开发工作成效考核办法》，《人民日报》2016 年 2 月 17 日。

第二，考核程序更具针对性。党的十八以来，对党政领导班子和领导干部的考核程序实现从单一到多元的转变，且考核程序与考核对象、考核方式三者相互协调、适应。虽然1998年《党政领导干部考核工作暂行规定》中规定有三种考核方式，但是在"考核程序"一章则只规定了定期考核的具体程序。不可否认"平时考核、任职前考核、定期考核"都是按照"考核主体-时间限定"来构建具体考核规定，且都具有"时间"限度考量，但是用同一考核程序去适用于不同的考核对象、考核方式也有可能造成考核结果的偏差。如表11-2所示，2019年《党政领导干部考核工作条例》以专章的形式针对不同的考核方式明确了不同的考核程序或考核途径，以此来实现考核对象、考核方式与考核程序的相互适应，借以提升考核制度的有效性，进而不断提升考核制度对党政领导班子和领导干部行为的规范。

表 11-2　党政领导班子和领导干部"考核方式-考核程序"

考核方式	考核程序或途径
平常考核	列席领导班子和领导干部的活动；谈心谈话制度落实；调查调研核实；党内其他活动情况
年度考核	总结述职；民主测评；个别谈话；了解核实；形成考核结果
专项考核	制定方案；听取考核对象的总结汇报；了解核实；形成考核结果
任期考核	总结述职、民主测评、个别谈话、了解核实、实绩分析、形成考核结果

资料来源：根据2019年《党政领导干部考核工作条例》制作而成。

第三，等次确定逻辑更加科学严谨。1998年《党政领导干部考核工作暂行规定》第二十七条规定"领导干部考核结果分为优秀、称职、基本称职、不称职四个等次"。此外，根据《暂行规定》第二十九至三十二条的相关规定可以得出，考核等次的确定主要依据两个维度的组合：其一，是否满足考核标准，其二，民意测验是否达标。根据该逻辑可以得出一个数理逻辑表（见表11-3），按照表11-3的数理逻辑推理，十八大以前党政领导干部考核等次的确定面临以下问题：无法穷尽考核对象的所有情况。党政领导干部考核的四种等次中优秀、称职、基本称职都是按照A类型的组合而成，不称职等次则是按照D类型的组合而成。这两种模式面临两方面逻辑缺陷，一是完全忽视B和C的考核现象，二是由于优秀、称职、基本称职都在 A 类型之中，那么还需从考核内容中进行再分类，以便考核等次的排序。《暂行规定》第二十九条规定，对优秀等次的考核标准是"（一）思想政治素质高；（二）组织领导能力强；（三）密切联系群众，工作作风好；（四）工作实绩突出；（五）清正廉洁"。第三十条规定对称职的考核标准是"（一）思想政治素质较高；（二）组织领导能力较强；（三）联系群众，工作作风较好；（四）工作实绩比较突出；（五）能做到廉洁自律"。显而易见这五个考核标准都很难进行准确的量化排序。因而，当考核标准无法进行准确量化排序时，民意测验则在等次确定中将起到决定性作用，这一定程度上造成考核内容的结构性失衡。

表 11-3　领导干部考核等次确定数理逻辑

考核标准　　　民意测验	满　足	不满足
达标	A（满足，达标）	B（不满足，达标）
不达标	C（满足，不达标）	D（不满足，不达标）

资料来源：根据 1998 年《党政领导干部考核工作条例》制作而成。

　　党的十八大以后对党政领导班子和领导干部考核等次确定标准进行了全面的调整，力求使其更加科学、严谨。其特点主要表现在以下几个方面：其一，不再单独设置具体的考核标准，而是通过多种考核方式相互印证加以确定，如"注重吸收运用巡视巡察、审计、绩效管理、工作督查、相关部门业务考核、个人有关事项报告查核等成果"。[①]其二，加强对领导班子和领导干部考核等次进行宏观调控，如两者的优秀率分别控制在 30％和 20％以内。其三，捋顺各考核等次在领导班子与领导干部之间分布的结构性关系。如"领导班子为优秀等次的，其领导成员评为优秀等次的比例可以适当上调，最高不超过 30％；领导班子为一般等次的，其领导成员评为优秀等次的比例不得超过 20％，主要负责人一般不得确定为优秀等次；领导班子为较差等次的，其领导成员评为优秀

---

① 《党政领导干部考核工作条例》，《人民日报》2019 年 4 月 22 日。

等次的比例不得超过 15％，主要负责人一般不得确定为称职及以上等次"。①其四，以控制底线的方式来调控领导班子和领导干部中最好和最差等次的考核，对党员干部而言党纪是底线要求。该考核逻辑与 1998 年 4 月中纪委、中组部、人事部联合印发的《关于受党纪处分的党政机关工作人员年度考核有关问题的意见》有异曲同工之妙。如该《意见》对受到党内处分的个人的年度考核的等级评定情况进行明确的规定。两者的目的是将党纪遵守情况纳入考核范畴，对规范党政领导班子和领导干部的行为具有重要的推动作用。

十八大以前无论是关于党政领导班子还是领导干部的考核，其落脚点都是在领导干部个人的"选拔任用、职务升降、奖惩、培训、调整级别和工资等"相关事项上，在一定程度上忽略了以集体形态出现的领导班子建设问题。相比较而言，2019 年《党政领导干部考核工作条例》第三十九条和第四十条在考核结果运用上着重从领导班子建设和对领导干部的激励约束两个层面加以规范，考核结果得到更加充分的运用。

第三节　完善党员队伍考核管理的党内法规制度

政党作为组织，其成员是党员，是组织的行为主体，加入党组织意味着一种政治身份的获取。加强党的自身建设，对行为主体的规范是关键。2013 年 6 月 28 日，习近平总书记在全国组织工作会议中曾经指出，"党员是党的肌体的细胞。党的先进性和纯洁性要靠千千万万党员的先进性和纯洁性来体现，党的执政使命要靠千千万万党员卓有成效的工作来完成，党要管党、从严治党必须落实到党员队伍的管理中去"。②2016 年 2 月 4 日习近平总书记对在全党开展"两学一做"学习教育作出重要指示强调，"我们党不可战胜的力量，很重要的一个方面是我们

---

① 《党政领导干部考核工作条例》，《人民日报》2019 年 4 月 22 日。

② 习近平：《在全国组织工作会议上的讲话》，《十八大以来重要文献选编》（上），中央文献出版社 2014 年版，第 351 页。

党有非常严密的组织。我们党要搞好自身建设，真正成为世界上最强大的一个政党，首要任务是加强思想政治建设，关键是教育管理好党员、干部"。①基层是党的执政之基、力量之源。只有基层党组织坚强有力，党才能有战斗力。党员是党的肌体的细胞，党员发挥作用，才能巩固党的执政根基，加强党员队伍建设成为必然要求。队伍建设是一个系统工程，对"普通党员"而言，既要把握入口，还要畅通出口，而在其间则要加强党员的教育管理监督服务和权利保障等。

《中国共产党章程》规定，年满十八岁的中国工人、农民、军人、知识分子和其他社会阶层的先进分子，承认党的纲领和章程，愿意参加党的一个组织并在其中积极工作、执行党的决议和按期交纳党费的，可以申请加入中国共产党。党员如果没有正当理由，连续六个月不参加党的组织生活，或不交纳党费，或不做党所分配的工作，就被认为是自行脱党。支部大会应当决定把这样的党员除名，并报上级组织批准。党的基层组织要对党员进行教育、管理、监督和服务，由此可见，关于普通党员的入口和出口以及党员的教育管理监督服务，党的根本大法已经做了原则性的规定。

党的十八大报告提出要"健全党员能进能出机制，优化党员队伍结构"。②2013年1月中央政治局会议研究部署加强新形势下发展党员和党员管理工作时提出发展党员遵从"控制总量、优化结构、提高质量、发挥作用"③的十六字总要求，其后写入《中国共产党发展党员工作细则》。党的十八大以来，党主要从党员发展、教育管理、民主评议党员及党员退出机制四个层面加强构建规范党员行为的党内法规。

一、严把党员"入口关"

2013年2月，中共中央办公厅下发《关于加强新形势下发展党员和党员管

---

① 习近平：《开展"两学一做"学习教育，推动党内教育从"关键少数"向广大党员拓展》（2016年2月4日），《十八大以来重要文献选编》（下），中央文献出版社2018年版，第177页。

② 本书编写组：《中国共产党第十八次全国代表大会文件汇编》，人民出版社2012年版，第50页。

③ 《中国共产党发展党员工作细则》，《人民日报》2014年6月11日。

理工作的意见》，对于新形势下发展党员和党员管理工作的重要意义进行了集中阐释，强调发展党员要严格坚持标准，始终把政治标准放在首位，提高党员发展质量，重视从青年工人、农民、知识分子中发展党员，要求加强发展党员工作宏观指导，保持党员队伍适度规模，实行总量调控，在未来 10 年，全国党员数量年均净增 1.5％；制定和落实党员发展规划，各省（自治区、直辖市）和有关部门（系统）党委（工委）要根据经济社会发展要求和党员队伍建设需要，加强综合平衡、分类指导，做到有控、有保、有减、有增；要抓好工作指导检查，建立发展党员工作定期分析制度。

2014 年 6 月，中共中央办公厅发布《中国共产党发展党员工作细则》，这是自 1990 年《中国共产党发展党员工作细则（试行）》实施以来的修订，亦是将《关于加强新形势下发展党员和党员管理工作的意见》进一步细化和制度化的体现。此次修订总体保持了原来《细则（试行）》框架和内容，但也对党员发展工作提出新的具体要求。首先，将 2013 年 1 月中央政治局会议研究部署加强新形势下发展党员和党员管理工作时提出的"控制总量、优化结构、提高质量、发挥作用"的总要求写入《细则》总则。16 个字的总要求是一个有机整体，以控制总量为重点，保持党员队伍规模适度；以优化结构为关键，加强党在青年工人、农民、知识分子中发展党员；以提高质量为核心，通过坚持党员标准、加强培养教育、严格日常管理、严肃纪律要求来提高党员队伍整体素质；以发挥作用为目的，充分发挥党员队伍的先锋模范作用。其次，将"从严"贯穿于党员发展的全过程，严格标准，再次强调要始终把政治标准放在首位，突出党员政治上的先进性和素质上的全面性，明确规定要对发展对象进行政治审查，凡是未经政治审查或政治审查不合格的，不能发展入党；严格培养，在发展党员的每一个环节，都强调必须加强培养教育和考察；严格程序，进一步突出了党组织的把关作用；严格责任，细化党员发展工作职责，明确了责任追究。再次，坚持强烈的问题导向，针对新形势下如何在流动人员中发展党员工作，《中国共产党发展党员工作细则》就递交入党申请书、发展对象政治审查、预备党员教育管理、预备党员的转正等环节的工作都作了细致的规定。

（一）严格党员发展要求

党的十八大以来对党员的行为规范不仅有宏观层面的限制党员规模、优化党员结构，还有微观层面的严格党员发展程序、明确党员发展纪律。

（1）总量调控与结构优化相结合。党的十八大以来中国共产党在总量调控与结构优化上遵从"有控、有保、有减、有增"原则，并通过分级规划、分类发展方式来加以落实。宏观层面，未来10年党员净增长控制在1.5％左右，各省（自治区）及有关部门结合经济社会发展要求和党员队伍建设需求分级制定党员发展规划。县级以上党委（工委）按照分领域、分行业、分类别研究制定党员发展中长期规划和年度计划，在"综合平衡、分类指导"基础上实现党员发展总量调控与结构优化相结合。

如表11-4所示，党的十八大以来中国共产党党员人数规模总体呈增长态势，但是年净增长人数及年增幅则呈下降趋势。从2012年至2018年，中国共产党的党员数量增加546.7万，平均每年净增加91.12万。除2018年外，从2012年到2017年党员年净增加总体呈下降趋势，且每年净增加人数从2012年的252.5万人下降到2017年的11.7万人，每年的增幅也由3.1％下降到0.1％。因而党的十八大以来在党员规模的宏观调控上基本实现"有控、有减、有增"。

表 11-4　2012—2018 年发展党员规模比重表

年份	党员规模（万）	年发展党员数（万）	年净增长（万）	增　幅
2012	8 512.7	323.3	252.5	3.1％
2013	8 668.6	240.8	155.9	1.8％
2014	8 779.3	205.7	110.7	1.3％
2015	8 875.8	196.5	96.5	1.1％
2016	8 944.7	191.1	68.8	0.8％
2017	8 956.4	198.2	11.7	0.1％
2018	9 059.4	205.5	103	1.2％

资料来源：历年《中国共产党党内统计公报》。

在年龄结构及学历结构上。如表 11-5 所示，从 2012 年到 2018 年，中国共产党 35 岁以下党员比重基本维持在 25.30％上下，每年发展的党员中 35 岁以下占比平均为 81.59％，年龄结构的宏观调控基本实现"有保"。在学历结构上，大专以上学历人数已持续七年"有增"，其比重从 40.0％提高到 49.6％，且每年发展的党员中大专以上学历比重逐年递增，也意味着中国共产党党员素质得到大幅提升。

表 11-5　2012—2018 年中国共产党党员年龄结构及学历结构变化表

年份	党员规模（万）	35 岁以下党员比重	大专以上学历比重	年发展党员人数（万）	35 岁以下发展党员占年发展党员比重	大专以上学历占年发展党员比重
2012	8 512.7	25.6％	40.0％	323.3	81.7％	32.5％
2013	8 668.6	25.8％	41.6％	240.8	81.7％	36.2％
2014	8 779.3	25.6％	43.0％	205.7	82.3％	38.8％
2015	8 875.8	25.4％	44.3％	196.5	81.8％	39.6％
2016	8 944.7	25.4％	45.9％	191.1	82.2％	41.1％
2017	8 956.4	24.9％	48.3％	198.2	81.4％	43.4％
2018	9 059.4	24.4％	49.6％	205.5	80.0％	44.9％

资料来源：历年《中国共产党党内统计公报》。

十八大以来党员职业结构也发生显著变化。如表 11-6 所示，工人、农民、学生所占比重逐年下降，企事业单位及民办非企业的党员比重持续递增。造成这一现象的原因有两个：其一，增与减是一种此消彼长的关系；其二，随着城市化进程的不断推进，全国农村总人口比重逐渐下降，城市从业人员分布从单一的工人变得更加多元，尤其是企事业技术及管理人数的不断增加。中国共产党党员职业结构比重的变化是其为更好发挥利益代表及社会整合功能而作的适应性调整。党政机关的党员比重基本维持在 8.42％左右。离退休党员比重近六年都在增加，这一现象说明此前的党员发展缺乏对年龄结构上的宏观调控，造成离退休党员比重持续上升，老龄化将会成为党内必须面对的问题。

表 11-6　2012—2018 年中国共产党党员职业结构统计

职　　业	2012 年总比重	2013 年总比重	2014 年总比重	2015 年总比重	2016 年总比重	2017 年总比重	2018 年总比重
工　　人	8.52％	8.47％	8.36％	8.16％	7.93％	7.42％	7.19％
农　　民	29.78％	29.65％	29.53％	29.31％	29.02％	28.47％	28.08％
企业技术	23.72％	5.79％	14.27％（技术）10.27％（管理）	14.58％（技术）10.27％（管理）	14.80％（技术）10.41％（管理）	15.13％（技术）10.59％（管理）	15.46％（技术）10.81％（管理）
企业管理		5.85％					
事业、民办非企		12.55％					
党政机关	8.41％	8.42％	8.43％	8.43％	8.45％	8.42％	8.35％
学　　生	3.41％	3.00％	2.56％	2.29％	2.09％	2.00％	3.00％
离退休	18.25％	18.33％	18.47％	18.68％	18.92％	19.58％	20.03％
其　　他	7.91％	7.93％	8.09％	8.26％	8.36％	8.38％	8.07％

资料来源：历年《中国共产党党内统计公报》。

（2）提高党员发展要求，严格党员发展程序，实现党员经常性教育。十八大以来强调党员发展"必须把政治标准放在首位"，[1]重点是"解决党员的政治信念、政治立场、政治态度、政治品德，以及遵守党的政治纪律等问题，着重从政治实践上坚持党的先进性"。[2]评判党员是否合格关键看他"能否坚持全心全意为人民服务的根本宗旨，能否吃苦在前、享受在后，能否勤奋工作、廉洁奉公，能否为理想而奋不顾身去拼搏、去奋斗、去献出自己的全部精力乃至生命"。[3]严格入党程序是提高党员质量、实现组织入党与思想入党相结合的重要举措。虽然党的十八大之前党员发展的基本程序都是"群众-积极分子-发展对象-预备党员-正式党员"，但是十八大后在各环节上都从严要求，尤其是

---

[1]　《中国共产党章程》，人民出版社 2017 年版，第 27 页。

[2]　董树君、蔡常青：《关于提出和落实党员政治上入党要求的思考》，《红旗文稿》2016 年第4 期。

[3]　《习近平论如何做合格的共产党员——十八大以来重要论述摘编》，《党建》2014 年第7 期。

扩大各环节转换过程的民主因素及加强考察力度，不断提升党员发展质量。党员教育管理是党的建设基础性经常性工作。2014 年修订的党员发展细则中，用单章的形式来规范入党积极分子的确定及培养教育；入党积极分子的确立"应当采取党员推荐、群团组织推优等方式产生人选，由支部委员会（不设支部委员会的由支部大会，下同）研究决定"；①在入党积极分子培养过程中入党联系人监督作用更加凸显；从发展对象到预备党员除了通过基本考察外，还需经支委会提交支部大会讨论，并且与会人数需超过应到人数的一半，与会党员"采取无记名投票方式进行表决。赞成人数超过应到会有表决权的正式党员的半数，才能通过接收预备党员的决议"。②此外，2019 年 5 月印发的《中国共产党党员教育管理工作条例》对党员教育管理的内容、方式、程序等作出规范，强调党员教育管理是各级党委的一项政治责任，需要经常性落实。

（3）严肃党员发展纪律重点是将党员发展工作纳入干部晋升的绩效考察范畴；对具备发展党员资格却没有发展党员的基层党组织进行问责；强化党员发展的连带责任，"对不坚持标准、不履行程序、超过审批时限和培养考察失职、审查把关不严的党组织及其负责人、直接责任人应当进行批评教育，情节严重的给予纪律处分"。③

（二）加强义务及权利基础上的党员主体性构建

党员的主体性即"党员在党内政治生活中形成的掌握和借助党内权力，承载和传播政党文化、创建和铺设党内政治制度设施、发动和规范政治行为的自觉性、自主性和创造性"。④党员在党组织中的主体性是由义务与权利所构建，主体性自觉是政党发展的重要动力来源，因而加强基于义务及权利基础上的党员主体性构建是推动政党发展的重要举措。党员义务即"党内法规或其他党内制度、政策规定的，为实现党的使命和党员价值，党员必须为或不为某种行为

---

①②③　《中国共产党发展党员工作细则》，《人民日报》2014 年 6 月 11 日。

④　朱映雪、黄满忠：《略论党内民主主体性动力的生成与实现——以马克思主义人学理论为视域》，《河南师范大学学报》（哲学社会科学版）2009 年第 4 期。

的必要，否则将承担不利后果"。①党员权利是"党内法规或其他党内制度、政策规定的，党员参与党内生活时有可以自由地为或不为某种行为的资格"。②中国共产党的发展动力基于义务与权利构建起来的党员"主体性自觉"，当党员的主体性自觉与政党的组织结构、组织过程相协调时，推动政党发展的"认同性动力、约束性动力和激励性动力"③就会产生。

从义务维度而言，党员的主体性构建关键在于完善党的约束机制。党章规定的党员义务主要有理论学习、实践行动、道德、纪律、作风等，党员义务是提升党员行为可信度的重要机制，对内能够促进团结、提升内部凝聚力，对外可以厚植党的执政基础，增强党社会整合能力的作用。党员义务的制度化具有强化党员义务感，促进党员自觉承担党员义务的作用。"两学一做"学习教育及"三会一课"制度是学习及行动层面义务的同一体，在行动上模范带头遵守法律是对党员的底线要求。行动层面义务的履行必须以道德、纪律及作风层面的义务为支撑。道德要求是中国共产党"先进性"的重要表现形式，党员道德层面的义务具有明确的行动导向。党员必须践行"社会主义核心价值观"与"弘扬中华民族传统美德"④。"先公后私，克己奉公"，并且强调"崇廉拒腐""尚俭戒奢""吃苦在前，享受在后，甘于奉献"⑤则是两者的具体化。党员义务不仅是基于惩罚基础上的行为约束，更是社会行为的建构机制。社会构建是"习惯性地再生产的程序或规则系统，作为一种制约性环境中的相对固定的设置而运行，并附带着被人们视为当然而接受的行动说明"。⑥党的优良作风某种程度上是政党形象、行为的模式化，

①②　周叶中、邓书琴：《论中国共产党党内法规的价值取向——以党员义务和党员权利为视角》，《中共中央党校学报》2018 年第 4 期。

③　龚少情：《独一执政党发展的动力学研究——基于党员主体地位的一种考察》，华东师范大学 2011 年博士学位论文。

④　《中国共产党章程》，人民出版社 2017 年版，第 26 页。

⑤　《中国共产党廉洁自律准则》，《人民日报》2015 年 10 月 22 日。

⑥　［美］罗纳尔德·L.杰普森：《制度、制度影响与制度主义》，载沃尔特·W.鲍威尔、保罗·J.迪马吉奥编：《组织分析的新制度主义》，上海人民出版社 2008 年版，第 162 页。

是历史产物，但是对优良作风的维系方式则因时而异。新时代背景下，党的革命热情及阶级意识对党员行为的规范作用逐渐弱化，此时优良作风的维系不仅需要借助党内法规加以明确，更需通过带有惩罚性意义的党的纪律加以保证。

从权利维度而言，党员的主体性构建关键在于完善的党员权利保障机制。党员的民主权利主要包括：知情权、参与权、选举权、监督权。党务公开不仅是党内民主的重要表现，也是党员知情权、参与权的保障机制，是实现党内有效监督的前提。党的十八大修改的党章强调"发扬党内民主，尊重党员主体地位"，关键是保障各级党组织党员的民主权利。党的地方委员会要"定期组织党代表大会代表进行专题调研，组织党代表大会代表开展提案提议，充分听取意见建议"。[1]此外，党的地方全委会党员在全委会上有权就书记、副书记及常委，同级的纪委会书记、副书记及其他常委进行选举外，还可以通过行使表决权"决定递补党委委员；批准辞去或者决定免去党委委员、候补委员"。[2]在基层组织层面，党员的参与权及知情权还包括一季度一次党支部大会，每月一次党小组会议。支部大会是集参与、选举、监督于一体的民主形式，支部书记、副书记及支部委员会由党员大会选举产生。支部大会有权"讨论和表决接收预备党员和预备党员转正、延长预备期或者取消预备党员资格；讨论决定对党员的表彰表扬、组织处置和纪律处分"，[3] 在农村及社区的"重要事项以及与群众利益密切相关的事项"必须经过党支部讨论。

党的十八大以来，党中央虽然没有在《中国共产党章程》就党员享有权利的内容作出修改，但就如何保障党员权利的制度建设上取得了突破性成绩。从十九大《党程》第四条关于党员权利内容的规定中可以发现，党员的权利主要包含七个方面：教育、讨论、表达、监督、选举、申

---

①② 《中国共产党地方委员会工作条例》，《人民日报》2016 年 1 月 5 日。

③ 《中国共产党支部工作条例（试行）》，《中国共产党重要党内法规学习汇编》，中国法制出版社 2019 年版，第 37 页。

辩、质询。①2004 年《中国共产党党员权利保障条例》第三章及第四章基本按
照"组织自觉"与"侵权处罚"双重逻辑来构建党员权利保障制度体系。十八
大以来，在党员权利保障制度体系建设上继续顺着这一逻辑完善，并突出强调
以党务公开为切点激活党员主体性，为党员权利保障制度体系建设奠基。

一是以党务公开为切点激活党员主体性。明确党员的权利内容是激活党员
主体性的基础。虽然十八大以来两次修订的《中国共产党章程》并没有对党员
权利部分作出修补，但是 2004 年修订且一直适用的《中国共产党党员权利保
障条例》对党章规定的八项党员权利作了补充。此外，2016 年《关于新形势下
党内政治生活的若干准则》第七部分就党员权利内容也作了进一步规定。中国
共产党是一个纪律严明的政党，具有严密的组织结构，因而其科层特性也较为
突出。《中国共产党党务公开条例（试行）》第四条规定党务公开要"坚持发
扬民主"，以此来"保障党员民主权利，落实党员知情权、参与权、选举权、
监督权，更好地调动全党积极性、主动性、创造性，及时回应党员和群众关
切，以公开促落实、促监督、促改进"。②因而，知情权是中国共产党党员的基
本权利，也是党员其他权利得以实现的基础。党务公开制度是党员形成自我权
利意识的基础性制度保障，此外党务公开制度的有效推进，同样需要以党员具

---

① 《中国共产党章程》（十九大党章），人民出版社 2017 年版，第 26—27 页。
第四条 党员享有下列权利：（一）参加党的有关会议，阅读党的有关文件，接受党的教育和
培训。（二）在党的会议上和党报党刊上，参加关于党的政策问题的讨论。（三）对党的工作提出
建议和倡议。（四）在党的会议上有根据地批评党的任何组织和任何党员，向党负责地揭发、检举
党的任何组织和任何党员违法乱纪的事实，要求处分违法乱纪的党员，要求罢免或撤换不称职的
干部。（五）行使表决权、选举权，有被选举权。（六）在党组织讨论决定对党员的党纪处分或作
出鉴定时，本人有权参加和进行申辩，其他党员可以为他作证和辩护。（七）对党的决议和政策如
有不同意见，在坚决执行的前提下，可以声明保留，并且可以把自己的意见向党的上级组织直至
中央提出。（八）向党的上级组织直至中央提出请求、申诉和控告，并要求有关组织给以负责的答
复。党的任何一级组织直至中央都无权剥夺党员的上述权利。
第一款即党员受教育权；第二款即党员讨论党的政策权；第三、第七款即党员表达权；第四
款即党员监督权；第五款即党员选举上的权利；第六款即党员申辩权；第八款即党员的质询权。
② 《中国共产党党务公开条例（试行）》，《人民日报》2017 年 12 月 26 日。

体权利的保障为支撑。故而有学者认为"健全的党务公开制度保障体系还必须与整个党内民主制度体系相辅相成，如党务公开制度要与党员权利保障机制、党内选举制度、民主决策制度、民主监督制度等相配套、相协调，党务公开才能持续发展"。①

二是以明晰的组织功能强化组织自觉性。中国共产党作为组织的具体形态，要实现党组织对个体成员权力的自觉保护，关键是要对其行为方式进行明确的、正式的规范。2004 年《中国共产党党员权利保障条例》第三章的行文主要从组织的角度出发，规定党组织在保障党员权利上的行为规范，其行文格式主要为"党组织应该……"。《条例》作为党的监督保障法规制度体系的重要组成部分，在保障党员权利上发挥了重要作用，但是《条例》对党内各级各类党组织并没有加以严格区分，而是笼统冠以"党组织"的名称。在实践层面，不同层级不同类型的党组织在保障党员权利上所承担的责任则各有不同，对此十八大以来新修改及制定的有关党内法规进一步规范并强化党组织在保障党员权利上的自觉性。在保障党员知情权上，2017 年《中国共产党党务公开条例（试行）》第二章就根据组织层级及组织类型两个方面来明确特定党组织开展党务公开的"内容和范围"。在组织层级上，如地方党组织的党委会成员要"自觉接受常委会其他委员监督"，②党基层组织的职责包括"保障党员权利不受侵犯"。③在组织类型上，党组要"自觉接受纪检监察机关、本单位基层党组织和党员群众的监督"④。支部层面"保障党员的权利不受侵犯"。⑤农村基层党组织要"尊重和保障党员的各项权利"。⑥党和国家机关基层组织要保障党员"控告

---

① 刘红凛：《信息化时代的党务公开与党的建设"改革开放"》，《上海行政学院学报》2015年第 1 期，第 59 页。

② 《中国共产党地方委员会工作条例》，《人民日报》2016 年 1 月 5 日。

③ 《中国共产党党内监督条例》，《人民日报》2016 年 11 月 3 日。

④ 《中国共产党党组工作条例》，《人民日报》2019 年 4 月 16 日。

⑤ 《中国共产党支部工作条例（试行）》，《人民日报》2018 年 11 月 26 日。

⑥ 《中国共产党农村基层组织工作条例》，《人民日报》2019 年 1 月 11 日。

和申诉""民主权利""监督权利"等权利。①

综上可见，"组织层级/组织类型＋在保障党员权利上承担的责任"成为党十八大以来强化组织、保障党员权利自觉性的重要立规模式。这也从侧面反映出"1＋4"党内法规制度体系中"组织法规制度"与"监督保障法规制度"的内在逻辑关系。

此外，党的十八大以来党中央在关于党员权利保障制度建设上也取得部分成果。中国共产党党员权利保障制度主要分为两个关系层面：一是党组织对党员权利侵犯的处罚；二是党员对其他党员权利侵犯的处罚。如 2015 年《干部教育培训工作条例》规定"干部有接受教育培训的权利和义务"。②当干部教育培训机构不能履行条例规定的职责时"由干部教育培训主管部门责令限期整改；逾期不改的，给予通报批评；情节严重的，由有关部门对负有主要责任的领导人员和直接责任人员给予纪律处分"。③2018 年《中国共产党纪律处分条例》第七十八条、第七十九条对侵害党员权利的行为视情节严重性给予警告、严重警告、撤销党内职务、留党察看、开除党籍处分。

二、加强党员教育管理

政党必须依托一定的成员而存在，党员不是一种自然身份，而是一种政治身份，是公民基于政治理想和认同而作出的选择。即便如此，为了更好地增强组织凝聚力，依然需要对党员进行教育与管理。党员队伍中存在的问题也倒逼着党必须加强党员队伍的教育管理，对党员队伍存在的问题，"我们不能视而不见，不能讳疾忌医。党员队伍中松散涣散、名不副实的情况还很多，意识淡薄、理想信念动摇、政治纪律涣散等问题也不是个别现象。一些党员不像党员、不在组织、不起作用、不守规矩；有的党员公开骂党，否定党的一些最基本的原则和立场，其中一些人不仅没有受到管教和批评，反而大行其道还受到

---

① 《中国共产党党和国家机关基层组织工作条例》，《人民日报》2020 年 1 月 6 日。

②③ 《干部教育培训工作条例》，《人民日报》2015 年 10 月 19 日。

热捧，有的还在讲坛上堂而皇之散布谬论，这种肆无忌惮的情况，在有些地方如入无人之境，没人管。对这些问题，该整顿的要整顿一下，不能让他们这么肆无忌惮"。①党员教育管理是党的建设基础性经常性工作，是党战斗力与凝聚力的重要体现，党的十八大以来，以习近平同志为核心的党中央，从严从实教育管理党员，不断完善党员教育管理党内法规，推动管党治党不断从宽松软走向严紧硬。对党员的教育管理，最根本的仍然是党章，每一个共产党员"都要牢固树立党章意识，自觉用党章规范自己的一言一行，在任何情况下都要做到政治信仰不变、政治立场不移、政治方向不偏。不论担任何种工作，首先都要明白自己是一名在党旗下宣过誓的共产党员，要用入党誓词约束自己"。②2013年《关于加强新形势下发展党员和党员管理工作的意见》对党员教育管理亦提出明确要求，如，要从严管理党员，及时处置不合格党员，改进对流动党员的管理，健全党内激励关怀帮扶机制，构建党员联系和服务群众工作体系等。

（一）首次以党内法规制度明确党员教育管理的重点内容和目标要求

2019 年《中国共产党党员教育管理工作条例》，以条例的形式对党员教育管理工作作出基本规范。思想是行动的先导和动力。坚持用先进思想武装头脑、统一思想，是中国共产党作为马克思主义政党加强自身建设的一条基本经验。思想上的问题解决了，其他问题都会迎刃而解。《条例》将深入学习贯彻习近平新时代中国特色社会主义思想作为主线和灵魂，明确提出把用习近平新时代中国特色社会主义思想武装全党作为党员教育管理的首要政治任务。在此之外，政治理论教育、政治教育和政治训练、党章党规党纪教育、党的宗旨教育、革命传统教育、形势政策教育、知识技能教育也是党员教育的重点内容。③

---

① 习近平：《开展"两学一做"学习教育，推动党内教育从"关键少数"向广大党员拓展》（2016 年 2 月 4 日），《十八大以来重要文献选编》（下），中央文献出版社 2018 年版，第 179 页。

② 习近平：《严明政治纪律，自觉维护党的团结统一》（2013 年 1 月 21 日），《十八大以来重要文献选编》（上），中央文献出版社 2014 年版，第 132—133 页。

③ 《中国共产党党员教育管理工作条例》，《中国共产党重要党内法规学习汇编》，中央法制出版社 2019 年版，第 218—220 页。

（二）以党内法规制度明确党员教育管理的主要方式

从党在长期实践中，逐步形成以党的组织生活制度为基本形式，以集中培训为重要手段，以激励关怀帮扶为动力，以发挥先锋模范作用为落脚点的党员教育管理的主要方式。《中国共产党党员教育管理工作条例》总结运用党的十八大以来推进全面从严治党向基层延伸的重要经验，坚持融入日常、抓在经常，坚持从基础工作抓起、从基本制度严起，并从四个方面对党员教育管理的方法途径作出规定：一是用好党的组织生活这一经常性手段，落实"三会一课"、组织生活会、民主评议党员、谈心谈话等基本制度，组织党员定期参加支部主题党日、按期交纳党费，加强党员党性锻炼；二是根据党的事业发展和党的建设重点任务，坚持集中培训制度，有计划地组织党员参加集中轮训培训、党内集中学习教育，要求党员每年集中学习培训时间一般不少于三十二学时，使党员接受日常教育全覆盖、有保证、见实效；三是组织引导党员发挥先锋模范作用，要求党组织设立党员示范岗、党员责任区，开展设岗定责、承诺践诺，引导党员参与志愿服务，充分调动广大党员积极性、主动性、创造性；四是坚持从严教育管理和热情关心爱护相统一，从政治、思想、工作、生活上激励关怀帮扶党员，落实对老党员等重点对象的服务措施，增强党员荣誉感、归属感、使命感，激励党员新时代新担当新作为。

（三）以党内法规制度"靶向治疗"党员教育管理的突出问题和薄弱环节

第一，严肃党籍管理。党籍是指党员的资格，党员组织关系是指党员对党的基层组织的隶属关系，两者均是党员管理的基本内容。《中国共产党党员教育管理工作条例》规定，对因私出国并在国外长期定居的党员和出国学习研究超过五年时间仍未返回的党员，一般予以停止党籍；对与党组织失去联系六个月以上、通过各种方式查找仍然没有取得联系的党员，予以停止党籍。停止党籍是对党员党籍的管理手段，不是组织处置，也不是党纪处分。对停止党籍的党员，符合条件的，可以按照规定程序恢复党籍。对劝其退党、劝而不退除名、自行脱党除名、退党除名、开除党籍的，原则上不能恢复党籍，符合条件的可以重新入党。《条例》分别对理顺党员组织关系、转移和接收党员组织关系等作出规定，特别是规定具有审批预备党员权限的基层党委，可以在全国范围直接相互转移和接收党员组织关系，这是针对以往组织关系转接程序复杂作出的针对性规定。此外，党的十八大以来党加强党员队伍管理的一个鲜明特点，就是管在日常、严在经常，从最基础环节、最基本工作抓起，把全面从严治党要求落实到每个支部、每名党员。

第二，加大党员监督和组织处置力度。《中国共产党党员教育管理工作条例》设置专章对党员监督和组织处置作出规范，目的就是通过抓好日常性的管理监督和组织处置，保持党员队伍先进性和纯洁性，不断维护党的肌体健康。坚持党员政治标准和基本条件，坚持抓早抓小、防微杜渐，坚持立足教育、区别对待，对在党员日常监督中发现问题的，综合考虑问题性质、情节轻重和本人态度，规定了提醒谈话、批评教育、限期改正、劝其退党或除名等四种教育管理和组织处置方式，由轻及重、层层递进，既从严要求，又体现组织关怀。一方面明确了对党员进行日常监督的方式和内容；另一方面对于四种教育管理和组织处置方式的适用情形和要求进行细化，为党组织稳妥有序开展组织处置工作提供法规依据。

第三，坚持问题导向，加强对流动党员的教育管理和党员教育管理信息化。流动党员是党员队伍的重要组成部分，针对在一段时间内，一些基层党组织对流动党员教育管理的责任落实不到位以及流动党员组织生活难的客观实际，《条例》将近年来一些地方在流动党员教育管理中的经验进行总结提炼，着眼于每一名流动党员都纳入党组织有效管理，作出了如下规定：一是强化流出地、流入地党组织共管责任。明确流出地党组织应当与流动党员保持经常联系，跟进做好教育培训和管理服务等工作，流入地党组织应当协助做好流动党员日常管理，流出地和流入地党组织应当衔接做好流动党员组织关系转接工作。二是组织流动党员过好党的组织生活。明确流入地党组织落实党员组织关系一方隶属、参加多重组织生活的办法，组织流动党员就近从便参加组织生活；乡镇、街道、村、社区、园区等党群服务中心应当向流动党员开放；流动党员可以在流入地党组织或者流动党员党组织参加民主评议。三是对流动党员分类管理提出要求。从不同类型流动党员实际出发，分别对农村流动党员、城市社区流动党员、流动人才党员的教育管理作出规定。同时，对高校毕业生流动党员、出国（境）学习研究党员的管理提出要求。此外，《中国共产党党员教育管理工作条例》还规定要推进基层党建传统优势与信息技术深度融合，强调统筹规划、整合资源，打造党务、政务、服务有机融合的网络阵地，不断提高党员教育管理现代化水平，使党员教育管理更加精准、高效、便捷。

三、民主评议党员制度的四重优化路径

十八大以来，民主评议党员制度建设取得巨大成就，并着重从以下四个方面加以优化：

首先，提升民主评议党员的制度适应性。有观点认为"民主评议党员不是处置不合格党员的专项制度，党组织在实际操作中应把主要精力放在评议教育方面。同时，由于新形势下党员队伍的流动性、分散性、广泛性等特点，使得这项制度对于从组织上严肃处置不合格党员来说存在着一定的局限性"。[1]为提升民主评议党员制度的适应性，在评议主体上"流动党员可以在流入地党组织或者流动党员党组织参加民主评议"。[2]此外，开展民主评议党员的组织主体不再局限于支部，中共中央组织部《关于召开2017年度基层党组织生活会和开展民主评议党员几个问题的通知》强调，民主评议党员一般以党员大会形式进行，党员人数较多的党支部，可以党小组为单位开展，并且流动党员的民主评议一般是在组织关系所在的支部进行，但也可在流入地党组织进行。但是《通知》也进一步强调"民主评议党员应当集中开展，不宜在网上进行"，以此来保证民主评议党员的公正性。在评议形式上，"民主评议党员可以结合组织生活会一并进行"。[3]

其次，强化民主评议党员制度执行的双向压力机制。十八大以前，"基层

---

① 中共湖北省委组织部课题调研组：《关于严肃处置不合格党员工作的调查与思考》，《湖北社会科学》1999年第7期。

②③ 《中国共产党党员教育管理工作条例》，《人民日报》2019年5月22日。

党委没把民主评议党员工作列入重要的议事日程，致使一些基层党组织对此渐渐地淡化了"。①民主评议党员制度的执行动力主要包含自上而下及自下而上的双向压力。十八大以来，民主评议党员的双向压力机制都得到不同程度上的强化。为加强基层党组织建设，党中央明确提出"党的地方委员会必须认真履行全面从严治党主体责任"，并且"实行市、县两级党委书记抓基层党建工作述职评议考核制度，完善党建工作考核综合评价体系，确保党建各项部署落到实处"。②此外，《通知》中强调，民主评议党员不仅是对党员的评议，还包括党员对支部班子成员工作、作风等进行评议，评议结果作为上级党组织考核党支部班子的重要依据，其目的在于强化民主评议党员制度自下而上的执行压力，提升制度执行力。

　　第三，民主评议党员的内容更加具体化、系统化。1988 年中央组织部《关于建立民主评议党员制度的意见》规定，民主评议党员的内容主要包含五个方面：是否具有共产主义信念；是否落实党的路线方针政策；是否维护改革大局；是否执行党的决议、党纪、国法；是否密切联系群众。这五大方面的评议内容部分是模糊的，且很难实现具象化考核。党的十八以来，在民主评议党员内容上逐渐朝着具体化、系统化的发展。如民主评议党员要"组织党员对照合格党员标准、对照入党誓词，联系个人实际进行党性分析"。③在《关于召开2017 年度基层党组织生活会和开展民主评议党员几个问题的通知》中强调，民主评议党员要个人自评、党员互评要讲学习、工作、生活等实际表现，用具体事例说话，指出问题和不足。此外，党组织对党员的评议，尤其是"党支部委员会会议或者党员大会根据评议情况和党员日常表现情况，提出评定意见"。④可见党的十八大以来，逐渐将民主评议党员内容融入组织生活、组织管理、组织教育等方面，以求实现评议内容的具体化、系统化。

---

①　李方才：《严肃处置不合格党员的调查与思考》，《探索》1999 年第 1 期。

②　《中国共产党地方委员会工作条例》，《人民日报》2016 年 1 月 5 日。

③　《中国共产党支部工作条例（试行）》，《人民日报》2018 年 11 月 26 日。

④　《中国共产党党员教育管理工作条例》，《人民日报》2019 年 5 月 22 日。

最后，推动民主评议程序更加科学。中央组织部《关于建立民主评议党员制度的意见》强调，民主评议党员的方法和步骤主要包含学习教育、自我评价、民主评议、组织考察、组织处理。这标志着民主评议党员制度的正式建立，该制度把对党员的"教育、管理和监督"融为一体，其目的是"表彰优秀党员，推动清除腐败分子和处置不合格党员的工作，提高党员素质，增强党组织的凝聚力和战斗力"。[1]十八大以后，民主评议党员的程序主要包含"党支部召开党员大会，按照个人自评、党员互评、民主测评的程序"，[2]最后"党支部委员会会议或者党员大会根据评议情况和党员日常表现情况，提出评定意见"。[3]十八大前后民主评议党员程序的差异主要是增加了党员互评环节。支部是以初级群体而组成的基本组织形态，因而党员互评环节的重点是在信息较为对称的情况进行评议，以提升评议效果。加强对普通党员的考核是中国共产党为全面增强自我净化、自我完善、自我革新、自我提高能力而作出的一项重要制度安排，是全面从严治党责任逐渐向基层不断延伸的重要举措。十八以来，党中央通过完善民主评议党员制度和对不合格党员处理制度来全面加强党组织对普通党员的考核。

四、完善不合格党员的处置制度

中国共产党作为纪律严明的超级大党，党内却一直"存在着重'入口'、轻'出口'"[4]的现象，该现象的存一方面是革命型政党文化的路径依赖，因为退党"会被上升到政治立场的高度，进而被赋予道德化评判，往往与违法乱纪联系到一起，一旦党员退党，就会受到来自体制内外的压力，不但意味着政治生命的终结，同时还要受到社会舆论的排斥，成为一种人格的降低，也是一种

---

① 《中共中央批转中央组织部〈关于建立民主评议党员制度的意见〉》，《党的建设》1989 年第 2 期。

② 《中国共产党支部工作条例（试行）》，《人民日报》2018 年 11 月 26 日。

③ 《中国共产党党员教育管理工作条例》，《人民日报》2019 年 5 月 22 日。

④ 雷建：《关于严肃处置不合格党员的几点思考》，《理论与改革》2000 年第 6 期。

尊严的伤害"。①另一方面是对不合格党员认定缺乏明确且细致的标准，党章只是对"三不"②党员作明确规定，而这"三不"党员却无法涵盖全部不合格党员。十八大以来，党中央高度重视对不合格党员的处理，2013年1月28日，习近平总书记在主持关于新形势下党员发展和管理工作的中央政治局会议中强调要"及时处置不合格党员"，③且在此后的党内法规制度体系建设中得到不断强化。

推动不合格党员判断标准更加清晰化。2013年2月，中共中央印发的《关于加强新形势下发展党员和党员管理工作的意见》重申了党章对"三不"党员按自行脱党处理，并予除名的规定，此外进一步明确了限期改正、劝退、除名和清除出党的具体情况。④2014年8月，中共中央组织部、中央党的群众路线教育实践活动领导小组印发《关于做好处置不合格党员工作的通知》，明确提出不合格党员的五个标准：一是理想信念缺失，二是政治立场动摇，三是宗旨观念淡薄，四是工作消极懈怠，五是组织纪律散漫。但是，总体而言该文件中对不合格党员的认定标准仍过于笼统，很难实现量化考核。故而有学者提出可"根据不同行业、类型、层次党员的特殊性要求，有针对性地界定不合格党员的具体标准，做到有的放矢、分类指导、区别评定"。⑤另外，自2011年5月

---

① 曹峰旗、柴瑞：《困境与路径：党员退出机制的政治生态学分析》，《探索》2014年第1期。

② 《中国共产党章程》，《人民日报》2017年10月29日。"三不"即指"党员如果没有正当理由，连续六个月不参加党的组织生活，或不交纳党费，或不做党所分配的工作，就被认为是自行脱党"。

③ 《习近平同志主持召开中央政治局会议研究部署加强新形势下党员发展和管理工作》，《党建研究》2013年第3期。

④ 《关于加强新形势下发展党员和党员管理工作的意见》强调"健全党员能进能出机制，使党员队伍更加纯洁。对无正当理由连续6个月不参加党的组织生活，或不交纳党费，或不做党所分配的工作的党员，按自行脱党处理，并予除名。对理想信念不坚定、不履行党员义务、不符合党员条件的党员，党组织应对其进行教育，要求其限期改正；经教育仍无转变的，应当劝其退党；劝而不退的予以除名。对那些思想品德败坏、无可救药的蜕化变质分子、腐败分子，要坚决从党的队伍中清除出去。"

⑤ 裘愉萍：《构建不合格党员"三位一体"退出机制的对策研究》，《学校党建与思想教育》2014年第22期。

起，绍兴市逐渐探索"分类管理，量化考核"的方式实行党员"亮分制"，[①]以提升不合格党员认定的量化考核标准。

完善处置不合格党员程序。十八以前，党章中关于处置不合格党员的程序构建方式是以组织处置方式为基础，并一直沿用至十九大党章。[②]党章作为一个政党的纲领性文件，很难对处置不合格党员制度进行细致规范。十八大以后党中央又以规范性文件的形式对处置不合格党员程序进一步规范。2013 年 2 月，中共中央印发的《关于加强新形势下发展党员和党员管理工作的意见》强调，处置不合格党员要"按照稳妥、慎重的要求，做到事实清楚、理由充分，处理恰当、手续完备，不定比例、不下指标"的基本原则。这些原则在处置不合格党员的程序中得到充分体现，2014 年 8 月，中共中央组织部、中央党的群众路线教育实践活动领导小组印发的《关于做好处置不合格党员工作的通知》明确规定，处置不合格党员的程序主要包括：支委认定-支部调查-形成调查材料-支委提出初步处置意见-支部将材料报基层党委预审-支部大会通报、表决-上级党组织审批-支部通知、宣布。处置不合格党员的程序是建立在民主评议党员的基础之上，并且该程序还因不同组织处置方式而有所区别，以体现"稳妥、慎重"、实事求是的原则。如对作出限期改正处置的，由基层党委集体研究审批；对作出劝退、除名处置的，由基层党委集体研究提出审批意见，报上一级党委组织部门审查批准。对拟作出劝退、除名处置的，由基层党委报上一级党委组织部门预审。这反映了中国共产党在处置不合格党员上的程序审慎。

---

① 李娟、佘湘：《不合格党员退出机制研究——基于绍兴市打通党员"出口"的实践》，《理论探索》2012 年第 6 期。

② 《中国共产党章程》，《人民日报》2017 年 10 月 29 日。

第九条 党员缺乏革命意志，不履行党员义务，不符合党员条件，党的支部应当对他进行教育，要求他限期改正；经教育仍无转变的，应当劝他退党。劝党员退党，应当经支部大会讨论决定，并报上级党组织批准。如被劝告退党的党员坚持不退，应当提交支部大会讨论，决定把他除名，并报上级党组织批准。党员如果没有正当理由，连续六个月不参加党的组织生活，或不交纳党费，或不做党所分配的工作，就被认为是自行脱党。支部大会应当决定把这样的党员除名，并报上级党组织批准。

　　明确处置不合格党员的政策边界。《关于做好处置不合格党员工作的通知》明确规定了处置不合格党员的政策边界：一是处置不合格党员要注意区分主观原因和客观原因、个人原因和组织原因、一时表现和一贯表现；二是对按照《中国共产党纪律处分条例》规定应当给予党纪处分的党员，不能用组织处置代替党纪处分；三是对受警告、严重警告、撤销党内职务、留党察看处分的党员，一般不因同一问题再进行组织处置。该文件明确处置不合格党员的政策边界，是根据实际情况对党章中关于处置不合格党员有关规定的一种补充，以提升处置不合格党员制度的适应性。

第十二章　新时代加强党内法规制度体系建设的路径探析

当今世界，是政党政治的世界。尽管各国政党在性质、信仰、纲领、执政理念和社会基础等方面千差万别，但在加强政党自律方面具有一定的共性要求。依规治党是政党政治普遍规律与中国共产党自身发展特殊规律双重逻辑的统一。完备的党内法规制度体系是中国特色社会主义法治体系的重要组成部分，是党治国理政的重要依据，是党在新时代带领全国各族人民实现新目标新使命的现实要求。党的十八大以来，面对纪律松弛、作风滑坡、腐败蔓延、管党治党"宽松软"等突出问题，以习近平同志为核心的党中央，把党内法规制度建设作为事关党长期执政和国家长治久安的重大战略任务，摆到更加突出位置，抓紧抓好。习近平新时代中国特色社会主义思想中，蕴含着深厚的关于党的建设的重大思想理论和重大决策部署，是对马克思主义政党建设理论的创新发展。新时代加强党内法规制度体系建设，要以习近平新时代中国特色社会主义思想为行动指南，突出问题意识，坚持目标导向，补齐党内法规制度短板，有序稳步推进。

第一节　深入把握党内法规立规的特点

一、以强化党章权威为立规的逻辑起点

党章是党的根本大法，是全党必须遵循的总规矩，是党内法规制度体系的核心，是"母法"。党的十八大之后，习近平当选总书记后公开发表的第一篇文章就是《认真学习党章　严格遵守党章》，要求各级领导干部把学习党章作为必修课，走上新的领导岗位的同志要把学习党章作为第一课，带头遵守党章

的各项规定。习近平总书记在安徽金寨考察时更明确指出，"全党学习贯彻党章的水平，决定着党员队伍党性修养的水平，决定着各级党组织凝聚力和战斗力的水平，决定着全面从严治党的水平。不论高级干部还是普通党员，要做合格党员，学习贯彻党章都是第一位的要求"。①党章作为党的根本大法，是近百年党的发展历程的经验总结。党章是"史"，记载着党的历程和经验，是最浓缩最精华的党史。2017 年修改通过的十九大党章，可以说是凝聚了党 96 年来的不懈奋斗和苦难辉煌，可以说党章的每一句话每一条款都凝结着党的建设的历史经验，都凝练着共产党人的奋斗结晶，是木之本，水之源，"木有本而枝茂，水有源而流长"，如果共产党员都不知道党章，不尊崇党章，党就成了无本之木，无源之水，那么这样的党是走不长也走不远的。党章是"旗"，是最鲜明的党旗，指明党的方向道路。中国共产党的党章特点是纲章合一，前面的总纲部分就是公开树立的旗帜，旗帜引领方向，旗帜凝聚力量。我们每个支部在外活动的时候，大家都知道要跟着党旗走，那是实体标志物，对于 9 000 万的党员，也有一面共同的党旗，那就是党章，如果大家都看不到旗帜，或者视而不见的话，那么走着走着也就散了。党章是"法"，规范着党的制度规矩。没有规矩，不成方圆，国有国法，党有党规，在中国国情之下，没有党规党法，国法就很难保障。而"法"还有一个重要的寓意，就是法律面前人人平等，在党章面前，所有党员都是普通的一分子，都必须按照党章规范自己的言行，没有特殊、例外；在党章面前，党的所有组织都是执行单位，都必须履行党章赋予的政治责任，没有免责、空责，这才能保证党的集中统一，否则大家各自为政，就是一盘散沙。党的十八大以来，党内开展的多次主题教育活动均要求对照党章，以党章为镜，所有党内法规的制定均以党章为根本遵循。《关于新形势下党内政治生活准则》《中国共产党党员教育管理工作条例》《干部教育培训工作条例》等党内法规均对认真学习党章提出了具体的要求，《中国共产党党内监督条例》规定，党内监督的任务就是确保党章党规党纪在全党的有

---

① 《习近平安徽调研关注几件大事》，新华网，http://www.xinhuanet.com/politics/2016-04/27/c_1118755313.htm，2016-04-27。

效执行，让审查对象从学习党章入手。强化党章权威，坚持依章治党是党的十八大以来党加强自身建设党内法规制度建设的鲜明特点。

二、以党的先进性为立规的逻辑主线

一个主体多样、利益多元的超大型国家的治理，至关重要的就是构建一套规则体系，国法、党纪、社约都是其中的重要组成部分，各自担负着不同的角色。《中国共产党章程》规定，中国共产党是中国工人阶级的先锋队，同时是中国人民和中华民族的先锋队，是中国特色社会主义事业的领导核心，代表中国先进生产力的发展要求，代表中国先进文化的前进方向，代表最广大人民群众的根本利益。中国共产党两个"先锋队"、一个"领导核心"和"三个代表"的性质定位决定着中国共产党党规一定严于国法社约。"党的先进性和纯洁性，创造力、凝聚力和战斗力，来自科学的理论指导、共同的理想信念、严密的组织体系、铁的纪律，究其根本而言，取决于党的性质，依赖于全体党员的党性"。[①]对党员干部提出党性要求，并不是一种倡议，而是必须履行的义务，加强党性修养，仅凭个人觉悟是不够的，而是必须寓党性尤其是先进性于党规之中。《中国共产党纪律处分条例》第一百一十八条规定，"遇到国家财产和群众生命财产受到严重威胁时，能救而不救，情节较重的，给予警告、严重警告或者撤销党内职务处分；情节严重的，给予留党察看或者开除党籍处分"。[②]对于这一条款，中纪委就曾以"不会游泳，遇到落水群众没有入水搭救，该怎么处理"为例作出解释，要根据具体情况具体分析，如果"该党员有条件提供必要帮助而没有提供，既不呼救，也不用随身携带的电话报警，甚至在他人请求帮助的情况下仍置之不理、扬长而去的，党组织应当对该党员进行批评教育或者组织处理，情节较重的就应依照本条规定

---

① 宋功德：《党规之治》，法律出版社2015年版，第310页。

② 《中国共产党纪律处分条例》《中国共产党重要党内法规学习汇编》，中国法制出版社2019年版，第377页。

给予处分"。①由此可见，党纪一定严于国法。这从《党章》对党员权利义务的规定亦可有所体会。《中国共产党章程》规定了党员"八项权利"和"八项义务"，虽然同为八项，但两者并不等量，义务要重于权利，义主权辅，义务多于权利，"党员享有权利非谋求一己之得"，"党员履行义务则会损及一己之私"，比如说，党员应当在生产、工作、学习和社会生活中发挥先锋模范作用，要个人利益服从党和人民的利益，吃苦在前，享受在后，克己奉公，多做贡献。那么在党员权利与义务之间的差额在哪里？"全党义务与权利之间形成的盈余，通过党的执政回流到经济社会发展当中，它在扣除党的工作和活动本身的公务支出成本之后产生大的余额，就属于党对引领经济社会发展所作的重要贡献"，"党员义务无论是在质量上还是在数量上都要高于权利，这是党的先进性和纯洁性的内在要求"。②

三、以"全面""从严"为立规的根本要求

十八大以来，党内法规制度已经构建一个完善的闭环系统：以严肃政治建设党内法规制度把握党的建设的根本——以严肃选贤任能党内法规制度抓住党的建设的关键——以严肃党内政治生活法规制度营造党的建设的健康政治生态——以严肃责任党内法规制度打造党的建设的闭环系统。由此，我们也能够更深刻地感受到，十八大以来党的自身建设呈现出制度治党、依规治党的鲜明特色。中外政党治党理政实践告诉我们，"奉法者强则国强、奉法者弱则国弱"，"法规制度带有根本性、全局性、稳定性、长期性"。③十八大以来，为了强化依规加强党的自身建设成效，着眼"全面""从严"两大关键词，具体而言：

---

① 《遇到国家和群众财产受到威胁时能救而不救该怎么处理?》，中国共产党新闻网，http://fanfu.people.com.cn/n1/2016/0223/c64371-28141653.html，2016 年 2 月 23 日。

② 宋功德：《党规之治》，法律出版社 2015 年版，第 216 页。

③ 习近平：《加强反腐倡廉法规制度建设让法规制度的力量充分释放》，《人民日报》2015 年 6 月 28 日。

第一，完善党内法规制定规划和意见以确保"全面"。十八大以来，围绕党内法规制定，共制定了两部五年规划纲要，即《中央党内法规制定工作五年规划纲要》（2013—2017）和《中央党内法规制定工作第二个五年规划（2018—2022年）》，有计划有步骤地推进党内法规制定工作，加快形成"内容科学、程序严密、配套完备、运行有效"的党内法规制度体系。在此期间，《深化党的建设制度改革实施方案》提出，围绕深化党的组织制度改革、深化干部人事制度改革、深化党的基层组织建设制度改革、深化人才发展体制机制改革等四方面改革任务提出了26项重点举措，要求在2017年前基本完成，到2020年建立起系统完备、科学规范、运行有效，更加成熟更加定型的党的建设制度体系。《中共中央关于加强党内法规制度建设的意见》，明确要加快构建以党章为根本，以民主集中制为核心，以准则、条例等中央党内法规为主干，由各领域各层级党内法规制度组成的完善的党内法规制度体系，框架为党章之下分为党的组织法规制度、党的领导法规制度、党的自身建设法规制度、党的监督保障法规制度四大板块，规划和意见为完善党内法规制度提供的具体的工作遵循。

第二，制定并修订"立法法""备案法""责任法"以确保"从严"。2019年8月30日中共中央政治局会议修订《中国共产党党内法规制定条例》规定，要围绕党的领导和党的建设的体制机制、标准要求、方式方法；党组织工作、活动和党员行为的监督、考核、奖惩、保障；党的干部的选拔、教育、管理、监督制定法规。凡是涉及创设党组织职权职责、党员义务权利、党的纪律处分和组织处理的，只能由党内法规作出规定，规定党内法规的名称为党章、准则、条例、规定、办法、规则、细则，明确了各级各类党内法规制定主体制定党内法规的职责和权限。为了维护党内法规和党的政策的统一性、权威性，2019年8月30日中共中央政治局会议修订的《中国共产党党内法规和规范性文件备案审查规定》提出"有件必备""有备必审""有错必纠"的备案审查制度，规定各级党委，党的纪律检查委员会、党委（决策）议事协调机构以及党的工作机关、党委直属事业单位，党组（党委）承担备案审查工作主体责任，围绕政治性、合法合规性、合理性、规范性进行审查。2019年8月30日中共中央政治局会议审议批准的《中国共产党党内法规执行责任制规定》（试行）指出要构建"在党中央集中统一领导下，建立健全党委统一领导、党委办公厅（室）统筹协调、主管部门牵头负责、相关单位协助配合、党的纪律检查机关严格监督的执规责任制，统分结合、各司其职、一级抓一级、层层抓落实"①的责任机制。

四、以辩证统一为立规的方法论原则

习近平总书记在十九届中纪委二次全会的讲话中曾将十八大以来全面从严治党的重要经验总结为"六个统一"，即坚持思想建党和制度治党相统一，坚持使命引领与问题导向相统一，坚持抓"关键少数"和管"绝大多数"相统一，坚持行使权力和担当责任相统一，坚持严格管理和关心信任相统一，坚持党内监督和群众监督相统一。②十八大以来党内法规制度建设也体现辩证统一的方法论原则，具体而言，主要有以下方面：

一是正向引导与反向倒逼同步推进、辩证统一。党的十八大之后，党内法规的出台相对密集，有的是同步出台，有的是单独出台，同步出台的党内法规均体现了正向引导和反向倒逼同步推进的鲜明特点。如，2015 年 10 月 18 日，中共中央同步印发了《中国共产党廉洁自律准则》《中国共产党纪律处分条例》。《中国共产党廉洁自律准则》是党执政以来围绕廉洁自律的第一部坚持正面引导、面向全体党员的重在立德的基础性党内法规，为党员和干部树立了一个看得见、够得着的高标准，开出"正面清单"，突出正向引导。《中国共产党纪律处分条例》则是围绕党纪戒尺要求重在立规的党内法规，划出了党员干部和党的组织不可触碰的底线，确保党在自身建设过程中把纪律和规矩挺在前面，标出"负面清单"，突出反向倒逼。两者同步印发，坚持依规治党与以德治党相结合，体现了既坚持高标准、同时守住底线，推进全面从严治党党内法规制度创新的鲜明特点。"中国共产党自诞生之日起，就把理想和纪律写在自己的旗帜上。这始终是我们党战胜一切艰难险阻、从胜利走向胜利的坚强保

---

① 《中国共产党党内法规执行责任制规定》（试行），《人民日报》2019 年 9 月 16 日。

② 《十九大以来重要文献选编》（上），中央文献出版社 2019 年版，第 188—191 页。

证。新形势下，坚持党要管党、从严治党，依然要靠理想信念宗旨的引领，靠严明纪律作保障"。①

二是坚持思想建党与制度治党同步推进，辩证统一。习近平总书记在党的群众路线教育实践活动总结大会上的讲话中明确指出，"要使加强制度治党的过程成为加强思想建党的过程，也要使加强思想建党的过程成为加强制度治党的过程"。②加强和规范党内政治生活、加强党内监督，都是新形势下加强党的自身建设，推进全面从严治党的重要抓手，党的十八届六中全会同步制定《关于新形势下党内政治生活若干准则》和修订《中国共产党党内监督条例》（试行），是坚持思想建党和制度治党辩证统一的鲜明体现。党内政治生活和党内监督有不同的内容和要求，党内政治生活要求加强对权力的制约监督，党内监督是党内政治生活的保证，党内政治生活是否正常，与党内监督是否有力有效有直接关系，两者相辅相成。《关于新形势下党内政治生活若干准则》坚持理想信念和党的基本路线直接反映党的思想建设要求，其他十个方面也是党的思想素养的重要体现，是"一个思想性、政治性、综合性"很强的文件，和《中国共产党党内监督条例》均"着力围绕理论、思想、制度构建体系，围绕权力、责任、担当设计制度"，③既将思想建设嵌入制度建设之中，又将制度规范提升到思想建党水平。"将思想建设的'柔'和制度建设的'刚'结合起来，在全面从严治党中形成同向发力、同时发力的效果"。④

三是坚持整体推进与重点突破的辩证统一。提高党内法规制度建设成效，既讲"两点论"，又讲"重点论"，以重点突破带动整体推进，在整体推进中破解重点难题。党的十九大报告指出，要全面推进党的政治建设、思想建设、组织建设、作风建设、纪律建设，把制度建设贯穿其中，深入推进反腐败斗争。要求将党的制度建设贯穿党的建设的方方面面，这是党内法规制度建设整体推

① 《十八大以来重要文献选编》（中），中央文献出版社 2016 年版，第 761—762 页。

② 同上书，第 95 页。

③ 《十八大以来重要文献选编》（下），中央文献出版社 2018 年版，第 413，417 页。

④ 齐卫平：《新形势下全面从严治党的重大部署——着力严肃党内政治生活和党内监督》，《思想理论教育》2017 年第 1 期。

进的客观要求。纵观党的十八大以来，党内法规制度首先呈现出重点突破的鲜明特点，如，以作风建设党内法规制度为突破口。习近平总书记在第十八届中央纪律检查委员会第六次全体会议上的讲话曾经明确指出，"党的十八大之后，党中央讨论加强党的建设如何抓时，就想到要解决'老虎吃天不知从哪儿下口'的问题。后来决定就抓八项规定，下口就要真正把那块吃进去、消化掉，不要这吃一嘴那吃一嘴，囫囵吞枣，最后都没有消化"。①以时间为序，可以看出，党的十八大之后两三年间出台的党内法规制度，围绕作风建设的党内法规制度的出台数量最多。如，全面从严治党关键在于从严治吏，领导干部是党的执政骨干，只有管住"关键少数"，党的自身建设才有说服力，围绕对干部的严格管理，出台《关于新形势下党内政治生活的若干准则》《党政领导干部选拔任用工作条例》等法规；围绕干部队伍建设中存在的突出问题，出台《关于防止干部"带病提拔"的意见》《县以上党和国家机关党员领导干部民主生活会若干规定》；围绕权力运行，制定《中国共产党党内监督条例》《中国共产党问责条例》《推进领导干部能上能下若干规定》（试行）；围绕关心信任，出台《关于进一步激励广大干部新时代新担当新作为的意见》等，在"从严治吏"中体现着严格管理与关心信任、行使权力与担当责任、使命引领与问题导向的辩证统一。

全面从严治党是一场自我革命，打铁必须自身硬，党要始终成为时代先锋、民族脊梁，始终成为马克思主义执政党，自身必须始终过硬，严肃党的自身建设党内法规制度建设是确保党始终坚强有力的重要保证。全面从严治党永远在路上，党的自身建设党内法规制度建设必须跟随实践与时俱进。

第二节　加强党内法规建设，始终把政治建设放在首位

坚持党的领导，加强理想信念教育，加强政治法规建设，规范党员政治言

---

① 习近平：《在第十八届中央纪律检查委员会第六次全体会议上的讲话》，人民出版社 2016年版，第 3 页。

行，才能牢牢把握党内法规建设的底线，才能为实现"中国梦"提供坚强的制度保障。

一、坚持党的领导是党内法规建设始终不变的主线

习近平强调："党和法、党的领导和依法治国是高度统一的"。①他在省部级主要领导干部学习贯彻十八届四中全会精神全面推进依法治国专题研讨班开班式上强调，党的领导是社会主义法治最根本的保证。坚持党的领导，是社会主义法治的根本要求，是党和国家的根本所在、命脉所在，是全国各族人民的利益所系、幸福所系，是全面推进依法治国的题中应有之义。

党的领导决定全面推进依法治国的价值取向和依法治国的实际成效。建设的中国特色社会主义法治体系，本质上是中国特色社会主义制度的法律表现形式。我国宪法以根本法的形式反映党带领人民进行革命、建设、改革取得的成果，确立在历史和人民选择中形成的中国共产党的领导地位。这是宪法赋予党的执政权力，也是党必须认真履行的法定义务。背离宪法这一根本原则，社会主义法治的根基就会动摇、价值就会扭曲。中国共产党是中国特色社会主义事业的领导核心，处在总揽全局、协调各方的地位。依法治国是中国共产党提出来的，把依法治国上升为党领导人民治理国家的基本方略也是中国共产党提出来的，而且党一直带领人民在实践中推进依法治国。

政党管党治党之"规"，包括自身内部之"规"和调整政党与国家、社会等相互关系的外部之"规"。从法治主体看，大体上可以分为公权力行使主体、社会自治主体和私权利享有主体，需要处理三类主体的关系，形成"国家-社会-个体""多元共治的文化"。公权力组织、社会自治组织和全体社会成员牢固树立法治观念，中国特色社会主义法治才能真正实现。作为公权力行使的各类主体政党、立法、行政、司法等组织对法治文化建设具有至关重要的影响，法治文化的形成首先取决于公权力行使主体能否信守法律之上的原则，是否具

① 《习近平关于全面依法治国论述摘编》，中央文献出版社 2015 年版，第 36 页。

备法治意识，是否切实将依法办事作为自觉的行为。船载万斤，掌舵一人。法治不可能在一盘散沙、群龙无首的状态下实行。应该看到，全面推进依法治国具有长期性、复杂性和艰巨性，必须始终有坚强有力、集中统一的领导核心来组织和实施。党总揽全局、协调各方的领导核心地位，党组织的战斗堡垒作用和广大党员的先锋模范作用，决定了只有在党的领导下，全面推进依规治党、依法治国才有主心骨，中国特色社会主义法治道路才能越走越扎实、越走越自信、越走越宽广。依规治党就是依法治国的应有之义。为了提高党内法规执行力，推动党内法规全面深入实施，2019 年 9 月 3 日中共中央发布《中国共产党党内法规执行责任制规定（试行）》强调："各级党组织和全体党员负有遵守党内法规、维护党内法规权威的义务。各级党组织和党员领导干部必须增强'四个意识'、坚定'四个自信'、做到'两个维护'，牢固树立执规是本职、执规不力是失职的理念，切实担负起执行党内法规的政治责任"。①

完备的党内法规制度体系是从党内法治的视角，生动诠释了中国共产党团结带领人民建设党、建设国家的波澜壮阔的历史进程，是党治国理政的重要依据，构筑起中国特色社会主义法治体系的重要组成部分，最终统一于全面推进依法治国、全面从严治党依规治党，进而建设社会主义法治国家的伟大实践中。新时代，党面临的形势越复杂、实现党的十九大确定的各项目标任务就越艰巨，就越要加紧构建完备的党内法规制度体系彰显严明的党纪，以铁的纪律巩固维护党的团结统一，确保全党统一意志、统一行动、步调一致。

进入新时代以后，以习近平同志为核心的党中央把政治纪律建设作为维护党中央权威的重要保证来抓。习近平指出："遵守党的政治纪律，最核心的，就是坚持党的领导，坚持党的基本理论、基本路线、基本纲领、基本经验、基本要求，同党中央保持高度一致，自觉维护中央权威"。②十八届中央纪委第五次会议提出"五个必须"，其中第一个就是必须维护党中央权威。十九大以后，党中央提出"坚持和加强党的全面领导"，2019 年 1 月通过《中国共产党重大

---

① 《中国共产党党内法规执行责任制规定》（试行），《人民日报》2019 年 9 月 16 日。

② 《十八大以来重要文献选编》（上），中央文献出版社 2014 年版，第 132 页。

事项请示报告条例》，提高重大事项请示报告工作制度化、规范化、科学化水平。这鲜明地体现出党中央将维护中央权威和集中统一领导作为党的政治建设的首要任务加以强调。增强政治意识和看齐意识，这是对广大党员干部的政治要求，更是党员干部的责任与义务。党员干部，既是中国特色社会主义事业的参与者和推动者，也是党的事业兴旺发达的直接受益者，更是理应自觉强化看齐意识，做政治上的表率。党员干部不仅必须绝对服从党的政治理论，而且还必须在意识形态上与党中央保持高度一致。全党都要一致向党中央看齐，坚决不做党中央禁止的事情，坚决执行党中央要求的事情，坚决响应党中央的号召。以高度的政治意识和政治责任感维护党中央权威，确保我们党始终走在时代前列。在新时代，我们要号召党员干部学思悟践习近平总书记系列重要讲话精神，始终牢记用习近平新时代中国特色社会主义思想武装全党，增强"四个意识"、坚定"四个自信"、做到"两个维护"，不断增强党的思想凝聚力。民主集中制是党的根本组织制度和领导制度，是在民主基础上的集中和集中指导下的民主相结合的制度，是马克思主义理论和群众路线在党内生活中的运用，是加强党的建设的基本要求。在马克思主义指导下，按照民主集中制组成统一的整体，为实现共同的目标而奋斗，是党的巨大的组织优势。十九大以来，党中央坚持民主集中制这一根本组织原则，完善党的组织法规，全面规范党的各级各类组织的产生和职责，夯实管党治党、治国理政的组织制度基础。同时，党中央要求进一步加大党的各级组织法规制定的力度，实现对各级各类党组织的全覆盖。坚持用民主集中制的组织原则处理好上下级组织之间的关系，能够有效解决党内各种矛盾和冲突。贯彻民主集中制原则的情况是衡量一个党组织凝聚力和战斗力强弱的标志，是党组织成员综合素质的反映。因此，解决贯彻执行民主集中制方面存在的问题，要从提高党员干部的自身素质抓起，加强党员干部的党性修养锻炼。同时，也要深入开展党内民主集中制教育，使民主集中制原则深深地印在每一位共产党人脑海里，增强党的核心战斗力。十九大以来，以习近平同志为核心的党中央把全面深化改革和制度创新有机结合起来，以党章为根本遵循，不断探索党的政治纪律建设实践，提炼总结经验，并将成功经验转化为制度成果，进一步完善了有关政治纪律的党内法规体系。在以党章为根基的基础上加快构建以民主集中制为核心、以党的巡视制度为关键、以准则条例等系列党内法规为主干的政治纪律制度体系，对于严肃党内政治生活以及严格执行政治纪律具有十分重要的意义，是推动政治纪律建设实践不断发展的前提条件。

二、完善党内法规制度体系，把制度"笼子"扎得更严更密

习近平指出，法规制度带有根本性、全局性、稳定性和长期性。党的十八大以来，党内法规建设成效显著。而新时代全面从严治党背景下党内法规建设的新实践必然会遇到新问题。十九大为党的制度建设部署了新任务、提出了新要求。因此，要进一步健全党内法规制度体系，进一步完善维护党纪以及权力运行的监督体制机制，进一步创新监督执纪的方式方法和工作机制，从而使制度"笼子"扎得更加严实、关得更加严密，同时也为规范执纪行为和提高执行力度提供坚实的体制机制保障。

十九大报告中提出新时代党的建设总要求："全面推进党的政治建设、思想建设、组织建设、作风建设、纪律建设，把制度建设贯穿其中"。①有法可依是政治纪律建设的基本前提。新中国成立以来，党内法规制度体系处于一个长期实践且不断完善的过程。进入新时代以后，新的历史条件下新问题和新要求不断出现。因此，健全的党内法规制度体系是党员干部遵守党的政治纪律的根本保证。加强有关政治纪律的党内法规制度建设，是全面从严治党、依规治党的必然要求，是建设中国特色社会主义法治体系的重要内容之一，是推进国家治理体系和治理能力现代化的重要保障。

党的十八届三中全会明确提出"改革党的纪律检查体制"。2014 年 6 月 30 日《党的纪律检查体制改革实施方案》开始实施，为纪检体制改革指明了方向。十九大以来，党中央按照"规范主体、规范行为、规范监督"相统筹相协调原则，修订《中国共产党纪律处分条例》，制定《中国共产党纪律检查机关监督执纪工作规则》等党内法规，严明党的纪律特别是政治纪律，有力促进了

---

① 《中国共产党第十九次全国代表大会文件汇编》，人民出版社 2017 年版，第 106 页。

良好政治生态的形成。制度有了、规矩立了，关键在抓落实、重执行。各级纪检监察机关要加强对党内法规制度执行情况的监督，充分发挥纪律建设标本兼治作用，使铁的纪律真正转化为党员干部的日常习惯和自觉遵循。党的纪律检查体制是否科学，关系到党内权力运行的制约监督实效，科学管用的纪检监察体制能够使权力运行发挥出最大效能，从而使党的路线方针政策得到全面贯彻实施、党中央权威形象得到有效维护、人民群众利益得到根本保障，因此完善纪检监督体制机制对于党内严明政治纪律有着重大意义。

三、规范党员政治言行，带头遵纪守规

党员政治言行不仅是党员个人素质的体现，也是党组织权威、形象的直接体现。所以，规范党员干部政治言行，一方面，领导干部要充分发挥带头示范作用，管好身边的人；另一方面，广大党员同志也要谨言慎行，树立大局意识和担当意识，在日常生活中以严格的政治纪律约束自己。

在治国理政中领导干部地位特殊，起着重要的领导组织作用，推动党的事业的发展。要他人守规矩，领导必须自己带头守规矩，在党内、在群众中规规矩矩做遵守党内法规的表率。习近平曾说过领导干部"要带头执行党的政治纪律，自觉维护中央权威，厉行工作规程，做到令行禁止，保证中央政令畅通"。[①]领导干部要通过谨慎对待自己的言行，在积极贯彻执行党的路线方针政策方面起到表率作用，树立良好的形象。领导干部的政治言行一旦出现偏差，会对党内政治生态造成不好的影响。党的高级干部一旦犯错误，会对党的形象和威信造成的损害更大。所以，加强政治纪律建设，要更加严格要求领导干部身先示范，遵守党章党规，彰显政治纪律的权威。

党员干部自觉树立大局意识，就是要求党员干部着眼于大局，将党的发展放到全局中去谋划，自觉服从全局。党员干部自觉增强担当意识，就是要求党

---

① 《习近平关于严明党的纪律和规矩论述摘编》，中央文献出版社、中国方正出版社2016年版，第93页。

员干部在遇到责任时勇于承担，具有责任感。党员干部自觉树立大局意识和担当意识，有利于提高办事能力，增强承担责任的意识，提高党员干部的个人修养与品格。2018 年 5 月，中共中央办公厅印发《关于进一步激励广大干部新时代新担当新作为的意见》，对进一步激励广大党员干部新时代新担当新作为提出要求。作为新时代的党员干部，不仅要注重加强理论学习，坚持用习近平新时代中国特色社会主义思想武装自己头脑，而且要始终把人民群众的满意度作为自己工作的衡量标准，提高敢于担当能力，真正为人民群众排忧解难，在实践中熟练运用，在知行合一中主动担当作为。这是新时代对党员干部提出的更加严格的政治要求。

第三节　坚持党内法规系统科学原则

国家法律位阶划分的标准是"权力的等级、事项的包容性及权力的同质性"[①]，党内法规的适用原则在一定程度也是遵从这三重原则。党内法规制定主体层级优先原则是根本原则，形式位阶及特定事项原则是其具体化、规范化表现形式。

一、党内法规制定主体层级与领导关系相统一

党内法规的制定主体包括"党的中央组织，中央纪律检查委员会以及党中央工作机关和省、自治区、直辖市党委"，[②]党内法规的形式位阶结构有七个位阶，分别为党章、准则、条例、规定、办法、规则、细则。[③]从表 12-1 中可以

---

① 胡玉鸿：《试论法律位阶划分的标准——兼及行政法规与地方性法规之间的位阶问题》，《中国学》2004 年第 3 期。事项的包容性，指两部存在着上、下位阶关系的规范性法律文件之间，下位法所规定的内容已为上位法的内容所包容，下位法只是依照上位法确定的框架来进行具体与细化的工作。权力的同质性，指两个或两个以上权力主体所拥有的权力在性质上归属于同一类型，例如均属于立法权或行政权或司法权。只有拥有同质的权力主体之间才存在上、下级关系，非同质的权力之间则无该种关系的存在。

②③ 《中国共产党党内法规制定条例》，《人民日报》2019 年 8 月 31 日。

看出，党内法规的制定主体是多元的，有纵向的多层级又有横向众多的职能部门，且特定主体制定的党内法规的形式位阶结构也是多元的。这样就面临着在党内法规的适用上，是党内法规制定主体层级优先，还是形式位阶结构优先的问题。党内法规适用上应遵从制定主体层级优先原则。这一原则是与中国共产党基本组织原则相适应的原则。其一，在民主集中制下，党内法规制定主体上下层级之间属于"授权"关系，因而在党内法规的适用上遵从"下级服从上级"的基本原则。其二，党内法规体系的纵向形式位阶效应是以各制定主体的层级结构为基础。如党章必须由党的全国代表大会制定，党的"中央纪律检查委员会以及党中央工作机关和省、自治区、直辖市党委制定的党内法规，可以使用规定、办法、规则、细则的名称"。①党内法规制定主体层级与形式位阶结构相统一固然能够帮助党内法规更加便于识别，但是在实际操作上也会引发冲突与矛盾。

领导关系优先原则。该原则主要适用于同级党组织中不同职能部门制定的党内法规，党委作为同级组织中的领导核心，不仅是各级党的代表大会的执行机关，还是同级党组织中的决策机关，因而其制定的党内法规在同级各党组织中优先适用。

表 12-1 　党内法规制定主体层级结构对应的党内法规形式位阶结构

党的组织名称及层级	党内法规的形式位阶结构			
	党章	准则	条例	规则、规定、办法、细则
党的全国代表大会	✓			
党的中央委员会		✓	✓	
中央政治局		✓	✓	✓
中央政治局常委会				✓
中央军事委员会			✓	✓
中央纪律检查委员会				✓
中央各部门				✓
省、自治区、直辖市党委				✓

---

① 《中国共产党党内法规制定条例》，《人民日报》2019 年 8 月 31 日。

二、党内法规制定主体层级与专属"立法"权相结合

党内法规的适用遵从制定主体层级与特定事项相结合的原则。2013 年印发的《中国共产党党内法规制定条例》第三、第四条一定程度上反映了"权力的等级"及"事项的包容性"相统一的原则，但是这种统一因缺乏明确的"专属立法权"为支撑致使操作性不强。党内法规体系中能够实现制定主体、位阶、事项相统一的几乎只有党章，其他各位阶的党内法规在适用层面或多或少都会面临着某种程度的模糊性。如有学者认为"缺乏统一明确的标准。许多事项没有统一的党内法规进行规定，而是散见于不同时间、不同制定主体、不同形式、不同效力等级的党内法规文本之中，导致结构松散，内容庞杂"。①针对这一问题也有学者提出"党内立法必须集中统一，中央必须掌握规则制定权"②来实现制定主体、位阶、事项的统一。将党内法规制定权限集中于中央存在"一刀切"的问题，也不利于兼顾各职能组织、地区之间的差异。但是，通过建立特定层级党组织的"专属立法权"制度则是当前党内法规建设中亟须的可行性方案。

三、坚持党内法规动态性调整原则

随着党情、国情、世情的变化，中国共产党对党内各行为主体的要求也需要进行不断的调适。党内法规的动态调整形式主要有五种：清理、废止、修改、创制、解释，且不同党内法规完善形式所面对的党内现象也各有不同。

党内法规的清理是对特定党内法规制定主体制定的全部党内法规的审查结果处理形式，其目的一方面是对其自身体系内部逻辑自洽的审查；另一方面是

---

① 王建芹：《法治视野下的党内法规体系建设》，《中共浙江省委党校学报》2017 年第 3 期。

② 王振民：《党内法规制度体系建设的基本理论问题》，《中国高校社会科学》2013 年第 5 期。

对党内法规环境适应能力的检查，因而党内法规的清理起到了评估作用。党内法规清理形式有三种：第一，集中清理，即对特定时间段制定的党内法规进行系统的检查，其周期是每五年清理一次。十八大以来对新中国成立以来的党内法规和规范性文件进行过两次①集中清理。党内法规的集中清理是构建党内法规体系的关键性一步，重点在于摸清党内法规的存量，其最大特点就是全面性。第二，适时清理，即结合管党治党的实际需要对党内法规作出及时性调整。党内法规制定主体"应当组织开展党内法规清理工作，及时开展集中清理"②。第三，专门清理，即根据特定主体、特定内容、特定事项对党内法规进行清理。党的十八大以来，党内法规清理遵循两个基本原则：其一，由近及远，阶段性分工，这一原则主要是从全面从严党治党现实需求考虑；其二，优先清理高位阶党内法规原则。党内法规清理按照下位法规服从上位法规的原则来决定清理后党内法规的处理方式，这一原则既保证清理的效率又兼顾党内法规体系内部逻辑的严密性。

党内法规清理结果的处理方式有：宣布失效、宣布废止、予以修改和继续有效四种。党内法规失效是"针对适用期已过和调整对象已消失这两种情形"，③如《农村人民公社工作条例（试行草案）》因其适用对象消失而宣布失效。党内法规废止即特定党内法规的"适用期并没有过去，调整对象也依然存在，只是由于世情、国情、党情的发展变化"④无法满足管党治党现实需求。这两种处理方式依据有效期限、调整主体及现实的需要三方面综合考量，其共同点都是建立在对失效和废止的党内法规及规范性文件历史价值肯定的基础之上，因此在措辞上用的是失效和废止而不是撤销。予以修改和继续有效的共同点是党内法规都将继续有效，不同点在于是否需要修改。予以修改又分为"大修"和"小修"两种，"大修"即大部分内容需要修改，只有个别条文可以继

---

① 第一次是在 2012 年 7 月至 2013 年 9 月集中清理 1978 年至 2012 年 6 月制定的党内法规和规范性文件；第二次是在 2013 年 10 月至 2014 年 12 月集中清理新中国成立至 1978 年前制定的党内法规和规范性文件。

② 《中国共产党党内法规制定条例》（第三十七条），《人民日报》2019 年 8 月 31 日。

③④ 林飞：《正确把握清理工作中的四个关系》，《秘书工作》2013 年第 10 期。

续执行；"小修"即大部分内容有效，个别条文或者名称需要修改"。①另外，修改及制定的党内法规特别注重执行力的考量，在现实条件不够充分、执行力无法保障的情况下，都会适当推迟修订或制定工作的开展。党内法规的废止不仅是清理结果的处理方式，还是新旧党内法规的关系形态。当废止用于区分新旧党内法规的关系时，废止是一种适用时效的规范，意味着特定时间内制定的单一党内法规的失效。党的十八大以来，大部分修订的党内法规在附则中都会明确规定新旧党内法规之间的关系，一般情况是新党内法规的生效意味着旧党内法规的废止。

四、坚持党内法规制度体系与国家法律规范体系有效衔接原则

党内法规和国家法律在生成机理和内在属性上各有不同，党内法规是以党的意志为基础，而国家法律则体现的是国家意志，两者在制定主体、表现形式、程序性要求、适用范围、结构形式和实施主体等都各有不同。但是，两者亦有共通之处，即"党内法规与国家法律具有共同的价值取向、规范对象的相容性与功能作用的互补性"。②党的十八届四中全会提出将党内法规体系建设纳入"中国特色社会主义法治体系"范畴，其重要的目标之一是实现"依法治国和以德治国相结合"。十八大以来，围绕党内法规与国家法律关系上突出纪严于法与纪法分开相统一原则及执纪执法贯通与有效衔接司法相统一原则，不断加强党内法规对主体行为规范的有效性。

纪严于法与纪法分开相统一。纪严于法原则是根植于中国共产党的性质及现实政治环境的需要。中国共产党是"先锋队"性质的政党，"党规对党员的德性提出了更高的要求"③是政党先进性的重要表现形式，是纪严于法的基本内涵。此外，纪法分开不仅是新时代中国共产党"先进性"的重要表现形式，也

---

① 林飞：《正确把握清理工作中的四个关系》，《秘书工作》2013 年第 10 期。
② 付子堂：《法治体系内的党内法规探析》，《中共中央党校学报》2015 年第 3 期。
③ 柯庆华：《党规学》，三联书店出版社 2018 年版，第 47—48 页。

是构建法理型合法性以巩固长期执政地位的必然要求。强化党员干部的道德高线要求。法律可以体现道德原则，却无法将道德原则作为具体法律规范。因为"法律规范体系是权利本位的底线自由，党内法规体系是义务本位的责任要求"，①但是道德原则可以通过"司法立法、法律规范的解释、法律适用以及司法自由裁量"②加以落实。与国家法律相比较，党内法规却可以直接将道德要求作为规范主体行为的要求。习近平曾强调"法律是对全体公民的要求，党内法规制度是对全体党员的要求，而且很多地方比法律的要求更严格"。③2015 年 10月修订的《中国共产党廉洁自律准则》成为中国共产党执政以来第一部坚持正面倡导、面向全体党员干部的党内法规，它为全体党员划出了道德高线。此外，党的"领导干部特别是高级干部必须注重家庭、家教、家风，教育管理好亲属和身边工作人员"，④可见严格的道德要求是"纪严于法"重要内涵。

从党内法规条文中落实纪法分开原则。国家法律体现着全体人们的意志，是党内法规的上位概念，因而党内各主体的行为选择必须遵从国家法律优先原则，落实国家法律优先原则首要任务是在党内法规的条文中实现纪法分开。2015 年 10 月修订的《中国共产党纪律处分条例》对党内法规与国家法律的作用空间进行严格区分。如删去"失职、渎职"处分中与《刑法》第三百九十七条的规定出现交叉重复部分，以保证在行为规范上实现纪法分开，切实解决此前纪法不分的现实问题。

推进执纪执法贯通与有效衔接司法。纪在法前与纪法分开不仅在理论、思想理念及条文上得以体现，更体现在实际的监督执纪问责中要实现"执纪执法贯通、有效衔接司法"，⑤且纪严于法、纪法分开是推进执纪执法贯通、有效衔

---

① 丁亚仙：《党内法规体系与法律规范体系的结构关系——中国特色社会主义法治体系的文本要件分析》，《理论学刊》2016 年第 6 期。

② ［美］罗斯科·庞德：《法律与道德》，陈林林译，商务印书馆 2016 年版，第 37 页。

③ 《中共中央关于全面推进依法治国若干重大问题的决定辅导读本》，人民出版社 2014 年版，第 55 页。

④ 《关于新形势下党内政治生活的若干准则》，《人民日报》2016 年 11 月 3 日。

⑤ 《习近平在十九届中央纪委三次全会上发表重要讲话强调　取得全面从严治党更大战略性成果　巩固发展反腐败斗争压倒性胜利》，《人民日报》2019 年 1 月 12 日。

接司法的前提与基础。执纪层面实现纪在法前与纪法协同机制。党的十八大以来纪委在反腐败上取得巨大成效，但也"由于其良效，使用对象逐步扩大化，甚至出现了严重的越权行为"。①国家纪检监察体制改革强调纪委与国家监察委合署办公，执纪审查作为"证明性认识活动"，②在某种程度与反腐败调查是同一过程的两个方面。纪律检查机关监督执纪工作程序包含"线索处置-谈话函询-初步核实-立案审查-审理"，且对违反党章和其他党内法规比较重要或复杂的案件有权决定党员的处分。执纪审查前置是实现执纪执法贯通的基础，还要推进"在内部建立统一决策、一体运行的执纪执法权力运行机制，使执纪审查和依法调查、党纪处分和政务处分、党内问责和监察问责精准有序对接，实现纪法贯通"。③推进执纪执法贯通既能保证中国共产党先进性、纯洁性，又能保障纪委反腐败工作的连贯性、有效性，还能实现对普通党员及非党员干部监督的全覆盖。

推进执纪执法贯通与有效衔接司法，要充分发挥纪委监委的体制机制优势。首先，需要进一步推进纪委与监察委的深度融合，包括内设机构、派驻机构、职能、人员、工作等方面。其次，发挥党的纪委与国家监委合署办公优势。案件调查的初期是很难对违纪抑或违法进行有效区分，此时可以"将党纪政务案件的审理程序有效贯通起来，一并呈报、一体决策、一起运行，除必须单独由纪委、监委分别处理的，都以纪委监委名义作出，既不影响司法机关对调查取证合法性有效性的认定，又切实将纪法有效贯通起来"。④最后，充分激发党委反腐败协调小组优势，通过检查机关介入前置来保证法律争议、调查取证等问题在移送司法之前得到解决，实现执纪执法司法的有效贯通。

新时代加强党内法规制度体系建设要科学把握党内法规制度与国家法律规

①　高维峰：《从"两规"到留置：党和国家执纪方式的重要创新——微观解读十九大报告关于监察体制改革》，《理论月刊》2018 年第 3 期。

②　潘玉良：《执纪审查是证明性认识活动的思考（下）》，《中国纪检监察报》2018 年 3 月 14 日。

③　兰琳宗：《把执纪和执法贯通起来》，《中国纪检监察报》2018 年 8 月 29 日。

④　任振鹤：《推动执纪执法贯通、有效衔接司法》，《中国纪检监察报》2019 年 2 月 27 日。

范的关系，坚持"纪在法前、纪比法严，纪法分开、纪法衔接"的思想。党内法规制度和国家法律规范都是中国共产党科学执政、民主执政、依法执政的制度资源。党内法规严守"党内侧"界限，即调整党内关系，国家法律严守"党外侧"界限，对党外关系予以调节。中国共产党是马克思主义执政党，必须坚持党内法规体系严于法律规范体系，党内法规体系必须对全体党员特别是党员领导干部提出更加全面、严格、精准的行为规范。这对于其他公民的遵法向善具有重要的示范意义。党的先锋队性质、历史使命和执政地位，决定了党规党纪必须严于国家法律。针对党内和社会上一些对党内法规制度体系和国家法律规范体系逻辑关系模糊的认识，习近平指出，依规治党，首先是把纪律和规矩立起来、严起来，执行起来，党的性质、宗旨都决定了纪在法前、纪比法严，要把纪律和规矩挺在前面，用纪律和规矩管住大多数，使所有党员干部严格执行党规党纪、模范遵守法律法规。①习近平强调"我们这么大一个政党，靠什么来管好自己的队伍？靠什么来战胜风险挑战？除了正确理论和路线方针政策外，必须靠严明规范和纪律。我们提出那么多要求，要多管齐下、标本兼治来落实，光靠觉悟不够，必须有刚性约束、强制推动，这就是纪律"。②针对存在的有纪不依、违纪不究、执纪不严等党规党纪执行力弱化的问题，习近平强调："遵守党的纪律是无条件的，要说到做到，有纪必执，有违必查，而不能合意的就执行，不合意的就不执行，不能把纪律作为一个软约束或是束之高阁的一纸空文"。③党内法规严于国家法律，要求党员特别是党员领导干部要模范遵守国家法律，按照党规党纪以更高标准严格要求自己。通过紧抓党员这一关键社会群体和党员领导干部这一关键少数，促进增强全社会厉行法治的积极性和主动性，形成守法光荣、违法可耻的社会氛围。新时代中国共产党要履行好执政兴国的重大历史使命、赢得具有许多新的历史特点的伟大斗争胜利、实现

---

① 《习近平关于严明党的纪律和规矩论述摘编》，中央文献出版社、中国方正出版社 2016 年版，第 60 页。

② 同上书，第 5 页。

③ 同上书，第 76 页。

党和国家的长治久安，必须坚持依法治国与制度治党、依规治党统筹推进、一体建设的思想，加强党内法规制度体系建设。

第四节　依规治党和以德治党紧密结合，党规约束和党德教化协同发力

党规自律与道德自觉相结合是依规管党治党的重要方法。马克思指出，"道德的基础是人类精神的自律"。[①]对政党而言，有形的党规是道德外化规范成文的实践结晶，党规是成文的道德；道德是内心的党规，无形的道德则是党规内化融通入心的思维定式。两者各司其职又辩证统一、相辅相成。纪律和规矩是道德的保障，崇德向善必须与遵规守纪相辅而行，要让道德自觉为纪律约束减少阻力，让严守党规为道德涵养提供保障。

一、坚持依规治党和以德治党紧密结合

从近几年查处的违纪违法案件看，党内法规制度体系建设要更加注重建立健全对党员领导干部特别是党的高级干部道德层面的硬约束。恶由念起，罪由心生，思想决定行动，对于那些主观思想上不相信、不愿遵守的"两面人"、"假面人"来说，再严密完善的党内法规制度体系，都裹不住他们膨胀的非法私欲。"十八大以来，经党中央批准立案审查的省军级以上党员干部及其他中管干部440人。其中，十八届中央委员、候补委员43人，中央纪委委员9人"。[②]党的高级干部严重违纪违法案件，冲击社会公平正义和道德底线，对党的形象和党的事业破坏巨大，人民群众深恶痛绝。这些身居高位，手握重权的

---

① 《马克思恩格斯全集》第1卷，人民出版社1980年版，第15页。

② 《中国共产党第十九次全国代表大会通过　十八届中央纪律检查委员会向中国共产党第十九次全国代表大会的工作报告》（2017年10月24日），《人民日报》2017年10月30日。

腐败分子，都曾受党教育培养几十年，却走上违纪违法犯罪道路值得深刻警醒。一些警示教育片揭示的犯罪经过，不无折射出他们丧德毫无廉耻、乱纪毫无信仰、悖法毫无畏惧的罪恶心态历程。对此，决不能简单归结为是这些人世界观、人生观、价值观出了问题而简单评判了之。一方面，这些腐败分子主观上迷失入党初心、背弃入党誓言、遗忘人民养育之恩、背叛党的培养之情坠入犯罪深渊的背后思想意识根源、社会环境根源、政治生态根源值得深刻反省；另一方面，他们由好变坏、由失德到失心、由小违纪到大违法，甚至边失德失范边升职提拔是因为法规制度存在盲区弱区更值得深刻反思。此外，面对全面从严治党、正风肃纪、高压反腐的新常态，一些党员领导干部表现出不适应，不同程度地存在懒政、庸政、假政、乱政等从政道德滑坡现象。对此，既要坚持"纪在法前、纪严于法"，也要坚持"德在纪前、德严于纪"。要向对待治理腐败无禁区、全覆盖、零容忍那样，对党员干部特别是党的高级干部的政治道德瑕疵和做人道德瑕疵也要全面从严施以无禁区、全覆盖、零容忍进行规范整治。要尽快制定新时代共产党员党性修养准则等党规党纪予以有效规制，对党员领导干部提出可定性、可量化、可监督、可追责、可操作的硬性党性党德标准规范，将道德标杆软约束变成硬约束，从而把坚持依规治党和以德治党相结合、思想建党和制度治党相统一真正落到实处。

习近平强调："所有领导干部都要牢记，一切权力必须有边界、受监督，决不能越界、越轨。要加强党章及其他党内法规的学习，心存敬畏，手握戒尺，'吾日三省吾身'，使守纪律成为浸在骨子里、融在血液中的自觉修养。"[1]坚持党的领导关键在加强党的建设，必须尊崇党章，坚持高标准和守底线相结合，依规治党和以德治党相统一。"依规治党和以德治党有机结合，思想建党与制度治党相互促进，是十八大以来管党治党兴党的重要经验，标志着我们党对执政党建设规律的认识进入新境界"[2]。加强党内法规制度体系建设，推进全

---

[1] 《习近平总书记重要讲话文章选编》，中央文献出版社、党建读物出版社 2016 年版，第 80 页。

[2] 《中国共产党第十九次全国代表大会 通过十八届中央纪律检查委员会向中国共产党第十九次全国代表大会的工作报告》(2017 年 10 月 24 日)，《人民日报》2017 年 10 月 30 日。

面从严治党向纵深发展，需要党规约束和党德教化协同发力共同发挥作用。必须坚持制度建党和思想建党相统一，一手抓依规治党、一手抓以德治党，两手都要硬。要进一步健全完善有关党政干部选拔任用管理、民主集中制建设、党员民主权利保障，基层党组织建设、基层党组织专业党务工作者队伍建设、党内各层级激励褒奖褒扬等方面的机制制度建设，彰显党内制度的公开、公平、公正性。透过制度的正向引导力、凝聚力，激发培养广大党员的自豪感、认同感、荣誉感、使命感、责任感。激励全体党员做严格守纪遵法的榜样和严格遵守社会公德、职业道德、家庭美德、个人品德的楷模。

二、把社会主义核心价值观融入党内法规建设

核心价值观融入党内法规建设就是政党接受规则之治。在党内树立规则意识，尊重规则，服从规则，用规则的普遍性、严格性、平等性、可追究性，确保政党治理方式从"人治"到"法治"的转变。社会主义核心价值观是社会主义法治建设的灵魂，也是党内法规体系建设的灵魂。2016 年 12 月中共中央办公厅、国务院办公厅印发《关于进一步把社会主义核心价值观融入法治建设的指导意见》，明确提出社会主义核心价值观入法入规，通过社会主义核心价值观融入党内法规来赋予党内制度新的制度价值，同时将核心价值观转化为具体的道德规范和纪律要求，实现依规治党与以德治党相统一。把核心价值观融入党内法规，依规管党治党是现代政党的本质要求和鲜明特征。把社会主义核心价值观融入党内法规建设，构建起配套完备的党内法规制度体系，加强党对推进社会主义核心价值观的领导，强化党员干部重点群体带头践行社会主义核心价值观的示范引领，以政党自身治理的科学化和规范化，推进国家治理体系和治理能力现代化建设。

第一，加强党内法规制度体系建设要融入社会主义核心价值观的价值取向。社会主义核心价值观是当代中国精神的集中体现，凝结着全体中国人民共同的价值追求。要积极探索社会主义核心价值观入法入规的转换转化、融入具体实践的路径，共同构建起国家法律法规普遍适用为主、党规党纪对党员队伍

予以从严规制、兜底为辅的成文硬性规范，有效规制约束党员、干部积极践行社会主义核心价值观。党员一般具有双重身份，既是中国共产党党员，也是中华人民共和国公民、国民。党员、干部带头践行社会主义核心价值观不是软要求，而是硬约束。习近平在党的十九大报告中指出，要以培养担当民族复兴大任的时代新人为着眼点，强化教育引导、实践养成、制度保障，发挥社会主义核心价值观对国民教育、精神文明创建、精神文化产品创作生产传播的引领作用，把社会主义核心价值观融入社会发展各方面，转化为人们的情感认同和行为习惯。坚持全民行动、干部带头，从家庭做起，从娃娃抓起。一方面，要以党规党纪体现马克思主义政党的先进性和纯洁性的严明纪律观念，去强化党规对社会主义核心价值观建设的保障促进作用；另一方面，也要以于理相符、于情相容、于德相配、于法有据的法治范式和道德范式深耕涵养社会主义核心价值观在党内的落实，以优良的党风，促民风，带社风。

第二，核心价值观的传播与党内法规建设同步推进。如同鸟之两翼，车之双轮，核心价值观的传播与发展要与政党执政、政党发展和政党转型同步化，始终成为政党参与现代国家治理的精神支柱。把社会主义核心价值观融入党内法规建设的基本战略是将两者协调推进。一是社会主义核心价值观是党内法规建设的价值导向和追求，党内法规的制定原则上不能与核心价值观冲突。二是要修改党内现存的与核心价值观相冲突违背的法规。三是党的领导干部要带头依规办事，做践行核心价值观的先锋和遵守党内法规的纪律模范。四是要自觉引导和教育广大党员干部在生活工作中，自觉彰显核心价值观。

第三，核心价值观的传播发展与政党党内法规体系、国家法律体系以及社会公序良俗系统深度融合，相辅相成，相互影响。建立健全完善的党内法规体系是依规管党治党的前提。依规管党治党水平决定政党兴衰成败。政党必须在国家宪法和法律范围内活动，政党自身以党章为核心的党内法规体系也要不断完善，走法治政党之路。需要设计一套科学合理且行之有效的制度体系，将核心价值观贯穿于党内法规建设的各个领域。一是在党内法规制定的过程中要把核心价值观中的价值元素转化为制定党内法规的原则和依据；二是在党内法规执行的过程中要体现核心价值观彰显的主要原则，如平等原则，法治原则；三是在党内法规运行的过程中要时刻关注是否有违背核心价值观的行为；四是要通过党内的政治教育使党员形成规则思维、底线思维、价值冲突思维，自觉运用价值判断遵守党内规章制度。还要形成制度运用的检查制度和考核制度，在党员干部中开展党规常识考试，尤其是领导干部这个关键少数，做到"逢升必考"，提拔前必进行党纪考试。

第四，采取多种渠道进行融合。核心价值观的传播与发展体现时代要求和人民诉求，对民众实施价值引领具有不可替代的载体作用，执政党必须加以利用并带头创新、丰富发展、完善推广，与时俱进，多管齐下。核心价值观具有鲜明的时代性和民族性，因此在把社会主义核心价值观融入党内法规建设的过程中要注重与时俱进，采取多种渠道进行融合。除了常规的立法立规之外，还要通过国家立法、社会道德教育、多媒体传播、互联网＋传播等现代化传播的渠道进行巩固。通过国民教育体系，通过道德常识教育和法律常识考试，培育公民、培育党员。潜移默化，外化于行。即核心价值观的传播与发展应尽成为社会价值判断的重要标准和参照体系，使得公民、政党党员自觉地树立核心价值观意识，自觉利用核心价值观来指导、约束自己的思维和行动，真正实现内化于心，外化于行。除了执政党政府的显性传播渠道，还要利用文化产业对党员和公民开展教育。如利用影视作品、社会宣传活动、公益活动等渠道，向党员干部渗透和传播社会主义核心价值观中的价值元素，引导党员自觉遵守党内法规。

核心价值观是法治建设的根据与方向，法治建设则是构建、固化核心价值观的重要形式。党内法规作为中国特色社会主义法治体系的重要组成部分及推进法治中国建设的重要着力点，党内法规建设同样需要核心价值观的指导。

三、优化政治生态环境为党内法规建设提供保障

优化政治生态环境是依规治党的重要保障。通过不断增强党性党德对党规制度文化的支撑作用，消除不良潜规则的影响，实现党规和党德的相辅相成、依规治党和以德治党相得益彰。通过营造良好的政治生态环境，为依规治党提

供可靠的保障。

第一,党内要树立法治文化。加强党员领导干部法治教育是社会主义法治文化建设的关键。法治国家法治政府法治社会的建设是一个历史过程,必须依赖党员领导干部的重视支持和参与才能成功,中国政治文化的特点是上行下效,党员领导干部带头依法办事、遵纪守法,对社会有极高的正面示范作用。党的十九大报告强调:"弘扬忠诚老实、公道正派、实事求是、清正廉洁等价值观,坚决防止和反对个人主义、分散主义、自由主义、本位主义、好人主义,坚决防止和反对宗派主义、圈子文化、码头文化,坚决反对搞两面派、做两面人"。①党内要树立法治文化观念。陈云指出:"所谓'所有党员',不管你是中央委员,还是一般党员,不管你是老党员,还是新党员,都要遵守纪律。所谓'各级党部',不管市中央委员会,还是支部委员会,都要遵守纪律。一句话,党内不准有不遵守纪律的'特殊人物''特殊组织'"。②要持之以恒地不断推进党内法治文化,促使广大党员干部彻底解放思想、转变落后观念,把党规党德、国法社德的要求内化于心、外化于行,树立法治思维和法治执政习惯,在党内真正塑造起全面从严治党的法治文化、依规治党的法治精神。习近平总书记强调,"现代政党都是有政治纪律要求的,没有政治上的规矩不成其为政党。就是西方国家,主要政党在政治方面也是有严格约束的,政党的重要干部必须拥护本党的政治主张、政策主张,包括本党的意识形态"。领导干部把社会主义核心价值观内化于心,外化于行,强化公仆意识,坚守立法为公、执政为民;依法决策、依法执政、依法行政、依法办事的执政理念;坚持以人为本、尊重保障人权,树立法律面前人人平等的人权理念;牢固树立民主立法、依法行政、公正司法、依法监督的法治观念;牢固树立民主选举、民主决策、民主管理、民主监督的民主观念。

第二,依规治党涉及政党治理根本理念和根本方式的变革,是政党治理的

---

① 《习近平:决胜全面建成小康社会夺取新时代中国特色社会主义伟大胜利——在中国共产党第十九次全国代表大会上的报告》,《人民日报》2017年10月28日。

② 陈云:《论党的建设》,中央文献出版社1995年版,第29—30页。

革命。依规治党摆脱依靠领导人的魅力和碎片化的文件、指示、政治运动治理政党，有效防止人治和权力专断，以回应国家治理现代化对政党治理现代化的要求。党内法规严守"党内侧"界限，即调整党内关系，国家法律严守"党外侧"界限，对党外关系予以调节。政党在国家法律框架内，按照自己的规章制度在纲领制定、政策供给、组织管理等各个方面实现政党治理。

参考书目

1. 中文著作

[1] 马克思主义经典作家选集、文集；中国共产党领导人选集、文集；中国共产党重要文献选编。

[2]《瞿秋白文集：政治理论编》第1—8卷，人民出版社2013年版。

[3]《蔡和森文集》（上、下），人民出版社2013年版。

[4]《包惠僧回忆录》，人民出版社1983年版。

[5]《当代中国编年史（1949.10—2004.10）》，人民出版社2007年版。

[6]《论坚持党对一切工作的领导》，中央文献出版社2019年版。

[7]《中国共产党党内重要法规汇编》，党建读物出版社2019年版。

[8]《中国共产党的九十年》，中共党史出版社2016年版。

[9]《中国共产党组织史资料》（1—19），中共党史出版社2000年版。

[10]《中华人民共和国大事记（1949—2009）》，人民出版社2002年版。

[11] 本书编写组：《党的十九大报告辅导读本》，人民出版社2017年版。

[12] 陈登才、张文正、卢先福：《党的领导和党的建设》，中共中央党校出版社1997年版。

[13] 陈慧瑞：《十八大以来严明党的政治纪律研究》，兰州大学2016年硕士学位论文。

[14] 程维荣主编：《新民主主义革命时期中国共产党党内法规》，上海三联书店2018年版。

[15] 龚少情：《独一执政党发展的动力学研究——基于党员主体地位的一种考察》，华东师范大学2011年博士学位论文。

[16] 郭梦晴：《新时代中国共产党政治生态建设思想研究》，安徽大学2018年硕士学位论文。

[17] 胡德平：《中国共产党党组政治研究》，复旦大学2014年博士学位

论文。

〔18〕槐文化：《信念理性与制度权威：中国共产党的政治纪律与政治规矩作用机制研究》，陕西师范大学 2017 年硕士学位论文。

〔19〕姜峰：《立宪选择中的自由与权威》，法律出版社 2011 年版。

〔20〕靳呈伟主编：《世界主要政党规章制度文献：墨西哥、巴西》，中央编译出版社 2016 年版。

〔21〕柯华庆主编：《党规学》，上海三联书店 2018 年版。

〔22〕蒯正明、付启章：《中国共产党制度建设科学化研究》，中国社会科学出版社 2013 年版。

〔23〕李斌雄：《扎紧制度的笼子》，武汉出版社 2017 年版。

〔24〕李洪峰、赵刚印主编：《新时代党的建设十五讲》，中共中央党校出版社 2019 年版。

〔25〕李军：《中国共产党党内法规研究》，复旦大学 2010 年博士学位论文。

〔26〕李林、冯军主编：《依法治国与法治文化建设》，社会科学文献出版社 2013 年版。

〔27〕李永忠：《论制度反腐》，中央编译出版社 2016 年版。

〔28〕李忠：《党内法规建设研究》，中国社会科学出版社 2015 版。

〔29〕励维志：《中国共产党制度建设史纲》，天津社会科学院出版社 1994 年版。

〔30〕林德山主编：《世界主要政党规章制度文献：瑞典》，中央编译出版社 2016 年版。

〔31〕刘红凛：《政党政治与政党规范》，上海人民出版社 2010 年版。

〔32〕刘卫东：《依规治党理念下党内政治生活的体系化建构研究》，兰州大学 2018 年硕士学位论文。

〔33〕路雨微：《中国共产党党内法规制度体系建设研究》，中共中央党校 2013 年硕士学位论文。

〔34〕任仲文：《加强党的政治建设学习读本》，人民日报出版社 2019 年版。

〔35〕宋功德：《党规之治》，法律出版社 2015 年版。

［36］孙培军主编：《世界主要政党规章制度文献：新加坡》，中央编译出版社 2015 年版。

［37］孙秦敏：《改革开放以来中国共产党政治纪律建设研究》，广西大学 2017 年硕士学位论文。

［38］汪庆军：《十八大以来中国共产党严明政治纪律研究》，电子科技大学 2018 年博士学位论文。

［39］王邦佐：《执政党与社会整合》，上海人民出版社 2007 年版。

［40］王长江：《现代政党执政规律研究》，上海人民出版社 2002 年版。

［41］王沪宁主编：《政治的逻辑——马克思主义政治学原理》，上海人民出版社 2016 年版。

［42］王雷雨：《论政治规矩》，江南大学 2018 年硕士学位论文。

［43］王振民、施新州：《中国共产党党内法规研究》，人民出版社 2016 年版。

［44］谢海军：《新时期党风廉政建设主体责任制问题研究》，郑州大学 2016 年硕士学位论文。

［45］徐向梅主编：《世界主要政党规章制度文献：俄罗斯》，中央编译出版社 2016 年版。

［46］闫盼：《中国共产党政治纪律历史考察及理论分析（1921—1935）》，延安大学 2019 年硕士学位论文。

［47］严爱云：《陈云与中国共产党的制度建设》，人民出版社 2015 年版。

［48］杨俊：《加强和规范党内政治生活研究》，人民出版社 2019 年版。

［49］叶笃初：《中国共产党党章史》，湖北人民出版社 1991 年版。

［50］殷啸虎：《中国共产党党内法规通论》，北京大学出版社 2016 年版。

［51］俞可平主编：《世界主要政党规章制度文献》（系列丛书），中央编译出版社 2016 年版。

［52］张国焘：《我的回忆》第 1 册，东方出版社 1998 年版。

［53］张玲：《严明党的政治纪律和政治规矩》，中国言实出版社 2019 年版。

［54］张明楚主编：《中国共产党基层组织建设史》，福建人民出版社 2017

年版。

［55］张彤：《十八大以来深化党内巡视的经验研究》，曲阜师范大学 2019 年硕士学位论文。

［56］张文镝、吕增奎主编：《世界主要政党规章制度文献：印度》，中央编译出版社 2016 年版。

［57］张英伟主编：《党章中的纪律》，中国方正出版社 2015 年版。

［58］中共中央党史研究室：《中国共产党历史》第 1 卷，中共党史出版社 2011 年版。

［59］中联部编译小组编：《社会党国际和社会党重要文件选编》，中共中央党校出版社 1993 年版。

［60］中组部党建研究所编：《国外一些主要政党严明党纪问题研究》，党建读物出版社 2015 年版。

［61］周敬青：《国外执政党治党理政比较研究》，中共中央党校出版社 2017 年版。

［62］周敬青：《中外执政党制度建设论纲》，中共中央党校出版社 2005 年版。

［63］周敬青：《中外执政党治党与理政研究论纲》，上海人民出版社 2017 年版。

［64］周淑真：《政党和政党制度比较研究》，人民出版社 2001 年版。

［65］祝猛昌：《中国共产党纪律建设的理论与实践》，北京理工大学出版社 2016 年版。

［66］邹焕梅：《当代社会主义国家执政党自身建设比较研究》，山东大学 2014 年硕士学位论文。

2. 中文期刊

［1］《习近平论如何做合格的共产党员——十八大以来重要论述摘编》，《党建》2014 年第 7 期。

［2］A.贝尔古钮、G.格伦贝格、胡振良：《法国社会党与国家权力的关系：模式，历史与逻辑》，《国外理论动态》2012 年第 10 期。

［3］白广磊：《严明政治纪律和政治规矩，及时辨别和清除"两面人"》，《中国纪检监察》2018 年第 3 期。

［4］操申斌：《"党内法规"概念证成与辨析》，《当代世界与社会主义》2018 年第 3 期。

［5］操申斌：《党内法规与国家法律协调路径探讨》，《探索》2010 年第 2 期。

［6］操申斌：《党内法规制度执行力的若干限制因素分析》，《科学社会主义》2011 年第 2 期。

［7］曾明生：《新时代党规国法有机统一的内涵及其实现》，《江西社会科学》2018 年第 9 期。

［8］柴尚金：《国外共产党加强政治纪律的主要做法及启示》，《党政研究》2015 年第 5 期。

［9］陈国权、谷志军：《非竞选政治中的决策问责：意义、困境与对策》，《经济社会体制比较》2014 年第 2 期。

［10］陈家喜、黄卫平：《西方一些发达国家党纪监督的做法及其启示》，《当代世界与社会主义》2014 年第 1 期。

［11］陈元中：《越南共产党党内民主与纪律关系的几个理论问题》，《当代世界与社会主义》2015 年第 4 期。

［12］陈志杰：《对新时代严明党的政治纪律的思考》，《延安党校学报》2018 年第 2 期。

［13］程同顺：《党内法规体系建设与国家治理现代化》，《甘肃理论学刊》2016 年第 6 期。

［14］仇文利：《改革开放 40 年党的政治建设的历史经验》，《理论探索》2019 年第 1 期。

［15］崔桂田：《越、老、朝、古四国政治体制改革的主张与进展》，《当代世界社会主义问题》2005 年第 3 期。

［16］崔桂田：《越南共产党党规党纪建设态势和经验》，《人民论坛》2014 年第 35 期。

［17］崔会敏、母加加：《纪委履行监督责任的挑战与对策分析》，《唯实》

2015 年第 8 期。

［18］崔言鹏：《延安时期中国共产党党内法规建设及其历史经验研究》，《理论学刊》2019 年第 6 期。

［19］代金平、唐海军：《近期社会党的社会公正年由于政策调整探析》，《当代世界与社会主义》2016 年第 6 期。

［20］刁含勇：《中国共产党民主集中制早期发展历程新探（1922—1927）》，《中共党史研究》2017 年第 10 期。

［21］丁俊萍：《党的纪律建设的历史考察》，《武汉大学学报》2016 年第 1 期。

［22］丁俊萍：《党的政治建设与政治纪律之关联》，《理论与改革》2019 年第 1 期。

［23］丁亚仙：《党内法规体系与法律规范体系的结构关系——中国特色社会主义法治体系的文本要件分析》，《理论学刊》2016 年第 6 期。

［24］丁长艳：《政党治理现代化与执政党软实力的转型与适应》，《领导科学》2014 年第 23 期。

［25］董树君、蔡常青：《关于提出和落实党员政治上入党要求的思考》，《红旗文稿》2016 年第 4 期。

［26］董卫华、曾长秋：《部分社会主义国家的意识形态塑造探析——对朝鲜、古巴执政党思想政治工作理念与实践的透视》，《科学社会主义》2013 年第 1 期。

［27］杜楠：《角色与功能：全面从严治党中的党组》，《桂海论丛》2016 年第 5 期。

［28］段赛颖：《强化政治意识严明政治纪律严守政治规矩》，《求知》2018 年第 12 期。

［29］方涛：《党领导一切的历史考察与现实启示》，《理论与改革》2019 年第 6 期。

［30］方文：《老挝人民革命党管党治党的经验教训》，《当代世界与社会主义》2016 年第 5 期。

［31］弗兰茨·瓦尔特、张文红：《德国社会民主党转型后面临的挑战》，《国外理论动态》2007 年第 11 期。

［32］付子堂：《法治体系内的党内法规探析》，《中共中央党校学报》2015 年第 3 期。

［33］高维峰：《从"两规"到留置：党和国家执纪方式的重要创新——微观解读十九大报告关于监察体制改革》，《理论月刊》2018 年第 3 期。

［34］谷志军、陈科霖：《当代中国决策问责的内在逻辑及优化策略》，《政治学研究》2017 年第 3 期。

［35］谷志军：《党内问责制：历史、构成及其发展》，《社会主义研究》2017 年第 1 期。

［36］管玄同：《政治纪律概念的历史考察》，《福建党史月刊》2014 年第 14 期。

［37］郭祎：《党的政治建设和纪律建设的制度保障——学习新修订的〈中国共产党纪律处分条例〉》，《党政研究》2019 年第 1 期。

［38］韩强：《党内法规与党内制度的区别》，《党的建设》2007 年第 5 期。

［39］何克祥：《关于十八大以来加强和规范党内组织生活的一项实证调查与思考》，《探索》2018 年第 2 期。

［40］何良苏：《党的政治建设的历史考察与经验探析》，《探求》2019 年第 5 期。

［41］何益忠：《民主革命时期党内法规建设的多维考察》，《江汉论坛》2019 年第 4 期。

［42］侯嘉斌：《中国共产党党内法规建设的价值导向：从功能主义到规范主义的嬗变》，《中共中央党校学报》2017 年第 4 期。

［43］胡肖华、聂辛东：《论党内法规二元双维备案审查机制的建构》，《湘潭大学学报》（哲学社会科学版）2017 年第 1 期。

［44］胡玉鸿：《试论法律位阶划分的标准——兼及行政法规与地方性法规之间的位阶问题》，《中国法学》2004 年第 3 期。

［45］姬明华：《中国共产党政治纪律建设研究述评》，《湖北行政学院学报》

2019 年第 6 期。

[46] 姜明安：《论中国共产党党内法规的性质与作用》，《北京大学学报》（哲学社会科学版）2012 年第 3 期。

[47] 金成波、刘慧磊：《试论党规中的政治纪律》，《中国井冈山干部学院报》2017 年第 10 期。

[48] 靳呈伟：《古巴共产党章程》，《当代世界社会主义问题》2016 年第 3 期。

[49] 靳呈伟：《国外政党全国代表大会制度比较》，《经济社会体制比较》2017 年第 1 期。

[50] 鞠成伟：《论依规治党的观念前提与制度方法》，《马克思主义与现实》2016 年第 4 期。

[51] 兰琳宗：《把执纪和执法贯通起来》，《中国纪检监察报》2018 年第 2 期。

[52] 李东明：《列宁关于党的纪律和政治规矩的论述及其现实意蕴》，《思想理论教育导刊》2017 年第 4 期。

[53] 李靖堃：《社交媒体影响欧洲政局的方式及逻辑》，《人民论坛》2020 年第 9 期。

[54] 李林：《论"党内法规"的概念》，《法治现代化研究》2017 年第 6 期。

[55] 李明、潘春阳、苏晓馨：《市场演进、职业分层与居民政治态度——一项基于劳动力市场分割的实证研究》，《管理世界》2010 年第 2 期。

[56] 李姿姿：《法国社会党的社会政策偏好：传统与变迁》，《欧洲研究》2009 年第 6 期。

[57] 李紫莹：《古巴共产党管党治党的基本经验与启示》，《当代世界与社会主义》2016 年第 5 期。

[58] 练崇潮、易有禄：《立法程序的价值分析》，《浙江学刊》2014 年第 4 期。

[59] 梁凤美：《论社会主义核心价值观的构建——从新加坡的五大共同价

值观谈起》，《南华大学学报》（社会科学版）2012年第2期。

［60］林飞：《正确把握清理工作中的四个关系》，《秘书工作》2013年第10期。

［61］林尚立：《当代中国的核心价值观》，《理论参考》2007年第3期。

［62］林尚立：《以政党为中心：中国反腐败体系的建构及其基本框架》，《中共中央党校学报》2009年第4期。

［63］刘金东：《当代发达国家执政党维护党纪的基本特征》，《中国党政干部论坛》2007年第12期。

［64］刘朋：《国外政党严明党纪的主要做法与启示》，《中共天津市委党校学报》2016年第4期。

［65］刘启春：《制度治党的提出背景、实现途径和基本思路》，《党的文献》2016年第2期。

［66］刘薇：《强化政治纪律和政治规矩问题探析》，《中共伊犁州委党校学报》2015年第4期。

［67］刘先春、叶茂泉：《构建和培育党内法规制度执行文化的对策研究》，《中南民族大学学报》（人文社会科学版）2015年第4期。

［68］刘长秋：《党内法规概念的历史考察——兼对新时代依规治党必要性的思考》，《上海政法学院学报》（法治论丛）2019年第1期。

［69］刘长秋：《软法视野下的党规党法研究》，《理论学刊》2012年第9期。

［70］柳建辉：《中国共产党加强政治建设的历史考察与启示》，《中共宁波市委党校学报》2019年第5期。

［71］龙太江、陈伟波：《执纪与反腐：纪检机关两大职能的张力与协调》，《湖南社会科学》2017年第1期。

［72］陆剑杰：《对中国共产党作风建设的历史分析》，《中共党史研究》2002年第5期。

［73］路克利：《哈佛大学中共研究的缘起与影响》，《当代世界社会主义问题》2017年第1期。

［74］罗东川：《始终把严明政治纪律和政治规矩放在首位》，《中国纪检监察》2018 年第 3 期。

［75］罗峰：《政权系统中党的组织建设：历程、特征及其有效性分析》，《政治学研究》2009 年第 4 期。

［76］罗文剑、吴曼曼：《党风廉政建设党委主体责任和纪委监督责任探析》，《长白学刊》2017 年第 1 期。

［77］罗许生：《国家治理现代化视阈下党内法规与国家法律衔接机制建构》，《中共福建省委党校学报》2016 年第 6 期。

［78］罗忠胜：《加强党的政治建设探析——以严守政治纪律和政治规矩为视角》，《江南社会学院学报》2018 年第 2 期。

［79］马津卓：《中国共产党党内法规发展历程探析》，《思想理论教育导刊》2018 年第 6 期。

［80］马连福、王佳宁：《党组织嵌入国有企业治理结构的三重考量》，《改革》2017 年第 3 期。

［81］苗永泉、方雷：《党内巡视制度对传统制度资源的创造性转化》，《理论探讨》2016 年第 3 期。

［82］莫纪宏：《党内法规体系建设重在实效》，《东方法学》2017 年第 4 期。

［83］潘玉良：《执纪审查是证明性认识活动的思考（下）》，《中国纪检监察报》2018 年第 8 期。

［84］潘泽林：《中国共产党党内法规及其体系构建问题研究》，《南昌大学学报》（人文社会科学版）2007 年第 1 期。

［85］彭前生：《中国共产党巡视制度的政治诠释》，《学术探索》2015 年第 5 期。

［86］彭学兵：《扁平化组织及其效率研究》，《浙江理工大学学报》2006 年第 2 期。

［87］钱宁峰：《规范性文件备案审查制度：历史、现实和趋势》，《学海》2007 年第 6 期。

［88］强舸、叶尔郎·马季耶夫：《哈萨克斯坦"祖国之光"党的组织体系和发展趋势》，《俄罗斯研究》2020 年第 2 期。

［89］秦前红：《论党内法规与国家法律的协调衔接》，《学术前沿》2016 年第 5 期。

［90］任剑涛：《从政党国家到民族国家：政党改革与中国政治现代化》，《江苏行政学院学报》2013 年第 3 期。

［91］任晓伟：《走向十月胜利的强大纪律保障——十月革命前列宁关于无产阶级政党政治纪律建设的思想》，《江西师范大学学报》（哲学社会科学版）2017 年第 4 期。

［92］任振鹤：《推动执纪执法贯通、有效衔接司法》，《中国纪检监察报》2019 年第 3 期。

［93］施新州：《党的领导法规制度建设基本规律研究》，《党内法规理论研究》2019 年第 1 期。

［94］施新州：《国外政党党内法规的特征与借鉴》，《学习论坛》2015 年第 5 期。

［95］施新州：《中国共产党党内法规体系的内涵、特征与功能论析》，《中共中央党校学报》2015 年第 3 期。

［96］石洪涛：《新形势下党的政治纪律建设面临的困境及其对策》，《中州学刊》2015 年第 8 期。

［97］石文龙：《依法执政与"党法"》，《太平洋学报》2011 年第 2 期。

［98］孙才华：《论党内法规解释的规范化》，《湖湘论坛》2017 年第 1 期。

［99］汤涛：《民主革命时期中共党内监督的历史沿革及其特点》，《中共党史研究》2006 年第 6 期。

［100］田飞龙：《法治国家进程中的政党法制》，《法学论坛》2015 年第 3 期。

［101］屠凯：《论党内法规制度体系的主要部门及其设置标准》，《中共中央党校学报》2018 年第 1 期。

［102］万玲：《关于严守政治纪律的若干思考》，《学习月刊》2018 年第

5 期。

　　［103］万小龙：《再论中国共产党思想建设的基本经验》，《党史研究与教学》2016 年第 3 期。

　　［104］汪庆军：《论习近平政治纪律建设思想的五维意蕴》，《学校党建与思想教育》2017 年第 7 期。

　　［105］王芳、刘长秋：《提高党内法规执行力研究》，《观察与思考》2017 年第 5 期。

　　［106］王建芹：《法治视野下的党内法规体系建设》，《中共浙江省委党校学报》2017 年第 3 期。

　　［107］王贵秀：《依法治国与依法治党》，《新视野》2000 年第 1 期。

　　［108］王玲：《"党委主体责任"浅议》，《前线》2015 年第 2 期。

　　［109］王蔷、任庆涛：《扁平化组织的组织模式架构》，《经济管理》2004 年第 5 期。

　　［110］王秋准、秦德占：《组织力提升视角下国外政党的基层组织建设》，《新视野》2018 年第 6 期。

　　［111］王韶兴：《政党法治：一种新型的政党文明形态》，《文史哲》2005 年第 1 期。

　　［112］王伟国：《国家治理体系视角下党内法规研究的基础概念辨析》，《中国法学》2018 年第 2 期。

　　［113］王希鹏：《改革党的纪律检查体制的几个关键问题》，《理论视野》2014 年第 8 期。

　　［114］王振民：《党内法规制度体系建设的基本理论问题》，《中国高校社会科学》2013 年第 5 期。

　　［115］韦春北：《试论意识形态视域下党员干部的政治纪律及其强化途径》，《中共珠海市委党校学报》2015 年第 4 期。

　　［116］沃纳·普芬尼斯、刘鹏：《德国社会民主党的变革》，《经济社会体制比较》2006 年第 1 期。

　　［117］邬海军：《全面从严治党视阈下党的政治纪律建设论析》，《中共银川

市委党校学报》2017 年第 19 期。

[118] 吴永华：《论韩国核心价值观及其培育路径》，《延边大学学报》（社会科学版）2015 年第 1 期。

[119] 武小川：《"党内法规"的权力规限论——兼论"党内法规"软法论的应用局限》，《中共中央党校学报》2016 年第 6 期。

[120] 夏静雷：《中央苏区党的政治纪律建设研究》，《河南师范大学学报》（哲学社会科学版）2019 年第 2 期。

[121] 肖金明：《论通过党内法治推进党内治理——兼论党内法治与国家治理现代化的逻辑关联》，《山东大学学报》（哲学社会科学版）2014 年第 5 期。

[122] 徐雷、李健、赵丰义：《纪委的独立性与廉洁性影响了反腐力度吗?》，《上海财经大学学报》2018 年第 1 期。

[123] 杨德山：《坚持依规治党与以德治党相结合》，《中国特色社会主义研究》2016 年第 4 期。

[124] 杨俊：《论"党的规矩"和"党的政治规矩"的基本内涵和简明定义——学习习近平总书记系列讲话精神》，《马克思主义研究》2016 年第 6 期。

[125] 杨群红：《落实党风廉政建设主体责任应把握的六个着力点》，《领导科学》2015 年第 5 期。

[126] 叶笃初、陈绪群：《试论完备的党内法制》，《江汉论坛》1996 年第 5 期。

[127] 余礼信：《让党组运转：对国家治理中党政分开的新探索》，《领导科学》2016 年第 5 期。

[128] 袁贵仁、梁家辉：《中西法律价值观比较的哲学反思》，《北京师范大学学报》（人文社会科学版）2000 年第 3 期。

[129] 袁群、吴鹤宣：《尼泊尔大会党的历史、现状及前景》，《当代世界与社会主义》（双月刊）2017 年第 2 期。

[130] 张淳：《延安时期中国共产党加强领导制度建设论析》，《山东社会科学》2019 年第 4 期。

[131] 张俊杰：《中国共产党执政体系中的党组制度分析》，《安徽工业大学

学报》（社会科学版）2010 年第 7 期。

[132] 张荣臣：《中国共产党制度建设的历程、经验和启示》，《理论学刊》2015 年第 1 期。

[133] 张世飞：《坚持党的领导的历史逻辑与基本规律》，《学术研究》2019 年第 8 期。

[134] 张世鹏：《关于德国社会民主党纲领研究的几个问题》，《当代世界与社会主义》2006 年第 1 期。

[135] 张贤明：《当代中国问责制度建设及实践的问题与对策》，《政治学研究》2012 年第 1 期。

[136] 张忆军：《解放战争时期中国共产党组织建设的历史进程及启示》，《上海行政学院学报》2014 年第 5 期。

[137] 赵婷、董沐夕：《澳大利亚工党党规建设》，《当代世界与社会主义》（双月刊）2017 年第 1 期。

[138] 中共中央办公厅法规局：《推进党内法规制度"供给侧结构性改革"》，《求是》2020 年第 2 期。

[139] 中共中央办公厅法规局：《以改革创新精神加快补齐党建方面的法规制度短板》，《求是》2017 年第 3 期。

[140] 中共中央对外联络部课题组：《国外政党严格管党治党的启示》，《中国浦东干部学院学报》2016 年第 5 期。

[141] 中央纪委案件审理室：《准确理解和把握监督执纪"四种形态"》，《中国纪检监察》2015 年第 24 期。

[142] 周家彬、吴祖鲲：《"政治纪律"：一个概念史的梳理》，《深圳大学学报》（人文社会科学版）2018 年第 35 期。

[143] 周敬青：《"不忘初心、牢记使命"主题教育总要求的四个维度》，《光明日报》2019 年 7 月 12 日。

[144] 周敬青：《促进"两手抓"实现"双胜利"关键在实》，《学习时报》2020 年 3 月 27 日。

[145] 周敬青：《习近平关于新时代党领导改革开放重要论述探析》，《毛泽

东邓小平理论研究》2019 年第 2 期。

[146] 周敬青：《新时代加强党内法规制度体系建设的理论逻辑和实践思考》，《毛泽东邓小平理论研究》2017 年第 12 期。

[147] 周敬青：《严肃党内政治生活的问题与对策思考》，《探索》2018 年第 1 期。

[148] 周敬青：《在四史教育中汲取党性修养的智慧》，《文汇报》2020 年 6 月。

[149] 周敬青：《中国共产党独特而强大的组织优势》，《红旗文稿》2019 年 12 月。

[150] 周敬青：《铸造敢于斗争敢于胜利的鲜明政治品格》，《党建研究》2020 年第 6 期。

[151] 周凯：《核心价值观的缺失与构建传播——中国文化产业发展反思与对西方文化产业的借鉴》，《东岳论丛》2012 年第 9 期。

[152] 周淑真：《监督执纪"四种形态"的制与度》，《中国党政干部论坛》2016 年第 1 期。

[153] 周叶中、邓书琴：《论中国共产党党内法规的价值取向——以党员义务和党员权利为视角》，《中共中央党校学报》2018 年第 4 期。

[154] 周叶中：《关于中国共产党党内法规建设的思考》，《法学论坛》2011 年第 4 期。

[155] 周叶中：《关于中国共产党党内法规体系化的思考》，《武汉大学学报》（哲学社会科学版）2017 年第 5 期。

[156] 周义程、段哲哲：《国外政党加强执政骨干队伍建设的做法与启示》，《马克思主义与现实》2018 年第 1 期。

[157] 周义程、马曼：《中共主要领导人制度治党思想演进历程的文本学考察》，《党政研究》2015 年第 5 期。

[158] 朱丽卉：《国外社会主义国家政党建设的经验及挑战》，《重庆理工大学学报》（社会科学版）2017 年第 31 期。

[159] 朱孟光：《西方议会党鞭制度探析——基于英、美、加三国的考察》，

《当代世界与社会主义》2015 年第 1 期。

[160] 朱雪平：《马克思恩格斯关于党内纪律建设的思想及当代价值》，《学术探索》2017 年第 9 期。

[161] 朱雪平，任晓伟：《新时代全面从严治党视域下党的政治纪律建设研究的回顾与展望》，《理论与改革》2018 年第 3 期。

[162] 祝猛昌：《论列宁无产阶级政党纪律建设思想及现实启示》，《求实》2014 年第 12 期。

3. 译文译注和外文译著

[1]《德国政党法规和党内法规选译》，朱海迷、郑昊、杨春婷译，社会科学文献出版社 2017 年版。

[2]《法国政党法规和党内法规选译》，肖琼露译，社会科学文献出版社 2019 年版。

[3]《韩国政党法规和党内法规选译》，蔡永浩、朴大宪、崔慧珠、姜祉言译，社会科学文献出版社 2018 年版。

[4]《日本政党法规和党内法规选译》，许营亚、孙正琼、李海译，社会科学文献出版社 2017 年版。

[5]［德］马克斯·韦伯：《经济与社会》，阎克文译，上海人民出版社 2017 年版。

[6]［法］孟德斯鸠：《论法的精神》，张雁深译，商务印书馆 1961 年版。

[7]［法］莫里斯·迪韦尔热：《政党概论（导论）》，雷竞璇译，香港青文文化事业有限公司 1991 年版。

[8]［法］莫里斯·迪韦尔热：《政治社会学——政治学要素》，杨祖功、王大东译，东方出版社 2007 年版。

[9]［美］道格拉斯·C.诺斯：《制度、制度变迁与经济绩效》，三联书店 2017 年版，第 3 页。

[10]［美］戈登·塔洛克：《官僚体制的政治》，柏克、郑景胜译，商务印书馆 2016 年版，第 305 页。

［11］［美］汉密尔顿、杰伊、麦迪逊：《联邦党人文集》，商务印书馆 1980年版。

［12］［美］塞缪尔·P.亨廷顿：《变化社会中的政治秩序》，王冠华译，上海人民出版社 2008 年版。

［13］［美］塞缪尔·P.亨廷顿：《变革社会中的政治秩序》，李盛平译，华夏出版社 1988 年版。

［14］［美］沈大伟：《中国共产党：收缩与调适》，吕增奎、王新颖译，中央编译出版社 2012 年版。

［15］［美］斯蒂芬·E.弗兰泽奇：《技术年代的政党》，李秀梅译，商务印书馆 2010 年版。

［16］［美］文森特·奥斯特罗姆：《复合共和制的政治理论》，毛寿龙译，上海三联书店 1999 年版。

［17］［美］约翰·迈耶、布莱恩·罗恩：《制度化的组织：作为神话和仪式的正式组织结构》引自张永宏主编：《组织社会学的新制度主义学派》，上海人民出版社 2007 年版。

［18］［美］詹姆斯·马奇、马丁·舒尔茨、周雪光：《规则的动态演变——成文组织规则的变化》，上海人民出版社 2005 年版。

［19］［意］G.萨托利：《政党与政党体制》，王明进译，商务印书馆 2006年版。

［20］［意］安格鲁·帕尼比昂科：《政党：组织与权力》，周建勇译，上海世纪出版社 2013 年版。

［21］［意］罗伯特·米歇尔斯：《寡头统治铁律——现代民主制度中的政党社会学》，任军锋等译，天津人民出版社 2003 年版。

［22］［英］艾伦·韦尔：《政党与政党制度》，谢峰译，北京大学出版社 2011 年版。

［23］［英］安德鲁·海伍德：《政治学》，张立鹏译，中国人民大学出版社 2016 年版。

［24］［英］帕特里克·敦利威：《民主、官僚制与公共选择》，张庆东、徐

湘林译，中国青年出版社 2004 年版。

[25] Bowler, Shaun, David M Farrell, and Richard S Katz, *Party Discipline and Parliamentary Government*, ed, Columbus: The Ohio State University Press, 1999.

[26] Christopher J Kam, *Party Discipline and Parliamentary Politics*, Cambridge University Press, 2011.

[27] Susan E Scarrow, *Parties and Their Members*, Oxford University Press, 1995.

[28] Zudenkova G, *A Model of Party Discipline in Congress*, Social Science Electronic Publishing, 2011.

后　记

　　本书考察百年中国共产党依规治党的历史演进并总结其经验教训，从历史、现实、理论、实践四维交互并进，注重历史和现实、理论和实践的双层统分有机结合；既有对党内法规百年发展史的全方位梳理勾画，又选取党内法规建设的主要方面、主要领域作重点专题式探究；既有针对党内法规的功能定位、价值取向、形成机制的静态的学理分析，又有针对党内法规百年发展史的初心传承、与时俱进、发展创新的动态的过程阐释；既着眼建党以来党内法规百年的发展历程，又重点聚焦党的十八大以来党内法规建设历史性变革、历史性成就、历史性经验，以期实现课题的研究目标。

　　本书系上海市社科基金"建党100周年"研究系列项目"中外比较视域下中国共产党依规治党历史演进及启示研究"（编号：2017BHC008）的主要成果之一。本课题组组成：课题主持人周敬青，成员黄寿东、聂苗、程鑫、龙雪岗、简皎洁、瞿栋、严爱珍、田培、庞程程、张琛艳、郭周睿、王锐、吴安戚、鲁敬诚。课题组经过三年艰辛研究，获得课题结项"优秀"等级。

　　本书各章节的主要撰稿人是：周敬青（导论、第十二章部分内容），全书统稿；黄寿东（第一章、第二章、第三章、第四章、第五章）；聂苗（第八章、第九章、第十一章部分内容、第十二章部分内容）；程鑫（第六章、第七章、第十二章部分内容）；龙雪岗（第十章、第十一章部分内容、第十二章部分内容）。鲁敬诚收集和整理参考书目。本书在写作过程中参考和吸收了有关专家学者的研究成果，在此表示衷心感谢。

　　本书的顺利出版得到上海人民出版社的大力关心支持，责任编辑吕桂萍负责敬业审改书稿，在此表示深深谢意。

　　由于作者水平有限，拙著难免存有不妥之处，真诚欢迎广大读者批评指正。

"中外比较视域下中国共产党依规治党历史演进及启示研究"课题组

2020 年 12 月 12 日

图书在版编目(CIP)数据

一代新规要渐磨/周敬青等著.—上海:上海人
民出版社,2021
(庆祝中国共产党成立100年专题研究丛书)
ISBN 978-7-208-17030-8

Ⅰ.①一⋯　Ⅱ.①周⋯　Ⅲ.①中国共产党-党的纪律
-研究　Ⅳ.①D262.13

中国版本图书馆CIP数据核字(2021)第063155号

责任编辑　吕桂萍
封面设计　零创意文化

庆祝中国共产党成立100年专题研究丛书

一代新规要渐磨

周敬青　等著

出　版	上海人民出版社	
	（200001　上海福建中路193号）	
发　行	上海人民出版社发行中心	
印　刷	商务印书馆上海印刷有限公司	
开　本	787×1092　1/16	
印　张	27	
插　页	3	
字　数	400,000	
版　次	2021年5月第1版	
印　次	2021年5月第1次印刷	

ISBN 978-7-208-17030-8/D·3737
定　价　108.00元